Am 14. Dezember 1922 begegnen sich Vita Sackville-West und Virgina Woolf zum ersten Mal – der Beginn einer ungewöhnlichen, spannungsreichen und beide Frauen prägenden Freundschaft. Zwanzig Jahre lang pflegen sie einen regen Briefwechsel. Dessen Herzstück ist das Bild, das Vita und Virginia voneinander entwerfen. Virginia ist das literarische Genie, Vita die lebenslustige Aristokratin. Virginia ist zurückhaltend, scheu und zerbrechlich, Vita offensiv, direkt und robust. Nicht selten wechseln in den Briefen glühende Liebesbeteuerungen mit handfesten Beleidigungen. Bemerkenswert sind auch die kritischen und lobenden Kommentare der beiden zum Werk der jeweils anderen, die sowohl Virginia wie Vita ganz offensichtlich in ihrer künstlerischen Produktion beflügelt haben.

Vitas Briefe lassen sich in vielerlei Hinsicht auch als Portrait- und Skizzensammlung bezeichnen. Ihre lebhaft geschilderten Reiseeindrücke, ihre bisweilen maliziösen, stets scharfsinnigen Anmerkungen zu gesellschaftlichen Ereignissen und Personen, ihre Begegnungen mit Zeitgenossen – in ihrer Gesamtheit ergeben sie ein faszinierendes Bild der damaligen Zeit und Gesellschaft, ihrer aristokratischen und intellektuellen Zirkel.

In Vitas Briefen an Virginia wird das Ideal einer Frauenfreundschaft, wie es Virginia Woolf zeitlebens vorschwebte – »so geheim und so vertraut« – wunderbarerweise Wirklichkeit.

Victoria Sackville-West, (1892–1962), Vita genannt, war das einzige Kind von Lord Lionel Sackville-West und seiner Frau Lady Victoria. Geboren und aufgewachsen ist sie auf Schloß Knole, das ihrer Familie durch Elisabeth I. vermacht wurde. 1913 heiratete sie den Schriftsteller und Diplomaten Sir Harold Nicolson. Nach zahlreichen Auslandsaufenthalten lebten sie später auf Sissinghurst Castle in Kent. Im *Fischer Taschenbuch Verlag* sind die Romane ›Schloß Chevron‹ (Bd. 5880), ›Weg ohne Weiser‹ (Bd. 5048), ›Die Herausforderung‹ (10655) sowie die beiden Reiseerzählungen ›Eine Frau unterwegs nach Teheran‹ (Bd. 11295) und ›Zwölf Tage in den Bakhtiari-Bergen‹ (Bd. 9141) erschienen, außerdem die Biographie ›Vita Sackville-West‹ (Bd. 11283) von Victoria Glendinning.

»Geliebtes Wesen ...«

Briefe von Vita Sackville-West an Virginia Woolf

Herausgegeben von Louise DeSalvo
und Mitchell A. Leaska

Mit einer Einführung von
Mitchell A. Leaska

Aus dem Englischen von
Sibyll und Dirk Vanderbeke

Fischer Taschenbuch Verlag

Veröffentlicht im Fischer Taschenbuch Verlag GmbH,
Frankfurt am Main, Januar 1999
Lizenzausgabe mit Genehmigung
des S. Fischer Verlags GmbH, Frankfurt am Main

Die amerikanische Originalausgabe erschien 1985 unter dem Titel
›The Letters of Vita Sackville-West to Virginia Woolf‹
im Verlag William Morrow, New York.

Druck und Bindung: Clausen & Bosse, Leck
Printed in Germany
ISBN 3-596-14208-3

Inhalt

Vorbemerkung zu dieser Ausgabe

Die Briefe von Vita Sackville-West an Virginia Woolf werden alle bis auf dreiunddreißig in der Henry W. and Albert A. Berg Collection in der New York Public Library aufbewahrt. Die übrigen Briefe befinden sich in der University of Sussex Library in England. Mit Ausnahme von einem oder zweien sind sie alle handschriftlich und größtenteils lesbar. Vita war in ihrer Orthographie sehr genau und befolgte die Regeln der herkömmlichen Grammatik, Syntax, Zeichensetzung und Unterteilung in Absätze.

Bei der Erstellung einer chronologischen Ordnung der Briefe sah es allerdings ganz anders aus. Vita kümmerte sich nicht besonders um Datierungen. Oft ist nur der Wochentag angegeben. Manchmal fügte sie das Tagesdatum hinzu und manchmal auch den Monat. Aber nur selten gab sie den Wochentag, das Tagesdatum, den Monat *und* das Jahr an. In fast allen Fällen waren wir jedoch nach ausdauernder Suche in der Lage, die genaue Position des Briefes in der Sequenz zu bestimmen, entweder durch interne Hinweise oder durch das Datum des korrespondierenden Briefes von Virginia – oder durch beides. Alle beigefügten editorischen Informationen zur Datierung sind in eckige Klammern gesetzt.

Die meisten Briefe von Vita wurden auf Briefpapier mit dem vorgedruckten Briefkopf »Long Barn, Weald, Sevenoaks« bzw. nach 1932 »Sissinghurst Castle, Kent« geschrieben. Diese Adressen wurden hier genauso wiedergegeben, wie sie in den Originalbriefen erscheinen. Wenn sie auf einfachem Papier schrieb, gab sie gelegentlich nur einen Teil der Adresse an, zum Beispiel »Long Barn«. In diesen Fällen wurden alle Informationen zur genaueren Ortsbestimmung ebenfalls in Klammern gesetzt.

Wo es für das Verständnis unumgänglich ist, haben wir Auszüge aus den fast vierhundert noch existierenden Briefen von Virginia an Vita mit aufgenommen, die hier kursiv gesetzt sind.

Eine weitere Sache bedarf der Erklärung. Es gab mehrere zeitliche Intervalle von ein oder zwei Monaten, in denen Vita nach Teheran oder Berlin reiste, um bei ihrem Ehemann zu sein. Während dieser Zeiten kann es so scheinen, als sei die Reihenfolge in der Datierung durcheinandergeraten. Das ist aber nicht der Fall. Unregelmäßigkeiten bei der internationalen Postauslieferung machten es notwendig, die Briefe nicht nach den Daten, an denen sie geschrieben wurden, zu ordnen, sondern nach den Daten, an denen entweder Vita oder Virginia einen Brief erhielten und postwendend darauf antworteten.

Bei der Herausgabe dieser Briefesammlung war eine Reihe von schon veröffentlichten Büchern ausgesprochen hilfreich. Den Autoren und Herausgebern dieser Bücher möchten wir hier unseren Dank aussprechen. Es sind insbesondere: Nigel Nicolson und Joanne Trautmann, die Herausgeber von *The Letters of Virginia Woolf* (6 Bde.); Vitas Biographin Victoria Glendinning für ihr *Vita: The Life of Vita Sackville-West*; Anne Olivier Bell, die Herausgeberin von *The Diaries of Virginia Woolf* (5 Bde.); Quentin Bell für *Virginia Woolf: A Biography*; Nigel Nicolson für *Portrait of a Marriage*; James Lees-Milne für *Harold Nicolson: A Biography* (2 Bde.).

Für die Erlaubnis, aus *The Letters of Virginia Woolf* und *The Diaries of Virginia Woolf* zu zitieren, danken wir Harcourt Brace Jovanovich in Amerika und der Hogarth Press in England. Wir bedanken uns bei Lola L. Szladits, der Kuratorin der Berg Collection der New York Public Library, und bei A. N. Peasgood von der University of Sussex Library. Dr. Szladits und ihre Mitarbeiter waren so überaus hilfsbereit, uns die Originale von Vitas Briefen für die Transkription zur Verfügung zu stellen. Mr. Peasgood machte freundlicherweise Vitas Briefe, die sich gegenwärtig in der Sussex Collection befinden, für uns ausfindig, kopierte sie und schickte sie uns aus England zu.

Wir möchten Maria Guarnaschelli, unserer Verlegerin bei William Morrow in New York, für ihren Beistand, ihren klugen Rat und ihr unerschütterliches Vertrauen in die Veröffentlichung dieser Briefe danken; gleichermaßen Betsy B. Cenedella, ebenfalls bei William Morrow, unter deren aufmerksamem Blick diese Sammlung an editorischem Zusammenhalt gewann.

Unser abschließender und tiefster Dank gilt Nigel Nicolson, Vita Sackville-Wests Sohn und literarischem Nachlaßverwalter. Die Herausgabe dieser Sammlung wurde von ihm angeregt, und im Verlauf der Arbeit beantwortete er unsere Fragen und stellte uns Informationen zur Verfügung, die nur er besaß. Seine Hilfsbereitschaft und Urteilskraft waren außergewöhnlich. Und wir sind dankbar, sein Vertrauen zu haben.

L. D. und M. A. L.

Für die deutschsprachige Ausgabe wurden Kürzungen hauptsächlich im Anteil der von Virginia Woolf verfaßten Briefe und in den Anmerkungen vorgenommen. Buchtitel wurden im Unterschied zur Vorlage kursiv ausgezeichnet. Was Zeichensetzung und bestimmte Schreibweisen betrifft, hat man versucht, sich so weit wie möglich an das englische Original anzulehnen.

Die Briefe der Sussex Collection sind am Ende des Bandes aufgelistet, alle übrigen Briefe befinden sich in der Berg Collection.

Einführung
von Mitchell A. Leaska

Die Briefe in diesem Buch berichten von der Geschichte zweier außerordentlicher Frauen: Vita Sackville-West, die nach Ruhm und Glanz strebte, und Virginia, die ihre Liebe und Zuneigung suchte. Nur selten wird eine Sammlung von Briefen zwei individuelleren und komplexeren Persönlichkeiten auf dramatischere Weise Befreiung verschafft haben; und nur selten wird sich eine Sache des Herzens so nahe an der Grenze zu archetypischen Gefühlen bewegt haben. Ihr Abenteuer war voller Liebe und Erwartung, und viele dieser Seiten schäumen über vor Aufregung und Hoffnung und verbaler Zärtlichkeit. In ihrer Vielfalt und ihrem Reichtum sind diese Dokumente ebenso ein Bestandteil der Literatur wie des Lebens. In einem Brief nach dem anderen stoßen wir auf kleine Dramen des Alltags; Miniaturen von Freunden und ihren Torheiten; aufgeschnappten Klatsch, manchmal ernsthaft, aber häufiger ganz gewöhnlich; bunte Schnappschüsse aus exotischen Reiseberichten; und kleine mitgeteilte Vertraulichkeiten von literarischer Kunstfertigkeit. Gelegentlich findet man gedämpfte Signale von verletzten Gefühlen oder gekränktem Stolz und ebensooft die kleinen begütigenden Worte liebevoller Beschwichtigung. Aber unter der bebenden Oberfläche der Worte spüren wir gelegentlich die seltsame Alchemie der Liebe, gemischt mit Unsicherheit, und ein Drängen, gepaart mit Zurückhaltung. Das sind die Hieroglyphen des Gefühls, die diesen Seiten aufgeprägt sind.

In den ersten Monaten sah Virginia Vita als agil, wild und aristokratisch. Für Vita war Virginia das »sanfte Genie« – lieblich, vergöttert und zurückgezogen. Selbst in dem wohlbedachten Medium der Briefe, in dem verbale Risiken geringgehalten werden, wird deutlich, daß sich Vitas Aufmerksamkeit in den ersten Tagen ihrer

Freundschaft mit beharrlicher Ausdauer auf Virginia richtete und daß Virginia mit einer Mischung aus besorgtem Spott und vorsichtigem Einverständnis reagierte. Jede besaß ganz offensichtlich etwas, was der anderen fehlte. Vita war in Virginias Augen als Frau überlegen, und Virginia in Vitas Augen als Schriftstellerin. Sehr bald würde beiden klarwerden, daß die eine nach Ruhm und Glanz strebte, während die andere Zuneigung suchte. Aus diesen beiden Bestrebungen sollten sich bald tiefe Loyalitäten und hohe Besitzansprüche herausbilden, und mit ihnen auch vier deutlich unterscheidbare Persönlichkeiten.

Virginia, die Schriftstellerin, war eine Frau von schneller Auffassungsgabe und scharfem analytischem Vermögen – eine Intellektuelle, die abwog, nachbohrte und prüfte, um die genauen Motive für menschliche Handlungen und Äußerungen in Erfahrung zu bringen. Sie war, ganz gleich welchen Maßstab man anlegt, eine brillante »Experimentatorin der Menschlichkeit«; aber sie erschien unerreichbar, unberechenbar und manchmal sogar unnahbar. So viele ihrer emotionalen Züge wurden verdeckt gehalten, daß sie zurückhaltend und gleichzeitig geheimnisvoll erschien. Darüber hinaus war Virginia gleichermaßen eine neugierige und eine unabhängige Frau – ihre Neugierde wurde oft fälschlich für Zuneigung gehalten und ihre Unabhängigkeit für geistesabwesende Gleichgültigkeit –, und so vermittelte sie manchmal den Eindruck, Teil von jedem zu sein und doch zu niemandem zu gehören. Für die kleine dionysische Figur, die sich in Vita verbarg, war dieser appollonische Fries aus Intellekt und Intuition eine unwiderstehliche Herausforderung.

Es gab allerdings auch noch eine andere Seite an Virginia, für die sich Vita leichter erwärmen konnte, und zwar die kindliche, liebevolle Seite. Das in sich selbst vertiefte, ungeduldige, gefühlvolle Mädchen, das ständig auf praktische Rückversicherungen und Stärkungen des Selbstbewußtseins angewiesen war. Das verletzliche Geschöpf, das zu blauen Flecken auf der Seele neigte, das Kritik haßte, Offenheit forderte, sich nach Zuneigung sehnte – der tapfere »Potto«, der immer und immer wieder zu Boden ging, aber die Niederlage einfach nicht eingestand. Das war die Virginia, die Vita liebte, beschützte und bemutterte.

Vita ihrerseits war ein Katalog aus Widersprüchen. Sie war rebellisch, und sie war zurückhaltend. Sie war furchtlos, und sie war ängstlich; sie war gesellig, und sie igelte sich ein; sie war sowohl keck als auch schüchtern. Sie war eine Frau, die eine im Innersten furchtsame Natur unter einem Panzer aus Führungsqualität und übermäßigem Mut verbarg. Zudem war sie eine Frau, die nur das sah, was sie sehen wollte; sie war denen gegenüber, deren Liebe und Gehorsam ihr sicher waren, verschwenderisch, aber sie vernachlässigte diejenigen, deren Wünsche nicht mit ihren übereinstimmten; und sie hatte sich schon in sehr jungen Jahren beigebracht, die Schwächen anderer ausfindig zu machen.

Was Virginia allerdings in Vita sah, war eine sinnliche Person, die gerade noch spürbar ausweichend sein konnte und häufig verwirrend. Das war »die echte Frau«, wie Virginia häufig sagte, und eine leidenschaftliche noch dazu. Aber wie bei allen hochgradig widersprüchlichen Charakteren gab es auch bei ihr etwas leicht Trügerisches. Dicht unter der Oberfläche konnte man die Sternenguckerin finden, die einsame Vita, die Ruhe und Abgeschiedenheit suchte und unordentliche Gefühlsverwicklungen verabscheute. Und doch war das dieselbe Frau, die oft genug mit falschen Versprechungen und vorgetäuschter Hoffnung lebte, die die Glut der Liebe ständig anfachte und doch ständig vor ihren Flammen zurückwich.

Es gab auch andere Seiten an Vita, die Virginia gleich von Anfang an entdeckt zu haben scheint. Eine davon war die unbeugsame Frau, die einem das Leben aus der Hand nahm und das Schicksal entwarf, deren Arroganz Hindernisse einriß und deren Eitelkeit sich weigerte, Schäbigkeit, Armut oder plumpe Vertraulichkeit anzuerkennen. Das war die hochgestellte Frau, die ihre eigenen Ländereien abschritt, in Schlössern lebte und ihre Meinung mit vernichtender Naivität zum Ausdruck brachte. Dann gab es die mitfühlende Frau, die das Elend des Lebens verstand und ihren Reichtum an die Unterdrückten der Welt verteilte – die sanfte Vita, deren starke Hände den schwachen Nachtfalter bargen und die verwundete Nachtigall umsorgten. Und es gab auch die heroische Vita, die wie ein Sklave schuftete und wie ein Prinz spielte und die ganze Welt als eine persönliche Herausforderung betrachtete. Alle diese Vitas in eine zusammengefaßt hielten wie ein Magnet Virginia in einem strahlenden Kreis von höchster Romantik und Abenteuer.

Vitas Gefühlswelt enthielt allerdings eine dunkle sadistische Provinz, die nur wenige Menschen sahen und noch wenigere eingestanden. Virginia scheint diese Seite von Anfang an gespürt zu haben, und in diesen Briefen weist genug darauf hin, daß sie mit dieser Erkenntnis auch eine Rolle annahm, die ausreichend unterwürfig war, um der Frau, die sie bald lieben sollte, anzudeuten, daß sie es akzeptieren würde – es tatsächlich unterstützen würde –, wenn sich ihr Verhältnis entlang den Linien von Dominanz und Willfährigkeit entwickeln würde. In Virginias Vorstellung war diese Ebene der Freundschaft vielleicht das Naheliegendste für ihr Gefühl, würde sie es jemals erreichen, die Rolle eines unterwürfigen Kindes gegenüber einer dominanten, liebevollen und beschützenden Mutter zu spielen.

Kleine Wendungen, die über die Briefe verstreut und häufig in irreführende Kontexte eingebettet sind, unterstützen den Gedanken, daß Virginia ihren eigenen Wert in ihrem Verhältnis zu Vita genügend niedrig einstufte, um sich sowohl hilflos als auch bedürftig fühlen und gleichzeitig eine gewisse seltsame Befriedigung verspüren zu können, wenn Vita sie aus Unachtsamkeit unter irgendwelchen kleinen Kränkungen leiden ließ. Virginia war eine zu einfühlsame Beobachterin menschlichen Verhaltens, als daß sie nicht erkannt hätte, welche Rolle sie für sich selbst geschaffen hatte. »Ist es wahr, daß du gerne Schmerzen zufügst?« fragte sie Vita einmal mit vorgetäuschter Ernsthaftigkeit. In einem der frühesten Briefe ihrer Korrespondenz schrieb Virginia: »Ich habe mich über Deinen vertraulichen Brief ... gefreut. Er tat mir sehr weh – was zweifellos die erste Stufe der Vertrautheit darstellt. ... Bekümmere Dich nicht darum: ich habe Deine Kränkungen sehr genossen.« Später sollte sie Vita bitten, »nicht den stinkenden Talg in Deinem Herzen [zu löschen] – nämlich die arme Virginia. ...« Noch später: »Wirf mich raus, sooft du nur willst, und verschwende keinen Gedanken darauf.« Ein Jahr vor ihrem Tod sollte Virginia immer noch schreiben: »... du wirst mich nie abschütteln –.«

Parallel zu dieser Unterwürfigkeit oder Selbsterniedrigung, oder wie immer wir es nennen wollen, verliefen in Virginias Gefühl für Vita zwei dazugehörige Stränge. Der eine war ihre »kindliche verblüffte Zuneigung« und der andere die außergewöhnliche Aufheiterung und Erleichterung, die ihr Vitas Anwesenheit in den wiederkehrenden Zeiten ihrer Krankheit brachte. Es ist wahr, daß diese verstreuten Zitate nur kleinste Beweisstückchen darstellen, kaum mehr als Fragmente, die in seltsamen, nicht vorausbedachten Momenten abgebrochen wurden. Aber auch wenn sie wie Bruchstücke und scheinbar belanglos wirken, so deuten diese verstreuten Gefühlsfragmente doch auf die Vehemenz von Virginias emotionaler Fixierung auf Vita hin. Denn sie beleuchten die ansonsten nicht erklärten Rollen von Dominanz und Willfährigkeit, die die beiden Frauen in ihrem Leben hinter der Maske von Mutter und Kind, Heiler und Patient und metaphorisch vielleicht sogar von Sieger und Opfer spielten. Virginia hätte nur deutlicher werden können, wenn sie zu Vita gesagt hätte: Dein mütterlicher Schutz stärkt das verlorene und umherirrende Kind in mir; deine heilende Hand besänftigt meine Krankheit; und deine Kränkungen versichern mir, daß ich dir etwas bedeute. Es steht außer Frage, daß sie in Vita die unerschrockene Kompetenz und die Überlegenheit spürte, die diese demonstrieren mußte, und damit auch die Aggression, die sie zu verbergen suchte. So daß es, als sie den Zeitpunkt erreichte, an dem sie den ersten Satz zu *Orlando* schrieb, keinen Zweifel bei Virginia gab, daß Orlando mit einem Akt der Gewalt auftreten müßte – er ist dabei, »auf den Kopf eines Mohren einzusäbeln«.

Vitas Selbstwahrnehmung ist schwerer zu bestimmen, denn widersprüchlich wie sie war, fiel es ihr leicht, sich etwas vorzumachen, und sie sah nur das, was sie sehen wollte. Aber in einem Brief an Virginia sagt sie etwas, das ihre Einstellung zum Leben zusammenzufassen scheint. Sie würde lieber »glorreich scheitern als schäbig siegen«, schrieb sie. Diese fünf Wörter scheinen den Schlüssel zu einem großen Teil von Vitas innerer Gefühlswelt zu enthalten, denn sie erklären das Wesen ihres Strebens nach Ruhm und Glanz – einem Streben, das in der Annahme wurzelte, die Welt sei ein potentielles Schlachtfeld, daß Menschen nur dann sicher sind, wenn sie sich in Gefangenschaft befinden, daß man seine Kräfte nicht im Interesse eines Überlebens mobilisieren sollte, sondern im immerwährenden Ringen um den Triumph. Kein Risiko war zu gefährlich, kein Opfer zu groß, um dieses notwendige Ziel zu erreichen. Selbst ihre Vertrautheit mit Virginia betrachtete sie als einen »Fang«, als eine Eroberung: Vita war »wirklich ziemlich stolz darauf, einen so großen silbernen Fisch an Land gezogen zu haben«, sagte sie zu ihrem Ehemann Harold Nicolson. Und es ist auch keine zufällige Formulierung, daß sie den Roman, in dem sie ihre turbulente Liebesaffäre mit Violet Trefusis beschrieb, *The Challenge* [Die Herausforderung] nannte. In ihrem Leben war jeder zu Anfang eine mögliche Herausforderung, und alles, was ihr begegnete, konnte für sie zur Eroberung werden. Virginia zog präzise die Summe, als sie sagte, Orlando »stellte sich gerne vor, sie ritte auf dem Rücken der Welt«.

»Ist es besser, extrem ehrgeizig oder eher bescheiden zu sein?« fragte Vita im Hinblick auf den Roman, den sie schreiben wollte. »Wahrscheinlich ist das zweite sicherer, aber ich *hasse* Sicherheit ... Und überhaupt, es ist mir egal, was ›besser‹ ist, denn, ganz gleich wie viele Entschlüsse man faßt, die Feder ... findet immer ihre eigene Ebene.« Darauf antwortete Virginia: »Warum hast Du es nötig, so ängstlich und aufgeblasen zu sein, beides auf einmal ...? Bitte schreib Deinen Roman, und dann wirst du die unwirkliche Welt betreten, in der Virginia lebt – und, arme Frau, nirgendwo sonst mehr leben kann.«

Virginia wußte ganz genau, worauf Vitas Frage zielte, aber ebenso wußte sie, daß ein Leben in der »unwirklichen Welt« der Phantasie auch ein Leben mit einem Gefühl von Freiheit und Macht bedeutete – etwas, das sie selbst während ihrer ungewissen und schmerzlichen Jugendzeit entdeckt hatte. Denn die Wurzeln von Virginias Kunst reichten zurück in die unsichere Welt einer Kindheit, die von einer oft abwesenden Mutter bestimmt war. Wenn man sich bis zum 25. Januar 1882 zurückbewegen könnte, dem Tag von Virginias Geburt, könnte man einen Blick auf Julia Stephen erhaschen, die schöne und rätselhafte Mutter, deren Hauptinteresse im Leben, aus ebenso rätselhaften Gründen, darin bestand, Kranke und Sterbende zu pflegen; eine Frau, die davon überzeugt war, daß die »gewöhnlichen Beziehungen zwischen Kranken und Gesunden viel leichter und angenehmer sind als die zwischen Gesunden und Gesunden«. Das war die Frau, die Virginia Jahre später in der Figur von Mrs Ramsey in *To the Lighthouse* einfing – die Mutter, deren Geheimnisse die Schriftstellerin fast ihr ganzes Leben hindurch verfolgten.

Was auch immer ihre Beweggründe gewesen sein mögen, Julia Stephens unermüdliche Wohltätigkeit brachte sie im Alter von 49 Jahren ins Grab und ließ Virginia im Alter von dreizehn Jahren zurück, mutterlos, von Entsetzen betäubt und im Begriff, in ihre erste schwarze Phase des Wahnsinns zu versinken. Als sie zwei Jahre später wiederhergestellt war – das heißt 1897 –, lernte sie, daß private Gefühle und öffentliches Geschehen erschreckend weit auseinanderklafften und daß ihre Welt, bis es ihr gelingen sollte, diesen Riß zu heilen, in Gefahr und sie selbst jedem ausgeliefert war. Mit einer Mutter, die über so lange Zeiten abwesend war, fehlte es in Virginias Kindheit an Planung, Kontinuität und Kohärenz. Jetzt, als die Mutter gestorben war, ließ sich nicht sagen, was alles passieren könnte. Aber es dauerte nicht lange, bis dieses frühreife Mädchen entdeckte, daß zwar Gefühl und Geschehen nicht in Einklang zu bringen waren, Gefühl und Phantasie aber schon; und mit dieser Entdeckung öffnete sich für sie die Welt der zukünftigen Romanautorin. Wenn sie sich beibringen könnte, Gefühl *mit* Phantasie zu verschmelzen, könnte sie sich ihre eigene Welt erschaffen: eine weiträumige Republik, die nur von denjenigen, die sie dazu erwählt hätte, bevölkert wäre, ein Ort, wo tatsächliche Geschehnisse nicht stören würden, ein erfundenes Reich, das vollkommen unter ihrer Kontrolle stand und in dem Sorgen und Zweifel keinen Platz hätten. Doch so souverän und allmächtig die Geschichtenerzählerin auch sein mochte, die reine Tatsache, daß sie keine Mutter hatte, blieb doch bestehen. Bis diese Leere gefüllt werden konnte (was unmöglich war) oder sich ein ausreichend zufriedenstellender Ersatz anbot (was ziemlich unwahrscheinlich war), war die »unwirkliche Welt« der Phantasie der sicherste Ort zum Leben. So kannte Virginia die Macht der Phantasie vielleicht besser als Vita. Ihre Art, damit umzugehen, sollte sich allerdings immer von der Vitas unterscheiden.

So standen sich, als die beiden Frauen sich am 14. Dezember 1922 zum ersten Mal begegneten, zwei hochgradig differenzierte Persönlichkeiten gegenüber. Sie hatten viel gemeinsam, aber noch mehr, was sie voneinander unterschied. Was allerdings zählte und in den kommenden Jahren weiterhin zählen würde, war, daß jede etwas besaß, was der anderen dem Gefühl nach vorenthalten geblieben war. Vita beneidete Virginia, die Schriftstellerin, und Virginia stand ehrfürchtig vor Vita, der Frau. In der Frau sollte Virginia eine starke Mutter finden, und in der Schriftstellerin sollte Vita ein abhängiges Kind entdecken. Es war ein glückverheißender Anfang.

Vitas früheste Geschichte sagt uns ebenfalls viel über die Frau, die auf den kommenden Seiten sprechen wird, und wenn auch unzählige kleine Details ihr Bild verkomplizieren, so kann man doch sicher sagen, daß, als Vita in Knole in den frühen Morgenstunden des 9. März 1892 geboren wurde, schon zwei Schläge gegen sie geführt waren. Der erste war, daß sie als Frau geboren wurde. Gemäß dem Familienerbrecht konnte sie als Frau niemals Knole erben, das große Haus ihrer Vorfahren, das Thomas Sackville 1566 von Königin Elizabeth übereignet worden war. Der zweite Schlag bestand darin, die Tochter von Victoria Sackville-West zu sein. Victoria, später Lady Sackville, war eine zutiefst destruktive Frau. Sie war habgierig; sie war rücksichtslos; sie war egozentrisch; sie war schön. Zudem wurde sie von Selbstzweifeln erdrückt. Ohne viel über die Folgen nachzudenken, bestach sie ihre kleine Tochter für endlose Bestätigungen, indem sie sie mit jeder Art von materieller Belohnung überschüttete, solange sie ihrer Mutter nur das Gefühl gab, bewundert und unentbehrlich zu sein. Wie sehr sich das Kind aber auch bemühte, das Ergebnis blieb immer ungenügend. Vita war dieser Aufgabe schlicht nicht gewachsen. Lady Sackville hielt es darüber hinaus für ihr Privileg, sogar für ihr Recht, in ihren rapiden Stimmungswechseln und Launen das Pendel sehr weit ausschlagen zu lassen, und stets war Vita die unschuldige und verwirrte Empfängerin der übertriebenen Gefühlsausbrüche ihrer Mutter. Als Kind wurde Vita Tag für Tag so behandelt, als sei sie ein Spielzeug – in einem Moment mit Liebe überhäuft, im nächsten gehaßt; am Morgen wegen ihrer Schönheit gelobt und umhegt, am Abend als häßlich und unerwünscht verdammt. Noch als Erwachsene und sogar noch nach ihrer Eheschließung lebte Vita weitgehend im Schatten dieser egoistischen und machthungrigen Frau, die sie »verletzte und verwirrte und faszinierte«. Und was noch wichtiger ist, Vita wuchs mit einem Gefühl persönlicher Ohnmacht auf. Es wurde ihr nie gestattet, sich als eine eigenständige Person mit eigenen Rechten zu fühlen.

Vor und sogar noch während ihrer Ehe hatte Lady Sackvilles Schönheit unzählige Bewerber angezogen – unter ihnen John Murray Scott, Pierpont Morgan, William Waldorf Astor – alles Männer von märchenhaftem Reichtum und Einfluß. Es ist nicht schwer zu erkennen, daß Vita, als sie alt genug war, sich ihres Geschlechtes bewußt zu werden, fürchtete, es könnte sie in eine tödliche Auseinandersetzung mit ihrer Mutter um männliche Zuwendung führen. Und so tat sie unbewußt das, was ihr irgendwie als die logischste Sache erschienen sein muß: Sie unterdrückte ihre feminine Seite und ließ, als sie sich sicher genug fühlte, männliches Verhalten, männliche Beschäftigungen und jungenhafte Angewohnheiten die Oberhand gewinnen. Gab es einen besseren Weg, die Konfrontation mit der Mutter in der Arena männlicher Bewerber zu vermeiden? Und gab es einen besseren Weg als diesen, sich nicht nur selbst als männlich vorzustellen, sondern in der Phantasie auch noch als den Erben von Knole?

Irgendwo in der Verwirrung dieser frühen Jahre nahm Vita die Überzeugung ihrer Mutter an, daß »die Welt ein rauher Ort ist, wo man seine eigenen Kämpfe zu seinem eigenen Vorteil ausfechten muß«. Außer dem Kampfgeist scheint Vita von Lady Sackville auch ein paar Taschenspielertricks gelernt zu haben, denn sie »besaß mehr als irgendein anderer, den ich kennengelernt habe, die Fähigkeit zur Täuschung. ... Sie betrat die einzige Welt, die sie kannte, die Welt der Unwirklichkeit, die sie sich selbst zur Wirklichkeit erhob, und sie veranlaßte andere Menschen durch die schiere Kraft ihrer Persönlichkeit und Überzeugung, ihr dorthin zu folgen.« Solange man sich in ihrer Gegenwart aufhielt, war man fast »versucht, alle Märchen, die sie einem auftischte, zu glauben«.

So war sie im Schatten einer Mutter aufgewachsen, die in ihrem Leben ungeordnet, in ihren Gewohnheiten unberechenbar und in ihrer Zuneigung unzuverlässig war, und es muß für Vita ganz natürlich gewesen sein, schon zu einem frühen Zeitpunkt zu erkennen, daß sie, wenn sie wirklich Stabilität, Ordnung und Dauerhaftigkeit brauchte, diese für sich selbst erfinden müßte. Und das tat sie. Wie leicht kann man sie sich vorstellen, wie sie als Kind durch die Hunderte von Räumen in Knole streifte – Räume, die die Jahrhunderte überlebt hatten –, wie sie sich ihrer Dauerhaftigkeit versicherte, ihre Geschichte vorstellte, wie sie kleine Geschichten von Schönheit, Tapferkeit und Blutvergießen erfand. Diese alten Gemälde und Wandbehänge – jedes Stück mußte irgendwo verborgen eine wunderbare Geschichte enthalten. Jedes mußte ein Geheimnis von verlorener Ehre und besiegter Liebe hüten. Man sieht sie als eine leicht zu beeindruckende Jugendliche, wie sie in sorgsam gehüteter Heimlichkeit die schweigenden Korridore der Vergangenheit durchwandert, auf der Suche nach den entferntesten Winkeln der Vorzeit, als alles noch stabil und unveränderlich war.

Vitas Rückzug in die Vergangenheit war ihre Verteidigung gegenüber der Gegenwart. Knole war der einzige Ort, den sie kannte, und mit der Zeit wurde es zum Symbol für die Dauerhaftigkeit und Sicherheit, die ihr in ihrem gegenwärtigen Leben vorenthalten blieben. Knole brachte auch die Feierlichkeit der Geschichte und die Poesie der Romantik mit sich, und darin suchte Vita Zuflucht. In der Geschichte und in der Romantik konnte sie ihre Verwirrung und Angst ablegen und sich vorstellen zu sein, wer immer sie sein wollte.

Dieser Schritt weit zurück in die Vergangenheit war nur ein kleines Stück von der Freiheit entfernt. Wenn Vita ihre Bindung an die Gegenwart vollkommen abstreifen könnte, dann wäre sie vielleicht frei genug, eine neue Persona zu erfinden, die das Gewicht des Heldentums tragen und den Glanz des Ruhms widerspiegeln könnte. Es gab allerdings ein Hindernis. Sie war eine Frau. Aber nichts in der Welt konnte sie davon abhalten, ihre Phantasie bis hin zum Wechsel ihres Geschlechts auszudehnen. Dessen war sie sich sicher. Und so bewegte sich Vita Schritt für Schritt, tastend und vorsichtig, auf das Gebiet, das gewöhnlich nur Männer betreten; und indem sie dies tat, trat ein substantieller Teil ihrer weiblichen Persona in den Hintergrund und machte der neuen männlichen Figur, die sie entwarf, Platz, einer Figur von Macht und Mut und einer gewissen schwungvollen Verwegenheit.

Das alles kann als das Spiel eines Kindes angefangen haben, als eine Phantasie der Jugend, um das Unglück des Heranwachsens unter der diktatorischen Herrschaft von Lady Sackville abzuwehren. Doch für Vita war das Gefühl von Dominanz herrlich, und das männliche Selbst, das sie geschaffen hatte, sollte zum persönlichen Mythos werden, der für den Rest ihres Lebens bestimmend sein würde. Für sie als Mann gab es darüber hinaus nichts, was sie davon abhalten konnte, ihre Mutter mit den gleichen zeremoniellen Ritualen zu umwerben, die auch deren andere Verehrer befolgten. Das war etwas, was sie als Vita, die Tochter, niemals hätte tun können. Und es gab eine gewisse gesteigerte Dramatik in Vitas Bewunderung für ihre schöne verruchte Mutter, etwas Urwüchsiges und Primitives. Lady Sackville konnte sie verletzen und demütigen, ganz gleich auf welche Art, und doch schrieb Vita: »Ich wäre für sie gestorben. Ich hätte jeden umgebracht, der ein Wort gegen sie geäußert hätte. Ich hätte jede Ungerechtigkeit aus ihren Händen erduldet.«

Aber wie alle Versuche, aus dem Chaos des eigenen Lebens etwas Harmonisches zu schaffen, wie künstlich es auch sein mochte, auch dieser Versuch sollte einen Konflikt mit unglücklichen Folgen nach sich ziehen. Vita hatte seit ihrer Kindheit gelernt, daß sie Eigenständigkeit ebenso brauchte wie Zuneigung, Zurückgezogenheit ebenso wie Nähe, aber sie hatte unter der kränkenden Hand ihrer Mutter auch gelernt, wie wenig liebenswert sie war. Sie muß auch erkannt haben, daß geliebt zu werden und frei zu sein irgendwie nicht zu vereinbaren war. Unabhängigkeit erforderte emotionale Distanz zu anderen, so wie Zuneigung mit Ergebenheit und Duldsamkeit einherging. Das war der furchtbare Konflikt, für den Vita keine Lösung hatte, aber sie lernte mit der Zeit, daß man den Riß mit Verhandlungen und Kompromissen sehr weit überbrücken konnte. In ihren zukünftigen Liebesaffären mit Frauen nahm der Kompromiß, den sie einging, um die widersprüchlichen Bedürfnisse miteinander zu versöhnen, die Form von tiefem mütterlichem Mitgefühl, gepaart mit übertrieben leidenschaftlichen Gesten an, eine Verbindung, die diese Frauen als Liebe deuteten. Aber Leidenschaft und Mitgefühl sind weder einzeln noch gemeinsam jemals mit Liebe gleichzusetzen. Es war tatsächlich diese Verbindung, die ihr so viel Kummer verursachen sollte. Doch ganz gleich, wieviel Aufruhr ihre amourösen Verwicklungen ihr auch bereiteten, Vita konnte ohne Liebe nicht leben – oder eher ohne die *Vorstellung* von Liebe in ihrem Leben, eine weitere Überzeugung, die sie von ihrer Mutter geerbt zu haben scheint. »*Mais enfin, ma chérie*«, insistierte Lady Sackville in ihrem typischen Sprachengemisch, »du weißt, daß Liebe die schönste Sache auf der Welt ist? *Et c'est qui le plus* für die meisten Menschen.« Es ist eine der kleinen Ironien in dieser Geschichte, daß Lady Sackville selbst die hauptsächliche Nutznießerin von Vitas Liebe wurde.

So waren es die vielen widerstreitenden Schatten und verwirrten Wege der Kindheit durch die Vita zu der Frau heranwuchs, die eines Tages diese Briefe schreiben sollte. Mit sich trug sie, zumindest in ihrer Phantasie, das Banner der Eroberung, Wahrzeichen der Geschichte und Schild der Männlichkeit. Das waren ihre Verteidigungswaffen, wenn sie ihre eigenen Kämpfe zu ihrem eigenen Vorteil ausfocht, wie Lady Sackville es sie gelehrt hatte, und für Vita bedeutete der eigene Vorteil vor allem Selbstbestimmung und Eigenverantwortlichkeit. Diese waren unabdingbar, wenn es ihr schließlich einmal gelingen sollte, Ruhm und Ansehen zu gewinnen, die einzigen dauerhaften Absicherungen in einer Welt, die sie als potentiell feindselig empfand. Der sadistische Zug an ihr, von dem so wenige Menschen wußten, wurzelte nicht in dem Wunsch, Schmerzen zuzufügen, sondern eher in dem Drang, sich im Besitz von genug Macht zu fühlen, um die Richtung ihres Lebens als autonome Frau mit einem eigenen rechtlichen Standort zu bestimmen. Nur in ihren fiktiven Texten finden wir Szenen von physischer Gewalt. Die Frauen in ihrem tatsächlichen Leben spielten ihre Rollen in einer anderen Geschichte.

Aus diesem Abstand betrachtet, erhält Vitas Aussage, sie wolle lieber »glorreich scheitern als schäbig siegen«, eine umfassendere Bedeutung. Sie sagt etwas über ihre Einstellung zum Leben aus und enthüllt das Ausmaß, in dem sie nach Dominanz, Autorität und Kontrolle strebte. Es war eine aggressive Einstellung, die sich sogar in ihren Briefen an Virginia widerspiegelt. Wie oft stößt man auf Formulierungen wie, »ich will Dich nicht hier herunterzerren«; »ich werde Dich festnageln«; »laß mich zu Dir kommen und Dich entführen«; »der Wunsch, Virginia zu rauben, überwältigt mich«; »ich werde Dich mit Gewalt zwingen müssen, mitzukommen«, und noch viele mehr. Diese Zitate bilden tatsächlich eine so dünne Spur, daß sie unbemerkt bleiben könnten, und einige unter uns könnten sogar darauf bestehen, sie als etwas anzusehen, das man vernachlässigen kann. Sie stammen nichtsdestotrotz aus dem Wörterbuch der Entführung und gehören zur Sprache der Gewalt.

Mit demselben Federhalter, den sie benutzte, um ihre Briefe an Virginia zu schreiben, sollte Vita ein paar Jahre später einen Roman schreiben, in dem ihr sadistischer Held zu seiner Geliebten sagt: »Ich würde dich gerne mit Ketten fesseln . . . nackt, und dich schlagen und schlagen, bis du schreist.« Das ist natürlich eine sehr ausgeprägte Phantasie, aber wir brauchen keine psychoanalytische Hilfe, um die darunterliegende Botschaft zu verstehen, die in einfachen Worten ungefähr so lautet: »Nur wenn ich mich von meinem Minderwertigkeitsgefühl befreit habe, indem ich dich in Fesseln schlage, kann ich mich mit dir wohl fühlen, emotional – und sexuell.« Das war eine Sprache, die Vita perfekt verstand.

Derselbe rauhe Zug physischen Zwangs durchzieht diese Briefe, obwohl sicherlich niemals Gewalt gegen Virginia gerichtet war. Es ist nur wichtig, die spontane Wortwahl zu beachten, denn aus ihr spricht Vitas tief verborgene Überzeugung, daß das Leben in all seiner Vielfalt etwas war, das erkämpft und erobert werden mußte, das Kompetenz und Kraft erforderte. Das war ganz deutlich die emotionale Atmosphäre, in der sie lebte. Ihre kleinsten Gesten der Zuneigung waren von einer Romantik aus Macht und gewaltsamer Entführung gefärbt und oft davon entstellt. So war ihre Geistesverfassung. Vitas Traumwelt war eine Welt, die aus Gefahren bestand – und der Aussicht auf Eroberung. Wir müssen allerdings im Gedächtnis behalten, daß Vita, die sich Phantasien von physischer Gewalt und sadistischen Quälereien hingab, zunächst einmal ihr Leben lang von einer besitzergreifenden Mutter überwältigt und herabgesetzt und zweitens durch den Verlust von Knole täglich an den minderen Status ihres Geschlechts erinnert wurde. Es ist kein Wunder, daß sie lernen sollte, die verwundbaren Punkte an anderen zu erkennen. Noch weniger erstaunlich ist es, daß sie jedem, der ihr schwankendes Gefühl von Souveränität bedrohte, mit emotionaler Brutalität begegnete. »Gesellschaftliche Beziehungen«, sagte Vita, »sind nur Abkömmlinge der primitiven Notwendigkeit für die Horde, sich zum Zwecke der Verteidigung zusammenzuschließen.« In ihrer inneren Welt überlebte nur der »Fähigste«. Der Schwache wurde vom Starken verschlungen.

Wie grausam oder gleichgültig andere Menschen Vitas Auffassung nach sein konnten, zeigt sich in einem Brief, den sie während ihrer ersten Reise nach Persien schrieb. Sie war unterwegs krank geworden, und »die ganze Nacht über hatte ich Fieber und einen wunden Hals und war mir in meinen Alpträumen ganz sicher, daß ich bei Karatschi mit Diphtherie an Land gebracht und dort allein zurückgelassen würde. ... Ich bin ganz allein, und niemanden auf diesem Schiff kümmert es, ob ich lebe oder sterbe.« Natürlich kümmerte es eine ganze Menge Menschen, ob sie lebte oder starb, aber die subjektive Welt, wie sie sie erfuhr, stand unter den ursprünglichen Gewalten des Urwalds, und aus seinen dichten und gefährlichen Gewächsen bezog ihre Gefühlswelt ihre charakteristische Stimmung. Wenn sie das Leben nicht meistern könnte, wäre sie für immer sein Sklave, ihm ausgeliefert. Was also in Vita wie eine überwältigende Aggressivität erschien, war im wesentlichen der feste Wille, durch die Ausübung persönlicher Macht zu überleben. Sie mußte sich im Umgang mit den Lebenstechniken als tüchtig erweisen, wenn sie es beherrschen wollte – oder sie würde von ihm beherrscht werden. Es ist nicht sehr wahrscheinlich, daß Vita selbst ihre Gefühle auf genau diese Weise zum Ausdruck gebracht hätte, aber aus Hunderten von angehäuften Details, die über diese Briefe verstreut sind, wird deutlich, daß sie sich tatsächlich über weite Strecken in einer Atmosphäre des Kampfes fühlte.

Ihr überlegener Sinn für Effizienz führte oft zu Mißverständnissen und Schwierigkeiten. In einem Brief an Virginia aus den ersten Monaten ihrer Freundschaft schlägt Vita zum Beispiel eine Tour in die baskischen Provinzen vor. In dem Glauben, daß Virginia einen starken Anreiz für die Reise brauchen würde, schlug Vita vor, sie solle die Reise als einen »literarischen Stoff [betrachten] – so wie Du, glaube ich, alles betrachtest, menschliche Beziehungen eingeschlossen. O ja, Du magst Menschen mit dem Kopf eher als mit dem Herzen – verzeih mir, wenn ich mich irre.«

Virginia war durch diese Bemerkung mit Recht verletzt und sagte das auch. Aber das wirklich Erstaunliche daran ist, daß Vita nicht die geringste Ahnung hatte, was von dem Gesagten Virginia verletzt hatte. Das war die Wahrheit. Was ein anderer für eine herzlose Bemerkung halten konnte – ohne ihre verborgenen Motive zu verstehen –, betrachtete Vita lediglich als einen Vorschlag zur Effizienz. Vier Jahre später, als Vitas Vater in Knole im Sterben lag, sagte sie wieder und mit derselben bestürzenden Direktheit: »Was für ein guter Stoff wäre all das für Virginias Buch [*Orlando*]. Die ganze Sache«, fügte sie mit ihrem typischen Hang zu gesteigerter Romantik hinzu, war eine »Mischung aus Tragik, Groteske und Großartigkeit.«

Als sie Vita Sackville-West 1922 kennenlernte, hatte Virginia drei größere Perioden des Wahnsinns überstanden und drei Romane geschrieben. Sie war vierzig Jahre alt und bereits eine in ihrer Bedeutung anerkannte Schriftstellerin, aber ihr kommerzieller Erfolg stand noch aus. Und bis 1922 hatte Vita schon mehrere Bände mit Gedichten und Prosa veröffentlicht und war ebenfalls eine etablierte Schriftstellerin. Sie war dreißig Jahre alt, zehn Jahre jünger als Virginia. Am Tag nach ihrer ersten Begegnung am 14. Dezember verzeichnete Virginia in ihrem Tagebuch, daß sie »gestern abend bei Clive zum Dinner war und dort die schöne begabte Aristokratin Sackville-West getroffen habe. Nicht besonders nach meinem eher strengen Geschmack ... mit der ganzen aristokratischen Gewandtheit und Ungezwungenheit, aber ohne künstlerischen Esprit. Sie schreibt 15 Seiten pro Tag – hat eben wieder ein Buch beendet – veröffentlicht bei Heinemanns – kennt alle Welt – Aber kann ich sie je kennenlernen?«

Bis zu dieser Zeit hatte sich Virginia erst zweimal in ihrem Leben ernsthaft verliebt, einmal in ihrer Jugend in Madge Vaughan (nach deren Bild Clarissa Dalloway geformt wurde) und einmal in ihren frühen Zwanzigern in Violet Dickinson, eine wesentlich ältere Frau. So sollte Virginias bereitwillige Kapitulation vor Vita Sackville-Wests

Anziehungskraft die erste in ihrem erwachsenen Leben sein, und Vita sollte die erste Frau sein, die im privaten Bereich der Ehe Virginias mit Leonard Woolf auftauchte. Aber Vita war etwas Besonderes, und Virginia scheint durchaus willig gewesen zu sein, die Möglichkeiten zu erforschen. »Mrs Nicolson hält mich für die beste Schriftstellerin –«, schrieb Virginia in ihr Tagebuch, »& ich habe mich fast daran gewöhnt, daß Mrs Nicolson von mir gehört hat. Aber es freut mich doch.« Wenn Mrs Nicolson Mrs Woolfs Romane mochte, ... sprach zumindest das für sie. Was allerdings wichtiger war, Vita hatte etwas Kindliches in Virginia geweckt: »Das aristokratische Benehmen ähnelt dem von Schauspielerinnen – keine falsche Schüchternheit oder Bescheidenheit: beim Dinner fiel ihr eine Perle auf den Teller – die sie Clive gab – bittet um Likör – mischt überall mit – vermittelt mir das Gefühl, jungfräulich, schüchtern, schulmädchenhaft zu sein. ... Sie ist ein Grenadier; hart; gutaussehend; männlich. ...«

Auf ihr erstes Zusammentreffen folgte ein schneller Austausch von Dinnereinladungen und Büchern. Virginia las beifällig Vitas Roman und ihre Gedichte und vertraute wieder ihrem Tagebuch an: »Sie ist eine überzeugte Anhängerin Sapphos & wirft vielleicht ... ein Auge auf mich, obwohl ich alt bin. Vielleicht hat die Natur ihre Fähigkeiten geschärft. Versnobt, wie ich bin, verfolge ich ihre Leidenschaften 500 Jahre zurück, & sie werden romantisch für mich, wie alter gelber Wein.« Es ist ziemlich klar, daß Virginia nichts dagegen gehabt hätte, wenn Vita ein Auge auf sie geworfen hätte, denn sie war von dieser »überzeugten Anhängerin Sapphos« fasziniert.

Die Faszination war gegenseitig. Vitas Brief an ihren Ehemann Harold Nicolson direkt nach ihrem Zusammentreffen gibt ihre Seite der Geschichte wieder.

Ich bete Virginia ganz einfach an, und das würdest Du auch tun. Ihr Charme und ihre Persönlichkeit würden Dich niederstrecken. ... Mrs Woolf ist so einfach: sie vermittelt unbedingt den Eindruck von Größe. Sie ist vollkommen ungekünstelt. ... Zuerst hält man sie für etwas schlicht, aber dann drängt sich einem eine Art spiritueller Schönheit auf, und man findet eine Faszination darin, sie zu beobachten. Sie ist sowohl distanziert als auch menschlich, still, bis sie etwas sagen will, und dann sagt sie es unübertrefflich gut. Sie ist ziemlich alt. Ich habe selten jemanden so ins Herz geschlossen, und ich glaube, daß sie mich mag. Zumindest hat sie mich nach Richmond, wo sie wohnt, eingeladen. Liebster, ich habe so richtig mein Herz verloren.

So lautete Vitas Brief vom 19. Dezember 1922.

Virginia war tatsächlich »sowohl distanziert als auch menschlich«, wie Vita beobachtet hatte, und in den folgenden neunzehn Jahren sollte sie in vollem Ausmaß erfahren, wie distanziert Virginia sein konnte – und auch wie menschlich. Die distanzierte Haltung hatte eine gewisse magische Anziehungskraft auf Vita, und sie betrachtete sie als Herausforderung. Bedeutete es nicht eine Art Triumph, die Freundschaft dieses schriftstellerischen Genies zu gewinnen? Virginia Woolf war immerhin ein »großer silberner Fisch«.

Aber hier unterbrach eine lange Pause den Fortgang der Liebe. Ob die ersten Schritte zu schnell genommen worden waren oder ob Virginia Bedenken gekommen waren oder ob Vita einfach ungeduldig wurde, ist nicht klar, aber über viele Monate trennte sie ein fast vollständiges Schweigen. Im März 1924 allerdings, als die Woolfs von Richmond zum Tavistock Square in Bloomsbury zogen, war es Virginia, die das Schweigen brach: Würde Vita wohl zum Mittagessen in die neue Wohnung kommen? »Aber bereite Dich auf ein richtiges Picknick vor zwischen den Ruinen von Büchern und Tischbeinen, Schmutz und Staub und lediglich Bruchstücken von Nahrung.« Es war das erste Mal, daß sie allein zusammen waren, und Vita ging fort mit einem »Kopf, der vor Virginia schwamm«.

Allerdings zeichnete sich auch noch etwas von größerer Bedeutung ab – eine Gelegenheit, die Vitas Ambitionen als Romanautorin entgegenkam. Würde sie ein Buch für die Hogarth Press schreiben? fragte Virginia sie im Mai. »Wenn ja, was für eines und wann? Vielleicht bis zu diesem Herbst?« Das war eine ganz schöne Herausforderung, auf Kommando innerhalb von drei Monaten ein Buch zu produzieren. Aber Vita blühte unter Herausforderungen auf – je größer, desto besser. Natürlich würden sie ein Buch von ihr bekommen. Noch besser, sie würde es während ihrer Ferien auf den Gipfeln der italienischen Alpen schreiben! Aber *das* war doch wirklich keine

Herausforderung. Wie konnte Virginia sie so unterschätzen? Ein Buch zu schreiben, war nur ein »kommerzieller Vorschlag«. Die wahre Herausforderung bestand darin, daß Virginia ihr vorwarf, »Briefe von unpersönlicher Gefühlskälte« zu schreiben. Nun also, das war eine Aufforderung von ganz anderer Art. Zuerst allerdings mußte das Buch geschrieben werden, was auch tatsächlich geschah; und es erwies sich als der vielleicht phantasievollste Roman Vitas. Der Titel war *Seducers in Ecuador*. Sie widmete es Virginia, und mit dieser Widmung war der erste Schritt zu einer tieferen Vertrautheit getan.

Als das Manuskript ankam, schrieb Virginia, wieder nur für sich selbst bestimmt:

Vita war den ganzen Sonntag hier, glitt in ihrem großen blauen neuen Austin durchs Dorf, den sie perfekt zu handhaben weiß. Sie trug einen gelben Ringelpullover & einen großen Hut & hatte ein Reisenecessaire voll mit Silber und Nachthemden, die in Seidenpapier gewickelt waren. Nelly [die Dienerin] sagte, ›Wenn sie bloß keine Hochwohlgeborene wäre!‹. ... Aber mir gefällt, daß sie hochwohlgeboren ist; & sie ist es wirklich; eine vollkommene Dame, mit dem ganzen Schwung & der Beherztheit der Adligen. ... Sie ließ uns eine Geschichte da, die mich wirklich interessierte. Ich sehe mein eigenes Gesicht darin, das stimmt. Aber sie hat den alten Wortwust hinter sich gelassen & sich mit einer Art Schimmer von Kunst angefreundet; das ist mein Eindruck; & ich staune in der Tat über ihre Kunstfertigkeit & Sensibilität; denn ist sie nicht Mutter, Ehefrau, Grand Dame, Gastgeberin und schreibt gleichzeitig? Wie wenig ich von alldem tue: ich könnte meinem Hirn niemals in vierzehn Tagen die stattliche Summe von 20000 Wörtern abzapfen ...

Aber sie fuhr fort, Vita »hat die Züge einer überreifen Traube, Schnurrbart, Schmollmund, Neigung zur Korpulenz; in der Zwischenzeit schreitet sie mit ihren schönen Beinen aus, in einem gut geschnittenen Rock ... ist von einer männlichen Vernunft & Schlichtheit. ... O ja, ich mag sie; könnte sie für immer an meine Equipage heften; & glaube, falls es das Leben erlaubt, es könnte eine Art Freundschaft daraus werden.«

Die Hogarth Press brachte *Seducers in Ecuador* noch im November desselben Jahres heraus. Virginia kritisierte ein paar Kleinigkeiten, aber es war, wie sie Vita sagte, etwas »viel Interessanteres ... (zumindest aus meiner Sicht) als das Bisherige. ... Ich freue mich sehr, daß wir es herausbringen werden, und bin überaus stolz und in meiner kindlich verblüfften Zuneigung wirklich gerührt, daß Du es mir gewidmet hast.« So wuchs Stück für Stück, Besuch um Besuch, Brief um Brief ihre Freundschaft – Aphrodite begann ihren Einfluß auszuüben.

1925 erschienen Virginias *The Common Reader* und *Mrs Dalloway*. Vita stand ehrfurchtsvoll vor diesen brillanten Büchern. *Mrs Dalloway* hatte eines für sie getan, sagte sie der Autorin, und zwar jede weitere Reise nach London überflüssig gemacht, denn »London im Juni *ist* vollständig in Deinen ersten zwanzig Seiten enthalten. (Könntest Du jetzt nicht ein winterliches London hervorbringen? ...)« Sie konnte natürlich nicht vorhersehen, daß sie innerhalb von drei Jahren über sich selbst lesen sollte, wie sie als Orlando verkleidet während des großen Frosts auf der Themse Schlittschuh lief. Im Spätsommer dann, als Vita *The Land* schrieb – das Werk, das ihr dauerhaftestes werden sollte –, wurde Virginia von Kopfschmerzen und Erschöpfung ans Bett gefesselt. So daß die Last ihrer wachsenden Vertrautheit einmal mehr ausschließlich auf Briefen ruhte.

Harold Nicolson war im September vom Foreign Office darüber informiert worden, daß er an die britische Gesandtschaft in Teheran versetzt würde, und es wurde entschieden, daß Vita dort im Januar zu ihm stoßen und bis Mai bleiben sollte. Diese Neuigkeit ließ Virginia zum ersten Mal – und zu ihrem Erstaunen – erkennen, wieviel ihr Vita inzwischen bedeutete. Vita war »dazu verdammt, nach Persien zu gehen; & mir widerstrebt dieser Gedanke so sehr (der Gedanke, sie für fünf Jahre aus den Augen zu verlieren), daß ich daraus schloß, ich müßte sie aufrichtig gern haben. Man muß den Glanz des Fremden bedenken; des Adels ... der Schmeichelei. Nichtsdestotrotz, nachdem man gesichtet und gesiebt hat, bleibt doch zweifellos eine Menge. Soll ich ihr Gast sein?«

Im Dezember wurde Virginia für ausreichend gesund erklärt, um einen Ortswechsel bestehen zu können, und am 17. Dezember wurde sie von Vita mit allen Regeln der Kunst nach Long Barn »entführt«, wo sie für drei Nächte blieb. Es war während dieses Wochenendes, daß die Göttin Astarte zu ihnen herabstieg und ihre Freundschaft auf die tiefer gehende Ebene der Liebe führte. Vita machte eine Eintragung in ihr Tagebuch für den 17. Dezember: »Ein friedlicher Abend.« Für den 18. Dezember allerdings: »Habe bis 3 Uhr morgens mit ihr geredet – kein friedlicher Abend.«

Auch Virginia verzeichnete das Ereignis – etwas defensiv: »Diese Anhängerinnen Sapphos *lieben* Frauen; Freundschaft ist niemals unberührt von Verliebtheit.« Aber sie fuhr fort:

Ich mag sie & das Zusammensein mit ihr & den Glanz – sie verbreitet ein Strahlen von brennenden Kerzen, wenn sie beim Krämer von Sevenoaks daherschreitet auf Beinen wie Buchen, rosaglühend, klunker- & perlenbehangen. Das ist das Geheimnis ihres Zaubers, vermute ich. Jedenfalls fand sie mich unglaublich schäbig gekleidet, keine Frau würde sich weniger um ihr Aussehen kümmern – keine würde Sachen so anziehen wie ich. Dabei so schön, & ct. Was ist die Wirkung von alldem auf mich? Sehr gemischt. Da ist ihre Reife & Vollbusigkeit: wie sie so mit vollen Segeln auf hoher See kreuzt, während ich auf Nebengewässern dahindümple; ihre Fähigkeit, meine ich, in jeder Gesellschaft das Wort zu führen, ihr Land zu vertreten ... Silber, Dienstboten, Chow-Chows zu beaufsichtigen; ihre Mutterschaft ... kurzum, sie ist (was ich nie gewesen bin) eine richtige Frau. Dann hat sie eine gewisse Sinnlichkeit an sich; die Trauben sind reif; & sie reflektiert kaum. Nein. Was Verstand & Scharfblick betrifft, ist sie nicht in dem Maß organisiert wie ich. Aber dessen ist sie sich auch bewußt & überschüttet mich also mit der mütterlichen Zuwendung, die, aus irgendeinem Grunde, das ist, was ich mir immer am meisten von jedem gewünscht habe.

Von Long Barn aus schrieb Vita über ihren Teil des Abenteuers an Harold. Harold, der nur wenige Jahre vorher Vitas verheerende Affäre mit Violet Trefusis und ihre kaum weniger zerstörerische Liaison mit Geoffrey Scott durchlitten hatte, war verständlicherweise besorgt. Aber dafür gäbe es keinen Grund, versicherte ihm Vita am 17. Dezember, denn sie würde sich »nicht in Virginia verlieben«, wie Virginia sich auch nicht in sie verlieben würde. Am 18. versicherte Vita ihm erneut: »Sie sagt, sie hängt an mir. Sie ist so verletzlich unter all ihrer strahlenden Intelligenz. Ich liebe sie, aber nicht h. r.m [hintenrum, d. h. homosexuell].« Und noch einmal am 19.: »Wir sind in diesen zwei Tagen in Riesensprüngen und -sätzen Freundinnen geworden. Ich liebe sie, könnte mich aber nicht in sie ›verlieben‹, also sei nicht nervös.«

In den folgenden Jahren sollte Virginia wieder und wieder zu dem kostbaren Bild von Vita »ganz in rosa Perlen« in einem Fischgeschäft in Sevenoaks zurückkehren. In ihrer Vorstellung bezeichnete diese Erinnerung einen Wechsel in ihrem Leben. Aber hier und jetzt im Januar 1926 wurde Virginia klar, daß sie fast vollständig unter Vitas Bann stand und daß die Abreise nach Teheran schrecklich war. »Die Trennung« würde, wie der Dichter sagt, »ihre Herzen in Uhren verwandeln«. Sie waren allerdings beide Frauen, die sich der Literatur verschrieben hatten, und in den folgenden Monaten schufen sie ein *Epistolarium* der Liebe, das umfangreich, kompliziert und obsessiv war.

So vergingen die Wochen – und die Monate. Vita kehrte im Mai nach England zurück, und Harold, der in Teheran zurückgeblieben war, bedurfte erneut einer Versicherung: »Ach, meine Liebe, ich hoffe so sehr, daß Virginia kein Durcheinander wird! Es ist, als würde man neben einem Benzinkanister rauchen.« Aber Vita bestand darauf, daß es kein Durcheinander gab.

Ich liebe Virginia – und wer täte das nicht? Aber wirklich, mein Liebster, Virginia zu lieben ist eine ganz andere Sache: eine Sache des Kopfes, eine geistige Sache, wenn Du willst, eine intellektuelle Sache, und sie ruft ein Gefühl von Zärtlichkeit hervor, das seinen Ursprung vermutlich in ihrer komischen Mischung aus Härte und Weichheit hat – der Härte ihres Verstandes und ihrer schrecklichen Angst, wieder wahnsinnig zu werden. Sie gibt mir das Gefühl, sie zu beschützen. Außerdem liebt sie mich, was mir schmeichelt und mich freut. ... Ich habe eine Todesangst davor, körperliche Gefühle in ihr zu wecken, eben wegen des Wahnsinns. Ich weiß nicht, welche Folgen es nach sich ziehen würde, verstehst Du: es ist ein Feuer, mit dem ich wirklich nicht spielen möchte. Ich bringe ihr zuviel echte Zu-

neigung und Achtung entgegen. ... Darüber hinaus ist Virginia nicht der Mensch, an den man auf diese Weise denkt. Es liegt etwas Unpassendes und fast Unanständiges in der Vorstellung. Ich war *mit ihr im Bett (zweimal), aber das ist auch alles. So, jetzt weißt Du alles, und ich hoffe, ich habe Dich nicht schockiert.*

Vita war ein Impresario der Leidenschaft, und es gab Zeiten, in denen ihr Leben von einem ganzen Chor von Geliebten widerhallte; aber sie bewies die große Klugheit, Virginia »zuviel echte Zuneigung und Achtung« entgegenzubringen, als daß sie emotional mit ihr gespielt hätte. Virginia besaß künstlerisches Genie, etwas, das Vita sehr hoch schätzte und selbst gern gehabt hätte. Es stimmt, daß die wenigen sexuellen Episoden zwischen ihnen Virginias Eitelkeit schmeichelten, aber das wahre Zentrum ihrer Gefühle füreinander lag an anderer Stelle. Vita vergötterte die Gebieterin der Musen und brachte dem verletzlichen Kind, das in ihr steckte, mitfühlende Liebe entgegen; und bei Vitas derart zur Schau gestellter Tüchtigkeit fiel es Virginia leicht, zu vergessen, daß sich darunter eine Frau befand, die auch Verständnis und Liebe brauchte. Wie gewöhnlich erhob allerdings der alte Konflikt sein unnachgiebiges Haupt: solange Vitas Bedürfnis nach Zuneigung mit ihrem Bedürfnis nach Unabhängigkeit konkurrierte und solange diese gegensätzlichen Bestrebungen gleichermaßen zum Aufstieg drängten, so lange würde sie niemals mit jemandem offen und gleichberechtigt umgehen, Virginia eingeschlossen. Auch schien Virginia nicht klar zu sein, wie oft sie Vitas Loyalität mit ihren inquisitorischen Kreuzverhören und ihren gelegentlich erbitternden Forderungen nach Aufmerksamkeit bedrohte. Es ist kein Wunder, daß Vita sich unter ihrer aristokratischen Oberfläche unbefriedigt und einsam fühlte. Und noch weniger war es verwunderlich, daß sie im Hinblick auf ihre Geliebten wahllos und gelegentlich rücksichtslos war. Sie verstanden sie nicht, und sie konnte ihnen einfach nicht dabei helfen. Das wäre darauf hinausgelaufen, einzugestehen, wie sehr sie ihre Zuneigung brauchte, und das hätte ihre eigene Schwäche verraten. Es war einfacher, sich selbst als Beherrschende in einer kämpferischen Welt zu sehen. Indem sie diese gebieterische Position beibehielt, rechtfertigte sie zumindest ihr Streben nach

Autonomie. Und so zwang sie auch weiterhin die Menschen in ihrem Universum, sich ihren eigenen Beschränkungen anzupassen. Was Vita vielleicht nicht begriff, war, daß sie in ihren einsamsten Zeiten, wenn sie es fertigbrachte zu lachen, sich selbst hätte erlauben sollen zu weinen. Denn durch das Lachen zog sich die wirkliche Frau tiefer in ihr Versteck zurück, und die souveräne Vita stieg eine Sprosse höher und verhärtete das schon brüchige Arrangement des Konflikts noch weiter.

Die Spitznamen, die Virginia und Vita sich gegenseitig gaben, lassen die unterschiedlichen Rollen, die sie annahmen, sichtbar werden. Wenn Virginia an die »Liebste Vita« schrieb, richtete sie sich an die liebende, beschützende Mutterfigur. Wenn »Esel West« aufgerufen wurde, dann suchte sie die hochmütige und glanzvolle Frau, die Romane und Gedichte schrieb. Wenn von Vitas Seite ein Brief mit »Meine liebste Virginia« begann, dann sprach sie mit ihrer »lieblichen und zurückgezogenen« Gebieterin der Literatur. Wenn »Potto« gefragt war, dann war es das Kind in Virginia, das zum Herumtoben herausgerufen wurde.

So verhandelten ständig mindestens zwei Vitas mit mindestens zwei Virginias. Die zehn Jahre, die zwischen ihren Geburtsdaten lagen, waren für die Form ihrer Beziehung kaum von Bedeutung, wenn sich Virginia auch gelegentlich auf ihr Ältersein berief, sofern es in ihre Pläne paßte oder sie es für nötig hielt, Mitgefühl zu erwirken. Und es gab genug Freiraum für Konfusionen in dem heftigen und manchmal unübersichtlichen Spiel der Liebe, das die beiden so schön inszenierten. Wie oft schrie Virginia mit einem Atemzug »Esel West« an, weil diese die zwischenmenschlichen Beziehungen durcheinanderbrachte, und mit dem nächsten flehte sie ihre »Liebste Vita« an, noch einmal zu wiederholen, auf welcher »Sprosse der Leiter« Potto in Vitas Zuneigung stand. Das heißt, in jedem beliebigen Moment wandte sich die Autorin eleganter Prosa an die aristokratische Frau und beschwatzte sie, ihr zu wiederholen, wie sehr die dominierende Mutter das ängstliche Kind liebte. Das konnte tatsächlich ziemlich verwirrend sein.

Es ist etwas »Dunkles« an Dir, schrieb Virginia eines Tages unerwarteterweise an Vita. Sie meinte einen Fehler in Vitas Wesen, der alles, was sie tat, und alles, was sie schrieb, beeinflußte. »Es gibt etwas an Dir, das nicht mitschwingt: es könnte absichtlich sein – Du läßt es nicht: aber ich sehe es im Umgang mit anderen Menschen genau wie mit mir: etwas Zurückhaltendes, Gedämpftes – Gott weiß was. ... Es ist übrigens auch in dem, was Du schreibst. Die Sache, die ich die zentrale Transparenz nenne – manchmal läßt sie Dich da auch im Stich.«

Wer kann sagen, aus welchen tiefen Schichten der Wahrnehmung heraus Virginia genau den Konflikt erkannte, den Vita so mühevoll zu verbergen suchte. Es war ein Konflikt, den Virginia im Ausdruck von Vitas Gefühlen gegenüber anderen Menschen wie auch in ihren Büchern für ein Hemmnis hielt.

»Zum Teufel mit der Frau«, schrieb Vita an Harold, »sie hat ihren Finger darauf gelegt. Es gibt etwas Gedämpftes. ... Etwas, das nicht mitschwingt, etwas, das nicht lebendig wird. ... Es macht alles, was ich mache (d. h. schreibe), ein bißchen unwirklich, als wäre es von außen gemacht. Es ist das, was mich als Schriftstellerin verdirbt; als Dichterin vernichtet. Aber wie hat Virginia es entdeckt? Ich habe es nie jemandem eingestanden, kaum mir selbst. Es ist das, was auch mein Verhältnis zu Menschen verdirbt. ...«

Vita hätte klarwerden müssen, daß Virginia es sah, weil sie an demselben Leiden krankte: dem Bedürfnis nach Zuneigung, das im Kampf mit dem Bedürfnis nach Unabhängigkeit lag. Es gab allerdings einen großen Unterschied zwischen den beiden Frauen. Virginia, so wissen wir, schützte sich wie viele andere Schriftsteller und Schriftstellerinnen mit Feder und Tinte vor den Kränkungen des Lebens. Aber ihr besonderes Gefühl intellektueller Überlegenheit, das sich einer ausgesprochenen emotionalen Unterwürfigkeit eng anschloß, erlaubte es ihr als Romanautorin, sich vollständig und freiwillig der geistigen Atmosphäre ihrer Charaktere unterzuordnen. Mit erstaunlicher Leichtigkeit konnte sie in den Köpfen ihrer Figuren ein- und ausgehen, ganz gleich, wie verschieden voneinander sie auch waren, und für jede von ihnen Gefühle aufzeichnen, die so durch und durch ausgearbeitet waren, daß sie den Stempel lebensechter Authentizität trugen. Das heißt, sie war intellektuell so selbstsicher und emotional so willfährig, daß sie ihr innerstes Selbst aufgab, um sich die Gefühle anderer im Akt der Schöpfung vorzustellen. Und das war etwas, das Vita schlicht nicht konnte.

Vita orientierte sich in der Welt mittels Konkurrenz und Eroberung, und sie bezog eine aggressive Position. Schon der Gedanke an Unterwerfung war ihrer Natur fremd und eine Bedrohung für ihre innersten und verletzlichsten Gefühlsregungen. Folglich verfaßte sie oft ausladende Beschreibungen *über* die Gefühle ihrer Figuren, gestattete es sich aber – und damit auch dem Leser – nur selten, einen Eindruck davon zu bekommen, wie die Erfahrung selbst sich anfühlte. Die grundlegende Furchtsamkeit, die unter ihrer Aggressivität versteckt und mit ihr verbunden war, erlaubte es ihr nicht, in das Denken ihrer fiktiven Personen einzudringen und sich selbst der Erfahrung *ihrer* Gefühle zu überlassen. Das ist der Grund, warum sie »von außen« schrieb.

Aber Virginia hatte ihr Geheimnis irgendwie aufgestöbert, und die Entdeckung schien in den folgenden Monaten in ihrem Verhältnis eine Veränderung mit sich gebracht zu haben. Vita hätte alles dafür gegeben, »von innen« schreiben zu können, und so begann sie, Virginias Arbeit mit größerer Konzentration zu betrachten. Gut möglich, daß Virginia Vitas Aufmerksamkeit intellektuell schmeichelhaft fand, aber sicher nicht emotional befriedigend. Denn jetzt müßte der liebevolle Potto – die dreizehn Jahre alte Virginia – zur Seite rücken und Virginia, dem »sanften Genie« der Literatur, Platz machen. Sie würde die Rolle eines literarischen Mentors annehmen, und Vita würde ihr wie ein Hündchen an der Leine nachlaufen und für jedes Bröckchen, das sie erschnüffeln würde, dankbar mit dem Schwanz wedeln. In dieser ungenau definierten Funktion war das »sanfte Genie« jetzt für Vita wesentlich geworden.

»Ich weiß nicht, wie ich ohne Dich auskommen soll«, schrieb Vita bei ihrer zweiten Abreise nach Teheran. »Liebling, bitte, liebe mich auch weiterhin – Mir ist so elend zumute – Vergiß mich nicht –« Am nächsten Tag: »Ich werde sehr hart arbeiten, teilweise Dir zuliebe, teilweise mir selbst zuliebe ... Es stimmt tatsächlich, daß Du intellektuell einen unendlich größeren Einfluß auf mich gehabt hast als irgend jemand sonst, und schon dafür liebe ich Dich. ... Du willst, daß ich gut schreibe, nicht wahr? Und ich verabscheue es, schlecht zu schreiben – und in der Vergangenheit so schlecht geschrieben zu haben.«

Auch hier scheint es Vita nicht in den Kopf gekommen zu sein, daß nicht ihr Schreiben schlecht war – denn sie war in Wirklichkeit eine erfahrene Schriftstellerin –, sondern daß ihr Schreiben sich von dem Virginias unterschied und daß der Unterschied seinen Ursprung in der jeweiligen Persönlichkeitsstruktur hatte und nicht in der schriftstellerischen Leistung. Was sie zu dieser Zeit noch nicht wissen konnte, war, daß sie schließlich ein Thema für einen Roman finden würde, für den ihre Art, von außen zu schreiben, nicht nur angemessen sein würde, sondern sogar eine Voraussetzung für seinen Erfolg. Dieser Roman war *The Edwardians*.

Vita kehrte 1927 aus Teheran zurück, etwa zu der Zeit, als Virginias *To the Lighthouse* erschien, und sie war davon »verblüfft und verhext«. »Liebling, es macht mir angst vor Dir«, schrieb sie. »Angst vor Deinem durchdringenden Verstand und Deiner Lieblichkeit und Deinem Genie.« In diesem Roman hatte Virginia eine ihrer brillantesten Analysen der Gedanken und Beweggründe ihrer Charaktere durchgeführt. »Nur wenn ich es gelesen hätte, ohne Dich zu kennen, würde ich mich vor Dir fürchten«, fügte Vita hinzu.

Virginias »durchdringender Verstand« war wirklich erschreckend, denn in Vitas Vorstellung bedeutete er Dominanz über Menschen; es war ein Privileg, das Vita als Schriftstellerin, die an ihre Figuren von außen herantrat, nicht hatte. Hatte Virginias durchdringender Verstand Vitas schwache Stelle schon erkannt? War es möglich, daß sie auch noch andere ausgraben und Vita noch verletzlicher zurücklassen würde, als sie es insgeheim schon war? Es lag etwas Erschreckendes darin, von Virginias intellektuellem und moralischem Blick geprüft zu werden.

Es gab noch andere Dinge, die Vita Sorgen machten. Sie war frustriert. Sie brauchte ein Abenteuer, keine minutiösen, kopflastigen Untersuchungen. Ihre monatelange Abwesenheit von England hatte ihre an sich schon geringe Immunität gegen Cupidos Pfeile noch weiter herabgesetzt – Virginia hin, Virginia her. Und das Abenteuer, nach dem ihr der Sinn stand, erschien jetzt in der Person von Mary Campbell, der Frau des Dichters Roy Campbell. (Vita, so könnte man in einer Klammer anfügen, hatte die Neigung, vielleicht sogar das Talent, zwischen Ehemänner und -frauen zu geraten. Die Gefahr mag ein Teil des Reizes gewesen sein, und die Herausforderung natürlich auch. Zu früheren Zeiten war sie teilweise für den Ehekrieg zwischen Violet und Denys Trefusis verantwortlich gewesen; sie war die Ursache für Geoffrey Scotts Scheidung; und es gab auch den Verdacht, daß sie zur Trennung von Dorothy Wellesley und ihrem Mann beigetragen hatte.)

Auf jeden Fall traf Vita Roy und Mary Campbell am 22. Mai. Am 23. Mai waren die Campbells zum Dinner in Long Barn. Am 1. Oktober zogen sie in das kleine Haus von Long Barn ein, und zu dieser Zeit war Vita Marys Geliebte geworden – und ihre Mutter noch dazu. Schon bald folgte auf Mary eine kleine Prozession von neuen Liebesaffären und leidenschaftlichen Begegnungen, bei denen Margaret Voigt, Hilda Matheson und Evelyn Irons ganz vorn standen. Aber Vitas Liebesbriefe an Virginia gingen ohne Unterbrechung weiter, als ob niemand anderes in der Welt existierte.

Angst schärft die Wahrnehmung, und Virginia spürte sofort, daß etwas nicht stimmte. Noch wenige Monate vorher hatte sie Vita gewarnt, vorsichtig mit ihren »Herumtollereien [zu sein], sonst wirst Du feststellen, daß Virginias weiche Falten mit Haken besetzt sind. Du wirst zugeben, daß ich geheimnisvoll bin – Du hast mich noch nicht ausgelotet –.« Sie hatte recht. Virginia behielt einen großen Teil von sich »im Ärmel«, wie Vita es ausdrückte, und es gab weite unbekannte Bereiche, die noch zur Erkundung ausstanden. Vita ahnte nicht, daß Virginia, wenn sie sich durch die Treuebrüche bedroht fühlte, jede Gelegenheit ergreifen würde, die sich ihr bot. Und wie es nun geschah, legte die Gelegenheit ihr Feder und Tinte gleich in Reichweite. Das Resultat sollte eine der persönlichsten Fußnoten in der englischen Literaturgeschichte werden, eine fiktive Biographie von Vita Sackville-West.

Die Campbells waren am 1. Oktober in das kleine Haus von Long Barn gezogen. Am 5. Oktober notierte Virginia in ihr Tagebuch die

Idee zu einer »Biographie, die im Jahre 1500 beginnt & bis zum heutigen Tag führt, Orlando genannt; Vita; nur mit einer Umwandlung von einem Geschlecht in ein anderes.« Sie fing sofort an, die Biographie zu schreiben. Am 9. Oktober schrieb sie einen Brief, um Vita wissen zu lassen, daß ihr die Existenz der schönen Mary Campbell durchaus bekannt war, und um gleichzeitig über die Geburt von *Orlando* zu erzählen. »Aber paß auf«, drängte sie, »mal angenommen, Orlando stellt sich als Vita heraus; und es handelt alles von Dir und den Vergnügungen Deines Fleisches und den Verlockungen Deines Verstandes (ein Herz hast Du nicht, so wie Du auf den Feldwegen mit der Campbell herumschäkerst)... Würde es Dir etwas ausmachen? Sag ja oder nein.« Fünf Tage später in einer ruhigeren Stimmung: »Ich verlasse Dich nie, ohne zu denken, es wäre das letzte Mal.« (Vita gab das Schäkern zu, weil Virginia sie »unbewacht« gelassen hätte.) »Wenn Du Dich der Campbell hingegeben hast«, fuhr Virginia fort, »dann will ich nichts mehr mit Dir zu tun haben, und so soll es deutlich in *Orlando* geschrieben stehen, damit die ganze Welt es lesen kann.«

Diese Aussage enthielt mehr Wahrheit, als selbst Virginia zu diesem Zeitpunkt ahnte. Sie wußte von Vitas früheren Liebesaffären. Sie muß außerdem von Anfang an gespürt haben, daß Frauen, die jünger als Virginia waren, Vitas Aufmerksamkeit auf sich zogen, und ganz sicher hatte sie auch die Wahrheit erfaßt, daß sie, selbst wenn Vita sie sexuell begehrenswert gefunden hätte, von ihrer Psyche und ihrem Temperament her ungeeignet gewesen wäre, Vitas physisches Verlangen zu befriedigen. Es gab kaum etwas, was sie tun konnte. Aber es gab auch nichts in der Welt von Fiktion oder Phantasie, das sie davon abhalten konnte, Vitas lebhafte Verfehlungen, ihre wilden Ambitionen und ihre Sehnsucht nach Ruhm für die Nachwelt aufzuzeichnen. Mit all der Eleganz, die ihr zur Verfügung stand, würde Virginia der Welt eine Vita in vollem Ornat vorführen – und in all ihrer großartigen Widersprüchlichkeit.

Und so erhielt sich Virginia in weitgehend derselben besitzergreifenden Art, in der Brownings eifersüchtiger Duke sich seine »Last Duchess« bewahrte, die Vita, die sie liebte, in der imposanten Welt von *Orlando*. Ganz gleich, wie viele Treuebrüche, wie viele Kapriolen es in den kommenden Monaten und sogar Jahren geben sollte, Orlando – die verführerische, aristokratische Figur aus Virginias Phantasie – würde unberührt bleiben, geschützt vor den gefährlichen Verlockungen anderer Frauen und für immer dem drohenden Verlust entzogen. Orlando, die Figur aus Virginias Buch, war aus den Belanglosigkeiten des Lebens heraus- und in die reineren Gemächer der Kunst eingetreten, wo sie für immer bleiben würde. Andere konnten die fleischliche Vita verführen, aber niemand konnte die Vita aus Virginias Schöpfung besudeln.

Während *Orlando* entstand, nahm Virginia Vita gegenüber eine leicht philosophische und sogar ein wenig zurückgezogene Haltung ein. So viel von dem, was Vita getan hatte, war *keine* Bestätigung von Liebe, ganz gleich, in welcher der ambivalenten Bedeutungen des Wortes; und dieses Wissen war in Virginia zu lebendig und zu tief eingesunken, als daß es hätte ignoriert werden können. Aber die Kunst und nicht das Leben nahm jetzt ihre Aufmerksamkeit gefangen. »Ich habe keine Angst davor, daß Du mich nicht willst«, schrieb sie im Oktober, »nur vor dem, was man die Umstände nennt. . . . Meine Fragen zu Deiner Vergangenheit können warten, bis Du in London bist.« Bis November hatte Roy Campbell allerdings das Verhältnis zwischen seiner Frau und Vita entdeckt und drohte zunächst, Mary zu töten, und dann, sich scheiden zu lassen. Vita wandte sich auf der Suche nach Hilfe an ihre Biographin. Virginia hörte aufmerksam zu. Sie wog das Für ab und bedachte das Wider und warf Vita dann ganz unverblümt vor, das Leben anderer Menschen zu zerstören – ihr eigenes eingeschlossen. Vita verließ sie in Tränen. Sie »war eine vollkommene Versagerin«.

»Du hast mir den Eindruck vermittelt, ich sei völlig gefühllos«, schrieb Virginia am nächsten Tag, »und das wollte ich nicht sein. . . . Und ich bin zur Hälfte oder zu einem Zehntel eifersüchtig, wenn ich Dich mit den Valeries und Marys sehe: also kannst Du das abziehen. . . . Ich bin so glücklich zu glauben, daß Dir *wirklich* etwas an mir liegt.« Aber ganz gleich, wie vorurteilslos oder großmütig Virginia auch sein wollte, das kleine Mädchen in ihr sollte sich unausweichlich in einer Lava aus Eifersucht verströmen: »Die Promiskuität steckt in Dir«, schrieb sie bald darauf, »und das ist alles, was sich über Dich sagen läßt. Schau in das Register von *Orlando* – nach Pippin [Vitas Hund] und sieh nach, was dann kommt – Promiskuität *passim*.«

Vitas Verhältnis mit Mary Campbell nahm inzwischen über die Monate an Intensität zu. Bis Anfang Dezember hatte Vita ihr vierzehn Sonette geschrieben, während Virginia emsig fortfuhr, die phantastische Welt von *Orlando* zu weben.

Nach einem Besuch in Long Barn im Sommer 1928 überdachte Virginia in einer kontemplativen Stimmung ihre wechselhafte Beziehung zu Vita:

Mich interessiert, wie die Schichten in einer Freundschaft abbröckeln; wie man unbewußt zu anderen Voraussetzungen übergeht; die Dinge leichter nimmt; sich fast gar nicht über Kleidung oder anderes Gedanken macht. . . . Lagerte bei den schwarzen Johannisbeerbüschen & hielt Vita einen Vortrag über ihr nonchalantes Verhalten gegenüber den Campbells beispielsweise. Mrs C. bekommt Schläge von ihrem Mann, bloß weil Vita im Triumph mit ihrem Silber & ihren Adelszacken & ihren Lakaien in das Leben einer Heringsköchin einziehen muß. Sie brät Heringe auf einem Gasherd, sagte ich, denn ich erinnere mich meiner eigenen Sätze [aus Orlando*] immer.*

Virginias Distanz in dieser Zeit verwirrte Vita wahrscheinlich, denn Virginia betrachtete Vitas Affäre mit Mary jetzt mit einem analytischen Blick und sah sie als eine grausame Liebes-Scharade, die fehlgeschlagen war; und doch konnte etwas darin stecken, das sie herausfiltern und in das farbenprächtige Gewebe der biographischen Prosa einflechten könnte. Aber der Boden, auf dem sie und Vita sich jetzt bewegten, verschob sich merklich, und Virginia stellte oft fest, daß sie die Vita, die sie gerade schuf, mit dem lebenden Modell, das vor ihr stand, verglich. Sie staunte über die Unterschiede, überdachte die Ähnlichkeiten und versuchte, sich neue Variationen vorzustellen.

Im September 1928 unternahmen die beiden Frauen endlich die Tour nach Frankreich, die sie so lange geplant hatten. Es war die erste und einzige Reise, die sie zusammen machen sollten, und der erste

Versuch, herauszufinden, was die enge Gemeinschaft des alltäglichen Zusammenlebens hervorbringen würde. »Ich schreibe dies an der Schwelle meiner beunruhigenden Ferienreise nach Burgund«, vertraute Virginia ihrem Tagebuch an. »Ich bin beunruhigt angesichts der 7 Tage allein mit Vita: interessiert; aufgeregt, aber voller Angst – sie könnte mich ausloten, & ich sie.« Trotz Virginias Ängsten erwies sich die Reise als Erfolg. Die Gegend in Frankreich war wunderschön, das Essen köstlich und die Zeit voller Abenteuer. Aus dem Burgund schrieb Virginia an Leonard: »Vita ist eine perfekte alte Henne, die mit Wärmflaschen herumläuft, und eine erstaunlich tüchtige Reisende, da sie offenbar perfekt Französisch spricht. ... Die Wahrheit ist, daß sie ein ausgesprochen nettes, freundliches Naturell hat; was ich aber an ihr als Reisebegleitung mag, sind ihre Erinnerungen an die Vergangenheit.«

Vita schrieb an Harold: »Virginia ist überaus reizend, und ich fühle mich ihr gegenüber ganz und gar als Beschützerin. Die Verbindung von diesem brillanten Kopf und dem zerbrechlichen Körper ist überaus liebenswert. Sie hat ein reizendes und kindliches Naturell, von dem ihr Intellekt vollkommen losgelöst ist.« Und in ihr Tagebuch: »Ich wurde mitten in der Nacht durch ein Gewitter geweckt. Ging hinüber in Virginias Zimmer, weil ich dachte, sie könnte sich fürchten. Wir redeten ... und dann, als der Sturm weitergezogen war, verließ ich sie, um wieder schlafen zu gehen.«

Es ist kein Zufall, daß sowohl der Brief als auch das Tagebuch Virginias Bedürfnis nach Schutz und Vitas Bedürfnis, sie zu beschützen, hervorheben. Virginias kindliche Hilflosigkeit verstärkte Vitas Gefühl von Dominanz. Virginias Zerbrechlichkeit weckte ihr Gefühl von Stärke. Es nährte und besänftigte gleichzeitig den aggressiven Zug, der durch Vitas Charakter lief. Starke, eigenständige Frauen, ganz gleich wie brillant oder schön, sollten niemals eine große Anziehungskraft auf sie ausüben. Aber auf ihren Schutz angewiesen, von ihr abhängig zu sein, bedeutete für Virginia eine tiefe, wenn auch zeitlich begrenzte Befriedigung, und Vita kam ihrem Wunsch nie näher, gleichzeitig die Zurückgezogenheit, die sie suchte, und die Vertrautheit, nach der sie sich sehnte, zu erreichen. Ihre Freigebigkeit, ihr Schutz, ihre Leidenschaft – sie waren nicht direkt mit Liebe gleichzusetzen, aber sie waren die einzigen reichlich verfügbaren Hilfsmittel, die sie an deren Stelle anbieten konnte. Virginia kam dem von Dominanz und Unterwürfigkeit geprägten Charakter ihrer Beziehung sehr nahe, als sie direkt nach ihrer Reise zu Vita sagte: »Ich habe einen kleinen Ball gesehen, der auf der Fontäne eines Springbrunnens auf und ab tanzte: der Springbrunnen bist Du, der Ball bin ich. Es ist ein Gefühl, daß ich nur durch Dich bekomme.«

Sie kehrten nach London und zur Veröffentlichung von *Orlando* zurück. Vita war bis zu diesem Zeitpunkt vollkommen über das Buch im dunkeln gelassen worden. Sie hatte keine Zeile davon lesen dürfen. Aber jetzt war es da, fertig, wirklich sichtbar für die ganze Welt. Und es war ein großer Erfolg. Die Kritiker fanden nicht genug Worte des Lobes. Wie es Nigel Nicolson sagte, *Orlando* war »der längste und bezauberndste Liebesbrief der Literatur«. Mehr noch, die Tatsache, daß Lord Sackville gestorben war, als das Buch halb geschrieben war, ließ Orlando in gewissem Sinne zu einer Art »Gedächtnismesse« werden; und Vita war »verzaubert und gebannt«.

Harold Nicolson schrieb aus Berlin an Virginia: »Es *ist* wirklich Vita – ihre verwirrte Konzentration, ihre geistesabwesende Zärtlichkeit.... Sie schreitet großartig und unbeholfen durch 350 Jahre.« Eine dunkle Wolke überschattete allerdings das Erscheinen des Buches, und diese Wolke war Lady Sackville. »Du hast einige wunderschöne Sätze in *Orlando* geschrieben«, schrieb Vitas Mutter an Virginia, »aber Dir ist wahrscheinlich nicht klar, wie *grausam* Du warst. Und die Person, die das Buch inspiriert hat, war noch grausamer.« (Neben Virginias Photo, das sie in ihr Exemplar klebte, schrieb Lady Sackville: »Das schreckliche Gesicht einer wahnsinnigen Frau, deren erfolgreiches, wahnsinniges Verlangen darin besteht, Menschen, die sich etwas bedeuten, voneinander zu trennen. Ich verabscheue diese Frau, weil sie meine Vita verändert und mir weggenommen hat.«)

Orlando berührte Vita allerdings auf ganz private Weise. Durch Lord Sackvilles Tod im Januar dieses Jahres – 1928, dem Jahr, in dem das Buch erschien – wurde Vita gezwungen, der einen Tatsache ins Auge zu sehen, die sie am meisten fürchtete: dem dauerhaften Verlust von Knole. Sie hatte keinen legitimen Anspruch mehr auf das Haus ihrer Vorfahren. Knole ging an ihren Onkel Charles über und sollte schließlich ihrem Cousin Edward Sackville-West zufallen. Dieser ungeheuere Verlust und alles, wofür er stand, war für Vita grauenhaft. Mit der Geburt von Orlando wurde dem allerdings etwas die Schärfe genommen. Denn im tiefsten symbolischen Sinne war ihr Knole zurückerstattet worden. Die Vergangenheiten waren wieder vereint worden. »Du hast mich mit Deinen Passagen über Knole zum Weinen gebracht, Du Schuft«, schrieb Vita an die Schöpferin.

Aber es gab noch etwas, das Virginia in *Orlando* getan hatte und über das zu reden schwieriger war: sie hatte die verborgene Seite ihrer Figur aufgedeckt. Virginia hatte sie tatsächlich »ausgelotet«. Dort, für die ganze Welt lesbar, waren Orlandos Gewalttätigkeit, seine Gier nach Ruhm und seine heftigen Stimmungswechsel festgehalten, seine Zornesausbrüche, seine Träume, sein Wunsch nach Einsamkeit, und dort war dieser furchtbare Makel in seinem Wesen, »die Realität durch ein Phantom zu ersetzen«. Virginia war sehr nah daran, die tiefste Seele ihrer Figur zu berühren, als sie sagte, Orlando würde alles, was er besaß, dafür aufgeben, »ein kleines Büchlein zu schreiben und berühmt zu werden«. »Sehnsucht nach Ruhm« – das war die treibende Kraft in Orlandos Leben. Und auch in Vitas. Es lag »ein Glanz um jenen Mann, der ein Buch geschrieben . . . hatte«.

So vieles an Vitas Leben – dem vergangenen, gegenwärtigen und zukünftigen – wurde verständlich, wenn man wußte, wieviel ihr Ruhm bedeutete. Durch ihn fand sie Zustimmung, Macht, Anerkennung. Es war das Erlangen von Ruhm und Glanz, das ihre extravagantesten Leidenschaften hervorrief. Wenn sie schon in den Geschichtsbüchern Englands nicht als die Erbin von Knole im Gedächtnis bewahrt werden konnte, so konnte sie doch für alle Zeiten ihren Platz als eine von Englands Dichterinnen einnehmen. Ruhm war der verborgene Schlüssel. Und Virginia hatte ihn ausgegraben. Vita sah es sofort. Wenn Virginias Introspektion des menschlichen Herzens in *To the Lighthouse* Vita schon »angst« vor ihr gemacht hatte, müssen wir uns vorstellen, wie ungeschützt sie sich jetzt fühlte, da *Orlando* aus den Fenstern der Buchhandlungen in die Welt blickte. Virginia war in ihrer Untersuchung schonungslos gewesen und in ihrer Ausführung brillant. Tatächlich hatte das ganze Werk eine Art von rücksichtsloser Virtuosität an sich.

Nun gab es, wie Vita erkannte, nichts mehr, was so privat oder so persönlich gewesen wäre, daß sie es Virginia vorenthalten konnte, und mit dieser Erkenntnis begann sich das Gefühl ihr gegenüber noch einmal zu ändern. Für Virginia, die Künstlerin, wuchs Vitas Bewunderung, es wuchs aber auch die Distanz, die sie von nun an weiter trennen sollte. »Liebling, Du bist mein Anker«, sagte Vita gleich nach dem ersten Erscheinen von *Orlando*. »Ein Anker, der sich in Goldklumpen am Grunde des Ozeans verfangen hat.« Und sie begann spürbarer von ihrer bewunderten Virginia fortzutreiben. Der Anker würde für immer fest an seinem Ort bleiben. Dessen war sie sich sicher, und mit dieser Sicherheit wippte, schaukelte und tauchte die rastlose Vita in der darüber befindlichen See. So wie sie in der Vergangenheit Abenteuer gehabt hatte, so sollte sie sie auch in den kommenden Monaten haben. Virginia würde sie auch weiterhin lieben, vielleicht sogar ungezwungener, jetzt, wo sie in dem dauerhaften Gebäude aus Wörtern eingefangen war. So daß, während das eifersüchtige Kind weiter in Vitas Zuneigung gewiegt wurde, die Autorin von *Orlando* aufrecht, aufmerksam und ein klein wenig außer Reichweite stand.

In dem oft verwirrenden Wechselspiel dieser vielfachen Rollen gab es immer eine Gefahr: je offener Virginia versuchte, Vita mit Beschlag zu belegen, desto größer wurde die Spannung, unter der ihr Verhältnis stand. Vita ging mit allem verschwenderisch um, nur nicht mit ihrer persönlichen Freiheit, dem emotionalen Selbstbestimmungsrecht, das ihre Biographin immer wieder auf die Probe stellte. Virginia hingegen war sich ziemlich sicher, daß Vita ihr nachgeben würde, wann immer ihre mütterlichen Neigungen angesprochen würden, und sie machte sich diese Schwäche immer wieder zunutze. Wie oft winkte sie Vita zum Abschied mit dem Gefühl »eines Babys, das süße Milch getrunken hat«. Selbst in ihren chronischen Krankheitszuständen wußte Virginia, daß sie Vitas beschützende Instinkte wirksamer wecken konnte, wenn sie vorgab, es ginge ihr gut, selbst wenn das nicht stimmte – und Vita wußte, daß es nicht stimmte –, als wenn sie die wimmernde, besitzergreifende Invalidin herauskehrte.

Vita weigerte sich nie, ihr zur Seite zu stehen. Die Geliebte brachte alle möglichen Schwierigkeiten mit sich, aber Vita, die Mutter, war so dauerhaft wie der Fels von Gibraltar.

Diese mütterliche Zuwendung, die Vita in alle vertraulichen Verhältnisse einbrachte, hatte einen beträchtlichen Anteil daran, daß sie für die Frauen, die sie anzog, immer auf seltsame und sogar paradoxe Weise unnahbar blieb. Denn indem sie insgeheim ihre Privatsphäre schützte, machte Vita es ihnen unmöglich, sie jemals so gut zu kennen, daß sie ihr sicher und auf eine offene und emotional gleichgestellte Weise hätten begegnen können. Ihre Großzügigkeit und ihre beschützende Zuneigung hatten die Tendenz, ihren Geliebten das Privileg zu entziehen, sich ihr gegenüber reif und verantwortungsbewußt zu verhalten. Sie wurden wie abhängige und liebevolle Kinder. Aus diesem Grund konnte Vita sich in keinem dieser Verhältnisse als vollwertiges menschliches Wesen empfinden. Das heißt, sie konnte sich nicht von einer erwachsenen Frau geliebt und geschätzt fühlen, da ihr liebender Schützling den gleichberechtigten Status aufgab, sobald er sich Vitas beschützenden Umarmungen überließ.

Wie unter dem alten Feudalsystem vergab die Herrin ihre Geschenke und ihren Schutz, und ihre Vasallen verpflichteten sich dafür zur Lehenstreue. Vita gab. Sie nahmen. Vita forderte. Sie lieferten. Die Vertrautheit war unausgeglichen und asymmetrisch. Aber es schien für sie keinen anderen Weg zu geben, ihr tiefes und dauerhaftes Gefühl von Isolation abzumildern. Wenn diese Frauen echte Liebe verlangten, wurde Vita wieder einmal zur Feststellung gezwungen, daß sie keine Liebe geben konnte. Sie schrieb an einer Stelle, daß ihre Mutter bei all ihrer amourösen Extravaganz »eine Diktatorin, keine Mitarbeiterin« war. In einer viel hintergründigeren Weise galt das auch für Vita.

Leonard Woolf, der sie aus einem anderen Blickwinkel beurteilte, stellte einmal fest, daß man, wenn man von Vita durch den Londoner Verkehr gefahren wurde und hörte, wie sie »einen aggressiven Taxifahrer zurechtwies, selbst wenn sie im Unrecht war, einen Ton in ihrer Stimme wahrnahm, den Sackvilles . . . vor 600 Jahren in Kent oder sogar noch 300 Jahre früher in der Normandie Leibeigenen gegenüber angeschlagen hatten«.

Ich . . . würde lieber glorreich scheitern als schäbig siegen. Man kann sich leicht vorstellen, daß diese Worte von Orlando stammen, so sehr sind sie mit Heldentum aufgeladen. Vita schrieb sie, als ihr die Idee zu *The Edwardians* kam – sechs Wochen bevor *Orlando* erschien. Virginia hatte in den ersten Monaten ihrer Arbeit an dem Buch Vitas Hilfe in Anspruch genommen, um Fakten über Knole zu sammeln, um seine Geschichte nachzuverfolgen, Photos zu machen, durch seine großen Säle zu wandeln. Es scheint, daß im Verlauf von Virginias schöpferischer Arbeit Vitas eigene Phantasie anfing, Feuer zu fangen. Was konnte sie daran hindern, sich eine eigene Geschichte von Knole auszudenken?

Zu Beginn ihrer Freundschaft hatte Virginia etwas unfair an Jacques Raverat geschrieben, Vita schreibe »mit umfassender Fähigkeit und einer Feder aus Messing«. In Wirklichkeit war Vita eine überaus talentierte Schriftstellerin, und was die »Feder aus Messing« betraf – nun, das war eine Frage des Geschmacks. Fast alle Romane von Vita verkauften sich gut, und sie hatte einen beträchtlichen Erfolg in der Öffentlichkeit – tatsächlich einen größeren als Virginia. Aber Vita Sackville-West hätte nicht so schreiben können wie Virginia Woolf, und ebensowenig Virginia Woolf wie Vita Sackville-West.

Was Virginia oder Leonard von Vitas Schreiben hielten, ist letztlich nebensächlich. Was zählt, ist, daß die Woolfs in ihr von Anfang an eine sehr gut verkäufliche Autorin sahen, und (den Ruhm für einen Moment beiseite) durch die Veröffentlichung von *The Edwardians* brachte Vita der Hogarth Press eine Menge Geld ein, und auch sich selbst – Geld, das bald dafür verwandt werden sollte, einen ihrer beständigsten Träume in Erfüllung gehen zu lassen.

Anfang März 1930 nämlich wurde der Blick von der Terrasse in Long Barn durch Geflügelzüchter bedroht, die über den Ankauf eines benachbarten Hofes verhandelten. Der Gedanke, in Zukunft Hühnerställe vor Augen zu haben, entsetzte Vita. Es wurde Zeit weiterzuziehen. Und so begann sie, sich nach einem anderen Haus umzusehen. An einem regnerischen Apriltag entdeckte sie Sissinghurst Castle, eine monumentale Ruine, die glanzvoll in einer Umgebung aus Matsch und Geröll stand. »Habe mich glattweg darein verliebt«, schrieb Vita in ihr Tagebuch. Ihr Angebot von 12375 Pfund wurde angenommen, und Sissinghurst gehörte ihr.

Mit dem Geld, das sie in den kommenden Monaten durch *The Edwardians* verdiente, sollte Sissinghurst so etwas wie ihre eigene private Version von Knole werden. Die nachvollziehbare Geschichte des Schlosses reichte mindestens so weit zurück wie die Orlandos. War es da nicht richtig, daß Sissinghurst schließlich in Vitas Hände kommen sollte? Orlando hatte durch das Schreiben eines Buches nach Ruhm und Glanz gestrebt. Nun hatte Vitas Buch für sie den Ruhm gebracht, und Sissinghurst sollte ihren Glanz verwirklichen. So kamen Traum und Suche eines ganzen Lebens in *The Edwardians* zusammen, materiell und metaphorisch. Es gab noch eine zusätzliche Belohnung. Sissinghurst hatte einen Turm aus rosafarbenen Backsteinen, und er sollte bald zu Vitas bestgehütetem Heiligtum und ihrer bestverteidigten Festung werden. Wenn sie Einsamkeit und Sicherheit wollte, konnte sie sie haben – aber jetzt auch in einer gewissen stolzen Pracht.

All Passion Spent, ein weiterer Erfolg, folgte 1931, und 1932 verließen die Nicolsons Long Barn und zogen endgültig nach Sissinghurst. Während dieses Zeitraums weitete sich der Riß zwischen den beiden Frauen, hauptsächlich von Vitas Seite aus, obwohl sie und Virginia sich von Zeit zu Zeit sahen und Briefe schrieben. Vita hatte ein Schloß zu restaurieren, einen Garten anzulegen und noch eine Menge mehr Geld zu verdienen, und Harold, der sich aus dem diplomatischen Dienst zurückgezogen hatte, lebte jetzt ständig in London und war damit beschäftigt, seine Fähigkeiten der Literatur und der Politik zuzuwenden.

Der Platz, den Vita Anfang der 30er Jahre in Virginias Leben freigemacht hatte, wurde zu einem gewissen Grad von Ethel Smyth eingenommen; sie war Komponistin, Autobiographin und unheilbar selbstgefällig. Sie war inzwischen weit über siebzig und wurde Virginias häufigste Besucherin und Briefpartnerin, und ihre unersättliche Neugier bezüglich Virginias persönlicher Geschichte war zweifellos schmeichelhaft. Diese neue Freundschaft konnte allerdings Vitas Platz in Virginias Herzen nicht einnehmen oder auch nur berühren. Ihre Liebe zu Vita faltete ganz einfach ihre Flügel zusammen und wartete schweigend.

Virginia sprach von Zeit zu Zeit in ihrem Tagebuch von Vita, wie um sich ihr Bild scharf zu erhalten: »Vita gestern abend«, schrieb sie im Januar 1931, »... sie sagt, daß das Lob über ihre Bücher ihr mehr Schmerzen als Vergnügen bereitet, was ich für wahr halte. Es gab nie eine bescheidenere Schriftstellerin. Und doch macht sie 74 Pfund an einem Morgen – ich meine, ein Scheck für eine Geschichte läuft ein.« Im März 1932: »Wir fuhren nach Sissinghurst.... Vita in Hosen und rosa Hemd. Wir gingen über das Gelände ... aßen kalten Lachs & Himbeeren & Schlagsahne & kleine gemischte Pralinés von Lady Sackville... & tranken, oh, eine Menge Getränke; & stiegen dann auf Vitas Turm; zauberhafte Backsteine in Rosa; aber wie bei Knole, kein besonderer Ausblick, außer auf Ställe, die Gästezimmer werden sollen. Dann nach Hause.«

Wie viele andere abgewiesene Geliebte verschloß Virginia aus reinem Selbstschutz die Augen vor einer Reihe von Veränderungen an Vita, die für andere offensichtlich waren; aber sie sah auch weiterhin das wesentliche Gesicht, und ihr eigener tiefer Sinn für Ehrlichkeit verbot es ihr, dieses Gesicht zu verfälschen, wie der folgende Brief an Ottoline Morell bezeugt:

Ich werde ihr immer sehr zugeneigt bleiben – ich sage das, weil sie an der Oberfläche ziemlich rot und schwarz und grell ist, ich weiß; und sehr langsam; und verglichen mit uns, sehr primitiv, aber sie ist zu Unaufrichtigkeit oder Verstellung nicht fähig und gräbt und gräbt und bewässert und führt ihre Hunde aus und liest ihre Dichter und verliebt sich in jedes hübsche Mädchen, gerade wie ein Mann, und ist meiner Meinung nach durch und durch aristokratisch; aber ich kann Dir nicht versprechen, daß sie Dich nicht langweilen wird.... Aber laß sie kommen, aus ihrem rosaroten Turm, in dem sie sitzt, während Tausende von Tauben über ihrem Kopf gurren.

In ihr Tagebuch schrieb sie: »Vita gestern nach vielen Wochen zum Mittagessen.... Sie ist üppig geworden & dreist & rot – tomatenfarben, & malt ihre Nägel & Lippen an, die keine Farbe brauchen... darunter ziemlich die alte; nur ohne die Ausstrahlung eines Tümmlers, & die Perlen haben an Glanz verloren.« Damit schloß Virginia

– noch einmal an den Dezember 1925 zurückdenkend – eine Szene ab, die mit dem liebevollen Pinselstrich der Nostalgie ausgeführt war.

Dann schließlich die Eintragung vom 11. März 1935: »Meine Freundschaft mit Vita ist vorbei. Nicht mit einem Streit, nicht mit einem Schlag, sondern so, wie eine reife Frucht fällt. . . . Aber ihre Stimme, die draußen vor dem Turmzimmer ›Virginia?‹ sagte, war so zauberhaft wie immer. . . . & das war das Ende. Und es gibt keine Bitterkeit & keine Desillusionierung, nur eine gewisse Leere.«

Die Freundschaft endete nicht. Es war Virginias Depression, die hier sprach. Der Tod von Lytton Strachey und Roger Fry hatte ihr zwei ihrer engsten Freunde genommen. *The Years* war aus der Kontrolle geraten und zwang sie zu monatelangem, qualvollem Schreiben. Sie stand in ihrem dreiundfünfzigsten Lebensjahr und fühlte sich alt, nicht angenommen und unbedeutend. All diese Sorgen verbanden sich in ihrem Denken und zwangen sie in einen Zustand von Verletzlichkeit, der nicht weit von Verzweiflung entfernt war. Ihr Verhältnis zu Vita hatte jetzt, zumindest für Virginia, eine weniger träumerische, mehr realistische Basis gefunden, die für die verbleibenden Jahre ihres Lebens bestehen bleiben sollte; aber die schwindende Priorität in ihrem Verhältnis erschien Virginia wie eine Trennung: die sinnliche Aristokratin, die sie so sehr liebte, entschwand aus ihrer Reichweite; die leidenschaftliche Frau, in deren englischen Adern Zigeunerblut floß, bewegte sich von ihrem Ankerplatz fort, und es gab nichts, was Virginia tun konnte, um sie aufzuhalten.

Sissinghurst Castle mit all seiner symbolischen Bedeutung wurde zum Zentrum von Vitas Welt, einer sicheren, abgeschiedenen Welt mit vorgefertigten Mustern und Kontinuität. Sie ging auf ihrem eigenen Grund und Boden fast nur noch in Kammgarnhosen und Stiefeln, mit Perlen und Ohrringen. Ihre frühesten Phantasien, ein Mann zu sein, wurden lebendig, und ihre Sehnsucht nach Selbstbestimmung nahm in der behüteten Abgeschiedenheit ihres Turmzimmers die Form von Einsamkeit an. Dort saß Vita über lange Zeiträume allein, schrieb ihre Bücher und sah ihre Gedichte durch, während »Tausende von Tauben über ihrem Kopf gurrten«. Innerhalb der nächsten ein oder zwei Jahre sollte sie bereit dafür sein, *Solitude* zu schreiben, das Gedicht, das über so lange Zeit in einem abgeschiedenen Winkel ihres Kopfes entstanden war.

Lady Sackville starb 1936, und Vita entdeckte unter ihren Papieren die spanischen Zeugenaussagen, die sie 1910 in Vorbereitung auf die Erbfolgestreitigkeiten um Knole eingeholt hatte. Vitas Vater hatte Knole kurz nach Vitas Geburt von seinem Onkel Lionel Sackville-West in der Annahme geerbt, daß Lionel keinen männlichen Nachfolger hätte. Es folgte eine lange und kostspielige rechtliche Auseinandersetzung mit bestimmten Mitgliedern der Familie, die anfingen, finanzielle Forderungen zu erheben oder auf bestimmten »Rechten« zu bestehen. Vitas Mutter war nicht bereit, familiären Forderungen oder familiärer Habgier nachzugeben. Also zog Vita herum und sammelte ehrenrühriges Beweismaterial von Leuten, die Lady Sackville als Kind gekannt hatten oder auch Pepita, Vitas spanische Zigeunergroßmutter. Die Entdeckung dieser Papiere macht Vita den »Mund wäßrig«. Das war ein Buch, das sie schreiben mußte. Das Material wurde geordnet, und sofort fing ihre Phantasie an zu arbeiten. *Pepita* wurde im August 1936 begonnen und erschien im Oktober 1937 in der Hogarth Press. Zehntausend Exemplare wurden in den ersten acht Wochen nach Erscheinen verkauft. Sie hatte einen neuen Erfolg erzielt.

Die zweite Hälfte des Buches ist »Pepitas Tochter, 1862–1936« gewidmet – das heißt Vitas Mutter; und natürlich schließen die Jahre von 1892 bis 1936 auch Vita selbst ein. Wenn wir heute diese Seiten lesen, kommen wir nicht umhin zu bemerken, daß Vita nicht nur über ihre Mutter schrieb. Als vordringliche Beobachterin und Mitwirkende in dem Drama von Lady Sackvilles Leben schrieb Vita, ohne daß es ihr klar wurde, auch indirekt eine Art Memoiren ihrer eigenen Jugend und ihrer Zeit als junge Frau. Ihre Werte, ihre Einstellungen, ihre Beurteilungen dringen durch jede Seite. So daß Vita in ihrem Bestreben, ihre Mutter in den richtigen Blickwinkel zu setzen, jetzt in ihrem rosa-steinernen Turm gezwungen war, einen langen, unnachgiebigen Blick auf die Person zu richten, die sie einmal gewesen war. Und sie mochte nicht alles, was sie sah. Im Verlauf der Jahre begann ihr klarzuwerden, welche schreckliche Vergeudung in ihren vielen Liebesabenteuern gesteckt hatte. Jetzt sah sie sie als

Die billigen und leichten Liebeleien! . . .
Die eiligen Eindringlinge in dunkelste Gewölbe? . . .
Die das Fleisch locken und leicht beschmutzt zurücklassen. . . .

Das waren die Zeilen, die Vita in *Solitude* schreiben sollte. So viel von ihrem Leben den Ritualen der Leidenschaft ausgeliefert zu haben war zerstörerisch und Vergeudung gewesen. Und was noch schlimmer war, sie hatte wiederholt glühende Begeisterung in Szene gesetzt, ohne den Trost der Liebe zu spüren. Es war so viel Zärtlichkeit ohne Zuneigung gewesen.

Virginia war die eine Ausnahme. Aber sie hatte Vita auch verstanden, wie es die anderen nicht getan hatten. Sie wußte, daß es da etwas Versperrtes, Verborgenes, auf ewig Eingefrorenes gab. Dieses Wissen hatte die Intensität ihrer Gefühle in keiner Weise herabgesetzt. Daß sie den Ursprung von Vitas »nonchalantem Verhalten« verstand, führte jedoch dazu, daß das »sanfte Genie« die »billigen und leichten Liebeleien« sah und sich bemühte, geduldig zu warten, während sich das besitzergreifende Kind, der fordernde Potto, auch weiterhin in Schmerz, Furcht und Ärger wand.

Mit dem Herannahen des Zweiten Weltkriegs 1938 nahm die internationale Spannung zu. Auch in Virginias Arbeitszimmer wuchs die Spannung. Sie hatte gerade fünf Jahre aus »Schweiß und Tränen« mit ihrem längsten und beschwerlichsten Buch *The Years* durchgemacht. Ihr Neffe Julian Bell war gerade im spanischen Bürgerkrieg gefallen. Ihre Welt verwandelte sich in ein Irrenhaus aus Grausamkeit und Gemetzel. Und in dieser seltsamen Atmosphäre lärmender Leere und in einem Zustand zunehmender Erschöpfung schrieb sie *Three Guineas*, eine leidenschaftliche Verurteilung aller Kriege und der Männer, die in ihnen kämpften. Das Buch erschien 1938 und rief eine ihrer sehr wenigen, bemerkenswerten Auseinandersetzungen mit Vita hervor. *Three Guineas*, sagte Virginia, sollte öffentliche Reaktionen hervorbringen; sie hatte es darauf angelegt, »irritierende Dinge zu sagen«, »Widerspruch zu wecken«. Aber vor Vitas Vorwurf, das Buch unterstütze »irreführende Argumente« und wäre letztlich unaufrichtig, zuckte sie zusammen. Der Schmerz verwandelte sich schnell in Ärger, und der Ärger brachte Virginias berufliche Integrität stürmisch auf den Plan. Was, wollte sie wissen, meinte Vita mit »irreführenden Argumenten«? Meinte sie, Virginia wäre mit den Tatsachen auf unaufrichtige Weise umgegangen, um den gewünschten Effekt hervorzurufen? Wenn ja, dann würden sie die Sache ausfechten müssen.

Im Juli wurde ein weiterer Brief nach Sissinghurst abgefeuert: ». . . [Ich habe] das Gefühl, ich kann Dein Gedicht nicht unvoreingenommen lesen, solange Deine Vorwürfe gegen mich . . . unbegründet bleiben . . .«

»Von Deinem Brief entsetzt«, telegraphierte Vita. Weitere Briefe flogen hin und her, bevor Virginia sicher war, daß ihr keine Unaufrichtigkeit vorgeworfen wurde – »und das ist das einzige, worauf es mir ankam. Also vergeben und vergessen«, sagte Virginia ein bißchen unterwürfig, so wie vieles andere, ob zu Recht oder zu Unrecht, vergeben und vergessen worden war. Wo es um Vita ging, waren die Einsätze zu hoch und der mögliche Verlust zu groß. Virginia würde auch weiterhin entgegenkommend bleiben.

Vor ihr lagen allerdings weit ernstere Probleme. *The Years* hatte sie ungeheuer beansprucht, nicht nur ihre Energie, sondern auch ihr Selbstvertrauen als Schriftstellerin, und die Feindseligkeit, die *Three Guineas* in einigen Kreisen hervorrief, trug nicht gerade dazu bei, ihre angeschlagene Selbstsicherheit aufzurichten. So daß sie, als sie im April 1938 die Lebensbeschreibung von Roger Fry begann und *Pointz Hall* (das zu *Between the Acts* wurde), dies eher aus einem Gefühl der Niederlage heraus tat. Die Fry-Biographie verursachte ihr, weil sie so persönlich war, endlose Sorgen und Zweifel, und je mehr sie damit rang, desto weniger war sie sich ihrer selbst sicher. Sie hatte sich eingeredet, es würde kein gutes Buch werden. Leonard Woolf, immer Virginias zuverlässigster Kritiker, fand es unangemessen und sagte ihr das auch.

Über all diesen privaten Nöten lag der dunkle Schatten von Hitler, der das Schicksal der zivilisierten Welt bedrohte. Ein heraufziehender Krieg und all die ihn begleitenden Schrecken trugen noch beträchtlich zu der ohnehin schon sehr aufgeladenen Atmosphäre bei. Für beide Romanautorinnen bedeutete das eine Wendung hin zum Konformismus einer Herde. Es bedeutete, zugunsten des Allgemeinwohls auf private Befriedigungen zu verzichten. Für Virginia war das unerträglich. Für Vita war es notwendig. Tatsächlich schieden die Differenzen, die sie in ihrem privaten Leben trennten, sie auch in ihrer Reaktion auf den Krieg. Als die Bomben anfingen auf England zu fallen, wurde Vitas innerer Kampfgeist geweckt. Sie mochte in der Einsamkeit ihres rosafarbenen Turmes pastorale und nachdenkliche Gedichte schreiben, aber in der Krise eines Kriegs rollte sie die Hemdsärmel auf und übernahm ihre Pflichten als Bürgerin. Der literarische Schaffensdrang wich dem patriotischen Geist. Krieg war für Vita eine Sache; Schreiben eine andere. Sie konnte damit anfangen. Sie konnte damit aufhören. Ihr Schreiben war nicht unlösbar mit ihrem Selbstgefühl verwoben, und die beiden gerieten nie durcheinander.

Für Virginia hatte Krieg eine andere Bedeutung. Sie nahm im normalen Leben immer aktiv an der Welt Anteil, aber wenn es ums Schreiben ging, zog sie sich unweigerlich zurück. Auf einer Ebene bedeutete Krieg natürlich Verlust und Entbehrung. Auf einer tieferen Ebene allerdings bedeutete es, keine Leser zu haben; und in Virginias Denken gab es ohne Leser auch keine Schriftsteller. Verschiedene andere Umstände in ihrem Leben während dieser belastenden Zeit trugen dazu bei, ihre Situation übertrieben wahrzunehmen, die Dinge jeglicher Proportion zu berauben. Und sie mußte ihre Phantasie nicht allzusehr anstrengen, um sich wie ein Stück Ballast zu fühlen. Darüber hinaus bedeutete der Krieg das Ende der persönlichen Unabhängigkeit, das Ende öffentlicher Anerkennung. Alles, wofür sie gearbeitet hatte, war jetzt in der Schwebe. Ohne Leser, ohne öffentliches Echo gab es nichts.

Es ist nicht klar, ob Virginia selbst den inneren Kampf während dieser letzten Jahre verstand. Wenn sie es tat, ist es unwahrscheinlich, daß sie es Vita gegenüber erwähnt hätte, denn dieser Kampf kam dem Tod zu nahe, und Tod war »die eine Erfahrung, die ich nie beschreiben werde«, wie sie einmal gesagt hatte. Vielleicht war das nicht notwendig.

Es gibt keine wirksame Methode, mit der man die Einsamkeit in solchen Zeiten dokumentieren kann. Man kann nur versuchen, sich dem Gefühl und der Intensität der Leere anzunähern, die ein menschliches Wesen zu verspüren in der Lage ist. Es geschieht aber häufig, daß Menschen, die früher einmal tiefe Liebe empfunden haben, dann, wenn ihre Welt von Zerstörung bedroht ist und der Tod schon hinter der nächsten Biegung wartet, dazu neigen, die früheren Gefühle noch einmal erleben zu wollen und die glücklichsten Zeiten der Vergangenheit noch einmal in Erinnerung zu rufen. Und in dieser Krise wurde Vita anscheinend mehr als je zuvor deutlich, wieviel ihr Virginia wirklich bedeutete.

Im Oktober 1940 waren beide Häuser der Woolfs in London durch deutsche Luftangriffe entweder zerstört oder unbewohnbar gemacht worden. Was auch immer sie an Besitztümern retten konnten, brachten sie nach Rodmell, wo Virginia verzweifelt versuchte, *Between the Acts* fertigzustellen. Und während dieser Zeit und in den ersten Monaten von 1941 begann Virginia, in eine seltsame Art von Gelassenheit hinüberzugleiten, in so etwas wie einen Zustand erschöpfter Euphorie. Die Anspannung durch den Krieg, die Strapazen des zwanghaften Schreibens, die schreckliche Angst, als Schriftstellerin zu versagen, das Grauen vor dem Alter und der Abhängigkeit – all das kam zusammen und verkehrte die falsche Euphorie zur schwärzesten Depression. Aber davon wußte Vita nichts.

In ihrem Brief nach Sissinghurst mit dem Datum des 22. März erkundigte sich Virginia nach Vitas sterbenden Vögeln – ihren Wellensittichen. Das waren ihre letzten Worte an Vita. Am Freitag, dem 28. März 1941, setzte Virginia ihrem Leben ein Ende.

Es gibt ein seltsames kleines Detail im Zusammenhang mit Virginias letzter Bemerkung über sterbende Vögel. In den abschließenden Szenen von *Between the Acts*, das im Juli 1941 posthum erschien, findet sich eine Zeile, in der »Vögel dissonant Leben, Leben, Leben silbelten«. Als Vita diesen Abschnitt einige Monate nach Virginias Tod las, mußte ihr auffallen, daß er seinen Ursprung in *Orlando* hatte, wo es heißt:

Gehen wir also und erforschen diesen Sommermorgen, wenn alle die Pflaumenblüte und die Biene bewundern. Und stockend und stammelnd wollen wir den Star fragen (der ein geselligerer Vogel ist als die Lerche), was er auf dem Rand der Abfalltonne denken mag, wo er zwischen den Stöcken ausgekämmte Haare einer Scheuermagd herauspickt. Was ist das Leben, fragen wir, über das Gatter des Wirtschaftshofes gelehnt; Leben, Leben, Leben! ruft der Vogel, als hätte er uns gehört . . .

1945, vier Jahre nach Virginias Tod, stellte Vita gemeinsam mit Harold Nicolson eine Anthologie von Gedichten mit dem Titel *Another World Than This . . .* zusammen. In diesem Band findet sich ein »Gedicht« von Virginia Woolf, das Vita der Passage von *Orlando* entnommen und in Verszeilen gefaßt hatte:

Let us go then, exploring
This summer morning,
When all are adoring
The plum-blosson and the bee.
And humming and hawing
Let us ask of the starling
What he may think
On the brink
Of the dust-bin whence he picks
Among the sticks
Combings of scullion's hair.
What's life, we ask;
Life, Life, Life! cries the bird
As if he had heard. . . .

Daß Vita gerade diese Passage aus *Orlando*, Virginias längstem Liebesbrief an sie, auswählte, zeigt schon an sich die Wichtigkeit des Angedenkens. Aber die Bedeutung, die sie für Vita als Abschied hatte, wird nur klar, wenn man sich erinnert, daß Virginia in ihrer Jugend Latein und Griechisch gelernt hatte. Denn in diesem Roman übersetzt sich »Life, Life, Life« in Latein als »Vita, Vita, Vita!« Und nichts hätte sich besser für Virginias letztes Lebewohl an Vita geeignet, die ihr so viel Leben gegeben hatte – mit all seinem Glück und seinem Kummer – in fast zwanzig Jahren der Liebe und Freundschaft.

März 1923 – Anfang 1924

Vita Sackville-West und Virginia Woolf begegneten sich zum ersten Mal in London am 14. Dezember 1922 auf einer Dinner-Party bei Clive Bell. Bald darauf war Virginia zum Abendessen bei Vita in ihrem Haus in der Ebury Street, und am 11. Januar 1923 fand Vitas erster Besuch im Hogarth House, Richmond, statt.

Ebury Street 182
London S. W. 1
26. März [1923]

Liebe Mrs Woolf

Ich schreibe dies heute, weil ich glaube, daß Sie sagten, Sie wollten am 27. nach Spanien reisen, und ich möchte, daß die Zeilen Sie erreichen, bevor Sie fahren. Das Komitee des P. E. N.-Clubs ist sehr daran interessiert, daß Sie dem Club beitreten, und auf seinen Wunsch hin habe ich Ihnen den Vorschlag gemacht – wären Sie jetzt so nett, sich von ihnen zum Mitglied machen zu lassen? mir zuliebe, wenn schon aus keinem anderen Grund. Es kostet nur eine Guinee im Jahr, und sie würden sich doch so freuen. Sie essen einmal im Monat zusammen zu Abend; das ist ganz vergnüglich. Tun Sie es doch bitte, und kommen Sie zu dem Essen im Mai, zu dem sie bekannte Autoren aus dem Ausland eingeladen haben. Es gab Ihretwegen eine gewisse Aufregung von seiten des Komitees, und Galsworthy stand (sozusagen) auf und machte einen Diener.[1]

Ich hoffe, Sie werden in Spanien viel Spaß haben. Es ist das beste Land, das ich kenne. Bitte lassen Sie es mich wissen, wenn Sie zurück sind, denn ich möchte Sie beide einladen, zu Besuch nach Long Barn zu kommen und mit mir hinauf nach Knole zu fahren. Und ich werde nicht erfahren, wann Sie zurück sind, wenn Sie es mir nicht sagen.

Herzlich Ihre
Vita Nicolson

[1] Galsworthy war der Präsident des P.E.N.-Clubs.

Karfreitag [30. März 1923] *Hotel Ingles, Madrid*

Liebe Mrs Nicolson,

(Aber ich wünschte, Sie könnten dazu bewegt werden, mich Virginia zu nennen). Ich habe Ihren Brief erhalten, als wir Richmond verließen. Ich fühle mich sehr geschmeichelt, daß der P. E. N. mich bittet, Mitglied zu werden.

Ich würde dem mit großem Vergnügen nachkommen, nur weiß ich nicht, was es bedeutet, Mitglied zu sein. Verpflichtet man sich damit, Reden zu halten oder regelmäßig zu kommen oder Vorträge zu halten, oder was? Bei einem Leben so weit draußen werden die Abendessen wohl eher schwierig, und ich kann keine Reden halten ...

Long Barn, Weald,
Sevenoaks.
8. April [1923]

Meine liebe Virginia

(Sie sehen, es muß nicht viel bewegt werden. Meinen Sie, Sie könnten gleichfalls bewegt werden?)

Es ist sehr freundlich von Ihnen, zu sagen, Sie würden dem P. E. N.-Club beitreten, falls gewährleistet ist, daß Sie keine Reden zu halten haben. Das kann ich voll und ganz versichern, da die Regeln des Clubs es verbieten. Es kommt höchstens einmal zu einer kurzen Stellungnahme des Präsidenten. Sie müssen auch nicht an Abendessen teilnehmen, wenn Sie es nicht wollen. Darüber hinaus hält auch niemand Vorträge. Man geht einfach zu einem Essen, wenn einem der Sinn danach steht, und läßt es darauf ankommen, ob man neben Mr H. G. Wells oder einem unbekannten, pickligen jungen Zeitungsschreiber sitzt.

Ich nehme nicht an, daß dieser Brief Sie jemals erreicht. Es erscheint mir überhaupt immer ganz unglaublich, daß irgendein Brief seinen Bestimmungsort erreicht. Aber ich glaube mich zu erinnern, daß Sie schon alles gesagt – oder eher geschrieben – haben, was es zu Briefen zu sagen gibt. Daher will ich nicht damit wetteifern.

Ich beneide Sie mehr, als ich es sagen kann, um Spanien. Ich wünschte, ich wäre mit Ihnen dort – aber die Arbeitskittel machen sich im Umkreis der Hecken sehr nett, und meine Tulpen kommen raus.

Sehr herzlich Ihre
Vita Nicolson

[*Mit Bleistift geschrieben:*] Auf diesem Papier schreibt es sich mit Tinte wie auf Löschpapier.

März – Dezember 1924

Im März 1924 zogen die Woolfs von Richmond an den Tavistock Square in Bloomsbury. Im Juli war Virginia zum ersten Mal Gast in Long Barn, Vitas Haus, und in Knole, dem Stammsitz von Vitas Vater, Lord Sackville.

Tre Croci
Cadore. [Italien]
16. Juli [1924]

Meine liebe Virginia

Ich hoffe, niemand hat mir bisher einen Handschuh hingeworfen oder wird das jemals tun, ohne daß ich bereit gewesen wäre, ihn aufzunehmen. Du hast mich gebeten, eine Geschichte für Euch zu schreiben. Auf Bergesgipfeln und neben grünen Seen schreibe ich sie für Dich. Ich verschließe meine Augen vor dem Blau des Enzians, vor dem Korallenrot der Androsace. Ich verschließe meine Ohren vor dem Rauschen der Flüsse; ich verschließe meine Nase vor dem Duft der Pinien; ich konzentriere mich auf meine Geschichte.[1] Vielleicht wirst Du ja zum Verbindlichen Verleger, und ich erhalte meine Geschichte zurück – »Die Hogarth Press bedauert, daß das beiliegende Manuskript«, etc. – oder wie auch immer Eure Formulierung lautet. Trotzdem werde ich ohne Groll bleiben. Wegen der Gipfel und der grünen Seen und der Herausforderung wird es sich gelohnt haben, und Dir allein soll sie gewidmet sein. Aber natürlich lag die wirkliche Herausforderung nicht in der Geschichte (die ja schließlich nur ein ›kommerzieller Vorschlag‹ war), sondern in dem Brief. Du hast gesagt, ich schriebe Briefe von unpersönlicher Gefühlskälte. Nun, vielleicht ist es schwierig, dies nicht zu tun in einem Land, wo direkt vor deinem Fenster zwei felsige Gipfel von unnachgiebiger Majestät emporragen und wo ein Amphitheater von Bergen deinen

Horizont und deine Schritte einschließt. Heute stieg ich hinauf zum ewigen Schnee und fand dort leuchtendgelbe Mohnblumen, die gleichermaßen dem Gletscher wie dem Sturm trotzen; und schämte mich vor ihrem Mut. Außerdem wird behauptet, Insekten hätten diese Gipfel hervorgebracht, Ablagerung auf Ablagerung; aber wenn Du diese Gipfel sehen könntest, würdest Du es wenig glaubhaft finden, daß irgendein Insekt, ganz gleich wie arbeitsam, die Zeit gefunden hätte, so weit hinauf zum Himmel zu klettern. Als Folge, verstehst Du, wird man dazu gebracht, sich ganz unpersönlich und unbedeutend zu fühlen. Ich kann Dir nicht sagen, wie viele dolomitische Meilen und Steigungen ich bis jetzt schon in meinen Beinen habe. Ich habe das Gefühl, als ob sich die reine physische Energie und das Wohlbefinden den ganzen Intellekt einverleibt hätten. So sollte man sich fühlen, davon bin ich überzeugt. Ich denke über junge Bergsteiger nach, mit Seilen und Eispickeln behangen, und glaube, nur sie haben verstanden, wie man das Leben leben soll – Ich frage mich, ob Du jemals Bloomsbury und die Kultur schwänzen und mit mir auf eine Reise gehen wirst? Nein, natürlich wirst Du das nicht. Ich habe Dir einmal gesagt, ich würde lieber mit Dir als mit irgend jemand anderem nach Spanien fahren; und Du hast verwirrt geschaut, und ich hatte das Gefühl, ich hätte einen Fauxpas begangen – wäre zu persönlich, genau gesagt –, aber die Behauptung bleibt trotzdem wahr, und ich werde mich nicht zufriedengeben, bis ich Dich fortgelockt habe. Willst Du nächstes Jahr mit zu dem Ort kommen, an dem die Zigeuner aller Länder eine alljährliche Pilgerfahrt zu irgendeiner Madonna machen?[2] Ich habe den Namen vergessen. Aber es ist ein Ort irgendwo in der Nähe der baskischen Provinzen, zu dem ich immer einmal reisen wollte, und nächstes Jahr FAHRE ICH. Ich finde, Du solltest auch mitkommen. Betrachte es, wenn Du willst, als literarischen Stoff, – so wie Du, glaube ich, alles betrachtest, menschliche Beziehungen eingeschlossen. O ja, Du magst Menschen eher mit dem Kopf als mit dem Herzen – verzeih mir, wenn ich mich irre. Natürlich muß es Ausnahmen geben, es gibt immer welche. Aber im allgemeinen ...

Und dann glaube ich, daß man Menschen niemals in ihrer eigenen Umgebung kennenlernen kann; man lernt sie nur fern von zu Hause kennen, getrennt von all den dünnen Fäden und Spinnennetzen der Gewohnheit. Long Barn, Knole, Richmond und Bloomsbury. Alles zu gewohnt und beengend. Entweder bin *ich* daheim, und Du bist fremd; oder *Du* bist daheim, und ich bin fremd; so ist keine je die tatsächlich eigentliche Person, und das führt zu Verwirrung.

Aber in den baskischen Provinzen unter einer Horde Zinganros [Zigeunern] wären wir beide gleichermaßen fremd und gleichermaßen wirklich.

Alles in allem glaube ich, Du solltest Dich entschließen, Urlaub zu machen und mitzukommen.

Vita

[1] Vita schrieb den größten Teil ihrer umfangreichen Geschichte *Seducers in Ecuador*, die sie Virginia widmete, während sie vom 8. bis zum 21. Juli 1924 mit Harold in den Dolomiten wanderte.

[2] Santiago de Compostela.

19. August [1924] *Monk's House, Rodmell, Lewes, Sussex*

Meine liebe Vita,

Bist Du zurückgekehrt, und hast Du Dein Buch beendet – wann wirst Du es uns zukommen lassen? So bin ich, mal wieder eine Plage mit all diesen Fragen.

Ich habe mich über Deinen vertraulichen Brief aus den Dolomiten gefreut. Er tat mir sehr weh – was zweifellos die erste Stufe der Vertrautheit darstellt – keine Freunde, kein Herz, nur ein gleichgültiger Kopf. Bekümmere Dich nicht darum, ich habe Deine Kränkungen sehr genossen. . . .

Aber ich höre hier auf, sonst schreibe ich Dir noch einen wirklich vertraulichen Brief, und dann würdest Du mich noch weniger mögen, noch weniger, als Du es tust.

Aber sag mir bitte wegen des Buches Bescheid.

Long Barn, Weald,
Sevenoaks.
22. August [1924]

Meine liebe Virginia

Bist Du nicht ein Schuft, daß Du mir das Gefühl gibst, ich wäre einer? Ich habe meinen Kopf durchforstet, um mich zu erinnern, was in aller Welt in meinem Brief Dir »sehr weh« getan haben könnte. Oder war das nur eine von Deinen Phrasen, mit der Du nach mir geschlagen hast? Wie dem auch sei, das war nicht meine Absicht, wie Du wahrscheinlich weißt. Meinst Du immer, was Du sagst, oder sagst, was Du meinst? oder macht es Dir einfach Spaß, die Menschen zu verwirren, die ein bißchen näher herankriechen wollen?

Ich fürchte, meine Geschichte ist nur eine verrückte Sache. Wenn Du mir ein festes Datum geben würdest, bis zu dem sie bei Dir sein müßte, ordentlich und getippt, dann würde ich gehorchen, folgsam wie ich bin. Wenn Du sagst, Du brauchst sie nächste Woche, dann werde ich jede Nacht daran sitzen und sie fertigstellen. Wenn Du sagst »jederzeit«, dann werde ich auch weiterhin einmal am Tag einen angewiderten Blick darauf werfen und sie, ohne ein weiteres Wort hinzugefügt zu haben, zurück in die Schublade schieben. Bis jetzt existieren drei Viertel davon, und Dein Brief war ein Ansporn. Bitte erteile einen unwiderruflichen Befehl.

»Dich noch weniger mögen, noch weniger.« Liebe Virginia (sprach sie und legte ihre Karten auf den Tisch), Du weißt sehr gut, daß ich Dich sehr, sehr mag; und jeder meiner Freunde könnte Dir *das* sagen. Aber ich vermute, du bist blasiert, wenn Menschen Dich mögen – nein, das bist Du nicht – ich nehme das zurück.

Ich hätte Dich letzten Sonntag fast besucht, als ich von meiner Mutter in Brighton zurückkam, aber ich dachte, Du würdest es nicht mögen. Und es war so ein schrecklicher Tag mit Sturm und Regen.

Jetzt sollte ich besser mit der Geschichte weitermachen.

Vita

Long Barn, Weald,
Sevenoaks.
[15. September 1924]

Meine liebe Virginia,

Erstens sollte das ein Collins[1] sein als Dank für die große Freude, die mir die Stunden mit Dir bereitet haben, und zweitens eine Erklärung, denn ich habe festgestellt, daß ich einen Absatz aus meiner Geschichte herausgeschnitten habe, in der Absicht, ihn an einer anderen Stelle einzufügen; wenn Du also zu einer Passage kommst, die keinen Sinn ergibt, dann ist das der Grund.

Es ist ein ziemlich kurzer Absatz, und ich kann ihn in die Korrekturfahnen einfügen.

(Mir gefällt die Art, in der ich davon ausgehe, daß die Geschichte ausreichend Gnade vor den Augen des Verlags gefunden hat, während sie doch die ganze Zeit schon in der Post und auf dem Weg zu mir zurück sein kann.)

Ich habe *The Flying Terrapin*[2] nicht vergessen, kann es aber nicht finden. Irgend jemand muß es mitgenommen haben. Ich werde es Dir schicken, sobald es auftaucht.

Ich habe ein Dutzend *Lilium croceum* für Deinen Garten bestellt, nur um Dich zu holländischen Blumenzwiebeln zu bekehren.

Würdest Du Mr Leonard fragen, ob ich [für *The Nation*] ein Buch mit Gedichten von Claude Colleer Abbott besprechen könnte, das in Kürze erscheint? Ich mag den Mann nicht, aber es sind ländliche Gedichte, die meinen bedauerlicherweise ähneln, und ich fand einige von ihnen ziemlich gut. Falls er sie also irgend jemandem schickt, könnte ich das sein?

Es hat mir sehr gut gefallen, bei Euch beiden zu sein; ich war so glücklich dort. Ich freue mich darauf, Euch im Dezember nach Knole zu locken!

In Zuneigung Deine
Vita

[1] Ein Dankesbrief, benannt nach dem unterwürfigen Mr Collins aus *Pride and Prejudice* von Jane Austen.

[2] *The Flaming* [nicht Flying] *Terrapin*, ein Gedichtband von Roy Campbell.

Montag [15. September 1924] *Monk's House, Rodmell,*
Lewes [Sussex]

Meine liebe Vita,

*Ich mag die Geschichte [*Seducers in Ecuador*] sehr, sehr gern – tatsächlich fing ich mit dem Lesen an, als Du gegangen warst, ... ging für einen Spaziergang hinaus, dachte die ganze Zeit daran und kam zurück und las sie zu Ende, erfüllt von einem speziellen Interesse, das, glaube ich, etwas damit zu tun hat, daß es eine Sache ist, die ich von der Art her selbst gern schreiben würde. Ich weiß nicht, ob das mein Lob für Dich herabsetzen wird, aber ich bin sicher, daß Du etwas viel Interessanteres gemacht hast (zumindest aus meiner Sicht) als das Bisherige ...*

Ich freue mich sehr, daß wir es herausbringen werden, und bin überaus stolz und in meiner kindlich verblüfften Zuneigung wirklich gerührt, daß Du es mir gewidmet hast. Wir haben es heute morgen an den Drucker geschickt.

... Übrigens mußt Du mir eine Liste von Leuten geben, an die wir Rundschreiben schicken sollen, so viele wie möglich. Und dafür mußt Du nach London kommen und mich aufsuchen, denn Du hättest Leonard und mich hören sollen, wie wir gestern abend an unserem Holzfeuer saßen und redeten, wie wir nicht immer reden, wenn unsere Gäste uns verlassen, über die ganz besondere Nettigkeit etc etc und (jetzt bin ich schüchtern – und höre daher auf.)

Long Barn, Weald,
Sevenoaks.
17. September [1924]

Meine liebe Virginia

Ich bin den ganzen Tag auf Wolken gegangen, seit ich Deinen Brief bekommen habe. Ich freue mich über Deinen Beifall mehr, als ich Dir sagen kann, und wenn ich es straffen *kann*, dann werde ich es tun – ich hatte auch das Gefühl, das wäre nötig. Jeder Vorschlag wäre sehr willkommen?

Ich werde eine Liste für die Rundschreiben aufstellen.

Ich schicke die *Terrapin* – und auch die Adresse der Maschinenschreiberin, die ich vergessen habe Dir zu geben:

Mrs Candy
Hi Amore
Richmond Park Avenue
Bournemouth

Wie reizend von Dir, auf den Mühlsteinen zu sitzen und nette Dinge zu sagen. Insgesamt habe ich mich, nachdem ich Deinen Brief gelesen hatte, wie eine gestreichelte Katze gefühlt. Du siehst, ich bin dankbar dafür, daß Ihr beide keine leichtfertigen Kritiker seid – sei es von Texten oder Menschen.

Der kleine, dicke Schlüssel, den ich verloren habe, öffnet einen Schrank, in dem nicht nur mein guter Ruf, sondern auch mein Briefpapier ruht[1]; da ich also nicht an meine Umschläge kommen kann, muß ich einen alten benutzen, in den die *Terrapin* paßt. Entschuldige das. Die *Terrapin* ist eine verrückte, unausgewogene Sache, in manchen Teilen nahezu lächerlich, in anderen fast großartig. Ich bin neugierig, was Du davon hältst.

Für immer Deine Vita

[1] Der Schlüssel zu dem Schrank, in dem Vita alle ihre privaten Briefe aufbewahrte, und ihr »Bekenntnis« über ihre Liebesaffäre mit Violet Trefusis, das später (1973) von ihrem Sohn Nigel Nicolson in *Portrait of a Marriage* veröffentlicht wurde.

66 Mount Street
W. 1
Donnerstag [6. November 1924]

Meine liebe Virginia

Ich war heute am Tavistock Square. Ich ging die Treppe hinauf und klingelte bei Dir – ich ging hinunter und klingelte bei Dir. Ich sah mich nur dunklen, ungastlichen Treppen gegenüber. Also ging ich betrübt fort. Ich wollte

a) Dich treffen.

b) Dich fragen, ob schon Exemplare unseres gemeinsamen Sprößlings verkauft worden sind, und wenn ja, wie viele.[1]

c) Dich um noch ein paar Rundschreiben bitten.

d) Dich bitten, zwei von Deinen Büchern zu signieren, die meine Mutter gerade gekauft hatte.

e) verziehen bekommen.

Ich ging fort und alle diese Wünsche blieben unerfüllt.

Jetzt kehre ich in meinen Morast zurück, bis ich mich am 1. Dezember nach Knole schaffe.

Ich sehe den Kritiken mit einiger Angst entgegen.

Ich habe einen netten Brief von Raymond Mortimer erhalten.

Für immer Deine Vita

[1] *Seducers in Ecuador* (1924).

Sonntag [9. November 1924] *Tavistock Sqre 52, W.C. 1*

Meine liebe Vita,

Du hast die Zahl Deiner Sünden erhöht, indem Du hierherkamst, ohne vorher anzurufen – ich bin nur durch die Straßen gebummelt, um etwas Luft zu schnappen – hätte ohne weiteres zu Hause bleiben können, hätte Dich sehr gern gesehen . . .

. . . Ich werde so viele Bücher signieren, wie Lady Sackville wünscht. Nein: ich werde Dir nicht verzeihen. Kommst Du nicht später noch für einen Tag herauf, und könntest Du es mich nicht vorher wissen lassen?

Januar – November 1925

Anfang 1925 trafen sich Vita und Virginia in unregelmäßigen Abständen in London. Vita fing an, ihr langes Gedicht The Land *zu schreiben. Obwohl Virginia unter periodisch wiederkehrenden Anfällen von Kopfschmerzen und Erschöpfung litt, hatte sie begonnen,* To the Lighthouse *zu schreiben. Anfang November wurde Harold Nicolson vom Foreign Office an die britische Gesandtschaft in Teheran versetzt.*

Long Barn, Weald,
Sevenoaks.
26. Mai [1925]

Meine liebe Virginia,

Ich war furchtbar nachlässig damit, Dir für *Mrs Dalloway* zu danken, aber da ich Dir nicht so einen »Wie-reizend-von-Dir,-mir-Dein-Buch-zu-schicken,-und-ich-freue-mich-ja-so-darauf,-es-zu-lesen«-Brief schicken wollte, dachte ich, ich warte, bis ich es zusammen mit *The Common Reader*[1] gelesen habe, was ich jetzt zu meinem Bedauern getan habe. Zu meinem Bedauern, denn wenn ich sie auch noch einmal lesen kann und werde, so ist doch die erste Aufregung darüber, Dir auf einem unbekannten Weg zu folgen, vorbei; und nichts weicht der Überraschung so schnell wie die Vertrautheit. Ich habe allerdings das Gefühl, daß es in *The Common Reader* Passagen gibt, die ich gern auswendig behalten würde; es ist herrlich; mehr läßt sich dazu nicht sagen. Ich kenne kein Buch, das mir besser gefallen hat oder das ich öfter lesen werde. *Mrs Dalloway* ist anders; es ist ein Roman; seine Schönheit liegt hauptsächlich in seinem glänzenden Scharfsinn; es verwirrt, erhellt und enthüllt; *The Common Reader* wächst zu einem Führer, Philosophen und Freund heran, während *Mrs Dalloway* ein Irrlicht bleibt, eine verblüffende und reizende Bekanntschaft. Eine Sache hat sie für mich für alle Zeiten getan: es überflüssig gemacht, je wieder nach London zu kommen, denn London im Juni *ist* vollständig in Deinen ersten zwanzig Seiten enthalten. (Könntest Du jetzt nicht ein winterliches London hervorbringen? mit Nebel und flackernden Lichtern an den Straßenecken, bläulichem Zwielicht, Laternen und glänzenden Straßen?)

Wie ich Dich um Dein Englisch beneide – Wie Du es schaffst, es so durchsichtig wie Französisch zu machen und doch die ganze Tiefe seines eigenen besonderen Geistes zu bewahren?

Wann kommst Du hierher? über ein Wochenende oder innerhalb einer Woche? und wen soll ich einladen, Dich zu treffen? Du hast, wie Du weißt, versprochen, im Sommer zu kommen – falls ein Versprechen auf den Treppen Deines Grundstücks für Dich bindend sein kann. Ich fahre über Pfingsten weg, aber ansonsten beabsichtige ich, mich mehrere Monate nicht von hier fortzubewegen. Ich kann nicht schreiben, also halte ich Hühner.

Bitte komm. Ich finde Dich nicht mehr »nett«, wenn Du es nicht tust.

Für immer Deine
Vita

[1] *Mrs Dalloway* wurde am 14. Mai von der Hogarth Press herausgebracht. *The Common Reader* war am 23. April erschienen.

Mittwoch [27. Mai 1925] *Tavistock Square 25, London, W. C. 1*

Meine liebe Vita,

Ha ha! Ich dachte, Mrs Dalloway *würde Dir nicht gefallen. Andererseits dachte ich, daß Dir* The Common Reader *gefallen könnte, und ich bin sehr froh, daß das der Fall ist – um so mehr, als mir gerade hinterbracht wurde, daß Logan P. Smith es sehr enttäuschend findet. Ach ja, wie man doch von seinen Freunden verblüfft wird! – teilweise, nehme ich an, eine Folge davon, daß man zwei Bücher zur gleichen Zeit herausbringt. Ich versuche, meinen Kopf in den Sand zu stecken, oder lasse als*

Spiel meinen Roman in der Meinung meiner Freunde ein Rennen gegen eine kritischen Texte laufen. Manchmal liegt Mrs D. *vorne, manchmal der* C. R. –

Long Barn, Weald,
Sevenoaks.
25. August [1925]

Meine liebe Virginia

Am letzten Freitag stand ich um Mitternacht oben auf Deinen Downs und versuchte, als ich auf die unterschiedlichen Anhäufungen von Schwärze herabblickte, zu erraten, welches Tal Rodmell und Dich darin schlafend enthielt. Und jetzt kommt Dein Brief und bringt mich auf den Gedanken, daß Du im Gegenteil wahrscheinlich wach warst und daß es Dir schlechtging.[1] Aber da ich zu dieser Zeit nichts davon wußte, sammelte ich meine Hunde wieder ein, die wie toll über die Downs gejagt waren, stieg in das Auto und fuhr über verlassene Straßen durch die schlafenden Dörfer von Sussex und Kent und trug in meinem eigenen Kopf das heimliche Wissen, daß ich Dir einen Besuch abgestattet hatte, von dem Du nichts wußtest – romantischer, wenn auch weniger zufriedenstellend als die Tasse Tee, zu der mich Leonard am Samstag eingeladen hatte.

Ich bin begeistert von Deinem korybantischen Bild von mir und Eddy, wie wir in den Fässern tanzen.[2] Bitte bewahre es auf. Ich werde Dir nicht die Wahrheit erzählen von schmutzigen Fingern und den losgelassenen East End [Hopfenpflückern]. Doch eine Seite später widersprichst Du Dir auf Deine großartige Weise und forderst lauthals die Genauigkeiten der prosaischsten Beschreibung. Es ist seltsam genug, daß Du genau die Dinge getroffen hast, von denen mein Gedicht (das überhaupt nicht schön ist) handelt; Du könntest mit den vorhandenen Informationen einen kleinen Landbesitz führen. Ich sage Dir genau, wie und wann Heu, Getreide und Bohnen geschnitten werden, wie man aufschobert, mit Stroh deckt und drischt, wie man in Obstgärten gegen die Wollblattlaus, den Blütenkäfer und die Apfelblattwespe sprüht. Sie ist krabbelig genug, selbst für Deinen offen eingestandenen Geschmack. Was mich daran erinnert, daß unsere Diskussion bei den Morrells Crabbe als Sprungbrett benutzte, und die dritte Person, um die es ging, war Dein reizender junger Gott Rylands.[3] Wir haben uns seitdem nicht mehr getroffen, was bedauerlich ist. Aber um auf mein Gedicht zurückzukommen (Du siehst, wie egoistisch ich bin), ich bin zu dem Schluß gekommen, daß es für lediglich glanzvolle Poesie keinen Platz mehr gibt; nur noch für prosaische (die ihre eigene Schönheit hat), oder intellektuelle. Eine schlechte Definition, aber Du wirst zweifellos verstehen, was ich meine. Glanz kommt zeitweilig dazu, aber nur fest verwurzelt in reichlich gedüngter Erde – Mein Interesse an meinem eigenen Gedicht war am Erlöschen wie ein altes Feuer, aber Du hast die Glut angefacht, und heute ist es eine ganz ordentliche Flamme.

Warum steckst Du soviel von Deiner Energie in die Manuskripte anderer Leute? Du hast mir in London erzählt, Du hättest mindestens sechs Romane in Deinem Kopf, wärest aber streng mit Dir selbst, bis Du wieder in Rodmell wärest. Nun bist Du in Rodmell, und was ist mit den sechs Romanen? Zwischen Ottoline, Gertrude Stein und Hochzeitsfeiern, die Dich zur Ohnmacht treiben, wo bleibt da Zeit für Virginia? Außerdem prostituierst Du Dich für *Vogue* und ähnliches – dennoch *hast* Du den *Common Reader* aus solchen Sachen gemacht, und dennoch mochte ich Deine Betrachtungen über Genji. Aber ich werde wegen *Vogue* ein bißchen wie Logan, besonders Deinetwegen. Warum sollte Todd sich auf Deine Kosten bereichern?[4] Ich würde es gern erleben, daß alle literarischen Zeitschriften verboten würden, natürlich immer mit Ausnahme von *The Nation*.

... Wann immer Du Dich danach fühlst, laß mich zu Dir kommen und Dich von Rodmell entführen. Ich kenne die Straße von den Fahrten zu meiner Mutter in Brighton her so gut, daß ich mit geschlossenen Augen darauf entlangfliegen kann. Ich könnte mir viele Orte ausdenken, an die ich Dich bringen könnte – Amberley, Bodiam, Romney Marsh.

Ich lege einen Scheck für die hundert *Seducers* bei; ich habe heute ein Telegramm deswegen losgeschickt. Ich werde ihn von der fehlgeleiteten Enthusiastin [Lady Sackville], die sie wollte, wieder eintreiben. Und könntest Du Leonard ausrichten, daß ich versuchen werde, einen Artikel über das Hopfenpflücken für ihn auszuhecken? in etwa zwei Wochen – wenn das reicht. Mein Ischias hat mich verlassen. Ich hoffe, er kann das gleiche sagen.

Bitte paß auf Dich auf.

Vita

[1] Virginia hatte am 19. August bei einer Feier zum Geburtstag ihres Neffen Quentin Bell und zur Hochzeit von Maynard Keynes und Lydia Lopokova einen Zusammenbruch erlitten.

[2] Virginia hatte geschrieben: »Ich habe eine vollkommen romantische und zweifellos falsche Vision von Euch in meinem Kopf – wie Ihr Hopfen in einem großen Faß in Kent ausstampft – splitterfasernackt, braun wie ein Satyr und wunderschön.« Eddy Sackville-West war Vitas Cousin.

[3] George (»Dadie«) Rylands widmete sein Gedicht *Russet and Taffeta* Virginia. Die Hogarth Press veröffentlichte es im Dezember 1925.

[4] Dorothy Todd, Herausgeberin von *Vogue*. Logan Pearsall Smith hatte Virginia beschimpft, weil sie Artikel für die Zeitschrift schrieb.

Long Barn, Weald,
Sevenoaks.
[2. September 1925]

Meine liebe Virginia

Wie gern bekomme ich Briefe von Dir.

Mit welcher Begeisterung trete ich dann dem Tag entgegen.
Ich bekomme sie so gern, daß ich sie aufhebe und als letzten Brief meiner Morgenpost öffne, wie ein Kind, das sich ein Stückchen Schokolade bis zum Schluß aufhebt –

Aber ich mag es weniger, wenn ich lese, daß Du eine Woche lang krank warst. Ich fühle mich dann schuldig für jeden Augenblick, den ich kräftig und gesund mit so derben Tätigkeiten wie Gärtnern oder Tennisspielen verbracht habe –

Ich werde nächste Woche für einen Tag meine Mutter besuchen. Könnte ich auf der Rückfahrt zum Abendessen in Rodmell haltmachen? (Aber nicht, wenn es langweilig wird.) Ich würde es Dich wissen lassen, an *welchem* Tag. Das hängt von meiner Mutter ab. Anfang der Woche, nehme ich an. Ich werde ihr Montag oder Dienstag vorschlagen. Und Amberley, *wann immer* Du willst – Du kannst aus meiner Betonung eine Bereitschaft ablesen, alle anderen Verabredungen über Bord zu werfen, um mich Deinen Plänen anzupassen –

Aber was für einen Unsinn Du redest. Es liegt 100% mehr Poesie in einer Seite von *Mrs Dalloway* (von dem Du dachtest, ich würde es nicht mögen) als in einem ganzen Abschnitt meines verdammten Gedichtes. Und was Mr Palmer angeht! ja, ich vermute, Du hast *ihm* einen Gefallen getan, aber nur ihm. Nicht seinen Lesern. Ich kann Desmond [MacCarthy] Mr Palmer nicht verzeihen, – sein Lämmchen, sein Täubchen.

Es sind jetzt zwei Leute hier im Zimmer und reden; und die Bruchstücke ihres Gesprächs, die ich mitbekomme, bringen mich dazu, wie rasend und-in-Kursivschrift an Dich zu schreiben – aus einem Feuerofen der Empörung heraus – Sollte mein Brief zusammenhanglos und hysterisch erscheinen, so mußt Du das aus diesem Grund entschuldigen.

Ich bin verwirrt über Deine Entrüstung, weil ich gesagt habe, Dein Gefallen an Crabbe sei offen eingestanden, so daß ich mich als Erklärung zu der unwahrscheinlichen Theorie getrieben sehe, daß Du vergessen hattest, was offen eingestanden bedeutet! Oder hast Du nur gemeint, ich hätte gedacht, Du hättest es bisher verborgen gehalten und wärest jetzt schließlich damit ans Licht getreten? Was den Rest betrifft, wenn man willkürlich eine Sache ausdrücken könnte, indem man eine andere sagt, hätte man tatsächlich schon das halbe Geheimnis der Poesie bezwungen – Aber wie schafft man das? Durch welche Formel aus Anspielung, den Lauten von Vokalen und Konsonanten? durch welches schiere Geräusch, das ein komplementäres Geräusch nahelegt, so wie Blau Rot nahelegt oder was auch immer? Warum klingt »bare ruined choirs« [verfallne Chöre[1]] so ungemein dünn?

Und mit diesem Vermögen geht die Fähigkeit einher, den Wunsch zu schreiben in anderen zu entzünden – zumindest kommt es mir so vor. Ich weiß genau, was ich aus dem Regal ziehen muß, um Funken aus mir zu schlagen, Du nicht? Oder bist Du Feuerstein und Zunder in einem? Ich vermute es.

Würdest Du Leonard eine sehr unangenehme Nachricht von mir ausrichten? Es handelt sich um folgendes: Ich kann unmöglich eine Besprechung über John Drinkwater[2] schreiben. Ich kenne ihn zu gut, und es gibt nichts, was ich sagen könnte, das ihn nicht furchtbar beleidigen würde. Wenn Leonard sagt, was er haben möchte, schicke ich die Bücher an wen auch immer er will. Ich stelle mir vor, daß das eine der typischen Heimsuchungen ist, die einen Herausgeber verfolgen.

Ich habe einen winzigen Garten mit Alpenblumen in einem alten Steintrog angelegt – Eine echte Freude. Er weckt in mir die Sehnsucht nach dem Frühling. Mein botanischer Geschmack richtet sich mehr und mehr auf Blumen, die mit dem bloßen Auge kaum zu sehen sind – Soll ich für Dich noch einen winzigeren anlegen? in einer Keimschale mit Liliput-Felsen? Ich bringe ihn nächste Woche mit. Aber Du mußt freundlich mit ihm umgehen und ihn nicht vernachlässigen. (Das paßt alles zu der Theorie, daß Menschen, die auf dem Land leben und Blumen mögen, gut sind.)

Für immer Deine
Vita

[1] Shakespeares Sonett 73.

[2] Der Dichter, Theaterautor und Schauspieler (1882–1937). Leonard hatte Vita seine *New Poems* zugeschickt.

Montag [7. September 1925] *Monk's House, Rodmell [Sussex]*

Meine liebe Vita,

Nun, ich verstehe nicht, warum Du mir nicht schreibst, aber vielleicht bin ich dran, nur bist Du in einer besseren Lage, um Briefe zu schreiben, als ich. In Deinem Zimmer sind zwei Menschen, die Du reden hören kannst. In meinem Zimmer ist ein Hund und sonst nichts als Bücher, Papiere, Kissen und Milchgläser und Decken, die von meinem Bett gefallen sind, und so weiter. Das hat in mir einen solchen Wunsch geweckt, zu erfahren, was

Deine zwei Leute sagen, daß ich Dich anflehe, es mir zu erzählen.... Erzähl mir, wen Du getroffen hast, selbst wenn ich noch nie von ihnen gehört habe – das wäre noch besser. Ich versuche, Dich für mich zu erfinden, merke aber, daß ich eigentlich nur zwei Zweige und drei Strohhalme dafür habe. Ich kann das Gefühl erreichen, Dich zu sehen – Haar, Lippen, Farbe, Größe, sogar ab und zu die Augen und Hände, aber ich merke, wie Du Dich entfernst; um im Garten spazierenzugehen, Tennis zu spielen, zu graben, Dich zum Rauchen und Reden niederzulassen, und dann kann ich nichts erfinden, was Du sagst – Das beweist, worüber ich Ries um Ries schreiben könnte – wie wenig wir irgend jemanden kennen, nur Bewegungen und Gesten, nichts Zusammenhängendes, Fortwährendes, Tiefgehendes. Aber gib mir einen Tip, flehe ich.

... »Offen eingestanden« sollte ganz einfach sein, hat aber inzwischen die Bedeutung »beteuerte Unaufrichtigkeit« angenommen, zumindest für mich, die ich, wie ich annehme, in Sünden ergraut bin und guten englischen Wörtern Bedeutungen zuschreibe, die sie, wie ich zugebe, nicht haben. Aber schreibe Deiner liebevollen Schurkin trotzdem.

Long Barn, Weald,
Sevenoaks.
Dienstag [8. September 1925]

Meine liebe Virginia

Es tut mir *so* leid...

Deine Geschichte von den heruntergefallenen Decken geht mir wirklich zu Herzen. Ich fahre heute über Deine Downs nach Brighton und werde diesen Brief gemeinsam mit Deinem Garten-in-der-Untertasse auf Deiner Türschwelle hinterlassen. Im Augenblick sieht er noch langweilig aus, aber im Frühling wird er Dir Blumen bringen. Du mußt ihn gut gießen.

Die beiden Leute in meinem Zimmer waren in Wirklichkeit Bulldog Drummond[1] und Benjamin Constant. Sie wußten nichts davon und zogen es vor, ihren Angelegenheiten unter ganz anderen Namen nachzugehen, aber sie waren es. Du kannst Dir vorstellen, daß es eine Menge Dinge gab, in denen sie nicht übereinstimmten, und was mich irritierte, war, daß ich immer wieder mit beiden gleichzeitig einer Meinung war. Mein Widerspruch wurde von beiden auf einmal geweckt. Ich mochte Drummond wegen seiner Hartnäckigkeit nicht und Constant wegen seiner Unbeständigkeit, und doch wollte ich jedem einen Schuß von den Fehlern des anderen einimpfen. Das allerdings scheint für den englischen Charakter eine Unmöglichkeit zu sein.

Ich war beim Hopfenpflücken und habe einen halben Artikel für Leonard geschrieben.[2] Ich werde versuchen, ihn heute oder morgen fertigzustellen, sonst ist der ganze Hopfen, bis er die *Nation* erreicht hat, schon zu Bier geworden.

Mein Spaniel hat sieben Welpen. Meine Katze hat fünf Kätzchen. Der Spaniel stiehlt die Kätzchen, trägt sie ganz vorsichtig im Maul und legt sie in den Korb mit den Welpen. Dann läuft er für ein Weilchen hinaus, und die Katze, die ihre Jungen sucht, rollt sich in dem Korb zusammen und säugt die Welpen. Der Spaniel kehrt zurück, jagt die Katze hinaus, rollt sich im Korb zusammen und säugt die Kätzchen. Ich sehe mich außerstande, mit dieser Situation zurechtzukommen. Die Kätzchen werden bellen, und die Welpen werden miauen – Das ist es, was passieren wird. Aber im Moment ist es ein reizender Familienzusammenschluß – so ein warmer, weicher junger Haufen.

Ich wünschte, es ginge Dir gut und ich könnte Dich besuchen. Das ist nicht so selbstsüchtig, wie es sich anhört, denn am meisten wünsche ich, es ginge Dir gut, selbst wenn ich keinen Nutzen davon hätte. Gibt es irgend etwas, was Du möchtest und das ich Dir besorgen kann? Bücher – aber wie die Mutter des Hausmädchens sagte: »Sie hat schon eins.« Ich fühle mich ganz hilflos, würde Dir aber gern einen Gefallen tun. Du mußt es also nur sagen.

Es wird sehr quälend sein, bei Deinem Haus anzuhalten. Ich werde nicht einmal klingeln, sondern vertraue auf das Glück, daß Leonard über die Untertasse fällt, wenn er hinausgeht.

Vita

[1] Bulldog Drummond war die Hauptfigur in H. C. McNeiles (»Sapper«) Abenteuerromanen.

[2] »The Garden and the Oast«, *The Nation*, 10. Oktober 1925.

Long Barn, Weald,
Sevenoaks.
18. September [1925]

Meine liebe Virginia

Du bist eine sehr, sehr bemerkenswerte Person. Natürlich habe ich das schon immer gewußt – es ist ein leichtes, das zu wissen – der *Daily Xpress* weiß es – *The Dial* [New York] weiß es – so unterschiedliche Zeitschriften – der *Daily Herald* zitiert Dich als Autorität zu der vertrackten Frage, ob es sich lohnt, für ein Essen mit Wordsworth die Straße zu überqueren – aber ich habe das starke Gefühl, daß mir erst heute abend so richtig und vollständig klargeworden ist, wie bemerkenswert Du wirklich bist. Weißt Du, Du vollbringst so viel. Du bist ein einziges andauerndes Vollbringen, und doch vermittelst Du den Eindruck, als hättest Du unendlich viel Zeit zur Muße. Man besucht Dich, und Du bist bereit, zwei Stunden Deiner Zeit im Gespräch zu verbringen. Wenn man Dich aus gesundheitlichen Gründen nicht besuchen kann, schreibst Du göttliche Briefe, vier Seiten lang. Du liest klobige Manuskripte. Du berätst Krämer. Du unterstützt Mütter, indirekt. Du produzierst Bücher, die auf dem Regal neben dem Bett einen dauerhaften Platz neben Gerald [*sic*] MANLY Hopkins und der Bibel einnehmen. Du wirfst einen Lichtstrahl über die schäbige Landschaft des *Times Literary Supplement*. Du veränderst das Leben von Menschen. Du bist Schriftsetzerin. Du bietest an, die Gedichte anderer zu lesen und zu kritisieren – ein Kritisieren (in dem Sinne, den Du dem Wort gegeben hast), das Erhellung bedeutet und nicht die vollständige Entmutigung, die die Hinterlassenschaft anderer Kritiker ist. Wie ist das zu schaffen? Ich kann nur vermuten, daß Du nichts vertrödelst. Nun sitze ich hier allein um Mitternacht, und ich betrachte meinen Tag (den ersten seit ein paar Wochen, den ich in Ruhe verbracht habe), und ich frage mich, was ich damit angefangen habe. Ich habe den Hopfen für Leonard fertiggestellt, einen Umschlag und eine Briefmarke gefunden und ihn abgeschickt. Ich habe ungefähr hundert Blumenzwiebeln gesetzt. Ich habe mit meinem Sohn Tennis gespielt. Ich habe mir Mühe gegeben, meinen anderen Sohn aufzuheitern, der Keuchhusten hat, und versucht, zwischen den Anfällen Witze zu reißen. Ich habe in der Badewanne eine Detektivgeschichte gelesen. Ich habe mit einem Zimmermann gesprochen. Ich habe fünf Zeilen von einem Gedicht geschrieben. Und auf was läuft das alles hinaus? Auf nichts. Nur Trödelei. Und doch war das der beste Tag seit langem.

Schaffst Du es durch Konzentration? Schaffst Du es durch Organisation? Ich brauche so dringend das Rezept.

Ich versichere Dir, es war ein Elend, Euren namenlosen kleinen Dorfjungen anzuhalten und ihn zum Merkur zu machen, der schließlich Deine Köchin erreichen würde, die schließlich Dich erreichen würde [mit dem Untertassen-Garten]. Es war selbstlos, oder? außerdem habe ich mich, um die Wahrheit zu sagen, vor Leonard gefürchtet. Ich wußte, er würde mißbilligend gucken, wenn ich vor dem Haus auftauchen würde. Und er würde um so mißfälliger gucken, da er nicht weiß, wie sehr es *mir* gefällt – wie er Dich umsorgt, meine ich. Nachdem ich Rodmell verlassen hatte, nahm ich eine Straße, die gar keine Straße war; das heißt, sie fing als Straße an und verlief sich dann im Gras, so daß die letzten fünf Meilen meiner Fahrt über schiere Grashügel zurückgelegt wurden – sehr holperig, aber voller Lerchen. Ein Schäfer, den ich traf, starrte ungläubig beim Erscheinen eines blauen Autos inmitten von meilenweit wogendem Rasen.

Ja, ich werde Dir meine Georgika [*The Land*] schicken, sobald sie etwas besser aneinandergefügt sind; zur Zeit gibt es hier eine Spinne und da eine werfende Sau – ohne daß sie durch einen erkennbaren Zusammenhang verbunden wären. Ich werde Dein Angebot ganz skrupellos ausnutzen, aber mich auch weiterhin fragen, wie Du das alles zusammenbringen willst.

Ich mag das Gefühl von einem einzigen erleuchteten Raum im Haus, wenn das ganze übrige Haus und die Welt draußen im Dunklen liegen. Nur eine Lampe fällt auf mein Papier; sie gibt Konzentration, Vertrautheit. Was für ein schlechtes Medium Briefe doch sind; Du wirst das hier bei Tageslicht lesen, und alles wird anders aussehen. Ich glaube, ich spüre die Nacht so schmerzlich, wie Du die Unverbundenheit von Menschen spürst; eine dieser Überzeugungen, die so persönlich, so scharf sind, daß sie *schmerzen*. Es scheint mir, als würde ich erst zu leben anfangen, wenn die Sonne untergegangen ist und die Sterne herausgekommen sind.

Vita

Long Barn, Weald,
Sevenoaks.
Sonntag [11. Oktober 1925]

Meine liebe Virginia

Ich habe Dir nach Rodmell geschrieben, bevor ich Deinen Brief bekam, der mich wissen ließ, daß Du nach London zurückkehrst. Daraus schließe ich, daß Du diese beiden Briefe gleichzeitig bekommen wirst – oder vielleicht sogar diesen vor dem anderen. Das hängt ganz von der Rodmell'schen Post ab. Ich werde daher das Ziel meiner Reiserei vor Dir verheimlichen, damit der andere Brief nicht seines letzten Restes an Neuigkeit beraubt wird. (Obwohl Neuigkeiten wohl das letzte sind, was man sich von einem Brief erhofft oder erwartet.) Ich werde Dir nur mitteilen, daß es *nicht* die Riviera oder Italien oder sogar Ägypten ist, sondern ein Land, das wild, schön und unverfälscht ist, zeitlich, wenn auch nicht räumlich weiter entfernt als China. Der ideale Reisebrief sollte, glaube ich, ohne Adresse sein; er sollte ankommen wie die Taube auf der Arche, ohne einen Hinweis darauf, woher er kommt, um damit eine Landschaft heraufzubeschwören, die romantisch und schön, aber geographisch unbestimmt ist. Wie gern werde ich Dir schreiben; wie schmerzhaft wird das Gefühl sein, daß Tinte das einzige Kommunikationsmittel ist, das man hat; wie rücksichtslos werde ich Dir die Last aufbürden, der abwesenden Freundin zu schreiben.

Aus all dem könntest Du schließen, daß ich mich für meine Reisen interessiere. Das tue ich nicht. Ich interessiere mich nur für den Zahnschmerz, der mir seinen kleinen heißen Bohrer in den Kopf treibt. Dort liegt das Zentrum der Welt, und nichts anderes zählt wirklich. Ging es Dir so mit Deinen Kopfschmerzen? Wie grausam von Deinem Kopfschmerz, sechs Wochen zu vernichten, die ansonsten mit Errungenschaften erfüllt gewesen wären. Es ist nicht fair von Dir, gegen Dich selbst anzuführen, Du würdest *nichts* vollbringen, wenn eine vollkommen äußerliche Sache Dich davon abhält. Ich werde Dich auch weiterhin als ein Denkmal ansehen. Außerdem gelingt es Dir, eine Lampe zu sein, die von daran anstoßenden Motten umgeben ist. All das erfordert viel Zeit. Ich verstehe immer noch nicht, wie Du all das schaffst. Du scheinst mindestens sechs Vollzeit-Berufe in Dir zu vereinen: Romanautorin, Journalistin, Druckerin, Verlagslektorin, Freundin und Verwandte. Jeder davon für sich ein Beruf; und keiner davon wird nachlässig behandelt. Und jetzt wirst Du einmal im Monat eine Lady Colefax[1] und gibst Gesellschaften! Ich werde zu einer kommen (das heißt, wenn Du mich einlädst) als das Gegenteil von einem Gespenst – was ist das? Jemand, der nicht wiederkehrt, sondern im Begriff ist, fortzugehen.

Vita

[1] Sibyl Colefax, die berühmte Londoner Gastgeberin.

Dienstag [13. Oktober 1925] *Tavistock Square 25, W.C. 1*

Meine liebe Vita,

Aber für wie lange?

Für immer?

Ich bin voller Neid und Verzweiflung. Der Gedanke, Persien zu sehen – der Gedanke, Dich nie wiederzusehen.

Der Dr hat mich ins Bett geschickt; jegliches Schreiben verboten. Das ist also mein Schwanengesang. Aber komm und besuche mich.

Long Barn, Weald,
Sevenoaks.
13. Oktober [1925]

Meine liebe Virginia

Nein, nicht für immer. Und nicht einmal sofort. Harold fährt [nach Teheran] nächsten Monat, und ich folge im Januar, komme im Mai zurück und fahre dann wieder im darauffolgenden Oktober. In der Zwischenzeit beschäftigst Du mich viel mehr mit Deinem offensichtlichen Nicht-Gesundsein; ich kann Dir nicht sagen, wie leid es mir tut. Natürlich werde ich kommen und Dich besuchen, wenn Du wirklich Leute empfangen darfst. Leonard hat mir einen Brief geschrieben, der mich fast zu Tränen gerührt hat; bitte richte ihm das von mir aus und danke ihm und sag ihm, daß er mir die Kraft gegeben hat, vierzig Zeilen Georgika zu schreiben. Es ist schön, gesagt zu bekommen, daß man vermißt werden wird. Sag ihm auch, daß ich mich ihm zuliebe in eine Mrs Eliza Fay[1] verwandeln und die Wüste zum Blühen bringen werde.

Ich erwarte keine Antwort hierauf, weißt Du, denn ich weiß, daß Du nicht schreiben darfst.

Ich wünschte, Du könntest Harolds Gepäck sehen – halb tropisch und halb arktisch. Pelzmäntel und Tropenhelm; Schlittschuhe und Khaki-Shorts. Ich kleide ihn so ein, daß er wie bei einem Scharade-Spiel aussieht. Man steigt von der Wüste zu Berggipfeln auf und zieht alle tausend Fuß ein weiteres Kleidungsstück an. Ich wünschte, Ihr würdet beide nach Teheran kommen. Aber es erscheint unwahrscheinlich, daß der Wunsch jemals erfüllt wird. Und es ist wirklich ein verteufelter Weg.

Bitte, bitte werde gesund, und paß gut auf Dich auf. Du warst so lange krank, und es muß so an den Kräften zehren. Falls ich Dich besuchen darf, werde ich die Zeit 4.30 bis 5.30 auf die Minute einhalten und auch dann noch ein schlechtes Gewissen haben.

Vita

[1] Eine Reisende und Briefautorin des 18. Jahrhunderts.

Long Barn, Weald, Sevenoaks.
23. Oktober [1925]

Meine liebe Virginia

Als ich neulich nach Hause kam, stellte ich fest, daß die *Puppet show of memory* verschwunden ist, also habe ich Anweisung gegeben, daß es Dir geschickt wird; ich hoffe es ist aufgetaucht.[1]

Du hast ein paar Worte fallenlassen im Sinne von sie »wollen, daß Du [bald] fortgehst«; falls Du eine Zuflucht suchst, möchtest Du nicht hierherkommen? Ich werde hier ganz allein sein, wenn Harold fort ist, und ich kann Dir versprechen, daß Du weder beunruhigt noch aufgeregt noch gestört wirst – außerdem wäre es für Leonard leicht zu erreichen. Du könntest den ganzen Tag im Bett bleiben, wenn Du das wünschst, schreiben, wenn Du es wünschst, und reden, wenn Du es wünschst.

Ich habe eine Theorie über Freundschaften entwickelt, aber da ich eine Kopfgrippe habe, hebe ich mir die Darlegung für ein andermal auf. Ich fühle mich wie ein Watteröllchen – sogar ohne Medikation. Ich glaube unter anderem, daß eine festgelegte Stunde überaus gefährlich ist; was man sucht, ist das plötzliche ziellose Gespräch – von dem Buch aufzublicken, das man gerade liest, eine Diskussion, die zwischen zwei Regionen des Schweigens ausbricht. Die festgelegte Stunde ist ein Vetter ersten Grades davon, ein Hörrohr präsentiert zu bekommen, in das man eine improvisierte Bemerkung machen muß.

Das alles soll Deine Aufmerksamkeit auf die Vorzüge von Long Barn als Ort der Rekonvaleszenz richten.

Ich lege ein Gedicht bei für den Fall, daß es Leonard gefällt.[2]

Ich hoffe, ich habe Dich nicht erschöpft – ich habe es befürchtet.[3] Solltest Du hierherkommen, werde ich Dich bis zur Vernachlässigung allein lassen. Ich wäre mir über meine Verantwortung vollkommen im klaren –

Vita

[1] *The Puppet Show of Memory* (1922) war die Autobiographie von Maurice Baring.

[2] *On the Lake; Nation & Atheneum*, 26. Dezember 1925.

[3] Vita war am 19. Oktober bei Virginia zum Tee.

Dezember 1925 – Januar 1926

Am 17. Dezember kam Virginia für einen dreitägigen Besuch zu Vita nach Long Barn (Harold war in Teheran), und ihre Liebesaffäre begann.

Long Barn.
Dienstag, 8. Dezember [1925]

Meine liebe Virginia

Ich habe etwas getan, das so seltsam, so verrückt ist – oder eher etwas, das an sich noch nicht seltsam oder verrückt ist, mich aber mit seltsamen und verrückten Gefühlen erfüllt hat –, daß ich Dir schreiben muß. (Die Sache selbst stand vollkommen in Zusammenhang mit Dir, und nicht einmal wilde Pferde könnten mir entreißen, was es war.) Und es ist auch höchste Zeit, daß ich schreibe. Ich hatte vor, Dich letzten Freitag zu besuchen, aber der Nebel und etliche Beschwerden hielten mich davon ab. Ich war wütend. Am nächsten Morgen mußte ich früh nach Hause. Ich fuhr hinunter. Alles war weiß; und die Hecken sahen aus, als wären sie über Nacht alt geworden. Alles glitzerte und war still; die ganze Landschaft war wie ein Dornröschenpark. Jetzt ist es alles verschwunden, und es ist nur noch Schneematsch da.

Kann ich Dich am Montag, dem 21., besuchen? dann bin ich das nächste Mal in London.

Ich habe *nie* gesagt, Du wärest grausam. Du mußt den Brief von irgend jemand anderem beantwortet haben, als Du mir geschrieben hast. (Ich habe Dich im Verdacht, Dutzende von Briefpartnern zu haben.) Ich habe »schätzen« gesagt. Aber ich meinte »lieben«. Ich hatte nur befürchtet, gerüffelt zu werden. Du merkst, Du mußt nur ein bißchen unwirsch mit mir werden, um an die Wahrheit zu kommen.

Ich vergleiche mein analphabetisches Schreiben mit Deinem gelehrten und schäme mich.

So fad bin ich; äußerlich fad zumindest; ganz dümmlich und konfus; aber nicht innerlich fad. Eine Woche Einsamkeit verleiht mir wieder das Gefühl, eine Person zu sein und nicht ein Haufen Lumpen, den andere Leute zerpflücken können.

Ich habe heute morgen eine Werbung bekommen mit der Adresse Deiner Handschrift, was mich schockiert hat. Ich dachte, es wäre ein Brief, bis ich es umdrehte, und sah, daß es nur eine Postkarte war – und dazu auch noch gedruckt – Warum adressierst Du Werbungen? Hat das eine hypnotische Wirkung auf Dich? Ich kann mir keinen anderen Grund vorstellen, warum Du das tun solltest.

Eine Bombe scheint unter all meinen Freunden explodiert zu sein, hat sie erst himmelhoch gesprengt und dann säuberlich in verschiedenen, voneinander entfernten Gegenden herunterrieseln lassen: einen in Sumatra, den anderen in Mexico, einen dritten in Indien, mich selbst in Persien. Und das alles ganz plötzlich. Kannst Du Dir mich und Raymond [Mortimer] zusammen in den Bergen von Syrien vorstellen? Nein, natürlich nicht. Und doch wird es so sein. Ich bin ein Planeten-Snob geworden – trunken vom Reisen.

Das läßt mich meine letzten Tage hier um so intensiver auskosten.

Könnte ich wie die Schulmädchen beigebracht bekommen, wie man ein Buch liest?[1] Ich bin so wütend auf Proust.

Deine
Vita

[1] Virginias Vortrag an der Mädchenschule von Hayes Common am 30. Januar 1926 wurde unter dem Titel »How Should One Read a Book?« veröffentlicht; *Yale Review*, Oktober 1926.

Donnerstag [10. Dezember 1925] *Tavistock Sqre 52, W.C.[1]*

Meine liebe Vita,

Wäre Dir Donnerstag nachmittag recht?

Soll ich bis Freitag oder Samstag bleiben?

Soll Leonard kommen und mich wieder abholen?
Würde es Dich stören, wenn ich nur einen Morgenrock mitbrächte?
Wäre ich eine Plage, wenn ich im Bett frühstücken würde?

Long Barn, Weald,
Sevenoaks.
15. Dezember [1925]

Meine liebe Virginia

Es tut mir so leid, daß ich Dich auf Mittwoch verschoben habe, aber ein Dienstmädchen war krank. Morgen geht es. Kommst Du mit dem Zug, den Du erwähnt hast? 4.18 in Sevenoaks, glaube ich.

Ja, Du kannst im Bett Frühstück, Mittagessen und Abendessen einnehmen, wenn Dir danach ist.

Ja, bring einen Morgenmantel mit.

Ja, Leonard kann kommen, wann immer er möchte.

Wie schade, daß Du nicht bis Sonntag bleiben kannst – weil ich am Sonntag morgen hinauffahre, und es wäre schön gewesen, Dich mitzunehmen –

Es wird eine große Freude sein, Dich hier zu haben. Ich werde mich sehr gut um Dich kümmern, und niemand wird Dich stören.

Immer Deine
Vita

Dienstag, 22. Dezember [1925] *Tavistock Square 52, W.C.1*

Ich fliege, um mir ein paar Handschuhe zu kaufen. Ich sitze aufrecht in meinem Bett: ich bin sehr, sehr reizend; und Vita ist ein lieber alter Schäferhund mit einem struppigen Fell: oder im anderen Fall mit Trauben behängt, rosa vor Perlen, strahlend, von Kerzen erleuchtet in der Tür einer Textilhandlung in Sevenoaks. Ich frage Nessa, ob Samstag oder Sonntag [in Charleston] und schreibe nach Knole. Aber lösche nicht den stinkenden Talg in Deinem Herzen aus – nämlich die arme Virginia und Hund Grizzle (der unter meinem Bett herumkratzt). Jetzt auf zum Bus die Southampton Road hinunter.

Ah, aber ich bin gern mit Vita zusammen.

Knole,
Sevenoaks, Kent.
Heiligabend [1925]

Virginia, liebe und liebliche,

Samstag soll es sein,[1] mit diesem einen Vorbehalt: daß, FALLS durch einen schlimmen Zufall meine Mutter Leute zum Mittagessen eingeladen hat, ich erst nach dem Mittagessen zu Dir kommen kann; aber das ist so unwahrscheinlich, wie es unglücklich wäre. Ich habe ihr geschrieben, um sie zu fragen, habe aber, zweifellos wegen Weihnachten, noch keine Antwort erhalten. Ich werde gegen 1 Uhr auftauchen, und *bitte* vergiß nicht, daß Deine Familie mich außerordentlich bestürzen wird – außer Clive – der ein Flüchtling ist –

Ich werde ach so glücklich sein, Dich wiederzusehen. So glücklich, daß ich Dir jetzt nicht mehr weiter schreiben kann. Ich muß Dir entweder einen langen Brief schreiben oder eine Notiz, um zu sagen, daß ich zum Mittagessen komme. (»Verdammt sollst Du sein, Vita, warum kann es dann nicht der lange Brief sein?«)

V.

[1] Virginia hatte Vita für den 26. Dezember zum Mittagessen nach Charleston (Vanessas Haus) eingeladen. Weitere Anwesende waren Clive Bell, Duncan Grant und Vanessas drei Kinder, Julian, Quentin und Angelica.

Donnerstag [7. Januar 1926] *[Tavistock Square 52, W. C. 1]*

Ich möchte Dich einfach nur fragen, wie es Dir geht. ... Ich fühle mich heute elend, halb im Schlaf, ab und zu nehme ich etwas Tee und Toast zu mir, dann allerdings gegen Abend fange ich an, zu leuchten und unnahbar und leichtsinnig zu sein. All das geht in einem Zimmer mitten in Knole vor sich – Was geschieht in all diesen Gängen und Ballsälen, frage ich mich? Und dann, was geht in Vitas Kopf vor, wenn sie irgendwo unter ihrem Arazzi liegt wie ein winziger Kern in einer unermeßlichen Nuß?

... Aber erzähle mir, was Du fühlst? Hast Du Schmerzen? Und wenn Du gefragt würdest, ob Du Canute [Vitas schwedischer Elchhund], Canutes Frau oder Virginia am liebsten magst, was würdest Du sagen?

Ich habe einen Regenmantel, ein Lineal aus Kristall, ein Tagebuch aus dem Jahr 1905, eine Brosche und eine Wärmflasche irgendwo liegenlassen – Entweder in Long Barn oder Charleston – und stelle mich daher darauf ein, bis zum Jahresende vollkommen nackt zu sein.

Long Barn
Freitag, 8. Januar [1926]

Du Engel, daß Du geschrieben hast. Und ich mag Deine Einstellung zu Krankheit: »leuchtend und unnahbar«, wo die meisten Leute »heiß und verschwitzt« gesagt hätten. Ich hatte (und habe) einen verdammt schmerzenden Arm, aber ansonsten hatte ich nicht unter den asiatischen Seuchen (Impfungen) zu leiden. Ich lag in einem riesigen Bett und las bei einem Feuer, dessen Licht an der Decke flackerte, ein Buch von einem Theosophen. Es war ihm durch Psychometrie offenbart worden, daß die Pyramiden und Stonehenge, weit davon entfernt, von einem einfachen Cheops und einfachen Druiden gebaut worden zu sein, in Wirklichkeit das Werk von okkulten Überlebenden des atlantischen Kontinents nach dem endgültigen Verschwinden ihres Landes 11 500 v. Chr. waren. Und haben sie etwa so etwas Ordinäres wie mechanische Mittel benutzt? nein! Nicht für sie waren die

Hebekräne und -bäume der barbarischen Ägypter bestimmt. Am Nil oder mitten in der Ebene von Salisbury stehend, bewegten sie die Granitblöcke und Trilithen durch das einfache Mittel, sie mesmerisch des Gewichts zu berauben; mit anderen Worten, sie ließen sie schweben. Wenn Du also das nächste Mal nach Stonehenge kommst, kannst Du Dir ausmalen, wie diese kleine Gruppe von atlantischen »Adepten« dort stand, während Tonnen von Fels langsam aus eigenem Antrieb wie Federn in der Luft trieben und sich schließlich auf den aufrechtstehenden Säulen niederließen, die schon für ihren Empfang aufgerichtet worden waren.

Eddy [Sackville-West] kam in mein Zimmer gehinkt, siechte zu einem Geist dahin und hinkte wieder hinaus, zurück ins Bett. Er hatte Besuch von dem verheerenden Tomlin gehabt – wird Tomlin Virginia verheeren? und wie empfänglich ist Virginia genau? das ist eine Sache, die ich zu gerne wissen würde. Ach, wie viele *kleine* Dinge es doch im Leben gibt: Weihnachtsgeschenke für den Briefträger, Lohn für den Gärtner; und heute abend Pfadfinder, gütiger Gott. Das schwarze Baby ist noch hier. Ich hatte recht, als ich vorhersagte, ich würde ihn für immer behalten. Und unter all diesen kleinen Dingen, wo ist da der Ort für Gedichte? Und ich habe mir in den Finger geschnitten, und mein Taschentuch ist ganz voll Blut, und ich kann mir nicht die Nase putzen.

Bitte bleibe in all diesem Durcheinander von Leben ein heller und beständiger Stern. Nur wenige Dinge bleiben als Leitstern bestehen: Gedichte und Du und Einsamkeit. Wie Du siehst, bin ich ausgesprochen sentimental. Hattest Du das geahnt?

Jesus, wie Impfen juckt. Was würde ich für ein ordentliches Kratzen geben.

Ich muß zurück nach Knole. Ich bilde mir langsam ein, hier zu leben; mein Wohnzimmer unverändert, und niemand außer meiner alten Louise [Genoux, das Dienstmädchen] macht sich hier zu schaffen. Es ist schwer, im Gedächtnis zu behalten, daß man ein Strohhalm ist, der einen Abfluß hinunterwirbelt.

Warum liest man jemals irgend jemand anderen als Shakespeare? Er kommt mit mir nach Persien – die Gesamtausgabe.

Wärmflasche: nicht hier.

Tagebuch: nicht hier.

Brosche: ich muß das Mädchen [Louise] fragen, das in Knole ist.

Regenmantel: nicht hier.

Lineal aus Kristall: nicht hier –

Italienisches Notizbuch: hier und gerettet und wird am Dienstag mitgebracht.

Jemand hat Ben eine ungereinigte Ausgabe von *Gulliver* zu Weihnachten geschickt. Er hatte das meiste davon gelesen, bevor ich es merkte. Es war als Kinderbuch getarnt. Was soll ich machen?

Ach, meine Liebe, ich muß gehen. Wie ärgerlich.

V.

Armer Canute, seine Gefühle wären so furchtbar verletzt, wenn ich Deine Frage wahrheitsgemäß beantworten würde, daß es mir die Loyalität verbietet. Kommst Du zu Clives Abschiedsparty am 18.?

Samstag [9. Januar 1926] *[Tavistock Square 52, W.C.1]*

Ist es nicht eine verfluchte Sache? Hier liege ich im Bett mit der Grippe, die ich mir just in dem Moment gefangen habe, als ich Dir von den Freuden des Fiebers geschrieben hatte. Heiß und verschwitzt trifft es . . .

Aber es ist ein großer Trost, an Dich zu denken, wenn es mir nicht gutgeht – ich frage mich, warum. Noch netter – besser, Dich zu sehen. Also hoffe ich auf Dienstag. . . .

Ein sehr netter nichtssagender Brief von Dir heute morgen. Erzähl mir von den Pfadfindern?

Long Barn
Montag [11. Januar 1926]

Ach, meine arme Liebe, wieder krank und der Roman[1] hintertrieben – Ist es nicht zum Verrücktwerden für Dich. Ich habe eine Menge zu sagen. Zuerst einmal, daß es mir verflucht egal ist, es ist mir so schnuppe wie nur was, ob ich sie mir fange [die Grippe] oder nicht; ich würde lieber mit heftigem Fieber den ganzen Weg nach Ägypten auf mich nehmen, als Dich nicht zu sehen – das kannst Du also bitte ausschließen. Zweitens, daß ich Dich nicht um alles in der Welt ermüden möchte; wenn Du also als elendes Häufchen allein liegen möchtest, mußt Du es nur sagen. Ich werde morgen zur Mittagszeit anrufen, dann kannst Du sagen »Komm« oder »Geh zum Teufel«, je nachdem wie Du Dich fühlst. Drittens, daß ich glücklich darüber bin, daß Du für Verstand nicht empfänglich bist, sonst würdest Du meinen nur als ein schäbiges Ding ansehen. (Ich habe gerade zu Mittag ein Kalbskotelett mit Kohl gegessen, himmlisch zubereitet von Louise, *Mrs Dalloway* aufgeschlagen auf meinen Knien, und befinde mich folglich in einer Stimmung von intellektueller Demut.) Viertens, der Tomlin, der Eddy besucht hat, war nicht der richtige [Stephen], sondern sein Bruder. Fünftens, meine Briefe sind nicht nichtssagend, sondern lärmend: Du bist es, die nicht weiß, wie man liest. Und Du maßt Dir an, Schulmädchen zu diesem Thema zu unterrichten! Sechstens, daß Briefe, auch wenn man von Einstein einmal absieht, eine verteufelte Angelegenheit sind und so einer trügerischen Sache wie der Zeit unterliegen, wenn Du mir z. B. nach Persien schreibst und sagst, Du hast Fieber, hat es für mich keinen Sinn zurückzuschreiben und zu sagen, daß es mir leid tut, denn bis Du das bekommst, hast Du Dich erholt, wenn ich aber aus Weald schreibe, geht es Dir immer noch miserabel, und mein Bedauern wird ein winziges Körnchen Hilfe sein, aber *meine* Gefühle werden dieselben sein, ob in Persien oder in Weald. Siebtens, daß ich heute abend in Sevenoaks einen Vortrag halten muß und IHN VERLOREN HABE. Achtens, daß ich das Leben alles in allem berauschend finde – seine Schmerzen nicht weniger als seine Freuden –, wobei Virginia keine geringe Rolle spielt.

Die Pfadfinder waren entzückend mit ihren kleinen, bloßen rosa Knien und eifrigen Augen. Und Messern, die in ihren Gürteln steckten.

Und ich habe so viel zu tun – und ich weiß genau, daß ich mich davonstehlen werde, ohne es zu tun, und im Mai werde ich wiederkommen und Ossa auf Pelion aufgetürmt vorfinden und die fischähnliche Vermehrung der vernachlässigten Pflichten eifrig am Werk.

Ich weiß, ich hatte viel mehr zu sagen, aber ich habe es vergessen.

Jetzt muß ich gehen und mit dem Gärtner [Barnes] reden. Er hat einen Schnurrbart wie ein Walroß.

Eddy und ich haben gestern gefühlsbewegt bis ein Uhr nachts geredet.

Ich bin glücklich darüber, daß es Dir nicht schlechtgeht (falls das stimmt). Wirst Du morgen am Telefon die Wahrheit sagen?

V.

[1] Virginias *To the Lighthouse*.

Mount Street 66
W.1.
[13. Januar 1926]

Wie geht es Dir heute? Mir geht es gut – Nein

Geht es Dir heute gut, meine Liebe? Es gefällt mir nicht, daß Du krank bist.

Ich muß gleich los, um mir eine neue Dosis von Seuchen [Impfungen] zuzuziehen.

Ich habe einen Fehler gemacht: Clives Party findet an dem Abend, bevor ich meine Kinder zu dem Theaterstück bringen muß, statt. Es gibt also, soweit es mich betrifft, keinen Grund, warum er seine Party nicht um 10.30 anfangen lassen sollte. Könntest Du es ihm sagen, wenn Du Dich in der Lage fühlst zu kommen?

Auf dem Schreibtisch hier liegt ein Päckchen mit Eintrittskarten für den Zoo – ich habe mir den Spaß gemacht, auf jeder aus *adult adulterer*[1] zu machen.

Ich werde aus Brighton schreiben. Dies hier ist nur, um Dich zu fragen, wie es Dir geht – ach ja, und ich habe heute morgen einen Brief von Dir bekommen, den Du in die Ebury Street geschickt hast –

Dein getreuer Hirtenhund sorgt sich wegen Deiner Krankheit –

Es war nett gestern, oder?

Ich treffe Dich am Montag? und Dienstag? Und dann monatelang nicht mehr . . .

V.

[1] Erwachsener – Ehebrecher; Anm. d. Übers.

Freitag [15. Januar 1926] *[Tavistock Square 52, W.C.1]*

Liebstes Wesen,

Ich traf gestern Clive, der fragte, ob Du und Leonard und ich mit ihm am Montag im Ivy zu Abend essen wollen? Wenn Du (wie ich befürchte) nicht kannst, dann komm in seine Zimmer, sobald Du kannst – wir werden um 10.30 kommen, aber ich nehme an, ich werde nicht lange bleiben dürfen.

Knole
[17. Januar 1926]

Schnee bedeutet für mich so viel Besonderes. Er bedeutet ein dickes weiches Plop, Plop, wenn er von den Dächern geschippt wird und in den Hof darunter fällt. Er bedeutet das seltsame melancholische Hallo, mit dem die Rehe zur Fütterung gerufen werden und das sie aus allen Ecken des Parks heranspringen läßt. Es bedeutet, daß diese Dinge vertraut sind, so wie das Ticken der Uhr im eigenen Zimmer etwas bedeutet und zu einem gehört.

Ich *hatte* vor, morgen auswärts zu essen, aber ich habe es ganz zynisch fallenlassen, also kann ich mit Dir (mit Clive, meine ich) im Ivy zu Abend essen. Du siehst also, wenn meine Briefe auch nichtssagend sind, meine Handlungen sind es nicht. Sie sind ein praktischer Beweis für meinen Wunsch, bei Dir zu sein. Sagst Du Clive Bescheid? Eddy ist sehr darauf aus, zu Clives Party zu kommen. Er wird bei Raymond [Mortimer] übernachten. Kann er? Ich habe gesagt, ich würde fragen.

Ich hoffe, Clives Version hat sich nicht wesentlich von meiner unterschieden, ansonsten ist es klar, daß der eine oder andere das neunte Gebot bricht. Und hat sich Deine Antwort von meiner unterschieden? leider nein.[1]

Was ein Wirbel hier. Das Gepäck überall mit Aufklebern bepflastert. Sachen über den Raum verstreut. Und Eddy schwatzt, während ich versuche, mich daran zu erinnern, was ich einpacken muß. »Kennst du Tom Eliot?« »Nein, tu ich nicht. – Kodak Filme, Aspirin, Pelzhandschuhe, Zahnpulver.« »Sind die Holzschnitte in der *Anatomy of Melancholy*[2] nicht einfach reizend!« »Nein, Eddy, ich finde, sie sind ziemlich scheußlich. – Pack meine Reitstiefel nicht in meinen Koffer, man reitet nicht an Bord von Schiffen.« »Soll ich mein Wohnzimmer rosa oder gelb streichen lassen?« Und so weiter. So geht mein Packen vor sich. Wo ist Virginias stiller Raum mit dem Gerüst davor?

Ich werde morgen dorthin kommen und mich ein Weilchen verstecken, sagen wir um 4.30? aber am Dienstag auch, bitte, dann etwas länger. Eine Nachricht an Vic. 5194 wird mich morgen abhalten oder verschieben, falls Du beschäftigt bist. Ich werde um 10.45 für einen Augenblick in der Ebury Street (d. h. Vic. 5194) sein.

O verflucht, hier sind Leute, und ich muß aufhören, weil die Post früh weggeht. Ich *sehne* mich danach, Dich zu treffen. Eines Tages werde ich Dir schreiben und Dir alles, was Du mir in meiner Vorstellung bedeutest, sagen. Soll ich?

V.

[1] Clive Bell hatte die beiden auf ihre Liebesaffäre angesprochen.

[2] Robert Burton, *The Anatomy of Melancholy* (1621).

Vita verließ London am 20. Januar. Sie wurde von Dorothy Wellesley bis Indien begleitet. Dann fuhr sie auf dem Seeweg durch den Persischen Golf nach Basra und von dort nach Bagdad, wo sie bei Gertrude Bell unterkam. Ihre Reise ging von dort aus mit dem Auto weiter und führte über die eingeschneiten Berge der persischen Grenze nach Kermanshah, wo Harold sie traf und nach Teheran geleitete. Die ganze Reise mit dem Umweg hatte sechs Wochen in Anspruch genommen.

Acacia Road 21
Balham [scherzhafte Adresse]
[20. Januar 1926]

Nein, es hat keinen Sinn: der Zug wackelt zu sehr, als daß ich etwas vortäuschen könnte. Ich *bin* im Zug, und auf meinem Gepäck befinden sich sensationelle Aufkleber – da ist es also – und ich habe Virginia an dem nebligen Londoner Abend auf ihrer Schwelle stehend verlassen – und Gott weiß, wann ich sie wiedersehen werde. Du hast etwas gesagt, was mich sehr gefreut hat, daß Du nämlich versuchen würdest, nicht in Frankreich zu sein, wenn ich zurückkomme. Das gab mir wirklich das Gefühl, in Deinem Leben etwas zu zählen. Gott segne Dich.

Ich habe Deinen kleinen Pope in meiner Tasche – und ihn auch schon anstelle meines Passes vorgezeigt. Das wird den ganzen Weg über passieren

Ach meine Liebe, es war alles so verflucht – und was die gemischten Gefühle betrifft, ich glaube, ich habe sie alle durchgemacht.

Fort, das stille Zimmer mit dem Kran.

Lebwohl, mein Liebling; und Gott segne Dich.

Deine
Vita

Mailand [abgeschickt in Triest]
Donnerstag, 21. [Januar 1926]

Ich bin nur noch ein Etwas, das Virginia will. Ich habe in den schlaflosen Alptraum-Stunden der Nacht einen wunderschönen Brief an Dich verfaßt, und er ist vollständig verschwunden: ich vermisse Dich auf ganz einfache, verzweifelte menschliche Weise. Du mit all Deinen nicht-nichtssagenden Briefen würdest nie einen so elementaren Satz wie diesen niederschreiben; vielleicht würdest Du es nicht einmal fühlen. Und doch glaube ich, daß Du eine kleine Lücke verspüren könntest. Aber Du würdest sie in einen so erlesenen Satz kleiden, daß sie ein bißchen von ihrer Wirklichkeit verlieren würde. Während es bei mir ganz offen liegt: Ich vermisse Dich sogar noch mehr, als ich für möglich gehalten hätte; und ich war darauf vorbereitet, Dich sehr zu vermissen. Also ist dieser Brief nur ein leidvolles Winseln. Es ist kaum zu glauben, wie unentbehrlich Du für mich geworden bist. Ich nehme an, Du bist daran gewöhnt, daß Menschen so etwas sagen. Geh zum Teufel, Du verzogenes Geschöpf; ich werde Dich nicht dazu bringen, mich ein bißchen mehr zu lieben, indem ich mich so preisgebe – Doch ach, meine Liebe, ich *kann* Dir gegenüber nicht klug und unnahbar sein: dafür liebe ich Dich zu sehr. Zu echt. Du kannst Dir nicht vorstellen, wie unnahbar ich Menschen gegenüber sein kann, die ich nicht liebe. Ich habe es zu einer der schönen Künste erhoben. Aber Du hast meine Verteidigung durchbrochen. Und ich nehme es Dir nicht wirklich übel.

Doch ich werde Dich nicht weiter damit langweilen.

Wir sind wieder losgefahren, und der Zug ist immer noch wackelig. Ich werde Dir auf den Bahnstationen schreiben müssen – von denen es in der Ebene der Lombardei glücklicherweise viele gibt.

Venedig.

Es gab viele Bahnhöfe, aber ich hatte nicht damit gerechnet, daß der Orient Express nicht an ihnen hält. Und jetzt sind wir nur für zehn Minuten in Venedig – eine elende Zeit für einen Versuch zu schreiben. Nicht mal Zeit, eine italienische Briefmarke zu kaufen, also wird dies von Triest aus losgeschickt werden müssen.

Die Wasserfälle in der Schweiz waren zu festen schillernden Vorhängen aus Eis gefroren, die über die Felsen hingen; so reizend. Und ganz Italien mit Schnee zugedeckt.

Es geht wieder weiter. Ich werde bis Triest morgen früh warten müssen. Verzeih mir bitte, daß ich einen so erbärmlichen Brief geschrieben habe.

V.

Samstag abend
23. Januar [1926]

Wir sind irgendwo vor der Küste Griechenlands, und ziemlich abscheulich ist es auch: sehr rauh, und das Boot schaukelt herum wie ein altes Faß. Es hat ein Deck zuviel und ist daher topplastig. Es gab eine Menge Dinge, die ich Dich fragen wollte: ob Du nicht eine neue Type für hervorgehobene Passagen erfinden könntest; ein neues System für die Zeichensetzung; ob Du meine Vorliebe für das obere Bett in Schlafwagen teilst (was ich für atavistisch halte) und meine Abneigung dagegen, auf dem Weg in den Speisewagen an den Bäuchen von Franzosen entlangzustreichen; und ob Du eines Tages mit mir eine Reise unternehmen würdest? (Dottie sagt, daß sie einen guten Charakter für mich abgeben wird.) Aber die Elemente haben all diese Dinge aus meinem Kopf verbannt. Du mußt Dir mich bitte vorstellen, wie ich in einer kleinen Koje in einem Winkel von 45° sitze, mit einem Koffer, der den Boden auf und ab schlittert, und all meinen Besitztümern, die unter meinem Bett verschwinden; das Schiff ist bei jedem Schlingern mit dem Klappern von Geschirr erfüllt; und ich versuche Dir zu schreiben. Aber Du siehst, das gesamte Wertesystem verändert sich, und es ist nur noch wichtig, die Balance zu halten –

Sonntag abend. Ich mußte aufhören zu schreiben, es war unmöglich; und jetzt sind meine Augen erfüllt von der Schönheit Kretas, über das ein unerwarteter Regenbogen fällt. Aber es ist immer noch ziemlich rauh, und einen Augenblick dachte ich heute, das Schiff würde kentern, wie es das Schwesterschiff auf seiner letzten Fahrt tat. (Diese ermutigende Information erhielt ich von einem Mitreisenden.) Ich habe einen jungen Italiener aufgelesen, der mehr Boccaccio ist, als Du Dir vorstellen kannst, mit goldenem Haar und der Figur eines Windhundes; er hat vor, durch Persien zu reiten, von Buschir über Shiraz und Isfahan bis Teheran, wie Marco Polo. Ein überaus romantischer junger Mann, aber sehr seekrank, der arme Schatz. Ich freue mich darauf, ihn an einem schönen Aprilmorgen in Teheran einreiten zu sehen.

Hast Du Kreta schon einmal gesehen? Wenn nicht, dann solltest Du.

Meine Liebe, ich werde Dir aus Kairo schreiben. Hier ist es hoffnungslos, und ich muß zum Abendessen.

V.

Ich habe Dir einen verzweifelten Brief von Triest aus geschrieben.

3. Februar 1926 *Tavistock Square 52, W.C.1*

Hier ist ein Brief aus Kairo, ich meine von der Küste Griechenlands [Kreta], heute morgen angekommen, ein nichtssagender Brief; aber ich werde immer besser darin, sie zu lesen. Ich mochte ihn. Und ich habe Dir gestern nach Bagdad geschrieben und merke, daß ich Dir jetzt schreiben muß, um die Post nach Teheran noch zu schaffen; also gibt es nichts Neues – Außerdem wirst Du so aufgeregt sein, glücklich und all das. Du wirst mich, das Zimmer, den Kran vergessen haben. Wir geben im Vergleich mit Teheran ein schlechtes Bild ab. ...

Am Freitag (aber das wird vor Wochen geschehen sein) fahren wir nach Rodmell. Liebste, wie schön, Dich in ein oder zwei Monaten dort zu haben. Ich habe gestern unerwartet 20 Pfund verdient und geschworen, sie Dir zuliebe für die Verbesserung des Wasserklosetts auszugeben. Aber Teheran ist für mich zu aufregend. Ich halte in diesem Moment mehr von Teheran als vom Tavistock Square. Ich sehe Dich irgendwie mit langem Mantel und Hosen wie eine abessinische Kaiserin, die über diese kahlen

Hügel schreitet. Aber ernsthaft, was ich wissen will, ist, wie die Reise verlief, die 4 Tage durch den Schnee, die Karawane. Wirst Du schreiben und es mir erzählen? Und der liebevolle Brief – wann kommt der?

Luxor
29. Januar [1926]

Die einzige Art, wie ich mit Ägypten umgehen kann, ist so, wie es Molly MacCarthy mit Weihnachten gemacht hat: alphabetisch. Amon, Amerikaner, Alabaster, Araber Ägypter; Bromid, Büffel, Bettler, Bronx, Bewässerung; Camele, Crocodile, Colosse, Cook's; Dreck, Dahabijen, Dragomane, Derwische, Deutsche, Dschellahs, Dampfer; Evian, Esel; Feze, Fellachen, Feluken, Fliegen, Flöhe; Geißen, Geier, Granit, Gestank; Hotels, Hieroglyphen, Horus, Habichte; Isis, Imshi, Ignoranz; Jsched-Bäume; Kinos, Kodaks, Klosetts; Lotus, Levantiner; Mumien, Matsch, Millionäre; Nubien, Nil; Ophthalmie, Osiris, Obsidian, Obeliske; Palmen, Pyramiden; Quadern; Ramses, Ruinen; Sonnenuntergänge, Sarkophage, Souks, Sand, Sittiche, Shadufs, Sphinx, Straßenbahnen, Steinbrüche; Tempel, Touristen, Tutenchamun; Uganda; Voyageure, Virginia; Wasserbüffel, Warzen, Wiedehopfe, Weihen, Wüste; Xerxes, Xenophon; Yams; Zufriedenheit (meine eigene.) Nachdem ich das gesagt habe, bleibt eigentlich sonst nichts mehr zu sagen, außer daß Mr Robert Hichens in diesem Hotel wohnt und daß ich ihn heute, auf einem feurigen arabischen Hengst reitend, traf.[1] In der Tat, und es gibt noch viel mehr zu sagen, nur kann ich es nicht sagen: da gibt es die große, unordentliche Verlassenheit von Karnak und die Mondberge-Landschaft der thebanischen Hügel, wo ich mir eine braune Lehmhütte bauen und meine Tage beenden werde. Und ich habe mit amerikanischen Supermillionären zu Abend gegessen und in ihrem Wohnzimmer *The Common Reader* vorgefunden. Es hat mir einen Schock versetzt. Da räkelte sich Dein Name auf dem Tisch. Sie waren gerade aus Tibet angekommen, wo sie siebenundvierzig Patent-Schrankkoffer und fünfundzwanzig kleinere Gepäckstücke über die Ausläufer des Himalaja geschleppt hatten und zwar auf Yaks, einer Tierart, von der ich bis dahin gedacht hatte, es gäbe sie nur bei Belloc.[2] *The Common Reader* hatte sie nach Tibet begleitet und war dabei, alle Deine anderen Werke nach sich zu ziehen. Da sie nicht wußten und immer noch nicht wissen, daß ich Dich kenne, kam diese Anerkennung vollkommen unaufgefordert.

Was noch? Ich vermisse Dich schrecklich, und davon abgesehen, bin ich ständig wütend bei dem Gedanken, was Du aus diesem Land machen könntest, wenn man Dich nur herbringen könnte. Du siehst, Du solltest. Das hört sich allerdings viel zu sehr wie Deine eigene Parodie meiner vorherbestimmbaren Briefe an, so daß ich davon Abstand nehme, es zu sagen.

Was mich mit Bestürzung erfüllt, ist der Gedanke, daß ich, bis ich Bombay erreiche, nichts von Dir hören kann, mindestens zwei Wochen lang. Ich wünschte, ich hätte Dir eine Adresse in Kairo gegeben. Du könntest krank oder sonst was sein. Es ist ein seltsames Gefühl, so abgeschnitten zu sein. Und sogar die Uhrzeit ist anders. Wir haben auf See ständig halbe Stunden fallenlassen. Was wird aus diesen armen Verstoßenen des eigenen Lebens, die man übersprungen hat? Meine schwimmen jetzt als Treibgut irgendwo auf der Adria.

Machen Dich dünne Seide und Sonnenbrand neidisch? Nein, Du Schuft, Du ziehst Deine alte neblige Bloomsplürre[3] und Deine Londoner Squares vor. Der Wunsch, Virginia zu rauben, überfällt mich – sie zu rauben, sie fortzuholen und sie in der Sonne zwischen die Objekte zu plazieren, die oben alphabetisch aufgeführt wurden. Du weißt, daß Du Griechenland mochtest. Du weißt, daß Du Spanien mochtest. Also dann? Wenn ich mich nach Afrika und Asien schaffen kann, warum kannst Du es nicht? (Aber mit *mir*, bitte.) Ich habe Dir heute eine Ansichtskarte geschickt, nur so, als Beleidigung. Ich bin in die Eingeweide der Erde eingedrungen und habe Tutenchamun angesehen. Seinen Sarkophag und den äußeren Mumienbehälter, meine ich. Der ist nur aus vergoldetem Holz. Der innere ist in Kairo (ich habe ihn gesehen) und aus schierem Gold. Weißt Du, das Tal der Könige ist wirklich ein überaus erstaunlicher Ort. Gelbbraune karge Hügel, in die ein Pfad eingeschnitten ist; überhaupt kein Leben, kein

Vogel, keine Eidechse, nur eine aasfressende Weihe, die meilenhoch hängt; und unentdeckte Könige, die in Gold gehüllt daliegen. Und englische Blaustrümpfe mit Tropenhelmen und dunklen Brillen. Aber dann kam ich von den Blaustrümpfen los und kletterte dahin, wo niemand war, und blickte auf der einen Seite in das Tal und auf der anderen auf den Nil, ein schöner Kontrast zwischen Kahlheit und Fruchtbarkeit; und verfiel in einen Zustand der Verzückung.

Du siehst, ich habe wirklich einen billigen Verstand. (Du sagst, Du willst wissen, was darin vorgeht, also sag ich es Dir.) Wenn menschliche Wesen für Dich auch nur halb so aufregend sind wie natürliche Dinge für mich, dann verstehe ich tatsächlich, warum Du gern in London lebst. Ich kann nicht erklären, warum sie diese berauschende Wesensart haben sollten. Ich kann durchaus verstehen, warum Menschen sie haben sollten. Aber warum die gelben Berge und der gelbere Paria-Hund, mit dem ich mein Mittagsmahl geteilt habe? Und doch, so ist es. Und – hör gut zu – ich kümmere mich auf so befriedigende Weise um die wenigen Menschen, an denen mir etwas liegt. (Um Virginia? ach du meine Güte, JA, um Virginia.) Bitte löse dieses Rätsel für mich.

Ich fahre jetzt nach Karnak. Es ist Vollmond, und es ängstigt mich schon ziemlich, mir vorzustellen, wie es sein wird. *Verdammt*, daß Du nicht hier bist.

Deine
V.

[1] Robert Hichens (1864–1950), Autor von Erfolgsromanen, von denen der bekannteste *Garden of Allah* war, verbrachte einen großen Teil seines Lebens auf Reisen in Ägypten.

[2] Hilaire Belloc, *The Bad Child's Book of Beasts* (1896).

[3] Im Original »Gloomsbury«, ein Wortspiel auf Bloomsbury, *gloom* = *düster*; Anm. d. Übers.

S. S. Rajputana
Im Roten Meer
4. Februar [1926]

Mein Liebling Virginia

Ich fühle mich so, als würde ich Dir gern einen langen Brief schreiben. Einen endlosen Brief. Seiten um Seiten. Aber es gibt zu viel zu sagen. Zu viele Gefühle und zu viel Ägypten und zu viel Aufregung. Und tatsächlich läuft das alles auf die vollkommen einfache Sache hinaus, daß ich wünschte, Du wärest hier.

Siehst Du, es ist so einfach für Dich, nach innen zu blicken, wenn Du in Tavistock Square sitzt; aber ich finde es schwierig, nach innen zu blicken, wenn ich gleichzeitig die Küste von Sinai ansehe; und sehr schwierig, die Küste von Sinai anzusehen, wenn ich gleichzeitig nach innen blicke und überall das Bild von Virginia finde.

So wird mein Brief durch diese Kombination noch nichtssagender als gewöhnlich.

Du organisierst Dinge besser. Du hast einen viel ordentlicher sortierten Verstand. Du hast ein kleines Fach für Mary Hutchinson[1] und ein anderes für Vita und noch eines für Hund Grizzle und eines für die Downs und eines für Londoner Nebel und eines für den Prinzen von Wales und eines für den Leuchtturm [*To the Lighthouse*] – nein, das ist falsch, der Leuchtturm darf seinen Strahl über das Ganze werfen –, und ihr einziger gemeinsamer Nenner ist Deine eigene Erregbarkeit darüber, in welches Fach Du wann immer auch hineinzuschauen entscheidest. Aber bei mir laufen sie alle zu einer Art Suppe zusammen.

Seit ich England verlassen habe, befinde ich mich ständig in einem fortgeschrittenen Rauschzustand. Cocktails, die nicht aus Gin und Vermouth, sondern aus Spannung und Elend, Abenteuer und Heimweh gemixt werden. Daher kann ich Dir keinen säuberlich geordneten Brief schreiben.

Und dann die vielen Leute. Der junge Mann, der will, daß man Deck-Tennis spielt. Die junge Frau, die will, daß man ein Los für eine Tombola kauft. Der Kapitän, der will, daß man an seinem Tisch sitzt.

(Habe ich bisher vermieden. Aber nur durch Hungern und Abwesenheit bei den Mahlzeiten. Und jetzt stehen wir, wie eine belagerte Stadt, vor dem Moment der Kapitulation.) Dann ist da auch noch das ganze Gepäck: die zusätzlichen Stücke, die man mitgenommen hat, weil man seine Sachen nicht wieder in ihre ursprünglichen Behältnisse packen konnte; und dann haben mir die amerikanischen Millionäre ein Grammophon und einen Kühlschrank geschenkt. Und dann die Bilder im Kopf, von Sachen, die man gesehen hat, die wie Photographien völlig durcheinander in eine Schublade gestopft darauf warten, in ein Album geklebt zu werden, auf diese rührend optimistische Art, die alte Photographien an sich haben. Und Bilder von Dingen, die man nicht gesehen hat – Indien, Agra, Bagdad, Schneeberge –, Negative, die noch nicht entwickelt sind. All das ist sehr verwirrend. Und das solide bekannte Leben von England, das zu ein und derselben Zeit eine Tatsache ist, wo man sich herumtreiben kann, und eine Vision, die so phantastisch ist wie die derzeit fernen Küsten von Arabien.

Wir sind von Luxor in einem brennenden Zug nach Kairo zurückgekehrt; der Speisewagen brannte fröhlich hinter uns wie der Schweif eines Kometen. Es schien niemanden zu bekümmern, außer meinen schönen Beduinen, der sich als Beistand vor der Tür zu meinem Abteil herumdrückte, bis ich, um mich selbst zu schützen, zu Bett ging. Es war eine nette Szene für Virginia: der lange, schlanke, weiße Zug, der durch die Nacht fuhr, und die Flammen, die unter dem Wagen hervorleckten; und eine Menge von dunklen Männern, die mit Eimern Wasser auf die Flammen schütteten. Ich habe mit dem Zugführer gesprochen. Er sagte, es sei eine eingleisige Strecke, und da ein anderer Zug fällig sei, würden wir wahrscheinlich mit ihm zusammenstoßen. Außerdem sagte er, daß Räuber die Gewohnheit hätten, Felsbrocken auf die Schienen zu legen, daß er sich aber nie darum scheren, sondern mit vollem Tempo daraufzufahren würde, denn wenn er bremsen würde, würde man ihn der Komplizenschaft mit den Räubern beschuldigen. Ich trauerte sehnsüchtig der South-Eastern nach.[2]

6. Feb. Ich habe kein Hirn mehr. Es ist geschmolzen, Ich fühle mich von Kopf bis Fuß klebrig. Und ich habe mich mit einem Parsen angefreundet, der ein Spezialist für Persisch ist und beschlossen hat, daß ich diese Sprache beherrschen soll, bevor ich in Bombay ankomme. Daher verbringe ich eine scheußliche Zeit – wie ein Schuljunge so hart zur Arbeit angetrieben und kein Hirn, um sie zu leisten. Ich mag allerdings den Nachthimmel mit Sternen, die größer und größer werden und seltsamer und seltsamer, und den Phosphor im Wasser.

Die restliche Zeit lese ich Proust. Da niemand an Bord je von Proust gehört hat, man aber doch genug Französisch kann, um den Titel zu übersetzen, werde ich wegen der vielen Bände von *Sodome et Gomorrhe*, die über die Decks verstreut sind, ziemlich scheel angeguckt.

Aber warum hat er 10 Seiten dafür gebraucht, etwas zu sagen, was in 10 Wörtern gesagt werden könnte?

In der Nähe von Aden. Dein getreuer Hirtenhund ist überaus klebrig. Ein abscheuliches Klima, sehr heiß, sehr entspannend, mit einem starken heißen Wind.

Es sickert durch, daß mein Parse der designierte Hohepriester aller Parsen von Indien ist und sich auf dem Heimweg befindet, um die Pflichten seines Hochamtes anzutreten. Er begleitet mich in Aden an Land, wo ich dies hier abschicken werde. Ich ziehe seine Schwester, die eine olivfarbene Haut und die Augen einer Gazelle hat, bei weitem vor; aber so ist es nun mal: der Hohepriester will aus seinen letzten weltlichen Tagen unbedingt das meiste herausholen und verfolgt mich auf Schritt und Tritt.

Ach, meine liebe Virginia. Gibt es wirklich ein London? und bist Du dort? oder denke und schreibe ich an ein Gespenst? Werde nicht krank. Sei streng mit *les importuns*. Wie steht es mit dem Roman? Von diesem heißen Sturm durchblasen, kann ich kein Wort schreiben. Aber ich hoffe, mein kleiner Kornspeicher wird sich unter dem Kreuz des Südens füllen. Wenn ich in Bombay keinen Brief von Dir bekomme, sterbe ich vor Enttäuschung –

Alles Liebe an Leonard.

V.

[1] Mit der Clive Bell zu dieser Zeit eine Liebesaffäre hatte.

[2] Die Eisenbahnlinie, die London mit Kent und Sussex verband.

1. März 1926 *Tavistock Sqre 52 [W. C. 1]*

Ja, liebster Hirtenhund, es stimmt schon alles, daß Bloomsbury ein altbackener Keks ist und ich ein Rüsselkäfer bin und Persien eine Rose und Du ein Nachtpfauenauge – ich gebe Dir durchaus recht: aber Du verpaßt den herrlichsten Frühling, den es je in England gegeben hat. Wir wurden vor zwei Tagen mit dem Auto durch ganz Oxfordshire gefahren . . .

Die Leute, die uns mitgenommen haben, waren Leonards Bruder und dessen Frau. Ich habe mich sofort verliebt, nicht in ihn oder sie, sondern in den Beruf des Börsenmaklers, nie ein Buch gelesen zu haben (außer Robert Hichens [sic]), nie von Roger oder Clive oder Duncan oder Lytton gehört zu haben. Ach, das ist das Leben, sagte ich mir immer wieder; und was ist Bloomsbury oder auch Long Barn anderes als eine Erfindung, eine zeitweilige Verschlingung; und warum bedaure und verhöhne ich die menschliche Rasse, wenn sie überwiegend friedlich und fröhlich ist? . . .

Ich habe unsere Autotour durch Frankreich so gelegt, daß wir am 10. Mai zurück sind. Richte es also bitte so ein, daß Du an diesem Tag an Land gehst. Ein reizender nichtssagender Brief von Dir kam am Samstag, geschrieben an Bord eines Schiffes. Ich entlocke Deinen Briefen Stück für Stück eine ganze Menge. Sie könnten länger sein; sie könnten liebevoller sein. Aber ich verstehe, was Du meinst – das Leben ist zu aufregend. . . .

S. S. Rajputana
Im Indischen Ozean
8. Februar [1926]

So ein absurder Tag gestern in Aden: in einem kleinen offenen Auto bei einem heißen Sturm über Salzwüsten zu rasen; Wirbelstürme aus Staub; Hunderte von kleinen Windmühlen, die sich wie rasend drehen; aufgereihte Salzhaufen wie die Zelte eines Regiments; Tunnels unter Bergen hindurch; leere Tanks mit einem Fassungsvermögen von hundert Millionen Gallonen (es gibt keine Quellen, und es hat dort seit 10 Jahren nicht geregnet); kleine schwarze Jungen auf dem

Boden der Tanks wie Bären im Zoo unterhalb der Mappin Terrassen, die sich auf die Bäuche schlagen und widerhallend rufen »Kein Vater, keine Mutter, vielen Dank«; schottische Soldaten im Kilt; dann wieder Aden und plötzlich [in einem Käfig] Löwen mitten in einer Ford-Werkstatt für Lastwagen; und Tee mit einem alten Parsen in kühlen Räumen über einer Apotheke. Der reine Conrad, das alles: der Handelsfürst von Aden mit einer glänzenden schwarzen Kappe und schlauen Augen hinter eulenhaften Brillengläsern. Eine Photographie des Königs auf dem Tisch. Aufgehängte Kräuterbündel, um Krankheit und Unglück vom Haus fernzuhalten. Gruppenphotographien von Parsengenerationen. Hauptbücher; ein Globus; Schiffsmodelle. Ein dunkler junger Sekretär in einem weißen Leinenanzug. Süßes Gebäck. Gespräche über Ladungen nach Somaliland. Und draußen liegt Aden, über das sein heißer Wind streicht, der gottverlassenste Fleck auf der Welt. Und dann ein Motorboot und wieder das Schiff, mit Möwen und Habichten, die gemeinsam über den Abfällen kreisen, und Muschelhändlern, die in winzigen Kanus herumschaukeln, und dem Gesandten, der an Bord kommt.[1] Und dann unter Dampf in die Nacht hinausfahren, und vor uns kein Land mehr zweitausend Meilen lang, und das selbstgenügsame Schiffsleben zieht sich wieder einmal um einen zusammen.

Der Indische Ozean ist grau, nicht blau; ein dickes undurchsichtiges Grau. Zigaretten sind fast zu feucht zum Anzünden. Bei Nacht wird das Deck von Bogenlampen beleuchtet, und es wird getanzt; es muß ein sehr merkwürdiger Anblick sein, wenn es von einem anderen Schiff auf See gesehen wird – all diese Leute, die sich in einem unwirklichen strahlenden Licht drehen, und die Musik unhörbar. Das Badewasser aus dem Meer ist voller Phosphor: blaue Funken, die man mit der Hand fangen kann. Das Wasser strömt aus dem Hahn wie der Strahl einer blauen Flamme. Die Gesellschaften von Proust gewinnen an Phantasie, wenn sie unter solchen Umständen gelesen werden (ich meine nicht im Bad, sondern an Deck); sie weichen zurück und rücken in eine bestimmte Perspektive; sie werden fast historisch, so wie Veroneser Banketts, durch die ein paar maskierte Longhi-Figuren huschen, und sie geraten durch den unruhigen, schalkhaften Hauch eines französischen Freuds in Unordnung. Ich kehre in ihre Gesellschaft zurück, wenn ich mit den persischen unregelmäßigen Verben gekämpft habe. Auf der anderen Seite hat mein eigenes Gedicht [*The Land*] für mich aufgehört, irgendeine Existenz zu haben: es kommt mir nur albern vor. Ich dachte, ich sollte in der Lage sein, einen Schritt zurückzutreten und es zu betrachten; aber nein; es ist direkt unter meiner Nase festgeklemmt, und ich kann es überhaupt nicht sehen. Nur Mme de Guermantes [Proust] und Khwastanrasi sind wirklich.

Aber bis ich nach Hause komme, werde ich ein Buch geschrieben haben, das mich hoffentlich von meiner Reiseverstopfung kurieren wird, selbst wenn es keinem anderen Zwecke dienen sollte.[2] In dem Moment, in dem es losgelassen wird, wird es aus mir herausfließen wie der Ozean aus dem Hahn der Badewanne – aber werden die blauen Funken dabeisein oder nur das Einheitsgrau des Meeres bei Tag? (Übrigens, ich habe, seit ich den Brief angefangen habe, herausgefunden, daß man mit dem Phosphor Bilder auf sich selbst malen kann; es ist, als badete man in Glühwürmchen; man zeichnet mit dem Finger Bilder in Linien aus blauem Feuer, die langsam verblassen.)

Was den Rest betrifft, es ist ein ewiges Ausweichen vor seinen Mitmenschen. Wirklich, was für merkwürdige Dinger erwachsene, zivilisierte Menschen sind, mit ihrem Tanzen und ihren Kostümen (Charles I. schreitet über das Deck mit seinem Kopf unter dem Arm wie einen Regenschirm) und ihren Belustigungen und ihrem Blindekuh-Spielen und einer entrüsteten [Dorothy] Wellesley, die dazu gezwungen ist, Preise zu verteilen. (»Ich finde es wirklich ein bißchen hart, daß ich mich auf einem P & O zum Narren machen muß, nur weil ich zufällig Gerry[3] geheiratet habe.«) Aber im Morgengrauen komme ich an Deck, wenn niemand dort ist außer einem indischen Matrosen, der das Messing putzt, und sehe, wie die Sonne gerade vor mir im Osten aufsteigt, und Himmel und Meer sind wie der erste Morgen der Genesis. Das geschieht alles, bevor die robusten Geistlichen aufgewacht sind, oder die Leute, die sich dir nähern und sagen, sie glauben, sie würden deine Tante kennen. (Warum haben Tanten so viele Freunde?)

Ich nehme an, Du meinst, daß dies ein nichtssagender Brief ist. Das ist er wohl. Aber aus solchen Sachen besteht das Leben zur Zeit.

Alles andere ist abgelegt worden, und man ist nur noch ein Schwamm, der alles in sich aufsaugt. Was, meinst Du, wird passieren, wenn alles vorüber ist? Was würde mit *Dir* passieren, frage ich mich hauptsächlich, wenn Du, von Bloomsbury entfernt, so durch und durch erschüttert würdest? zur Zeit ist es mein größter Wunsch, dieses Experiment auszuprobieren. Außerdem möchte ich mindestens neun Leben haben – ein weiterer Wunsch. Und neun Planeten zu erforschen. Du hast keine Vorstellung, wie albern die winzigen Feinheiten der Selbstbetrachtung werden können.

Wenn all das schon auf einer einfachen Reise nach Indien passiert, was, ach, was wird dann mit der armen Vita passieren, wenn sie das Herz Asiens erreicht?

Vielleicht wird gnädigerweise ein Gespür für Selektion zurückkehren, um wie ein Erzengel oder Schutzmann den Verkehr zu regeln.

Wir sind ein paar hundert Meilen vorangekrochen, seit ich diesen Brief angefangen habe, und eine tropische Sonne ist herausgekommen, und die Geistlichen haben ihre Tropenhelme aufgesetzt. Morgen werde ich in einem staubigen Zug durch Indien holpern.

Hast Du diesen armen Pilger ganz vergessen? Ich habe nicht vergessen, daß ich Dir sagen soll, daß ich an Dich denke, aber ich glaube, das wird eine nette Beschäftigung für den Persischen Golf. Inzwischen denke ich ungeheuer oft an Dich. Du bildest einen wunderbaren zynischen, freundlich lächelnden Hintergrund zu dem Wirbel meiner Gedanken. Ich frage mich, ob ich in Bombay einen Brief von Dir vorfinden werde?

Es macht mir nichts aus, wenn Du über mich lachst –

Deine

V.

[1] Aden war britisches Protektorat und stand unter der Kontrolle des Vizekönigs von Indien.

[2] Vitas Reisebuch *Passenger to Teheran* wurde im November 1926 von der Hogarth Press veröffentlicht.

[3] Lord Gerald Wellesley (später der siebente Herzog von Wellington). Sie trennten sich Mitte der zwanziger Jahre.

Delhi
14. Februar [1926]

Wir sind in Bombay um vier Uhr morgens angekommen, es war die Stille, die mich aufweckte, so an Lärm gewöhnt wie ich es war. Nach vier Tagen glatter See gab es plötzlich einen Hafen, umringt von Lichtern und blassen Farben, die hinter den Hügeln einsetzten. Wir bewegten uns noch, als ich hinaussah, obwohl die Maschinen gestoppt wurden; wir glitten ganz still über einen schwarzen Wasserspiegel. Zuerst fiel mir nicht ein, wo wir waren. Nach vier Tagen auf dem Ozean vergißt man das Land. Und Aden, zweitausend Meilen entfernt, war das letzte Land, das ich gesehen hatte. Seitdem hatte es keinen besonderen Grund zu der Annahme gegeben, daß wir einen Ort eher als einen anderen ansteuern würden, oder tatsächlich irgendeinen Ort. Noch wunderbarer erschien es – falls man darüber nachdachte –, daß man aus der Unermeßlichkeit des Ozeans heraus einen kleinen Flecken Land treffen sollte. Dann gab es mir einen Stich: Indien!

Nun, ich hatte Indien ein paar Stunden lang für mich allein, während die Sterne verblaßten und die Morgendämmerung sich ausbreitete; und dann setzte der übliche Krach ein, und ich traf den Parsen im Zollamt, er sah sehr lächerlich aus mit einer Kette aus weißen wächsernen Blumen um den Hals, über seinem *petit complet gris-perle*, wie ein Opferkalb. Und dann holte ich meine Briefe ab, aber von Dir war keiner da, was Indien einen schwarzen Anstrich gab, bis mir einfiel, daß ich Dir gesagt hatte, Du solltest an die Rocky Hill Flats schreiben – Wir fuhren zum Frühstück dorthin, doch auch wenn die Zimmer kühl waren und die Luft cremig weich, mit Fenstern, die sich zum Meer öffneten, und Punkahs, die die Luft bewegten, und großen Krügen mit Oleander überall, es gab immer noch keine Briefe. Und da ich seit mindestens drei Wochen auf diesen Brief gezählt hatte, hätten die köstlichen Früchte, die ich zum Frühstück erhielt, meinetwegen ebensogut ein paar Handvoll Staub sein können. Aber dann kam plötzlich eine schwarze Dienerin (deren Name offenbar Vita war) mit dem Arm voller Briefe herein. Und natürlich gab es eine ganz einfache Erklärung, daß nämlich Dein Brief mit mir auf der Rajputana gereist war. So saß ich am Fenster über der Bucht und las ihn, und unter mir lag eine hinduistische Verbrennungsstätte, auf der gerade eine Einäscherung stattfand, und dahinter das Meer und hinter mir Irene Forbes Adam[1], die ihr zwei Wochen altes Baby stillte – ein Anblick, der Dir zugesagt hätte.

Du wirst zugeben, daß es für Deinen Brief eine hübsche Umgebung war, um gelesen zu werden, nachdem er im dunklen Norden geschrieben – und in einem Postsack unten im Laderaum eines Schiffes Todesängste gelitten hatte? Armes kleines Ding, wenn ich gewußt hätte, daß er dort angstvoll geduckt lag, hätte ich ihn gerettet. Aber nein, die Siegel des G. P. O. sind unantastbar (wie Virginia). Es ist nichtsdestotrotz ein merkwürdiges Gefühl, in den Laderaum hinabzuspähen und die Postsäcke dort drunter und drüber liegen zu sehen, mit erkennbaren Namensfragmenten: NDIA oder YLON oder PER, wie ich sie auf der Rajputana sah, und zu überlegen, daß sich darin ein Brief verbirgt, der eines Tages die eigenen Hände erreichen wird. Es ist ein Gefühl derselben Art wie das, das Du verspürt hast, als Du mir in dem Wissen schriebst, daß ich vor fünf Minuten Deine Türschwelle verlassen hatte, oder wie das, was man verspürt, wenn man einen Brief schreibt, der bei Ankunft vorgefunden werden soll, und zwar an eine Person, die noch im Haus oder in demselben Zimmer ist wie man selbst.

Aber um zu Deinem Brief zurückzukehren – ich kann mir nicht vorstellen, daß irgendeine meiner Absurditäten in Deinem Verstand aufblüht – es sei denn, weil Du wirklich jemand bist, der Bilder hervorbringt – ich wünschte, ich könnte es etwas mehr glauben, denn dann könnte ich einige der Samen, die auf meine eigenen Gedanken gefallen sind und versprechen, zu einem Banyan-Baum zu werden, auf Dich übertragen – (beachte das Lokalkolorit des landschaftsgärtnerischen Bildes). Nur, wenn ich das tue, darfst Du nicht verletzt oder enttäuscht sein, wenn Du diesem Samen später in höher entwickelter Form wiederbegegnest! Denn ich *muß* über all diese Dinge schreiben, und natürlich ist mein Vorrat nicht unbegrenzt, wenn auch reichhaltig. Genauer gesagt, muß ich eine Reiseerzählung schreiben, wenn ich nach Persien komme und einen Schreibtisch anstelle eines Knies habe, um darauf zu schreiben. Ich war auf meinen Knien nie in

Bestform. Und einige Kapitel werden Artikel für Leonard werden – wenn er sie noch haben will –

Ich hoffe, daß Dich die Produktivität nicht nach 50 Seiten verlassen hat, oder anders ausgedrückt, daß das berauschende Gefühl Dich über die übliche Strecke hinaus begleitet hat: was ich damit sagen will, ist, daß ich hoffe, daß Du immer noch mit Deinem Buch zufrieden bist und daß Vögel, die so vielfältig wie schmuckvoll und so anregend sind wie die Vögel Indiens, auch weiterhin in Schwärmen gegen das Fenster Deines Leuchtturmes schlagen, so daß Du sie eher fortjagen als hereinlocken mußt. Ich war furchtbar froh, als ich las, daß Dich das Schreiben erregt. Auch furchtbar neidisch. Und doch habe ich das Gefühl, weißt Du, daß ich, wenn ich mich wirklich auf etwas einlassen könnte, auch davon erregt sein könnte. Aber natürlich gibt es für diese spezielle Sache nichts Besseres als einen Roman: so gut, wie ein Orchester zu dirigieren oder in Ton zu modellieren. Ein Gefühl davon, wirklich Form zu verleihen. Was auch sehr trügerisch ist, denn ich nehme an, daß von allen Kunstwerken der Roman doch am formlosesten ist – Aber es ist das *Leben* der fiktiven Menschen, das dem Autor die Illusion gibt, etwas zu formen, es aus dem Nichts zu erschaffen, wie diese Platten, die Kinder mit einem Zauberstift reiben, und aus dem Nichts erscheint ein Bild.

So, jetzt muß ich schlafen gehen, denn ich verbringe vier von sechs Nächten im Zug, und gestern nacht kam ich wieder um 3 Uhr früh an – diesmal in Agra, wo wir in dem schlafenden Hotel von zwei Männern mit Lanzen empfangen wurden. Warum Lanzen? Warum dann aber überhaupt irgend etwas? Man hört sehr schnell auf, sich über Außergewöhnliches Gedanken zu machen. Dottie, die romantisch ist und romantische Vorstellungen von Indien hat (die sich, wie ich glücklicherweise sagen kann, schnell unter den Strahlen der Erfahrung auflösen), versucht, Schlangen aus ihren Schuhen zu schütteln. Aber die einzige Schlange, die ich bisher gesehen habe, war eine arme, liebe, sedierte alte Python, die in bequemer Schläfrigkeit um den Hals eines Beschwörers gewunden war. Er blies in einen kleinen Flaschenkürbis, der ein Geräusch wie ein durchlöcherter Dudelsack von sich gab. Die Python zeigte keinerlei Interesse.

Die Baumratten sind sehr niedlich. Wie kleine grüne Eichhörnchen. Ich habe versucht, eine zu fangen, und sie hat mich gebissen. Anders als Virginia, die inquisitorische Angewohnheiten hat, aber ein liebes Geschöpf ist, und nach der ich ein schreckliches und chronisches Heimweh habe. Es ist ein hartnäckiges Leiden – sortes virginiana.

Deine
V.

[1] Sie war die Ehefrau von Colin Forbes-Adam, einem Beamten der indischen Verwaltung und 1926 Sekretär des Gouverneurs von Bombay. Damals war sie 36 Jahre alt. Vita kannte sie seit ihrer Kindheit.

S. S. Varela
Auf See.
[Im Persischen Golf]
20. Februar [1926]

So viele fremde Gesichter sind an mir vorbeigeflossen, seit ich Dir das letzte Mal geschrieben habe, Gesichter von Tieren und von Menschen, Büffeln und Hindus, gehörnt oder mit Turban; Gesichter von Eurasiern, merkwürdig schief; Gesichter von jungen Soldaten. Gesichter von Affen auf Bäumen; von einer toten, aber immer noch heiligen Kuh, die auf der Straße lag; von einem fast toten Inder, der von seinem Fahrrad beinahe vor unseren Wagen gestürzt wäre. Dann Bahnstationen – kleine lärmende, schnatternde Stationen, die ich niemals wiedersehen werde und einmal durchraste oder wo ich vielleicht eine Orange schnappte. Auf beiden Seiten des Zuges Dschungel; Felsen, die aussahen wie mittelalterliche Burgen; Pfauen, die auf dem Dorfteich paddelten. Straßen, in den Staub eingegraben und vom Fenster des Zuges aus gesehen, wohin führen sie? Ein Schakal starrte aus dem Gestrüpp. Ein englischer General. Das Taj Mahal wie ein reines und überraschendes Gedicht. Und überall Elend, Elend, Elend. Kinderaugen schwarz vor Fliegen. Männer mit offenen Wunden. Räudige Hunde. Schmutzige Hütten, die nicht für Schweine taugen. Und eine Brücke, auf der Menschen und Tiere und Karren versammelt waren, ein allgemeines Geschiebe, Gedränge und Geschrei, als unser Auto sich seinen Weg wie ein Schneepflug hineinschnitt. Lärm und Elend, Elend und Lärm überall.

Dann gab es da eine verlassene Stadt, die ein Teich wunderbarer Stille war; die aufgegebene Hauptstadt der Mogulkaiser, die nur von Affen, Ziegen, Papageien und Baumratten bewohnt wird.[1] Auf der Anhöhe steht der ungeheure rote Palast von Akbar und in einem Hof das winzige rote Haus seines Dichters! Und meilenweite Ausblicke über das Land – Indien, offenbar auch unbewohnt trotz seiner 320 Millionen Menschen. Aber sie haben die gleiche Farbe wie die Erde, daher fallen sie nicht auf. Es war sehr still in der verlassenen Stadt, und in den Ruinen wuchsen aromatisch duftende Kräuter. Es war sehr heiß, und ein nackter Mann sprang kopfüber von einer achtzig Fuß hohen Brustwehr in einen Brunnen.

Jetzt bin ich wieder auf einem Schiff, humpele an zwei Stöcken auf einem verrenkten Knöchel herum; und die ganze Nacht über hatte ich Fieber und einen wunden Hals und war mir in meinen Alpträumen ganz sicher, daß ich bei Karatschi mit Diphtherie an Land gebracht und dort allein zurückgelassen würde. Aber heute ist das Fieber weg, und dem Hals geht es besser, und ich humpele wieder so flott herum wie eine Dohle mit einem gebrochenen Bein. Um uns herum sind Wale; sie haben Wasser gesprüht. Ich bin ganz allein, und niemanden auf diesem Schiff kümmert es, ob ich lebe oder sterbe. Das ist sehr heilsam, nehme ich an, und ganz richtig an einem sonnigen Nachmittag um drei Uhr, wenn man sich wohl fühlt, aber weniger angenehm um drei Uhr morgens, wenn man 39° Fieber hat und außerdem auch noch verkrüppelt ist.

Ein Hindu-Tempel erscheint gerade auf einem Vorgebirge, und die Passagiere vom Zwischendeck werfen Kokosnüsse in seine Richtung in das Meer; weniger, um ihn als ein Zielobjekt für Kokosnüsse zu benutzen, vielmehr als ein Zeichen des Respekts. Sieh nur, welch witzige und reizende Dinge in das Leben hinein- und wieder hinaustreiben, wenn man reist. Man kann sich nicht vorstellen, um die Ecke des Coliseums zu kommen und zu sehen, wie Lady Colefax Kokosnüsse nach St Martin-in-the-Fields wirft.

Aber Indien ist ein abscheulicher Ort, ohne irgendeinen Funken Qualität, und ich will nie wieder dorthin. Eine Wahrsagerin in Luxor hat mir allerdings gesagt, daß Harold Vizekönig würde, also werde ich vielleicht doch zurückkehren. Aber ich fürchte, ich würde in diesem Fall nicht länger von Virginia geduldet, Harolds Karriere muß also zugrunde gerichtet werden, bevor sie dieses Stadium erreicht.

Ich hatte vor, soviel zu schreiben, aber irgendwie habe ich es nicht getan; es gibt immer einen Wal oder einen Mord zu betrachten (eine Schildkröte oder eine Reisetasche!), daher habe ich einige wenige Briefe geschrieben – äußerst wenige – und eine Menge Proust gelesen, und das ist alles. Aber ich werde jetzt versuchen, mich zusammenzunehmen und einige Artikel zu schreiben. Ich weiß nicht, ob ich niedergeschlagen oder ermutigt sein soll, wenn ich die Werke von Virginia Woolf lese. Niedergeschlagen, weil ich niemals in der Lage sein werde, so zu schreiben, oder ermutigt, weil jemand anders es kann? (Ich höre mich schon fast so an wie die jungen Damen von Hayes' Common, die für ihren Stil gern Deinen zum Vorbild nehmen würden.)

Mein nächster Brief wird in Bagdad aufgegeben und im Persischen Golf geschrieben. Er wird nur von Virginia handeln. Tatsächlich könnte er vor diesem ankommen, denn er wird einen Teil des Weges in der Luft zurücklegen.

V.

[1] Fatehpur Sikri.

British India Steam Navigation Co., Ltd.
S. S. »Varela«
23. Februar [1926]

Zu was für einem überlegenen und amüsierten Lächeln (wie Grizzles) sich Deine Lippen kräuseln würden, wenn Du mich in diesem Augenblick sehen könntest. Irgendwo vor der Küste von Belutschistan, lahm und wiederauferstanden nach drei Tagen Fieber, habe ich die anderen Passagiere (fünf an der Zahl) buchstäblich einander in die Arme geschoben, damit sie nach meinem Grammophon tanzen. Sie waren wirklich unsäglich langweilig; dagegen mußte etwas unternommen werden; also wuchtete ich das Grammophon unter meiner Koje hervor, und jetzt sind sie alle fröhlich wie die Springmäuse. Sie setzen sich zusammen aus dem Polizeichef von Karatschi (C. I. E.[1], was man lieber nicht vergessen sollte), einem MAJOR aus Mosul, der Frau eines Eisenbahningenieurs in Bagdad und einem jungen Liebespaar, Beschäftigung unbekannt. Du siehst, ich bin so froh, daß ich nun schließlich doch *nicht* sterbe und in einen Union Jack eingewickelt und vornehm beschwert, auf See bestattet werde, daß ich meinen Mitmenschen gegenüber voll der Milch der frommen Denkungsart bin. Wenn mir jemand ganz einfach gesagt hätte, daß Neuankömmlinge in diesen Gegenden für Fieber anfällig sind, dann hätte ich nicht drei Tage in meiner Kabine gelegen und (1) Diphtherie, (2) Dysenterie, (3) Pest, (4) Scharlach vor Augen gehabt, aber nach meinen allzu insularen Vorstellungen klettert die Temperatur nicht plötzlich und ohne guten Grund auf 40°. Hier allerdings scheint das üblich zu sein. Ich sagte zu mir: »Vielleicht wird Virginia ein bißchen Mitleid haben.« Tatsächlich habe ich Dir, glaube ich, geschrieben, als es gerade anfing. Ich habe Telegramme verfaßt, die so bewegend waren, daß ich ganz enttäuscht war, als mir klar wurde, daß ich sie nicht abschicken mußte. Ich dachte, es wäre *fast* so gut wie Rupert Brooke [1915 auf Skyros begraben], im Golf von Oman* über Bord geworfen zu werden. Ich habe mich gefragt, ob sich meine Bücher dadurch besser verkaufen würden. Ich fürchtete, nein.

Und jetzt bin ich wieder ganz lebhaft und habe sogar sechs Seiten von meinem neuen Buch geschrieben [*Passenger to Teheran*]. Es ist eine planlose, weitschweifige Angelegenheit. Und ich denke an Deine zauberhaften Bücher und verzweifle.

Warum achten Kritiker so wenig auf Stil und Oberflächenstruktur? Es ist das Allerletzte, was man jemals erwähnt sehen könnte, ob im guten oder schlechten Sinne. Entweder man legt Wert auf Stil, oder man tut es nicht; die Russen tun es offenbar nicht, wenn man nach der Übersetzung urteilt, die meinem Gefühl nach das Wesen des Originals ziemlich genau wiedergibt; aber wenn man es tut, dann sollte man meiner Meinung nach auch Anerkennung dafür finden. Du nun (o ja, ich weiß, daß ich gesagt habe, ich würde über Virginia schreiben, wenn ich den Persischen Golf hinauffahre) triffst das mot juste besser als irgendein anderer moderner Autor, den ich kenne. Der einzige Rivale, den ich in dieser besonderen Sparte ins Feld führen könnte, wäre Max [Beerbohm]. Ich frage mich, ob es Dich viele Überlegungen oder Mühen kostet oder vollständig bewaffnet hervorspringt wie Athene aus den Brauen von Zeus? Ich glaube nicht, daß es Dich Mühe kostet (zum Teufel mit Dir), denn Du hast es auch in Deinen Briefen, für die Du sicher keine rohe Fassung (Rohfassung?) gemacht hast und in denen es nie mehr als ein oder zwei ungeduldige Korrekturen gibt.

(»If yee-ou knee-ou See-ousie,
as I know See-ousie . . .« o Gott, warum
hab ich nur das Grammophon auf Deck gebracht?)

Aber kehren wir zurück zu Virginia und lassen Susie. Zu Virginia selbst, und nicht ihrem gottgegebenen Stil. (Le style c'est la femme?) Die witzige Sache ist, daß Du der einzige Mensch bist, den ich jemals wirklich gekannt habe, der über den eher gewöhnlichen lustigen Seiten des Lebens stand. Und ich frage mich, ob Du dabei etwas verlierst oder gewinnst? Ich bilde mir ein, daß Du dabei gewinnst – *Du* Virginia –, weil Du so beschaffen bist und einen ausreichenden Fundus an Aufregungen in Dir selbst trägst, wenn ich mir auch nicht vorstellen kann, daß es für irgend jemand anderen ein Vorteil wäre. Ich fühle mit Proust, »Il faut avoir passé par là.« Du wirst sagen, daß Du das hast. Aber nicht genau auf die Art, die ich meine. (Du denkst sicher, daß ich ständig versuche, Dich von Deinem Sockel herunterzuziehen, aber in Wirklichkeit mag ich Dich am liebsten da oben. Es würde nur Spaß machen, Dich ein einziges Mal zu verpflanzen, mit Sockel und allem . . .)

Nein, ich meine das nicht wirklich. Was ich wirklich gern tun würde, ist, Dich zu einem absurd romantischen Ort zu bringen – ein eitler Traum, schade! was wäre mit Leonard und dem Verlag – nebenbei, mit romantisch meine ich Persien oder China, nicht Tintagel oder Kergarnec. Oh, was wäre das für ein Spaß, und Virginias Augen würden runder und runder, und schließlich würde alles herausfließen wie Wasser aus einem Sparklets Syphon, in wunderschöne sprudelnde Perlen verwandelt.

Aber ich schreibe Unsinn, und überhaupt kann dieser Brief nicht eher als in Bagdad abgeschickt werden. So daß Du zwei auf einmal bekommen wirst, und das wird langweilig sein.

Gute Nacht, geliebte und ferne Virginia.

V.

* Oman, nicht Onan, der Charakter aus der Bibel, der (wie der Kanarienvogel der alten Dame, der nach ihm benannt ist) seinen Samen auf die Erde fallen ließ.

[1] Companion of the Order of the Indian Empire, eine hohe Auszeichnung für britische Verwaltungsangestellte in Indien.

16. März 1926 *Tavistock Square 52, London, W.C.1*

... *Was das* mot juste *betrifft, liegst Du falsch. Stil ist eine ganz einfache Sache; er ist ganz und gar Rhythmus. Wenn man den einmal hat, dann kann man nicht mehr die falschen Wörter benutzen. Aber auf der anderen Seite sitze ich hier nach dem halben Vormittag, vollgestopft mit Ideen und Visionen und so weiter, und kann sie nicht loswerden, weil mir der richtige Rhythmus fehlt. Nun also, das, was Rhythmus ist, ist sehr tiefgründig, und es geht viel tiefer als Worte. Ein Anblick, ein Gefühl bewirkt diese Welle im Denken, lange bevor es die passenden Worte hervorbringt; und im Schreiben (so sehe ich es im Augenblick) muß man sie wiedergewinnen und sie in Gang setzen (was offenbar nichts mit Wörtern zu tun hat), und dann, wenn sie bricht und sich im Denken überschlägt, bringt sie Wörter hervor, die zu ihr passen: Aber zweifellos werde ich nächstes Jahr anders darüber denken. Dann ist da mein Charakter (Du siehst, wie egoistisch ich bin, denn ich beantworte nur Fragen, die mich betreffen), ich stimme Dir in Hinsicht auf den Mangel an vergnügter Gewöhnlichkeit zu. Aber bedenke, wie ich erzogen wurde! Keine Schule, allein zwischen den Büchern meines Vaters herumirrend; nie eine Chance, all das mitzubekommen, was in Schulen los ist – Bälle werfen; Radau; Slang; Gewöhnlichkeit; Auf-*

tritte; Eifersüchteleien –, nur wütende Auseinandersetzungen mit meinen Halbbrüdern und bis zur Erschöpfung von meinem Vater um die Serpentine spazierengeführt zu werden. Das ist eine Entschuldigung: ich bin mir oft des Mangels an vergnügter Gewöhnlichkeit bewußt, aber hat Proust diesen Weg genommen? Hast Du es? Kannst Du eine ganze Tafel von Offizieren aufziehen? ...

Ja, liebste Vita: ich vermisse Dich; ich denke an Dich: Ich habe eine Million Dinge, weniger Dir zu sagen, als in Dich zu versenken.

Bagdad.
28. Februar [1926]

Noch immer durch Asien humpelnd, habe ich, wie Du siehst, diese Stadt märchenhafter Romantik erreicht, die, glaube mir, nicht so ist, wie wir sie in *Hassan*[1] sahen, sondern nur ein drolliges Durcheinander von Eseln, Autos, Arabern, Hunden, Schlamm, Taxis und Kamelen. Peitschen knallen, Jungen rufen, Pistolen gehen los, Autos bleiben im Schlamm stecken, riesige Ballen fallen von den Rücken winziger Esel und bersten auf der Straße – nichts scheint wichtig zu sein. Der Schlamm ist so, daß man zögern würde, mit einem gewöhnlichen englischen Bauernkarren durchzufahren – Aber die Autos rasen ganz fröhlich, rutschen seitwärts wie Krabben; wenn man steckenbleibt, schieben alle, und da hast Du's – was für ein angenehmes, sorgloses Leben.

Ah, laß mich überlegen, was ich gesehen, gemacht oder gefühlt habe, seit ich das letzte Mal geschrieben habe? Es ging mir im Golf ziemlich elend mit dem unablässigen Fieber; dann ging ich in Basra an Land und wurde von dem Konsul verschleppt und stürzte mich 24 Stunden lang in sein Familienleben. Nette Leute, Schotten, wohnen in einem großen, schattigen Haus; von Mrs Berry wird erzählt, daß einmal, als die Stämme rebellierten und das Konsulat von wilden Arabern, die auf Mord aus waren, gestürmt wurde, ihre einzige Sorge darin bestand, daß sie nicht genug Zeit hatte, die Wäsche reinzuholen. Das faßt ihre gesamte Einstellung zum Leben zusammen. Dann habe ich den ganzen örtlichen Klatsch gehört, und was ich jetzt noch nicht über das Treiben von Molly Brown und Mirabelle Kernander weiß, lohnt sich nicht zu wissen. Aber man ist ja nicht umsonst ein Pilger, und am nächsten Tag mußte ich dieses freundliche neue Heim mit seinen Hunden und all dem verlassen (»Wir waren damals ziemlich intellektuell, daher nannten wir die Hunde nach den Büchern, die wir gelesen hatten: Tarzan und Bindle«) und mich wieder auf den Weg durch den Irak machen, und sollte der wirklich der Garten Eden sein, dann stimme ich mit Tommy überein, der gesagt hat, es wäre kein flammendes Schwert nötig, *ihn* daraus zu vertreiben. Eine gelbe Ebene, übersät mit Tierskeletten; ein Klumpen am Horizont – das Ur der Chaldäer; noch ein Klumpen – Babylon unter dem Mond. Und dann Bagdad am frühen Morgen mit ein wenig pastoralem Leben, das ganz entzückend auf dem Bahnhofsplatz stattfindet; eine Herde Ziegen, die zwischen den Zeilen Papierstückchen naschen, ein paar aufgestellte Zelte, ein angebundenes Pferd; dann der Tigris und eine Fahrt durch die Straßen, schlingernd und schaukelnd; eine Tür in einer Mauer, ein Garten, Tauben, schlafende Hunde, eine Veranda, ein kühles Zimmer, heißes Wasser, Kaffee, Gertrude Bell.

Sie ist sehr nett; wir gingen auch zum Tee zum König, und Lady Colefax kam zum Abendessen – oder etwas recht Ähnlichem, daß es keinen Unterschied macht. Und im Verlauf des Tages kam die Überlandpost herein und brachte mir einen übel aussehenden getippten Umschlag, von dem ich dachte, er könnte nur eine Mahnung von einem Anwalt enthalten, doch es ergossen sich zwei großzügig beschriebene Blätter von Virginia in meinen Schoß. Aber Du mußt mich nicht beschimpfen, weil Du bis zum 2. Februar noch nichts von mir aus Ägypten gehört hattest; erinnere Dich daran, daß ich dort erst am 26. ankam. Ich komme darauf zu sprechen, weil der Gedanke, Du könntest zu denjenigen gehören, die weder die Tatsache, daß der arme Brief ja auch eine Reise machen muß, in Rechnung stellen noch die immer größeren Entfernungen, mich bestürzt.

Ich empfinde tief mit Dir wegen des Hutes und der Matratzen und der Unmöglichkeit einer Privatsphäre; ich lebe permanent in diesem Zustand, aber hüte Dich: es wird zur Manie. Es hat mein Leben vergiftet. Ich habe mich deswegen mit mindestens drei Leuten gestritten. Ich habe eine ganz entschiedene Meinung dazu. Ich versinke in genau den Trögen der Verzweiflung, die Du beschreibst. Weniger wegen der Geschäfte, die ich mag, als wegen des Problems der Privatsphäre. Es zerschneidet einem das Leben in kleine Würfel wie Zuckerstückchen – nein, nicht mal das, denn die haben wenigstens die Würde eines Würfels; es sind nur Scheibchen, Schnipsel –, und dann wird von einem erwartet, daß man schreibt. Man bekommt gesagt, man hätte zwei ungestörte Tage gehabt, während man sich fühlt, als wäre man ein Lumpensack, ein Papierkorb, ein Kehrichthaufen.

Es strengt die Nerven viel weniger an, von London nach Teheran zu fahren als von London nach Sevenoaks oder vom Tavistock Square zu Heal's in der Tottenham Court Road.

Ich bestelle den *Common Reader* für meine Gastgeberin – *Jacob's Room* hat sie schon. Sein gelber Einband begrüßte mich freundlich zum Frühstück.

Ich habe einen Hund gekauft. Der Garten hier war mit Hunden überlaufen, die potentiell mir gehören konnten – sie waren alle aus der Wüste gekommen, von Arabern an Leinen geführt. Dieser ist ein Wunder an Eleganz – lange, spitz zulaufende Pfoten und ein Hals nicht dicker als Dein Handgelenk. So werden wir uns denn heute abend gemeinsam auf den Weg machen, der Sloughi-Welpe [Saluki] und ich, um dem Schnee auf den hohen Pässen zu trotzen.

Wie eine kleine warme Kohle brennt Dein Satz, daß Du mich vermißt, in meinem Herzen. Ich vermisse Dich ach so sehr. Wie sehr, wirst Du niemals glauben oder wissen. In jedem Moment des Tages. Es tut weh, aber es ist auch angenehm, wenn Du weißt, was ich meine. Ich meine, es ist gut, für jemanden ein so heftiges und dauerhaftes Gefühl zu empfinden. Es ist ein Zeichen von Vitalität. (Ein Kalauer war nicht beabsichtigt.)

V.

[1] Ein Theaterstück von James Elroy Flecker (1884–1915), nach seinem Tode veröffentlicht, das Vita und Virginia im Januar 1923 gesehen hatten.

März – Mai 1926

Vita liebte Persien, aber nicht das diplomatische Leben. Sie kam ihren Verpflichtungen als Harolds Gattin im gesellschaftlichen Leben der Gesandtschaften nach und half, die Krönung des Schahs zu organisieren, was ihr mehr Vergnügen bereitete.

Teheran, Persien
9. März [1926]

Du kannst Dir nicht vorstellen, wie gern ich die obige Adresse schreibe. Ich habe meine wahre Bestimmung im Leben entdeckt: ich bin ein Snob. Ein geographischer Snob. Jeden Morgen, wenn ich aufwache und die Sonne mein weißes Klosterzimmer überflutet, liege ich eine Minute lang ganz verwirrt da; dann, ganz langsam, wie ein Kind, das einen Sahnebonbon in seinem Mund herumrollt, sage ich mir: »Du bist in Zentralasien.« Und auf dem Weg hierher, als wir die braune Ebene durchquerten, stieg ich aus, wo immer das Auto hielt, nahm einen Klumpen Erde in die Hand, betrachtete ihn und gab ihm seinen Namen: Es befriedigt meine Seele, wie das Sezieren des menschlichen Insekts die Deine befriedigt; und so befriedigt, tritt meine Seele nicht besonders hervor; eine große Gnade.

Jetzt werde ich Dir nichts über Persien erzählen und nichts über seine Ausdehnung, seine Farbe und Schönheit, die Du als selbstverständlich hinnehmen mußt – aber bitte, *nimm* sie als selbstverständlich hin, denn sie sind ein Teil von mir geworden – mir aufgepfropft als dauerhafte Bereicherung. Du lächelst? Nun, ich bin in einem Fluß steckengeblieben, zwischen Schneewällen herumgekrochen, wurde von einem Banditen angegriffen, abwechselnd gebacken und eingefroren, bin allein mit zehn Männern gereist (alles Fremde), habe an merkwürdigen Orten geschlafen, meine Mahlzeiten am Wegrand gegessen, hohe Pässe überquert, Kurden und Meder in Karawanen gesehen und eilig fließende Flüsse und schwarze Lämmer, die zwischen einer Blütenfülle umhersprangen, habe Berge von Porphyr gesehen, die von Kupfersulfat durchzogen waren, Schneeberge in einem weiten Umkreis, endlose Ebenen mit Herden auf den Hängen. Tote Kamele, an denen Geier herumhackten, einen sterbenden Esel, einen sterbenden Mann. Kam bei Einbruch der Nacht in Lehmdörfer, übernachtete bei merkwürdigen mürrischen Schotten, trank persischen Wein. Trug ein Seidenkleid an einem Tag und eine Schaffelljacke und eine Pelzmütze am nächsten. Traf Harold mit Briefen in seiner Tasche – zwei Briefe von Virginia, die ich zuerst gelesen habe. Wurde auf eine Gesellschaft mitgenommen und 500 Engländern vorgestellt, 500 ausländischen Diplomaten und 1000 Persern. Aß mit dem Premierminister zu Abend [Mirza Ferughi], der einen schwarzen Bart hat. Fing an, Persisch zu stammeln. Und heute ist mein Geburtstag. [Vita war vierunddreißig Jahre alt.]

Aber all das vermittelt, wie Du sagst, überhaupt keine Vorstellung. Woher kommt es, daß man *nie* etwas vermitteln kann? Nur eingebildete Dinge können vermittelt werden, wie Ideen oder die Welt eines Romans; aber keine wirklichen Erfahrungen: Doch ich sehe Dich sehr deutlich, wie Du nach Rodmell fährst und mit Eddy zu Mittag ißt, aber das liegt daran, daß ich Rodmell kenne und Eddy kenne. Ich würde Dich gern vor die Aufgabe gestellt sehen, Persien zu vermitteln. Wie ich mir wünsche, ich könnte Dich hierherbringen; *könntest* Du nicht mit Leonard nächsten Frühling kommen? Nein, natürlich würdest Du das nicht tun: was, den Verlag verlassen? Ich glaube nicht, daß Isfahan und Persepolis irgendeine Versuchung für dich darstellen. Ich wünschte, das Leben wäre dreimal so lang und jeder Tag hätte 48 Stunden statt 24.

Ich muß jetzt zum Tee mit Bridges' Tochter, sie hat einen Perser geheiratet und hat straffe rote Haare und ein straffes weißes Gesicht. Außerdem habe ich Mrs Arfa getroffen (Hilda irgendwas – kann mich nicht an den Namen erinnern – Berwick? Bewick?), aber sie fährt in 10 Tagen nach England. Wirst Du sie treffen? Ich glaube, Du kennst sie, oder jedenfalls kennt sie alle Deine Freunde. Sie ist die einzige attraktive Person hier, aber das Land steht hier für die Menschen ein; und wie Du weißt, bin ich nicht gut, was Menschen angeht. Ich muß mich beeilen... Ach ja, und Raymond [Mortimer] kommt. Aber das mußt Du ja wissen.

Ich komme über den Kaukasus zurück. Man sagt, das wäre möglich.

Ich habe von hier aus einen wunderbar klaren Blick auf England. Man sieht die Leute, die wie Kerzen verlöschen, und die, die wie Fixsterne bleiben. Und auch ganz unerwartete Menschen gleiten einem plötzlich in den Sinn, abgesehen von den dauerhaften. Ich wünschte, ich hätte eine Photographie von Dir. (Ist meine jemals wieder aufgetaucht?) Es ist eine Qual, sich etwas nicht vergegenwärtigen zu können, wenn man das möchte. Ich kann mir Dich übrigens erstaunlich gut vergegenwärtigen – aber immer so, wie Du an diesem letzten Abend auf Deiner Schwelle standest, als die Lampen angezündet und die Bäume verhangen waren und ich davonfuhr.

Es wird eine große Lücke geben zwischen den Briefen, die ich aus Bagdad geschickt habe, und diesem, und Du wirst denken, ich wäre vergeßlich, aber ich bin es nicht. Der Postsack[1] geht von hier aus nur einmal alle vierzehn Tage ab. Das allein verändert schon das Leben. Man hatte sich angewöhnt, die Annehmlichkeiten der Zivilisation für vollkommen selbstverständlich zu halten; aber hier hört man sonst ganz normale Menschen auf mittelalterliche Weise reden, wie »Der und der war drei Wochen unterwegs«, oder »Es hat geschneit, und der und der wird nicht durchkommen«, oder »Der und der fährt nach Bagdad und kann Briefe mitnehmen.« Alle Werte sind verändert. Folglich kannst Du Dir das Gedränge vorstellen, das es gibt, wenn das Postauto zwischen salutierenden Soldaten durch die Tore der Gesandtschaft einfährt, schlammbeschmutzt mit gebeugten Schlammwachen und den Wörtern »TRANS-DESERT-MAIL« gerade noch lesbar auf der Haube.

So, mußt Du Dir vorstellen, kommen Deine Briefe an und trage ich sie fort, um sie in Ruhe zu lesen, und sage »Ach, *liebste* Virginia« und lächle stillvergnügt und lese sie gleich noch einmal. Während meine einfach vom Briefträger gebracht werden.

Die Mittagskanone, und der Postsack wird um halb eins zugemacht! Ich werde versuchen, Dir Briefe über Rußland zu schicken, aber das ist sehr unsicher. Denke mit Freundlichkeit an Deine Exilantin, fern, doch Dich sehr, sehr liebend. Und sehr beständig. Jetzt, wo ich zum Schluß komme, fallen mir alle möglichen Dinge ein, über die ich schreiben wollte. So ein Ärger.

V.

[1] Wahrscheinlich ist damit die Diplomatenpost der Gesandtschaft gemeint; Anm. d. Übers.

Teheran
15. März [1926]

Da der Schah heute Geburtstag hat (wenn auch allgemein behauptet wird, er kenne weder seinen Geburtstag noch sein Alter, da er von niedriger Herkunft ist)[1], wurde ihm zu Ehren gestern abend ein Essen im Auswärtigen Amt gegeben. So fuhr um 8.15 ein gewaltiges gelbes Auto vor: Harold in Uniform und Goldlitzen, mit einem kleinen Degen, der ihm zwischen die Beine geriet; Vita spöttisch, aber mit Smaragden behängt; Eskorte in Scharlachrot und Weiß (der Gesandte ist ganz und gar für Protzerei – denkt, es beeindruckt die Perser); das gelbe Auto bewegt sich die Straße entlang. Hält vor dem Auswärtigen Amt. Wachen präsentieren das Gewehr. Die scharlachrote Eskorte *eskortiert*. Die Stiefel der Wachen sind verdreckt; alles hier ist Theater. Siebzig Leute zum Abendessen; die Gedecke sind nicht einheitlich – reichen nicht für die gesamte Tafel aus –, die persischen Minister tragen ihre Ehrengewänder: schlampige alte Schlafröcke aus Kaschmir, keine Kragen an den Frackhemden; Essen kalt; ich entkomme dem fürchterlichen Schicksal, zwischen zwei Persern zu sitzen, die nur ihre eigene Sprache sprechen, und erwische Sir Percy[2], der nett ist, und den belgischen Gesandten, der mir vom Kaiser von Korea erzählt. (Ich habe gar nicht gewußt, daß es eine solche Person gibt; er hört sich unglaublich romantisch an; Hakluyts Reisen und all das.) Plötzlich eine gräßliche Pause, und wir stehen auf, um auf das Wohl der elf vertretenen Staaten zu trinken. Aber zuerst müssen ihre Nationalhymnen gespielt werden; und mit dem Glas in der Hand ertragen wir God Save the King, die Brabançonne (ich spüre, wie der belgische Gesandte neben mir Haltung annimmt), die Internationale, die Marseillaise, die Wacht am Rhein und sechs unidentifizierbare kleinere Mächte. Ein unglücklicher Zwischenfall leitet die Zeremonie ein; das ganze schmutzige Geschirr war unter Sir Percys Stuhl gestapelt worden, das ganze schmutzige Besteck unter meinem, und als wir uns erheben und unsere Stühle zurückschieben, gibt es ein Geklapper... Nachdem wir auf unsere jeweiligen Souveräne und Präsidenten getrunken haben, trinken wir auf den Schah. Wir heben die Tafel auf. Es gibt ein Feuerwerk. Nun sind die Perser wirklich gute Feuerwerker. Der Garten, vom Balkon aus gesehen, wimmelt vor ringenden Babys von herkuleischer Natur, Taxis mit drehenden Rädern, Flugzeugen mit drehenden Propellern; Feuerrädern und VIVE SA MAJESTÉ IMPERIALE PAHLEVI in goldenen Buchstaben, die sich im Zentraltank widerspiegeln – alles wirklich ganz hübsch und phantastisch, wenn man es von oben durch Rauchwolken hindurch sieht; während Tamur Tasch, offiziell Arbeitsminister, aber in Wahrheit die Macht hinter dem Thron, direkt in mein Ohr spricht und sich über die Vorzüge von Thos. Goode and Son, South Audley Street und die Army & Navy Stores erkundigt.

So ist das Diplomatenleben.

Heute morgen wieder das gelbe Auto; und Sir Percy und Harold wieder beide in Uniform mit flatternden Federn an ihren Hüten (Sir Percy ganz begeistert und Harold unglücklich) auf dem Weg zu dem Empfang des Schahs, die scharlachroten und weißen Diener und die indischen Ulanen trabten vor und hinter dem Auto.

Du darfst Dir aber nicht vorstellen, daß das Leben hier immer so ist. Es gibt Tage, an denen man in die Berge fährt und Sandwiches an einem Fluß ißt und wilde Mandeln pflückt und bei einem großartigen Sonnenuntergang über der Ebene heimkehrt. Und jeden Morgen um 7 reiten wir, und die Frische und Schönheit des Morgens sind unvorstellbar.

Dann kommt alle zwei Wochen das schlammbedeckte Auto an, und es gibt Briefe: der einzige Spalt, der sich zur Außenwelt öffnet. Ansonsten ist alles sehr selbstgenügsam – da gibt es das alte weiße Pferd, das jeden Morgen seine Runde macht und jedem Haus in dem eingezäunten Bezirk zwei Faß Wasser bringt, und den Gesundheitskarren, der von einem Esel gezogen wird und eine unreinliche Entleerungsfunktion ausübt, die fortan in Rodmell unbekannt ist. ... Es gibt eine Menge an gemeinschaftlichem Leben in diesem Bezirk. (Der Bezirk ist eigentlich der Garten der Gesandtschaft, der von einer Lehmziegelmauer umgeben ist; und hier und da, unter die Platanen hingeworfen, stehen die verschiedenen Häuser: das Haus des Militärattachés, das Haus des Sekretärs, das Haus des Botschaftsrates und die Häuser E.-und-F.-auf-dem-amtlichen-Plan, aus denen am Sonntagmorgen die kläglichen Laute eines Harmoniums dringen.) Leben im Bezirk bedeutet, daß um 8 Uhr morgens der zehnjährige Sohn des Konsuls eine Autohupe imitiert; daß um 9 Uhr jemand kommt und fragt, ob man das ganze Wasser aus dem Tank abgelassen habe; daß um 10 Uhr die Frau des Militärattachés herüberschlendert und fragt, wie es dem Rittersporn geht; daß um 11 Uhr Lady Loraine auftaucht und fragt, ob es nicht ungeheuerlich war, wie die Frau des russischen Botschafters gestern abend im Palast die Frau des polnischen Geschäftsträgers geschnitten hat; daß um 12 Uhr eine Kanone losgeht und alle Muezzins von Teheran ein klagendes Gebet anstimmen; daß es um 1 Uhr Zeit für das Mittagessen ist und Vita noch keinerlei Arbeit erledigt hat.

Dann am Abend werden die weißen Stämme der Platanen rosa, und die Sterne kommen heraus, und die kleinen Eulen fangen an zu schreien, und Vita sagt zu den Dienern in sehr sorfältigem, vorher zurechtgelegtem Persisch: »Wenn irgend jemand kommt, dann sagt, ich bin nicht zu Hause.« Und dann werden *Roget's Thesaurus* der englischen Sprache, ein Reimwörterbuch und die Korrekturfahnen ihres Gedichts herausgeholt (schade, schade, schade, daß sie nicht die Aufschrift der Hogarth Press tragen).

Das bringt mich zu dem, was ich wirklich sagen wollte, daß Du mich mit dieser zentralen Transparenz ganz fürchterlich bestürzt hast.[3] Denn das ist es, was ich selbst auch immer gespürt habe. Nur, wie schafft man das? Wenn Du doch nur diese unausgesprochenen Gedanken niedergelegt hättest, anstatt sie einfach auf den Teppich fallen zu lassen! Wie unschätzbar wären sie gewesen.

Du kannst daraus ersehen, daß das schlammverschmutzte Auto angekommen ist und ich einen Brief von Dir bekommen habe (mit einem beigefügten Bild von Dir, das eine Beleidigung war – eine Beleidigung für Dich, meine ich). Du hast Dich in den Beruf des Börsenmaklers verliebt. Na ja.... Und ich habe Dich dazu gebracht, Leonard zu bitten, in die Südsee zu reisen; aber, liebste Virginia, das war *überhaupt* nicht der Witz an der Sache. Der Witz war, daß Du mit *mir* nach Persien kommen solltest; daß *ich* Dich auf diese braune Ebene hertragen möchte; nicht, daß Du ehefräulich ein Jahr lang aus meinem Gesichtskreis entschwindest. Oder hast Du mich aufgezogen? Du siehst, es wird immer deutlicher, daß ich die nächsten zwei Jahre damit verbringen werde, zwischen Europa und Asien hin- und herzuflitzen, und es ist mein Traum, Dich mitzunehmen. Leonard würde es auch gefallen; er kann hier angeln und schießen, wenn er das mag; und es gibt mindestens 12 Reitpferde. Glaube mir, Burma ist kein Fleck in Persien; es hat keine klassischen Traditionen, und die Architektur ist abscheulich. Was die Südsee betrifft, bin ich sicher, daß sie überschätzt wird; bis zu einem gewissen Punkt ist sie vulgär; und Du würdest den Hibiskus nicht mögen. Dieses altberühmte Land hingegen... Das ist der Ort für Dich. Wirklich, wenn Du nicht durch Freundlichkeit dazu bewegt werden kannst zu kommen, werde ich Dich mit äußerster Kraft dazu zwingen müssen herzukommen. Aber es würde mich *so* glücklich machen, daß ich sicher bin, es könnte mir niemand, der so warmherzig ist wie Du, diesen Gefallen abschlagen? Wir könnten durch die Wüste herkommen und über Rußland zurückkehren, was Du mit Deinen sowjetischen Beziehungen sicher begrüßen würdest. Es muß unbedingt gemacht werden.

25. *März.* Weißt Du, was für eine nette kleine Aufgabe ich jetzt erhalten habe? Den Palast für die Krönung herzurichten. Ich gehe dorthin und ziehe eine Schürze über und mische in einem immensen Saal Farbe in Töpfen und frage mich, was das persische Wort für »tüpfeln« ist. An einem Ende des Saals steht der Pfauenthron, und an den Wänden ringsum sind Glasschränke aufgestellt, die jede vorstellbare Art von Gegenständen enthalten, von Sèvres-Vasen bis zur Zahn-

bürste des verstorbenen Schahs. Dies ist bekannt als das Museum. Lady Loraine ist fort, also trage ich die Verantwortung. Ich muß nächste Woche das Museum neu organisieren und werde Raymond dazu bringen, mir zu helfen. Er wird unter riesigen Gerüsten herumtrotten und Alabasterschalen tragen, während von den Pinseln der Männer, die oben unter der Decke hängen, Farbe auf ihn heruntertropft. Ich bin sicher, daß der Schah zu der Krönung in Tennisschuhen erscheint und mit dem Zwillingsdiamanten des Kohinur, der an seinem Hut strahlt. Das ist das Prinzip, nach dem hier alles vonstatten geht.

Warum bringen Grammatiken einem Sätze wie »Nur durch den Mut des Siegers Schwert« bei, wenn das, was man sagen will, »Bring noch eine Lampe« ist?

Jetzt ist dieser Brief lang geworden, wenn auch scheinbar wenig liebevoll, aber es wird viel Liebe darüber ausgeschüttet wie Streusand, um die Tinte zu trocknen, von dem keine Spur mehr übrig ist, wenn der Brief ankommt, der aber nichtsdestotrotz vorhanden war, eine wesentliche Zutat. Und ich schicke Dir ein Bild, ein viel hübscheres als das, welches Du mir geschickt hast. Ich merke, daß es eine Menge Fragen gibt, die ich stellen wollte, wie zum Beispiel: Wer ist Clives neue Trumpfkarte? (von der er sagt, es wäre eher der Pik-Bube als die Pik-Dame – aber aus Mädchen werden Jungen), außerdem wie es dem lieben Grizzle geht? nicht mehr wie einer Regenbogenforelle, vermute ich; und warum warst Du zwei Tage lang müde? und überanstrengt Dich der Verlag? Ich nehme an, Du wirst gerade mit dem Auto durch Frankreich fahren, wenn dies hier ankommt; sei vorsichtig, ich bitte Dich inständig; obwohl ich sicher bin, daß die Gefahren beim Herumtouren durch Frankreich nichts sind im Vergleich zu der Neuordnung der Normen, der ich hier unterzogen wurde, mit Abgründen und was nicht allem. (Ich wage es allerdings nicht, Dir zuviel Reisegarn vorzuspinnen, da Raymond kommt; er hat meine Geschichten enorm bereinigt.)

Die kleinen Eulen schreien, und der Postsack geht morgen auf seine lange Reise. Du kannst mir nur noch einen Brief schreiben, wenn Du diesen bekommen hast, weil ich mich auf den Heimweg mache. Oder, falls Du in Frankreich sein solltest, adressiere ihn an mich und stecke ihn in einen weiteren Umschlag mit der Adresse Charles Hartopp Esq, The Residency Kairo und vermerke auf dem inneren Umschlag *By air-mail via Bagdad*. Er wird mich auf diese Weise schneller erreichen. Deine Briefe sind immer ein Schock für mich, weil Du die Umschläge mit der Schreibmaschine beschriftest und sie wie eine Rechnung aussehen, und dann erblicke ich Deine Schrift. Ein System, das ich eigentlich mag wegen der unterschiedlichen Stiche, die es mir versetzt.

Jetzt wird dieser Brief wirklich unverhältnismäßig lang, und Du wirst gelangweilt sein. Er hinterläßt auch solch tiefe Abgründe von Nichtinformation; wahre Kontinente von nichtkartographierten Gebieten. Ich habe meinem Gedicht kleine Stücke hinzugefügt, aber ohne den Kontext sind sie nichts. Wie Du Dir vorstellen kannst, sind sie von ihrem Charakter her vollkommen asiatisch. Dieses Gedicht liegt mir am Herzen, keines der anderen Bücher hat mir am Herzen gelegen. Ich hoffe, Du bist der Meinung, daß ich es zum Besseren verändert habe. Mein Interesse daran wird allerdings fast vollständig von der Tatsache aufgehoben, daß ich es nicht Dir geben konnte.[4] Ich sehe ein, daß das unmöglich gewesen wäre, aber ich bin deswegen trotzdem sehr verärgert.

Welch ein Vergnügen wird es sein, wieder auf Deinem Fußboden zu sitzen und Briefmarken zu kleben. Und Dich in dem kleinen blauen Auto fortzubringen. Wenn Du wüßtest, was Du mir bedeutet hast, wärest Du möglicherweise erfreut.

Deine
V.

[1] Reza Khan Pahlevi, ein Soldat, der aus den Mannschaftsrängen aufstieg und 1925 der Kadscharen-Dynastie den persischen Thron entriß, den sie 150 Jahre lang innegehabt hatte. 1926 war er etwa neunundvierzig Jahre alt.

[2] Sir Percy Loraine, der britische Gesandte in Teheran, 1921–1926.

[3] Virginia hatte Vita zu *The Land* geschrieben: »Meiner Vorstellung nach fehlt etwas an zentraler Transparenz. Eine plötzliche Intensität.«

[4] *The Land* (1926) wurde von Heinemann veröffentlicht, dem Vita durch einen Vertrag verpflichtet war, und nicht von der Hogarth Press.

Teheran
8. April [1926]

Persien ist magentarot und violett geworden; Alleen von Judasbäumen, kleine Wälder aus Flieder, Springfluten von Glyzinien, Felder von Pfirsichblüten. Die Platanen und die Pappeln sind schlagartig ergrünt. Ich weiß, Du hattest wunderbare Ostern in England – Reuter hat es verzeichnet. (Reuter ist eine große Freude für uns, denn es kommt immer alles falsch an, z. B.: »Lady Fischer hat gerade ihr siebenundzwanzigtägiges Fasten beendet, das sie angetreten hatte, um eine von General de Bility verursachte Krankheit zu kurieren.«) Aber ich nehme an, daß Du jetzt in Frankreich bist und dort herumsaust – nun, auch ich werde sausen, denn wir fahren runter nach Isfahan. Und, herrje, ich kann Dir nach diesem nur noch einen Brief schreiben, denn der Postsack für die nächsten zwei Wochen bringt mich bis zum Vorabend meiner Heimreise. Ich habe mich mit Mme Dieulafoy beschäftigt, einer hinreißenden Person, ich habe sogar einen Artikel über sie geschrieben, den Du in *Vogue* finden kannst.[1] (*Vogue* ist illustriert, und Mme Dieulafoy ist ohne Porträt unvollkommen, sonst hätte ich ihn an Leonard geschickt.) Raymond und ich haben beschlossen, die Welt aufzuteilen; wir sind etwa so wie die Friedenskonferenz von Versailles: er bekommt Palästina, Syrien und die Wüste, und ich bekomme Persien für journalistische Zwecke. (Wir sind beide über Aldous Huxley ziemlich verärgert.) Raymond ist, wie Du siehst, angekommen; er stürzte über eine Klippe, und es wurde auf ihn geschossen, aber er hat überlebt. Es kommt mir merkwürdig vor, ihn hier zu sehen. Er ist sehr glücklich und mustergültig: kritzelt vor sich hin und macht keinerlei Mühe. Aber wir finden es beide schwierig, über das Reisen zu schreiben. Meine Schublade ist voll von einzelnen Blättern, die sich nicht verbinden lassen. Ich glaube schon, daß Du mit dem Rhythmus recht hast; alles, was ich sagen kann, ist, daß der Rhythmus und ich aus dem Takt geraten sind. Ich habe allerdings mein Gedicht beendet, und es geht mit diesem Postsack ab. Es enthält jetzt große Flecken von Asien. Ich frage mich, ob Du Deine Zustimmung erteilst.

Aber meine Erziehung hat sich in der Tat nicht so sehr von Deiner unterschieden: ich bin herumgeirrt, hauptsächlich in Knole, und hatte nicht einmal einen Bruder oder eine Schwester, um mir die Ecken und Kanten abzuschleifen. Und ich bin nie in die Schule gegangen.[2] Wenn ich lustig und wenig gebildet bin, so sind wir doch in anderer Hinsicht quitt, denn Du hast dieses Interesse an der Menschheit, das ich niemals aufbringen kann – das Interesse habe ich wenigstens, aber nicht die teuflische Geschicklichkeit in seiner Anwendung, die Dir zu eigen ist. Und während ich älter werde (ich hatte neulich gerade Geburtstag), merke ich, daß ich mehr und mehr mürrisch vereinsame, ich sehe tatsächlich den Tag kommen, an dem ich mich so weit in mich selbst zurückgezogen habe, daß von mir überhaupt nichts mehr zu sehen sein wird. Wirst Du bitte daran denken, von Zeit zu Zeit die Decke wegzuziehen? oder ich werde vollkommen verlorengehen. Es ist, glaube ich, ein Jammer, wenn man sich so weit gehenläßt, daß man einen Zustand erreicht, in dem man nur noch mit vertrauten oder vielleicht geliebten Menschen zu tun haben will. Man sollte ein größeres Repertoire haben. Aber da siehst Du es, ich sage »Man sollte« – und damit ist das ganze Problem heraus: daß ich nach Theorien lebe, oder eher, daß sie sich in meinem Kopf drehen und wenden, und dann versäume ich es, sie in die Praxis umzusetzen, oder bin vielleicht nicht in der Lage, es zu tun. Und das ist vielleicht einer der Gründe, warum ich Frauen lieber mag als Männer (sogar platonisch), daß sie sich mehr Mühe geben und mehr Geschick darin zeigen, Freundschaft eine Form zu verleihen; es ist ihre Aufgabe; Männer sind zu verzogen und faul.

Das war nun eine lange, egozentrische Passage; aber von Zeit zu Zeit mache ich mir ernsthafte Sorgen und habe das Bedürfnis, gesellig zu sein, und schütte es über die arme Virginia aus.

Ich habe einen jungen amerikanischen Dichter namens [Archibald] MacLeish getroffen, der eine leidenschaftliche Bewunderung für Dich hegt. Es ist ein ernsthafter junger Mann, der als Bevollmächtigter für Opium hierhergekommen ist. Du und Eliot, ihr seid heute die beiden einzigen Schriftsteller in England etc. etc. Nebenbei, ich würde gern Middleton Murrys Ausfälle lesen, aber Du hast mir nicht gesagt, wo sie erschienen sind. Könntest Du sie für mich aufheben?

Liebste Virginia, Du brauchst mir nicht mehr zu schreiben, denn ich werde nach Hause kommen. Am 25. ist die Krönung; dann besteigen wir einen Berg; dann mache ich mich auf den Weg. Ich kann nichts über meine Reise in Erfahrung bringen, Reiseagenturen sind hier unbekannt, und die kontinentalen Fahrpläne ignorieren Rußland vollständig. Also werde ich einfach ins Blaue hinein starten und auf Glück vertrauen und sollte England am 14. erreichen, beladen mit Teppichen für den guten alten [Robert] Bridges. Wenn Du nicht gut acht gibst, werde ich Dir eine Schildkröte mitbringen, denn es wimmelt hier davon. (Hast Du gelesen, was Lawrence, D. H., über Schildkröten schreibt?)

Hast Du *Comment débuta Marcel Proust* gelesen?[3] Ich habe dabei geweint. (Übrigens könnte es sich gut für eine Übersetzung eignen; es ist ziemlich kurz.)

Wie glücklich werde ich darüber sein, wieder auf Deinem Fußboden zu sitzen.

Ich muß los und mir die Kronjuwelen ansehen, was meinen Brief wider Erwarten abkürzt, und ich möchte nicht darauf vertrauen, daß der Postsack noch nicht verschlossen ist, wenn ich zurückkomme – ich werde außerdem nachsehen, ob sie den Raum auch in der richtigen Farbe für die Krönung gestrichen haben, und für meine Mühen werde ich damit belohnt, daß ich Schalen von Smaragden durch meine Finger rinnen lassen darf! Das sagt zumindest der hohe Funktionär, der gnädig genug ist, mir seine Gunst zu gewähren. Ich nehme Raymond mit. Ich muß fliegen –

Deine
V.

Postskriptum.

Gerade zurück aus dem Palast, eine halbe Stunde bevor der Postsack zugemacht wird.

Ich bin erblindet. Geblendet von Diamanten.

Ich war in Aladins Höhle.

Säcke von Smaragden wurden vor unseren Augen ausgeleert. Säcke von Perlen. *Buchstäblich.*

Beim Weggehen schüttelten wir Perlen aus unseren Schuhen.

Schnüre mit ungeschliffenen Smaragden. Schwertscheiden, besetzt mit kostbaren Steinen. Großartige priesterliche Kronen.

Das alles in einem verwahrlosten Raum mit schmutzigen Persern, die aus kleinen Tassen Tee trinken.

Ich kann jetzt nicht darüber schreiben. Es war ganz einfach Tausendundeine Nacht mit Dekor von den Sitwells. Die reine Phantasie. Ach, *warum* warst Du nicht da?

[1] »Mme Dieulafoy«, *Vogue*, Juni 1926, S. 77, 112. Jane Dieulafoy reiste mit ihrem Ehemann Marcel in den neunziger Jahren des letzten Jahrhunderts auf dem Landweg nach Persien, und gemeinsam gruben sie den Palast von Dareios in Susa aus. Sie verfaßte einen Bericht über ihre Erlebnisse, der großen Beifall fand.

[2] Sie war. Sie ging regulär in die Schule, die von Mrs Woolff in Mayfair, London, geleitet wurde.

[3] Von Louis de Robert (1925).

29. März 1926 *The Hogarth Press,*
Tavistock Square 52,
London, W. C. 1

... Jetzt mußt Du so tun, als wärest Du am Geschick Deiner Freunde interessiert: aber es wird Dir alles so fern und albern vorkommen: Du hast eine Zeitschrift namens The Nation *vergessen; Leonard war dort einmal Redakteur des Feuilletons; und seit Mittwoch ist er es nicht mehr. Wir sind zurückgetreten. Gott sei Dank. Welch eine Gnade – nicht mehr ins Büro zu gehen und Korrekturfahnen zu lesen und sich das Hirn mit den Gedanken zu zermartern, wen man schreiben lassen soll. Wir werden 500 Pfund im Jahr verdienen müssen ... aber das ist der erste Schritt dahin, frei zu sein und Reisen ins Ausland zu unternehmen und in einem Auto durch England zu bummeln; und wir fühlen uns 10 Jahre jünger, durch und durch verantwortungslos, und bitte, liebste Vita, bring Harold dazu, das gleiche zu tun. ...*

Ich kann mir nicht denken, was für Geschichten Dich jetzt, wo Du in Persien vergraben bist, interessieren könnten. ...

Bei Rose Macauley [gab es] eine gräßliche Gesellschaft, bei der ich im Wirbel von sinnlosen Wörtern dachte, Mr O'Donovan hätte Heiliger Geist gesagt, während er »die steinige Küste« gesagt hatte,[1] *und als ich fragte »Wo ist der Heilige Geist?«, erhielt ich die Antwort »Überall, wo das Meer ist.« »Bin ich verrückt, oder steckt da ein Witz dahinter?« »Der Heilige Geist?« wiederholte ich. »Die steinige Küste«, rief er, und so machten wir immer weiter, in einer Atmosphäre, die so abstoßend war, daß sie wie der Geruch von schlechtem Käse widerwärtig faszinierend wurde . . . bis Leonard am ganzen Körper zitterte, etwas aufhob, was er für Mrs Goulds Serviette hielt, feststellte, daß es ihre Damenbinde war, und das Fundament dieser zehntrangigen literarischen Ehrbarkeit (alle Herren in weißen Westen, die Damen mit Kurzhaarschnitt, erfolglos) wackelte bis in seine Grundfesten. Ich sagte immer wieder »Vita wäre davon begeistert.« Also, wärest Du?*

[1] Im Original Wortspiel zwischen *Holy Ghost* und *The Whole Coast*; Anm. d. Übers.

Teheran
17. April [1926]

Ich habe Dich von Perlen geblendet verlassen, und jetzt sind zehn Tage vergangen, und inzwischen hat sich Teheran langsam mit Barbaren gefüllt, die zur Krönung aus den Bergen herabgeritten sind und die mit ihren wilden Ponys die Straßen in einer Kleidung auf und ab reiten, die mit einem Pfauengefieder mithalten kann – gewaltige Turbane aus Seide und Pelz, breite Schärpen wie Josephs Rock, in denen silberbeschlagene Waffen jeglicher Couleur stecken; alle aus dem 15. Jahrhundert, keinen Tag später. Und jetzt kommt Dein Brief, spät wegen der Überschwemmungen (Bagdad wurde gerade noch um Haaresbreite gerettet), der wahrhaftig vor Neuigkeiten birst: *The Nation* vorbei, der Verlag vielleicht als nächstes.[1] *Bitte* nicht letzteres. Ich wußte gar nicht, wie sehr ich an dem Verlag hänge, bis ich hörte, daß er bedroht ist. Außerdem hält er Dich in London, und wenn er verschwindet, verschwindest Du vielleicht auch und gehst nach – irgendwohin, nur nicht nach Persien. Es ist alles sehr aufregend, und ich gratuliere Leonard zu seiner Unbesonnenheit. Du kannst nächstes Jahr Deinen Einfluß auf Harold ausüben, damit er das gleiche macht.

Wir fahren morgen nach Isfahan, aber Gott weiß, wie wir dorthin kommen werden, da die Straße vollkommen überflutet ist; braune Springfluten, und die Brücken fortgespült. Und das wird mein letzter Brief sein. Das nächste, was Du von mir hören wirst, ist, daß ich hereinspaziere und Grizzle knuddele. Das heißt, wenn ich nicht unterwegs in ein russisches Gefängnis gerate.

Was habe ich gemacht? Ich war auf einer persischen Teegesellschaft. Hinreißende Frauen; Mandelaugen, rote Lippen, plappern wie kleine Vögel und ziehen an ihren Schleiern herum, wann immer sie ein Geräusch hören. Vollkommen albern, doch ach so lieblich! Viel besser als Deine Börsenmakler. Und ein altes Scheusal von einer Schwiegermutter hängt über ihnen wie ein Falke über einem Schwarm Tauben.

Hast Du Harolds *Swinburne* gesehen? es ist erschienen. Anscheinend hast Du ihm gesagt, Du wolltest es besprechen, was er nicht vergessen hat, selbst wenn Du es hast. Wir haben es nicht bekommen; sehr quälend. Ich habe eine Menge geschrieben [*Passenger to Teheran*], aber alles ziemlich mies (ich schicke Leonard einen Packen mit dieser Postlieferung), und bin neidisch auf Deine Tausende von Wörtern. Ist es alles an der Westküste von Schottland? Ich glaube, ich sollte Dich mal in dem blauen Auto dort hinbringen.

Ich habe einen langen obszönen Brief von Eddy bekommen, aber aus irgendeinem dunklen psychologischen Grund kann ich mich nicht dazu aufraffen, ihn zu beantworten. Er sagt, ihm »hätte in seinem ganzen Leben nichts so viel Freude gemacht« wie die Abende, an denen er Dich dazu bewegen konnte, mit ihm zu essen. Er sagt, er »hätte Dir Komplimente gemacht, ohne vulgär zu sein, was mehr ist als das, was ein bloßer Weiberheld geschafft hätte«. Durch meine Korrespondenz und Raymonds und Harolds erfahren wir die meisten Eurer Londoner Geschehnisse aus drei verschiedenen Perspektiven und verbringen manchen vergnügten Abend damit, die unterschiedlichen Berichte zusammenzusetzen. Das ist viel amüsanter, als die tatsächlichen Dinge zu sehen – eine Übung für die Phantasie. Aber leider hat keiner von uns etwas von Sibyl gehört.

Eine merkwürdige Sache: fast alle Briefe scheinen zumindest *einen* irritierenden Satz zu enthalten, Deine aber nie. Sie lassen einen mit dem Gefühl zurück, intelligenter, reizender und begehrenswerter zu sein, als man in Wirklichkeit ist.

Ich wünschte, Du würdest Deine 150 Seiten zu Ende bringen, die die gesamte Literatur zusammenfassen. Es würde den Müllhaufen in den Köpfen vieler Leute, nicht zuletzt in meinem, etwas in Ordnung bringen. Und bitte, gib den Verlag nicht auf.

Mein Kopf *ist* so ein Müllhaufen; es bedrückt mich.

Das ist ein alberner Brief, aber ich werde eine Woche nach ihm ankommen. In der Zwischenzeit bin ich (wie wir hier sagen) Dein Opfer. Ich werde Dir Hafiz rezitieren, Seide und Düfte mitbringen und mich allgemein nützlich machen. Ich kann Violas Register für Dich anlegen, wenn Du möchtest.[2] Oder irgendwas anderes, und versuchen, Dich in jeder erdenklichen Weise zu korrumpieren. Ich habe ein Faß von dem spanischen Wein, den Du mochtest, bestellt, also wirst Du kommen und ihn trinken müssen. Wie Belloc, der sagt, er hätte gerade 2000 Flaschen Burgunder zu 2½ Penny die Flasche gekauft. Du wirst sehr nett zu mir sein, bitte? denn Du weißt, was für einen unglücklichen Brief ich aus Triest geschrieben habe, und ich werde ganz genauso froh sein, Dich wiederzusehen.

V.

[1] Leonard hatte seine Stelle als Redakteur des Feuilletons von *The Nation* gekündigt, war aber dazu bewegt worden, bis 1930 zu bleiben. Die Woolfs hatten auch darüber nachgedacht, die Hogarth Press zu verkaufen, was sie aber niemals wirklich taten.

[2] Viola Tree, *Castles in the Air: The Story of My Singing Days*, im April 1926 in der Hogarth Press erschienen.

Beide Frauen verbrachten den heißen Sommer des Jahres 1926 auf dem Land, Vita in Long Barn, Virginia in Monk's House, und sie besuchten sich regelmäßig. Die Affäre Vita–Virginia setzte sich mit Unterbrechungen fort, war aber weniger intensiv als zuvor.

Samstag [22. Mai 1926] *Tavistock Square 52, W.C.1*

... Du sagtest, Du würdest ein Buch über Persien zu Ende bringen. Würdest Du es uns überlassen? Der Punkt ist, ich will Dich nicht unter Druck setzen, wenn Du, durchaus berechtigt, das Gefühl hast, daß Heinemann ein Recht darauf hat und eventuell auch mehr Gewinn bringt. Gleichzeitig möchte ich nicht, daß uns diese hochgestochenen Gefühle eine Gelegenheit kosten, die unserer Herbstsaison einen kräftigen Auftrieb geben könnte. Also überleg es Dir.

Long Barn, Weald,
Sevenoaks.
29. Mai [1926]

Mein Liebling Virginia,

Dieser Rausch der Einsamkeit. ... Den ganzen Tag über jäte ich – eine prima Kartoffelernte wächst in den neuen Blumenbeeten heran –, führe die jungen Hunde durch die Butterblumen aus, höre den Kuckuck, sehe ihn sogar – wie er in einem girlandenartigen Flug von Dickicht zu Dickicht fliegt – komme zum Abendessen rein; ein einsames Mahl: kaltes Lamm und den spanischen Wein, den Du mochtest; dann das alte Problem: was soll ich beim Essen lesen, von einer Gabel aufgehalten? entscheide mich schließlich für Virginia, greife mir den gewöhnlichen Leser [*The Common Reader*], eine Brille, einen Bleistift, gehe zum Abendessen hinein, gerate in ein Gespräch mit dem höchst ehrbaren alten Butler [George Horne, genannt Moody], indem ich sage, wir müßten Harolds Kleidung durchsehen, damit sie nicht stokkig wird; »Ist Hofkleidung darunter, Madam? goldene Litzen benötigen schwarzes Seidenpapier«; »Nein, er hat seine Uniform bei sich« (Visionen von Harold mit schlechter Laune, wie er über seinen Degen fällt); »Ah ja, das wird er, Madam; und die Zeit wird ihm lang erscheinen, wenn ich mir die Bemerkung erlauben darf, Madam, in der Mr Nicolson die jungen Gentlemen nicht sieht.« »Waren Sie jemals im Ausland?« frage ich peinlich berührt. »In Argentinien, Madam, mit zwei Gentlemen; zumindest kann man nicht sagen, daß sie keine waahhren [*sic*] Gentlemen waren, wenn ich es so ausdrücken darf, Madam; aber nichtsdestotrotz sehr *interessant*, aber Ägypten, also, das ist das Land, das mich immer gereizt hat, wenn ich doch nur einmal dorthin kommen könnte, vielleicht mit Mr Nicolson, wenn er Vizekönig wäre; das war immer mein Traum.« (Ach du liebe Güte, wie romantisch die Engländer sind, denke ich bei mir; und laut:) »Warum ausgerechnet Ägypten?« »Nun, Madam, wie ich gehört habe, wurden die sanitären Verhältnisse dort sehr verbessert, verglichen mit dem, was sie mal waren.«

Das stellt mich vor ein Rätsel; ich kann dem Gedankengang nicht folgen. Ich möchte das Gespräch fortsetzen, werde aber von Pippin unterbrochen, die anfängt, unter meinem Stuhl Junge zu bekommen. Eiliger Auszug von Pippin in den Schuppen. Louise, die jedem Wunsch von Pippin nachgibt, hält mich offensichtlich für eine Bestie. Die Atmosphäre ist plötzlich und ganz schrecklich von Geburtshilfe bestimmt. Der Butler zieht sich mit dem Gefühl, das wäre eine Aufgabe für Frauen, in den Anrichteraum zurück. Und so stehe ich nun da mit einem merkwürdig väterlichen Gefühl, während Pippin im Schuppen in den Wehen jault – alles meine Schuld, weil ich veranlaßt habe, daß sie zu dem roten Spaniel, dem Preisträger von England, geschickt wurde, als ich vor zwei Monaten (63 Tagen, um genau zu sein) sicher in Asien war.

Mein Reisebuch: Ich sehe, daß ich Deinetwegen mit Heinemann Streit haben werde, so sei es. Du sollst es bekommen. Aber ich warne

Dich, daß es sich nicht lohnt, es zu bekommen. Und ach, meine liebe, angebetete Virginia, die Du bist, wie *konntest* Du nur Viola [Tree] verlegen? es bringt mich zum Erbrechen. Ich mag es nicht, wenn Du Deine Seele verkaufst.

Wie geht es Leonards Erkältung? und Deinen Kopfschmerzen? Sag Leonard, daß meine Erkältung ein wahrer Teufel war, und dank ihm ganz umsonst.

Meine Mutter kommt nicht hierher; sie muß in London bleiben und ihr Essen einen Monat lang auswiegen lassen. Ich habe sie am Donnerstag gesehen, zauberhafter und reizender, als es Wörter ausdrücken können. So habe ich also die Freiheit, Gesellschaften zu geben: So werdet ihr beide meine erste und wahrscheinlich einzige Gesellschaft sein und über das nächste Wochenende (5. – 7., glaube ich) hierherkommen.

Gezeichnet:
Sibyl Colefax

Long Barn.
2. Juni [1926]

Liebste, ich möchte Dich nicht nur für eine Nacht hierherschleifen – es ist ermüdend und beunruhigend für Dich –, außerdem würde ich mich freuen, wenn Leonard kommt, also werde ich selbstlos sein und auf die Freude verzichten, Dich am Freitag hier zu haben, und sage »Kommt beide am Sa., dem 12.«, auch wenn bis dahin alle Lupinen und Iris vergangen sind und nichts ihre Stelle eingenommen haben wird und Leonard (der Gärtner ist) meinen Garten scheußlich finden wird.

Was für ein strahlendes Leben Du führst – Gertrude Stein und die Sitwells! – Du gibst mir das Gefühl, ich wäre aus der Provinz.

Ich kann Sibyls Traum nicht deuten.[1] Ißt Du mit ihr am 15. zu Abend? Ich ja; aber ich habe das Gefühl, Du wärest bestimmt als Köder benutzt worden, wenn Du hingegangen wärest.

Geht es Dir gut? und die Kopfschmerzen sind weg?

Natürlich wäre es um so besser, wenn Du schon am Freitag, dem 11., kommen könntest, aber ich nehme an, das wäre zuviel der Hoffnung?

V.

Den Welpen geht es gut, danke, aber Pippin ist sehr betrübt, weil wir ihnen mit einem Tranchiermesser die Schwänze abgeschnitten haben.

[1] Sibyl Colefax hatte geträumt, daß Virginia zweimal mit Dorothy Wellesley im Theater gewesen wäre.

Montag [7. Juni 1926] *Tavistock Square 52, W.C.1*

Nicht viel Neues. Ziemlich im unreinen mit mir selbst – Hätte gern einen Brief. Hätte gern einen Garten. Hätte gern Vita. Hätte gern 15 Welpen mit abgeschnittenen Schwänzen, drei Tauben und ein bißchen Konversation. Die Sitwells waren ein gräßlicher Reinfall. Ich habe das geschrieben, damit Du Dir wie eine Landpomeranze vorkommst – und es hat gewirkt und bestätigt meine Ansicht, daß die Gesellschaften der anderen ein Geheimnis und einen Glanz haben, der den eigenen fehlt. Schreibst Du Gedichte? Wenn ja, dann erkläre mir den Unterschied zwischen dem poetischen Gefühl und dem prosaischen? Was treibt Dich zu dem einen anstatt zu dem anderen? . . .

Long Barn, Weald,
Sevenoaks.
Donnerstag, 17. Juni [1926]

Liebe Mrs Woolf

Ich muß Ihnen sagen, wie sehr ich das Wochenende mit Ihnen genossen habe . . .

Geliebte Virginia, Du weißt gar nicht, wie glücklich ich war.

Es tut mir leid, daß Du mich für geschickt hältst. Ich glaube nicht, daß ich auch nur halbwegs geschickt genug bin.

Zu Dichtung und Prosa und dem Unterschied zwischen ihnen. Ich glaube nicht, daß es einen gibt, mit allem nötigen Respekt gegenüber Coleridge. Es ist sicherlich nur eine Frage der unterschiedlichen Form, die Wörter in den Gedanken annehmen, nicht eine Frage von Trunkenheit und Nüchternheit. Die Unterscheidung bringt viel zu oft Menschen zu der Annahme, sie könnten Albernheiten murmeln, die sie erröten lassen würden, wenn sie in gutem gewöhnlichem Englisch geschrieben wären, die sie aber für druckreif halten, wenn sie in Zeilen unterteilt sind. Das allein zeigt schon, daß es keinen wirklichen Unterschied gibt. Keine der Definitionen paßt. Matthew Arnold sagt, Dichtung beschreibt das Fließende, nicht das Feststehende, warum sollte Prosa das nicht tun?

Eine glanzvolle Zusammenkunft bei Sibyl – was Du verpaßt hast! Der Salon im Argyll House [Chelsea] funkelte. Sibyl war, glaube ich, Deinetwegen ziemlich verschnupft; offensichtlich verärgert darüber, daß sie eines Sterns an ihrem Firmament beraubt worden war. »Wenn sie mit *dir* nach London kommen konnte«, blaffte sie, »dann hätte sie heute abend auch hierher kommen können.« Ich zeichnete ihr ein bewegendes Bild von Deiner Zerbrechlichkeit; sie rümpfte die Nase. Molly MacCarthy [*sic*] guckte amüsiert.

Jetzt, nachdem ich Dich (hoffentlich) geärgert habe, indem ich Dir erzählt habe, was Du alles verpaßt hast und in welch schlechtem Geruch Du bei ihrer Ladyschaft stehst, kann ich Dir erzählen, daß es mir absolut nicht gefallen hat: hätte den gesamten Champagner im Keller gegen ein Glas Rodmell-Wasser eingetauscht; hätte alle und jeden mit einem Tritt zum Teufel gejagt. Sibyl versuchte, etwas über Persien aus mir herauszulocken; ich wurde mürrisch, wollte mir nichts entlocken lassen, will nicht mehr gefragt werden, und soll doch Aldous Huxley als einziger Reisender damit machen, was er will. Am nächsten Tag kam ich dann hierher, verfaßte auf dem Weg eine wunderschöne Rede, die vor Pfadfinderinnen gehalten werden sollte; stellte bei meiner Ankunft fest, daß es sich um Ladenmädchen statt um Pfadfinderinnen handelte; mußte improvisieren; wurde mit Gartenwicken überhäuft; fühlte mich wie Prinzessin Mary [die Tochter von König Georg V.]; mußte eine Menge Dinge kaufen, die ich nicht wollte: kam nach Knole, sah im Garten eine Aufführung der *Comedy of Errors*; und dann nach Hause, und ich fühlte mich elend, weil ich Dich verpaßt hatte und weil ich eine schlechte Nachricht über meine Mutter bekommen hatte. Also versammelte ich so viele Hunde wie möglich in meinem Bett; und während der Nacht fraßen Ratten die Tauben.

Aber heute morgen dachte ich an Dich und daß Du, sosehr Du nur kannst, schreibst, und das hat mich getröstet. Ich hoffe, es war ein wahrer und richtiger Gedanke?

Wenn Du Dich danach fühlen *solltest*, mir zu schreiben, dann schicke es nach Sherfield Court, Sherfield on Loddon, Basingstoke, wo ich am Samstag nach dem Treffen mit den 80 Verlegern hinfahre. Ich nehme an, ich werde feststellen, daß Du mit Clive einen kleinen Vorrat an Schwierigkeiten für mich angelegt hast.

Desmond hat plötzlich zu mir gesagt: »Ich habe erfahren, daß Clive als Gesandter nach Teheran geht.«[1] Für mich gibt es nur einen Clive [Bell]: meine Welt geriet ins Wanken.

Ich wünschte, ich wäre zurück in Rodmell. Ich wünschte, Du würdest hierherkommen. Hilft es, wenn ich vorschlage (Du siehst, daß ich in einer sehr verzagten Stimmung bin), daß du das tun sollst? Es ist, wie Du weißt, sehr nett hier; aber ich nehme an, Du bist beschäftigt. Es wäre nur eine nette Zuflucht, wenn Du aus London entkommen wolltest, und ich würde Dich mit dem Auto abholen. Auf jeden Fall werde ich Dich am Freitag treffen? noch eine verdammt lange Zeit hin. Ist das ein nichtssagender Brief? Du hast mich in Rodmell so sehr verwöhnt. Ich war schrecklich glücklich. *Sag mir, wie es Dir geht.*

V.

[1] Sir Robert Clive, der frühere britische Konsul in München und Tanger, erhielt 1926 seine Ernennung zum Gesandten in Teheran, wo er bis 1931 blieb.

Long Barn, Weald,
Sevenoaks.
17. Juni [1926]

Haha! Sieh, was ich gefunden habe. Schick ihn mir nur bitte zurück, denn er ist zu kostbar zum Verlieren. Ich mag es, wenn mein Name – ich meine Harolds Name – falsch geschrieben ist.[1]

Ich werde es allerdings aufgeben müssen, Deine Werke beim Abendessen zu lesen, denn sie sind zu beunruhigend. Ich kann es nicht erklären, ich werde es eines Tages mündlich erklären müssen. Wenn Du es nicht erraten kannst. *Wie gut Du doch schreibst*, zum Teufel mit Dir. Wenn ich Dich lese, habe ich das Gefühl, es hätte noch nie jemand vorher englische Prosa geschrieben – sie herumgestoßen, an ihren Ort verwiesen, sich zu Diensten gemacht. Ich frage mich andauernd, wie Du es schaffst; so wie man einen Taschenspielertrick immer wieder sehen kann, ohne dadurch klüger zu werden. Man weiß nur, daß es immer wieder klappt. Es gibt eine merkwürdige Wirkung, die einigen wenigen Schriftstellern zu eigen ist, ich weiß nicht, ob Du weißt, was ich meine, und falls nicht, dann ist es hoffnungslos, es Dir verständlich machen zu wollen: sie üben eine geheimnisvolle Kraft auf den Druck aus und lassen bestimmte Worte – vielleicht ganz gewöhnliche Worte – aus dem Text hochfahren wie Rebhühner aus einem Rübenfeld, und sie erhalten einen neuen Wert, sind eine neue Überraschung. Ich nehme an, es geschieht tatsächlich durch den Kontext. Du hast das an Dir; Lawrence hat (oder hatte) es, de la Mare (der mich inzwischen langweilt) hat es; Max [Beerbohm] hat es. – Aber, wie gesagt, Du wirst nicht wissen, was ich meine.

Ich bin, was Dich betrifft, ein furchtbarer Snob. Was Dein Schreiben betrifft, meine ich.

Gott, wie es regnet – eine Taube ist gekommen und lebt bei mir. Ich glaube, es muß der Geist der Taube sein, die aus der Arche geflogen ist. Ich wünsche mir sehr, daß Du hier wärest. Morgen muß ich mit einem alten Bibliophilen zu Abend essen, der außerdem Aquarelle der allerschrecklichsten Sorte sammelt; zwei alte Brüder; der jüngere ist das Echo des älteren; sie haben Erstausgaben und einen Weinkeller, und sie erzählen Anekdoten.[2] Ich liebe sie, und sie flirten ganz formvollendet mit mir. Sie sind die Sorte Menschen, in die Du Dich verliebst – wie Börsenmakler.

Deine
V.

[1] Einer der ersten Briefe von Virginia an Vita hatte mit »Dear Mrs Nicholson« angefangen.

[2] Die beiden unverheirateten Brüder Johnson, Anwälte in Sevenoaks, Kent, die seit Vitas Kindheit ihre Freunde waren und Verwalter des Besitzes Knole blieben.

Freitag [18. Juni 1926] *[Tavistock Square 52, W. C. 1]*

*... Ja, ich schreibe manchmal verdammt gut, aber nicht in den letzten Tagen, in denen ich mich durch einen verfluchten Artikel durchbeiße und meinen Roman [*To the Lighthouse*] in der Ferne leuchten sehe wie die Insel der Seligen, weit, weit entfernt, jenseits von trostlosen Wüsten, und ich kann kein Land finden.*

Sherfield Court,
Sherfield upon Loddon,
Basingstoke.
[20. Juni 1926]

Beauftragt, Dir von dem Sonntag zu berichten, was soll ich sagen?

Aber vor allem anderen: JA, komm am Donnerstag, wenn sich irgendeine Gelegenheit bietet. Es paßt großartig, denn ich muß an diesem Tag in London sein und mit meiner Mutter auf eine Matinee gehen (sie hat eine seltsame, widersinnige Leidenschaft für Matinees und bekommt *jedesmal* mit der Person hinter ihr Streit, weil sie ihren Hut nicht abnimmt – daher hat sie jetzt einen Schleier aus schwarzer Spitze, der ihr großartig steht) und kann Dich danach mit dem Auto abholen, darüber hinaus kann ich Dich am Freitag zurückbringen – dann hast Du keine Umstände mit Zügen und Bahnstationen. Also gib mir Bescheid – nach Long Barn.

Ich habe gestern einen Schreck bekommen: ich wurde gerufen, als ich gerade ganz prächtig am Gärtnern war. »Da kommt ein langes Telegramm für Sie über das Telefon, von Monk's House.« »Mein Gott!« dachte ich, »Virginia ist etwas passiert.« Ich eilte, ich flog, kam ganz außer Atem an. Und dann war es nur ein Telegramm von irgendwelchen Leuten aus Oakhampton, die Monk heißen und einen Welpen kaufen wollten. Ich bestand auf einer Guinee, nur um es ihnen heimzuzahlen.

Mein erster Blick auf Clive war irgendwie stimmig: ich lief ihm über den Weg, als er von hinten [aus der Toilette] kam und sich zuknöpfte. Aber er war deswegen sehr pikiert, übersah mein Willkommenslächeln, eine ausgestreckte Hand – ach was, meine ausgebreiteten Arme –, hastete zurück, brachte seine Toilette in Ordnung, erschien wieder, kein bißchen erfreut, mich zu sehen; ich war niedergeschlagen, am Boden zerstört. Im Verlauf der folgenden 24 Stunden hat er sich erholt und wurde wieder freundlich, genauer gesagt so freundlich, daß wir nach dem Essen an einem warmen dunstigen Abend einen Spaziergang um den Graben machten und redeten, und er schlug einige schwere Breschen in mein kleines Bollwerk der Diskretion. Weißt Du, er war gewieft genug, mich mit Bemerkungen über Deine generelle Gleichgültigkeit zu sticheln, den Mangel an Resonanz etc., und ich stürzte mich wie eine Forelle auf den Köder. Trotzdem glaube ich nicht, daß ich Dich sehr ernsthaft kompromittiert habe, und auf jeden Fall war es unterhaltsam für Clive. Dann mußte Sir Arthur[1] vor Desmond [MacCarthy] gerettet werden, oder eher Desmond mußte vor Sir Arthur gerettet werden, und wir wurden getrennt – was vielleicht ein glücklicher Umstand war.

Eddy erzählt mir, daß er Dich in Garsington treffen wird.[2] Also, ich kann Eddy viel verzeihen – zum Beispiel, daß er an meiner Stelle Knole erben wird –, aber das nicht.

Dieser Brief wurde stückchenweise geschrieben.

Wer hat Dir eine Liebeserklärung gemacht? und was hat Wells gesagt?[3] Du weißt doch genau, daß Du es mir erzählen wirst, warum also so schüchtern?

Ich werde Clive sagen, daß er diesen Brief nicht öffnen und im Zug lesen darf. Das wird, fürchte ich, ein Loch in seine Tasche brennen. Er ist irgendwie ein Schatz, und ich habe ihm gegenüber so ein herzliches Gefühl. Ich hatte vor, mit ihm zu flirten, oder etwa nicht? und habe es vergessen. Ich war zu sehr damit beschäftigt, eine Lanze für Dich zu brechen. Was für ein störendes Element Du aber auch bist!

Gott segne Dich.

V.

[1] Sir Arthur Colefax (1866–1936), der Ehemann von Sibyl.

[2] Der Wohnort von Lady Ottoline Morrell.

[3] H. G. Wells hatte zu Leonard gesagt, Virginia sei »zu intelligent – eine schlimme Sache«. Die »Liebeserklärung« kam von Philip Morrell.

[Mit der Maschine geschrieben] *Tavistock Square [52, W. C. 1]*
Dienstag [22. Juni 1926]

Geliebte Mrs Nicolson,

Ich denke, ich werde aus folgendem Grund am Donnerstag nicht kommen: ich muß mit dem Schreiben weiterkommen; Du würdest mich vollständig verführen; ich muß zwei Nächte (nehme ich an) in Garsington verbringen. . . .

Kommst Du außerdem nach Deinem Theaterstück am Donnerstag allein zu mir? Ich habe Sibyl für den Fall, daß Du kannst, abgesagt. Komm am Freitag zeitig. Die Schreibmaschine nennt Dich instinktiv Geliebte Mrs Nicolson. . . .

Solltest Du natürlich Sibyl treffen wollen, mußt Du es nur sagen. Wirst Du mit mir allein in der Küche Radieschen zu Abend essen?

Long Barn, Weald,
Sevenoaks.
Mittwoch [21. Juli 1926]

Ja, bitte, ich würde sehr gerne am Montag kommen. Es wäre mir noch lieber, wenn Du am Samstag kommen und leuchten würdest, aber ich sehe ziemlich deutlich, daß Du das nicht vorhast.

Aber warum läßt Du dich nicht von mir am Dienstag mit dem Auto hinüber nach Rodmell bringen, anstatt am Dienstag morgen wieder hinauf nach London und am gleichen Nachmittag runter nach Rodmell zu fahren? mir scheint, Du würdest Dir damit Umstände und Anstrengungen ersparen. Aber das entscheidest Du, wenn Du kommst.

Ich bin froh, daß Du endlich nach Rodmell gehst. Ich bin sicher, daß Dir all diese Aufregungen nicht guttun.

Und der gute alte Hardy![1] jaja. Du wirst vollständig verwandelt wiederkommen, wie es Dir immer bei bekannten Monumenten passiert – George Moore, Bridges –, und mit Deinen Zeitgenossen kannst Du nichts mehr anfangen.

Raymond ist zurück und kommt am Samstag her. Vielleicht hast Du ihn gesehen, aber er ist pflichtgemäß seine Tante besuchen gefahren.

Ich bin froh, daß Leonard Gertrude Bell drucken wird.[2] Ich habe die Korrekturfahnen postwendend zurückgeschickt. Ich habe Byard[3] geschrieben, um ihm mitzuteilen, daß Ihr das Buch bekommen werdet [*Passenger to Teheran*] – denn er würde sich ärgern, wenn er es aus einer Anzeige erfahren würde. Er wird sowieso ärgerlich sein, aber ich habe Ozzie[4] gesagt, er soll ihn in Venedig besänftigen.

Wußtest Du, daß Ozzie mit Sibyl eine Autotour nach Italien gemacht hat? Was *wird* von dem guten Ruf von uns allen übrigbleiben!

[1] Virginias Besuch bei Thomas Hardy am 23. Juli in Max Gate in Dorset ist vollständig in ihrer Tagebucheintragung vom 25. Juli beschrieben.

[2] Vitas Artikel »Gertrude Bell in Baghdad«, *Nation and Athenaeum*, 24. Juli 1926.

[3] Theodore Byard, der Direktor von Heinemann.

[4] Oswald Dickinson (1869–1954), der unverheiratete Bruder von Violet Dickinson, Virginias enger Jugendfreundin.

Sherfield Court,
Sherfield upon Loddon,
Basingstoke.
4. August [1926]

Wenn ich nicht *an* Dich geschrieben habe, dann liegt das daran, daß ich *für* Dich geschrieben habe – Tyrann, Sklaventreiber, wie soll ich 20000 Wörter in 10 Tagen schreiben, sag mir das? Ich stelle mich gegen alle Bitten taub: ob ich Tennis spiele? ob ich mit dem Stakboot hinausfahre? ob ich mit zum Baden komme? nein, nein, nein, sage ich, Du erinnerst Dich doch an Mrs Woolf? Nun, ich muß ein Buch für sie fertigstellen, damit sie es herausbringen kann, also lauft meine Lieblinge, und macht euch keine Sorgen; und dann kehre ich zurück nach Isfahan; und inzwischen sitzt Virginia in den Rieselwiesen und denkt über die Hebriden nach. (Was genau ist eine Mann-Braut? siehe Raymond Mortimer zu einer Verteidigung der Homosexualität.[1] Raymond Mortimer war über das Wochenende hier; hatte eine schwere Zeit in Form einiger harter Wahrheiten; aber insgesamt fröhlich.)

So, das ist alles, denn ich muß noch zwei Kapitel schreiben und mehrere beenden und verzweifle langsam daran. Dottie sagt, ich wäre langweilig. Ich sage ihr, daß das Deine Schuld ist. Ich *bin* langweilig, ich weiß, und außer mir ist niemand in der Nähe des Schreibtisches zugelassen. Was die Kinder angeht, ihre Begeisterung für Mrs Woolf nimmt rapide ab.

Meine leider nicht.

V.

[1] Ein Pamphlet, das er für die Hogarth Press geschrieben hatte und von dessen Publikation ihnen (aus rechtlichen Gründen) abgeraten worden war.

Sonntag [8. August 1926] *Monks House, Rodmell [Sussex]*

*Ja, es erscheint hart, daß wir Dich zwingen, das ganze schöne Wetter mit der Nase am Federhalter zu verbringen [*Passenger to Teheran*]. Aber denke an Deinen Ruhm; und unseren Profit, der zu einer wichtigen Angelegenheit wird, jetzt, wo Dein Hündchen meinen Rock zerstört hat, indem es Löcher hineingefressen hat, Leonards Korrekturfahnen gefressen und dem Teppich soviel wie nur möglich angetan hat – Aber sie ist ein strahlender Engel. Leonard sagt ganz ernsthaft, daß sie ihn dazu bringt, an Gott zu glauben . . . und das, nachdem sie den Boden an einem Tag achtmal naß gemacht hat.*

Long Barn, Weald,
Sevenoaks.
17. September [1926]

So glücklich heute abend, weil ich einen Brief von Dir bekommen habe. Aber was hast Du mit Deinem Finger gemacht? und wie hast Du Dir ins Kinn geschnitten? Ja, ich nehme an, daß Grizzle jetzt dran ist; und alles Deine Schuld. Was würde passieren, wenn Grizzle sich mit einem Hund paarte, der zweimal so groß ist wie sie? Gott, was für ein Monster!

Ich *bin* froh, daß Du das Buch magst. Ich habe es, wie Du weißt, in Eile geschrieben, daher ist es kein Wunder, daß es dunkle überhängende Stellen gibt. Ich bin auch froh, daß Du mich gerne kennenlernen würdest: wir müssen einen gemeinsamen Freund dazu bringen, ein Treffen zu arrangieren, liebe Mrs Woolf, wenn ich wieder in London bin. Im Moment lastet der Gedanke auf mir, daß ich im Oktober einen Vortrag zu halten habe – kann an nichts anderes denken, nur an das Grauen des Ganzen. Eine Närrin war ich, eine unbesonnene Närrin, daß ich jemals zugestimmt habe.

Verstehst Du die Landkarte? Ich nicht, und ich habe das Gefühl, ich bin die einzige vernünftige Person in einer Welt von Verrückten, denn alle anderen scheinen ganz einfach der verzerrten Sichtweise der Kartographen zu verfallen. Ach, ich bin sehr glücklich, daß Du es magst. Ich hatte solche Bedenken, nachdem Du es abgeschickt hattest, ohne es auch nur zu lesen. Nein, *The Land* ist noch nicht erschienen, sonst hättest Du schon ein Exemplar bekommen. Es wird nächste Woche rauskommen, oder die Woche danach – ich habe vergessen, welche. 30. Sept., höre ich jetzt. Ich bin ein bißchen in Aufruhr: 1) *The Land* erscheint, 2) muß einen Vortrag halten, 3) Virginia mag mein Buch. Diese drei Dinge trappeln in meinem Kopf herum und herum und bilden eine Melodie wie die Räder einer Eisenbahn.

An diesem Punkt überkam mich der Schlaf, und ich ging ins Bett. Jetzt ist es Samstag morgen, und Leonards Brief wegen der Landkarte ist gekommen. Ich bin erleichtert, daß ich doch kein vollkommener Idiot bin. Richte ihm von mir aus: Karte raus und weitermachen. Ich hoffe nur, daß es nicht jetzt schon das Buch verzögert hat. Sag L. auch, daß ich dem Mann die richtigen Maßstäbe angegeben habe und keine Ahnung habe, warum er sie ignoriert hat. Ich werde das anstößige Objekt zurücknehmen, wenn ich komme, um das [Photo-]Album zurückzunehmen. Ich sehne mich jetzt danach, daß das Buch herauskommt. Wann wird das sein?

So, damit es die Frühpost erreicht, Du solltest es also heute noch bekommen. Muß es abschicken –

V.

Long Barn, Weald,
Sevenoaks.
Dienstag [21. September 1926]

Ach, geliebte Virginia! verdammt, ich kann morgen nicht kommen, muß nach Brighton fahren – würde aber liebend gerne am Donnerstag kommen, *falls* ich fortkann. Ich werde Dir morgen ein paar Zeilen aus Brighton schicken, wenn ich weiß, wie lange Mutter will, daß ich bleibe. Ich werde eine Menge zu trinken mitbringen. Wenn ich müde ausgesehen habe, dann deshalb, weil ich die ganze Nacht aufgewesen war [mit Lady Sackville] und um 6 Uhr morgens ins Bett gegangen bin, als eine kalte Dämmerung über das Meer kroch. Ich werde die Rundschreiben und die Liste mitbringen.

Ziemlich zermürbt, besten Dank.

Mach wegen Clive, was Du möchtest; ja, ich freue mich, wenn ich ihn sehe und sein lustiges Lachen höre.

Ich habe Dir gestern *The Land* geschickt. Sieht es nicht hübsch aus mit seinem Umschlag?

Wie geht es dem Finger?

V.

Oktober 1926 – Januar 1927

Virginia fing an, Vita häufiger in den Bloomsbury-Kreis mitzunehmen, der sie erschreckte (sie nannte ihn Gloomsbury – »Das ganze alte Vokabular wird breitgetreten«), und außerdem fürchtete sie sich vor Leonard. Virginia kam an mehreren Wochenenden nach Long Barn, verbrachte Weihnachten in Cornwall und fuhr Mitte Januar wieder für zwei Nächte nach Knole; Vita sagte darüber: »Wir durchwanderten das ganze Haus und zogen Rolläden hoch. Sie war begeistert.«

Long Barn, Weald,
Sevenoaks.
Sonntag [3. Oktober 1926]

Ich habe das Gefühl, ich bin sehr anstrengend, wenn ich sage, daß ich komme und dann doch nicht komme, erst das eine und dann das andere. Aber wenn Du wüßtest, wie unsicher alles war und wie ich selbst in der Luft hängengelassen wurde und wie meine Pläne mehrmals umgeworfen wurden, dann würdest Du mir vielleicht verzeihen. Oder nicht?

Könntest Du Leonard ausrichten, daß ich die Fahnen mit den Illustrationen bekommen und zurückgeschickt habe? Ich bin froh, daß er mich gewarnt hat, aber ich fand sie auch nicht so ganz schlecht. Ich finde, es ist schade, daß sie die kleine nicht vergrößert haben, aber ich nehme an, jetzt ist es zu spät, nachdem das Klischee schon geschnitten ist?

Das Flugzeug ist mir gestern fast auf den Kopf gefallen und brannte noch, als ich hinkam.[1] Es flog in Flammen direkt über Long Barn. Diesen schrecklichen Anblick werde ich niemals vergessen. Es war nichts mehr zu machen, denn sie waren alle tot, und Männer zogen die Körper mit hölzernen Heugabeln heraus.

Bist Du am Donnerstag in London, wenn ich mit Clive zu Abend esse?

Ach, übrigens habe ich Tanqueray angewiesen, Dir ein Dutzend von dem spanischen Wein zu schicken. Sie werden Dir die Rechnung schicken – 30/– – also fang gar nicht damit an, auf mich ärgerlich zu werden. Sie gehen zum Tavistock Square.

Ich bin froh, daß Du meintest, *The Land* sähe hübsch aus. Ich warte mit Zittern und Beben auf Besprechungen. Ich habe mich nie darum geschert und ärgere mich über mich selbst, weil ich mich jetzt darum schere. Es ist albern.

V.

[1] Es stürzte auf einem Feld in der Nähe von Long Barn ab. Fünf Menschen wurden getötet.

Sonntag [10. Oktober 1926] *[Monk's House, Rodmell, Sussex]*

Geliebte Mrs Nicolson,

Könntest Du ein absoluter Engel sein und mir (zum 50. Mal) den Namen und die Adresse von der alten Witwe, die Maschine schreibt, sagen? Schon wieder verloren und dringend benötigt.

Nun, mochtest Du Squire? Ich ja: in meiner Achtung ist er dafür gestiegen, obwohl er sich immer wie ein Hilfspfarrer benimmt, wie ein Krämer, ein Kirchenvorsteher, jemand, der klebrig ist von Marmelade und Brötchen auf einem Schulfest, aber was soll's, er bewundert Dich, und ich bin neidisch. Ja, dieser gelbe Mond steigt am Horizont auf – alle bewundern Vita, reden von Vita. Jetzt bleiben nur noch das Times Literary Supt., *vor dem ich unvernünftigerweise Respekt habe:* Nation: New Statesman. *Die kann man alle vernachlässigen, verglichen mit einem Wort von mir oder jedem beliebigen anderen lebhaften freimütigen Menschen: aber das kann man selbst nicht erkennen – nicht der Autor. . . .*

Ebury Street 182,
S. W. 1.
Donnerstag abend [18. November 1926]

Mein Liebling Virginia,

Ich bin wirklich unglücklich darüber, daß Du krank bist – Sag mir morgen ab, wenn es Dir nicht bessergeht.

Auf jeden Fall werde ich morgen nachmittag flüchten – und wir werden nach Kew verschwinden – Wenn Du mir Nachricht geben willst, um mich zu verschieben, sag, daß Du mit mir sprechen willst – und laß es mir nicht ausrichten – weil ich nicht sagen werde, wohin ich fahre, sonst muß ich morgen mit Sicherheit hier zum Mittagessen bleiben.

Ich hasse es wirklich, wenn Du Kopfschmerzen hast – mein armer Liebling –

V.

[19. November 1926] *Tavistock Sqre 52 [W. C. 1]*

Du bist ein Wunder an Diskretion – ein Brief in einem zweiten. An so etwas habe ich nie gedacht. Ich werde antworten, wenn ich Dich treffe – auf die Einladung, meine ich. Ach, meine Liebe, ich habe durch Sibyl Kopfschmerzen bekommen. So eine lästige Sache, daß ich nicht schreiben kann, außer an Dich. Ich liege in einem Stuhl. Es ist nicht schlimm, aber ich erzähle es Dir, um Dein Mitleid zu erheischen: um Deine beschützende Ader zu wecken: um Dich anzuflehen, Dir eine Methode auszudenken, mit der ich beenden kann, daß unaufhörlich Menschen an meinem Leben herumknabbern: Sibyl, Sir Arthur [Colefax], Dadie – immer einer nach dem anderen. Warum lade ich Dir *das auf? Irgendeine psychologische Notwendigkeit, nehme ich an: eines dieser vertrauten Dinge in einer Beziehung, die man instinktiv macht. Ich bin ein ganz schöner Feigling mit meinen Rückenschmerzen. Du wärest heldenhaft: ...*

Aber Du verstehst nicht, Esel West, daß Du eines Tages meiner über-

drüssig sein wirst (ich bin so viel älter) und ich deshalb meine Vorkehrungen treffen muß. Darum habe ich die Betonung eher auf ›Aufzeichnung‹ als auf Gefühl gelegt. Aber Esel West weiß, daß sie schon mehr Bollwerke eingerissen hat als irgend jemand sonst. Und ist da nicht etwas Dunkles an Dir? Es gibt etwas an Dir, das nicht mitschwingt: es könnte absichtlich sein – Du läßt es nicht: aber ich sehe es im Umgang mit anderen Menschen genau wie mit mir: etwas Zurückgehaltenes, Gedämpftes – Gott weiß was. . . . Es ist übrigens auch in dem, was Du schreibst. Die Sache, die ich die zentrale Transparenz nenne – manchmal läßt sie Dich da auch im Stich. . . .

Long Barn, Weald,
Sevenoaks.
Samstag morgen [20. November 1926]

Mein armer Liebling, es tut mir *so leid* wegen Deiner Kopfschmerzen. Ich habe keine Zeit, Dir einen längeren Brief zu schreiben, denn wenn ich nicht die Frühpost erwische, bekommst Du dies nicht vor Montag; also gerade Zeit, Dir zu sagen, wie leid es mir tut und wie ärgerlich ich auf diese ausgestopfte äthiopische Mumie [Sibyl Colefax] bin, durch die Du sie bekommen hast. Und weiter: daß, falls sie bis Montag morgen nicht fort sind, absolut und vollkommen, Du unser Treffen verschieben mußt. Ich lasse nicht zu, daß Du krank gemacht wirst, von mir sowenig wie von irgend jemand anderem.

Paß auf, Deine Schwester hat mich zu einer Gesellschaft eingeladen, aber ich stecke in einem Dilemma: Wie soll ich sie anreden? Sie nennt mich ganz richtig Vita. Ich werde ein Telegramm schicken.

Ich muß das hier abschicken, mein Liebling, aber ich ertrage es nicht, daran zu denken, wie Du mit Rückenschmerzen »in einem Stuhl liegst«. Ich *wünschte*, ich wäre da oder Du hier oder überhaupt, daß Du wieder gesund wärest.

Noch ein Buch von dem Laureaten [Robert Bridges] heute morgen!

Long Barn, Weald,
Sevenoaks.
Sonntag [21. November 1926]

Beiliegend findest Du ein miserables Gedicht, das durch die Kraft Deines Briefes geschrieben wurde. Ich glaube, Du bist eine Hexe oder eine psychologische Rutengängerin. Du mußt es sein. Meine Achtung vor Dir wächst.

Paß auf, falls Du morgen abend ins Ballett gehen willst (und Leonard), könntest Du mich vor 12 anrufen und es mir sagen? Ich schlage das nur vor, weil es die Premiere von *L'Oiseau de feu* ist, und ich könnte Karten bekommen. Ich würde gern hingehen, aber ich gehe nur, wenn Du mitkommst.

Ich sehne mich danach, Dich zu sehen, und war den ganzen gestrigen Tag und heute in einem schrecklichen Zustand. Ich habe gestern die meiste Zeit im Bett verbracht, was auch der Grund ist, warum ich gesagt habe, nächstes Wochenende wäre besser als dieses. Ich war in einer dunklen Stimmung (meinetwegen, nicht Deinetwegen) und habe einen weiten Weg abgearbeitet. Wenn ich Dich morgen nicht sowieso treffen würde, würde ich es in die Wege leiten. Hast Du Dich von Sibyl erholt? Wütend auf dieses Weib, weil Du durch sie Kopfschmerzen bekommen hast. Insgesamt bin ich in Rage.

Ich komme durch den Keller um 2.30 oder so ungefähr. Dem Himmel sei Dank dafür.

V.

Mount Street 66
W. 1.
Samstag abend [27. November 1926]

Meine geliebte Virginia, Ich mache mir Deinetwegen Sorgen – Ich hatte den Eindruck, Du wärst müde und deprimiert. Was ist es? warst

Du einfach nur müde? Ich fühle mich wie ein Scheusal, daß ich Dich habe kommen lassen. War es nur der verdammte Durchfall? Ich hätte Dich nicht kommen lassen sollen. Weißt Du denn nicht, daß es nichts gibt, was ich nicht tun würde, um Dir einen Augenblick von Schmerzen, Verdruß, Müdigkeit, Verwirrung zu ersparen? und dann stelle ich mich hin und lasse Dich den ganzen Weg hierherkommen, um mich zu treffen. Ich könnte mir in den Hintern treten – Bitte verzeih mir: mein einziger Trost ist, daß Du das Auto hattest. Mein Liebling, ich werde versuchen, für das letzte Wochenende Wiedergutmachung zu leisten. Ich könnte Dich auch anrufen und all das sagen, anstatt es zu schreiben, aber der Grund, warum ich es nicht tue, liegt auf der Hand. Ich werde Dich am Samstag bewirten und abholen. Ich vermisse Dich so sehr. Vielleicht treffe ich Dich am Montag? Ich rufe Dich Montag um 2.30 an. Ich kann Dich heute abend nicht aus meinem Kopf bekommen: die Sofaecke, in der Du gesessen hast, ist für mich durch Deine Gegenwart verhext, die ganze Wohnung scheint von Dir erfüllt zu sein –

Deine
V.

Ebury Street 182,
S.W.1
[30. November 1926]

Mir wurde ganz elend bei dem Gedanken, daß Du gestern müde warst. Nimm Dir mein Zanken zu Herzen! und sei nicht so gesellig – Du wirst noch wie Sibyl Colefax und bekommst kleine runde glänzende Augen, wenn Du nach neuen Gästen Ausschau hältst. Ich hoffe, es geht Dir heute nicht schlechter; ich würde Dich ja anrufen, aber ich möchte nicht stören. Also schreibe ich.

Auf dem Sprung nach Brighton, freue mich nicht sehr darauf, vielen Dank. Ich mag das Gefühl nicht, wenn man mit bloßen Füßen über Dornen geht.

Ich erwarte Euch beide am Dienstag. Ihr könnt vermutlich nicht zwei Nächte bleiben? nein, vermutlich nicht. Wir wurden mit schierer Gewalt von Mary [Hutchinson] zu Mr Kitchins Gesellschaft gebracht.[1] Ich habe den Entschluß gefaßt, nie wieder zu einer Gesellschaft zu gehen. Ich habe Clive gesehen, er sah verwirrt und konfus aus.

Nun, ich muß los. Sei gut, willensstark und schütze Dich selbst. Ich hasse es, wenn Du müde wirst und zusammensinkst. Es tut mir wirklich weh. Gott segne Dich, Schatz.

V.

[1] Clifford Kitchin; Schriftsteller und Rechtsanwalt.

Long Barn, Weald,
Sevenoaks.
Mittwoch [1. Dezember 1926]

Mein Liebling, gehört das Dir? Es ist sowieso ein Kuckucksküken in meinem Nest, und ich glaube, ich habe es einmal von Dir geliehen.

Gestern abend bin ich sehr zeitig ins Bett gegangen und habe *Mrs Dalloway* gelesen. Es war ein sehr seltsames Gefühl: ich dachte, Du wärest im Zimmer – Aber da war nur Pippin, die versuchte, sich unter meiner Decke einzugraben, und die Nachtgeräusche draußen, die im eigenen Zimmer so vertraut sind; und das Haus war ganz still. Ich war sehr unglücklich, weil ich Streit mit meiner Mutter hatte, und sehr glücklich Deinetwegen, so war es, als wäre ich gleichzeitig zwei verschiedene Menschen, und um es kompliziert zu machen, war da auch noch a) die Überzeugung, daß Du im Raum wärest, und b) der Kontakt mit all den vielen Menschen, die Du geschaffen hast. (Was für eine seltsame Sache ein Roman ist.) Ich fühlte mich ganz leicht, als würde ich durch mein Bett fallen, so wie man sich fühlt, wenn man Fieber hat. Heute bin ich wieder ganz solide, und meine Stiefel sind voller Schlamm, sie ziehen mich auf den Boden. Doch ich bin nicht so solide wie gewöhnlich – nicht *ganz* so ein Tropf –, denn in meinem Hinterkopf befindet sich die ganze Zeit (und hebt ganz leicht meine Schädeldecke an) ein Glühen, eine Art Nebelfleck, der sich nur, wenn ich ihn genau betrachte, zu einer Form verfestigt; sobald ich an etwas anderes denke, löst er sich wieder auf und bleibt dort wie die Sonne hinter einem Nebel, und ich muß wieder danach greifen, ihn in meine Hände nehmen und seine Konturen spüren: dann nimmt er Festigkeit an: »Virginia kommt am Samstag.« Heute abend fahre ich zum Essen nach Knole und werde einen Ölmagnaten und seine Frau treffen; aber es wird die ganze Zeit dasein, ein Irrlicht, das sich einfangen läßt, »Virginia kommt am Samstag.«

Aber sie wird nicht, sie wird nicht! etwas wird dazwischenkommen. Natürlich wird etwas dazwischenkommen. Es kommt immer etwas dazwischen, wenn man sich eine Sache zu leidenschaftlich wünscht. Du wirst die Windpocken bekommen, oder ich bekomme Mumps, oder das Haus stürzt am Samstag morgen ein. Inzwischen starren drei Kühe über den Zaun; sie warten auf Haferkuchen. In ihren Köpfen gibt es auch einen Nebelfleck, »Um vier Uhr bekommen wir Haferkuchen.« Und für sie, glückliche Biester, wird nichts dazwischenkommen. Aber für mich gibt es das ganze weite Feld der menschlichen Möglichkeiten.

Solltest Du jemals versucht haben, nicht die Windpocken zu bekommen, dann versuche es jetzt. Wenn Du jemals versucht hast, nicht durch Sibyl Colefax Kopfschmerzen zu bekommen, versuche es jetzt. (Ich erinnere mich dunkel, daß Du gesagt hast, Du wärest am Freitag bei ihr zum Tee.) Bitte versuche mit all Deiner Kraft, nichts dazwischenkommen zu lassen. Ich werde die Verantwortung für Dich übernehmen, sobald Du angekommen bist – nur komm bitte an. (Ich werde Dir morgen die Züge sagen.) Bring Deine Arbeit mit, ich werde Dich nicht unterbrechen. Ich möchte so gern, daß Du hier glücklich bist. Ich wünschte in gewisser Weise, wir könnten die Uhr ein Jahr zurückdrehen. Ich würde Dich gern wieder verblüffen – auch wenn ich damals gar nicht wußte, daß Du verblüfft warst.

V.

Freitag [3. Dezember 1926] *T[avistock] S[quare] 52 [W.C.1]*

Nein – ich kann nicht kommen. Ich habe mir von Grizzle ein Ekzem eingefangen. Meine Haare fallen büschelweise aus. Ich kratze mich unablässig. Es wäre für Dich nicht ungefährlich oder, was noch wichtiger ist, für die Welpen. Ich werde an Dich denken: das soll uns trösten.

Nachdem dieser Scherz erledigt ist – ja, ich werde kommen und um 5.22 in Sevenoaks sein.

Es ist wahr, ich bin unglaublich schmutzig, habe mir den Kopf gewaschen – die Haare sind aufgelöst – der Rock fleckig, die Schuhe durchlöchert – Bedaure die arme Virginia, die heute nachmittag von Sibyl weggezerrt wurde, damit sie Arnold Bennett trifft, der mich wegen einer Kolumne im Standard *von gestern abend abgekanzelt hat.*

Ach, ich habe Tee, Essen, Lesen, Schreiben und alles andere so satt, außer einem Treffen – tja, mit Dir, ich gebe es zu. Ja, es wird schön – ja, das wird es: Und wirst Du sehr lieb zu mir sein?

Long Barn, Weald,
Sevenoaks.
Mittwoch [8. Dezember 1926]

Pinker und ich versuchen uns gegenseitig zu trösten. Sie schläft auf meinem Bett und klammert sich an mich als die eine vergleichsweise vertraute Sache in einer fremden und feindlichen Welt. Sie war erfreut, mich zu sehen, als ich aus London kam, rannte aber schnüffelnd umher und suchte nach Mrs Woolf. Ich mußte erklären, daß Mrs Woolf in London lebt, ein separates Leben führt, eine Tatsache, die für mich so unerfreulich ist, wie sie nur für irgendein Spanieljunges sein kann, und so hat sie mich als Ersatz adoptiert. Ich habe erklärt, daß alle einen immer über kurz oder lang betrügen und gewöhnlich an irgend jemanden weiterreichen und daß einem nichts anderes übrigbleibt, als das Beste daraus zu machen. Ich habe sie dem Insekt vorgestellt, aber er fürchtet sich ziemlich vor ihr, weil sie ihre

Pfote auf ihn stellt, woraufhin er zu seiner rechtmäßigen Wohnstätte gekrochen ist.

So ist es alles in allem eine ziemlich trostlose Gesellschaft in Long Barn.

Doch ach, es war ein Geschenk, Dich hier zu haben. So ein Geschenk, daß ich noch gar nicht darüber hinweggekommen bin. Ich wünschte, ich könnte glauben, daß Du auch nur halb so glücklich warst wie ich. Nicht, daß ich nicht glauben würde, daß ich sehr nett zu Dir *bin*, und auch sehr gut für Dich. Du siehst also, es gibt von meiner Seite keine falsche Bescheidenheit. Jetzt habe ich Knole im Sinn, ein Thema, bei dem ich bereit bin, wirklich unausstehlich zu werden, einfach weil ich nicht glaube, daß ich mir jemals etwas so sehr gewünscht habe, und es soll das letzte Geschenk für mich sein, bevor ich fortgehe. So schrecklich weit. Du kommst doch, oder etwa nicht?

Liebling, Du wirst kommen?

V.

Sag, hast Du daran gedacht, meiner Mutter *Mrs Dalloway* zu schikken? White Lodge, Roedean, bei Brighton. Wenn Du etwas hineinschreiben würdest, würde sie sich freuen – Tut mir leid, Dich damit zu belästigen, aber Du weißt, wie sie ist. Ich habe 7/6 zu meiner Rechnung (beiliegend) addiert. Ich komme Montag am frühen Nachmittag. Noch böse auf Arnold Bennett.[1] Ist Mrs Cameron eingeschlagen?[2]

[1] Sein kritischer Artikel über Virginia erschien im *Evening Standard* vom 2. Dezember.

[2] Im Oktober 1926 hatte die Hogarth Press Julia Margaret Camerons *Victorian Photographs of Famous Men and Women* mit einer Einführung von Virginia herausgebracht.

[8. Dezember 1926] *T[avistock] S[quare] 52 [W.C.1]*

Liebste Vita,

(Also, warum hab ich das gesagt?) Ja, Montag, früher Nachmittag, 2.30. Bitte komm und bade mich wieder in Heiterkeit. Ja, ich war ganz und rundherum glücklich. ...

Aber warum, geliebte Mrs N., ehrenwerte Mrs N., dieses Beharren auf Knole? Um mich lächerlich zu sehen, mit rieselndem Puder, herabfallenden Haarnadeln, und ohne daß ein persönliches Wort zwischen uns gesprochen wird? . . .

Long Barn, Weald,
Sevenoaks.
Samstag [11. Dezember 1926]

Katastrophe gestern nacht: Pinker, sportlich gestimmt, sprang auf meinen Schreibtisch und warf das Gestell mit den Tintenfässern um, von denen sich zwei Tintenströme (der eine rot, der andere blau) über die Sofalehne ergossen. Pippin wurde mit blauer Tinte getränkt, das Junge mit der roten. Heute sieht Pippin aus wie ein Bluterguß, das Junge wie ein Unfall. Du hättest an dem Zwischenfall Deinen Spaß gehabt. Ich hoffe, sie hat ihre normale Farbe bis zum 1. Januar, wenn Du sie zurückbekommst, wiedergewonnen.

Ach, und Du hast mich angerufen. Das hat mir gefallen. Aber Du würdest doch sicherlich gerne Hirsche aus einem Eimer füttern? Ich kann Dir einige schöne Momente in Knole versprechen – und was das Fehlen von persönlichen Gesprächen angeht, aber Dummchen, wir wären praktisch den ganzen Tag allein. Wir werden den Puder mit [*Papier beschädigt*] befestigen und ein Schloß vor die Haarnadeln hängen. Es ist nett, daß Du sagst, Du würdest einen kurzen Brief an Mutter schreiben, sie mag so etwas. Übrigens bestellt sie zwei Exemplare von Mrs Cameron, um ihrer Anerkennung für Deine Anzeigen Ausdruck zu verleihen! Sie sagt jetzt, daß ich es bin, die sie krank macht – Das ist meiner Meinung nach etwas hart. Bitte erzähle niemandem von meinen Schwierigkeiten mit ihr; ich hätte eigentlich nichts darüber sagen sollen, oder doch? selbst zu Dir nicht – aber es lag mir so auf der Seele, dennoch war es trotzdem nicht loyal von mir. Kein netter Charakter.

Aber nichtsdestotrotz ein liebender – für Virginia.

V.

Long Barn, Weald,
Sevenoaks.
Donnerstag [16. Dezember 1926]

Meine verlorene Virginia, Dottie sagt, sie hat Dich Montag abend zum Essen eingeladen, um Dir diese inzestuösen Papiere vorzulesen; ich hoffe, Du gehst hin. Ich werde dasein. Sie hat Leonard nicht eingeladen, weil sie sagt, sie könnte es nicht über sich bringen, sie *ihm* vorzulesen!

Meine Mutter hat mir schon fast vergeben, weil Deiner so schön war; ich kann dieser Logik nicht ganz folgen, aber so ist es. Dein Briefwechsel mit ihr beunruhigt mich eher: ich hoffe, sie hat Dich nicht belästigt? Sie hätte gern noch mehr von diesen Postkarten – gibt es noch welche?

Das Hündchen ist wohlauf und zufrieden, obwohl es gestern einen ganzen Schuh gefressen hat.

Ich komme Dich am Montag besuchen, stimmt doch? aber paß auf, ich möchte nicht, daß Du Deine Zeit vergeudest – Bereite irgend etwas für mich zu tun vor, vorzugsweise in einer Ecke. Es quält mich wirklich, wenn ich Dich zum Nichtstun verleite.

Laß uns verschwinden, wollen wir? und unsere Bücher werden ein Riesenerfolg. Aber nicht in ein Kurhotel in Harrogate.[1] Selbst mit Dir. (Doch, ich würde schon.)

So ein herrlicher Tag, und alle Tropfen glitzern in den Bäumen. Wie *können* Menschen nur in der Stadt leben, wenn sie nicht müssen?

Deine V.

[1] Agatha Christie, die Autorin von Detektivromanen, war zwei Wochen lang aus ihrem Haus verschwunden und wurde von einem Journalisten in einem Hotel in Harrogate, Yorkshire, gefunden, wo sie sich versteckt hatte.

Mount Street 66
W.1.
Dienstag [21. Dezember 1926]

Mein Liebling Virginia, paß auf, umseitig findest Du eine Liste von Büchern, die geschickt werden sollen – Gibst Du sie an Mrs Cartwright weiter, bevor Du fährst?[1] Karten liegen bei. Ich schreibe Dir nach Cornwall[2] – Das hier ist rein geschäftlich –

Ach meine Liebe – wie anregend das Leben doch ist – Woran ich denke, wenn ich den Strand hinuntergehe, ist: wie schön wäre es doch gewesen, wenn Wrens Pläne für den Wiederaufbau von London nach dem großen Feuer übernommen worden wären. Treppenstufen zum Fluß und all das – und eine breite Durchfahrtstraße –

Ich habe eine Menge zu erzählen, aber das muß warten –

Deine
V.

[1] Mrs Cartwright gehörte seit Juli 1925 zur Belegschaft der Hogarth Press und blieb dort bis 1930.

[2] Virginia und Leonard verbrachten Weihnachten mit den Arnold-Forsters in Zennor bei St. Ives.

Knole –
Weihnachtstag [1926]

Ich verbringe meine Weihnachten mit Grippe im Bett. Es ist sehr angenehm. Mir ist warm – und alle, die reinkommen, sehen blaugefroren aus; ich bin sicher, daß im Eßzimmer eine Stimmung herrscht, deren Ausgelassenheit zur Jahreszeit paßt – und ich bin davon ausgenommen. Freundliche Menschen bringen mir Trauben. Ich habe eine Photographie von Virginia – keine besonders gute Photographie – aber besser als nichts. Ich liege im Bett und betrachte das Feuer an der

Decke und höre die Uhr schlagen und überlege, wie schön es sein wird, wenn Du hierherkommst – ich lese Haydon[1] und ein ausgezeichnetes Cruickshankisches Buch mit dem Titel *Murder for Profit*[2]. Ich habe herrliche vom Aspirin ausgelöste Träume, z. B. habe ich geträumt, daß ich bei Eddy zum Dinner war, einer Gesellschaft, die aus Eddy, Charlotte Brontë, Dir und mir bestand. Eddy schien ärgerlich und besorgt zu sein, und nach dem Essen nahm er mich zur Seite und sagte, »Vita, Du mußt mich *sehr attraktiv* finden, daß Du mir zuliebe eine derart fade Gesellschaft in Kauf nimmst?« Insgesamt ist es eine ausgezeichnete Art, Weihnachten zu verbringen, und ich empfehle sie.

Schleifst Du eine Schippe über die Strände von Cornwall? Bist Du da unten glücklich? oder eher wehmütig? Wann kommst Du zurück? – Aber, mein Liebling, Du hättest mir *Night and Day* nicht schicken sollen; ich wollte es weitergeben! Aber ich bin auf jeden Fall hocherfreut, es zu haben, und werde es lesen, sobald Eddy es zurückgegeben hat. (Meinem Füller geht die Tinte aus.) Wir konnten bisher noch nicht nach Brighton fahren – ich treffe Dich, oder etwa nicht, auf meinem Rückweg von Sherfield? nächste Woche Montag? Ich kann mir die Jungen an diesem Nachmittag vom Hals schaffen –

Ein alberner Brief, denn ich fühle mich trotz aller Annehmlichkeiten der Grippe tatsächlich nicht sehr wohl – ich vermisse Dich sehr und bin glücklich, daß ich mich auf Dein Herkommen freuen kann, denn sonst wäre ich wirklich allzu deprimiert – Wie es jetzt steht, liege ich hier und mache herrliche Pläne, ganz erhitzt und strahlend – Mein Bett ist mindestens neun Fuß breit, und ich fühle mich wie die Prinzessin auf der Erbse – nur fehlt die Erbse. Es ist ein Himmelbett, ganz so, wie ich es mag. Komm und sieh es Dir selbst an.

V.

[1] Die Autobiographie (1847) von Benjamin Robert Haydon, dem Maler und Schriftsteller.

[2] Von W. Bolitho (1926), eine berühmte Detektivgeschichte.

Sherfield Court,
Sherfield upon Loddon,
Basingstoke.
Sonntag [2. Januar 1927]

Also kommst Du am Dienstag nach Rodmell. Na gut; das beinhaltet als ganz natürliche Folge, daß ich morgen (Montag) raufgefahren und zum Kellergeschoß komme. Also sage nie wieder, daß ich Dich nicht liebe. Ich möchte Dich schrecklich gern sehen. Das ist ganz einfach der Grund.

Pinker: ich schicke sie in einem Korb nach Rodmell – ganz einfach mit dem Zug von Sevenoaks. Ich liebe sie, aber sie sollte zu Dir zurückkehren, denn jetzt, wo ich nicht mehr in Long Barn bin, neigt sie dazu, wildfremden Leuten auf der Straße nachzulaufen, und ich hatte entsetzliche Angst, daß sie verlorengeht.

Menschen sind überaus anstrengend, oder? Ich meine, ich habe das Gefühl, ich wüßte genau, was jeder sagen wird, lange bevor sie es gesagt haben. Nicht, daß sie nicht alle sehr nett wären; und zuzusehen, wie Ethel [Sands] zu Eddys Begleitung die ganze Gesellschaft durchtanzt, ist ein echtes Geschenk. Und wir fuhren nach Steventon, wo Jane Austen lebte – sie haben auch ein ganzes Abendessen lang über Dich gesprochen, eine Diskussion, zu der Vita kein Wort beitrug.

Und dann die Debatten über de la Mare, Fromentin, Derain – das ganze alte Vokabular wird breitgetreten.

Es wird Zeit, daß ich entweder mit Virginia lebe oder nach Persien zurückkehre, und da ich das erstere nicht tun kann, muß ich letzteres tun. Ich fühle mich, wie Du siehst, wie jemand, der zu viele Süßigkeiten gegessen hat.

Aber eine sehr hübsche Anerkennung von Mr Drinkwater im *Observer*. Man ist leicht zufriedenzustellen.

Ich werde einen langen Spaziergang machen, allein.

Bis morgen dann, meine Liebe – und auch sehr Freundliche. Du wirst freundlich zu mir sein, oder etwa nicht? und ich werde freundlich zu Dir sein. Und wir werden Knole in die Wege leiten. Ich werde Dich festnageln.

Deine V.

[4. Januar 1927] *[Tavistock Square 52, W.C.1]*

Kam nach Hause und fand einen Brief von Harold mit der Bitte, daß ich Dich zu dem Versprechen bringe, Dich impfen zu lassen – Also sei kein Esel und versprich mir, daß Du es machst – sonst komme ich nicht nach Knole. Es ist absolut notwendig. Wozu wegen 10 Minuten Schererei Tod und Typhus und keine Virginia riskieren?

Harold schreibt auch über uns – sagt, er wird nicht eifersüchtig sein . . .

Knole,
Sevenoaks.
Donnerstag [6. Januar 1927]

Ich habe eine wütende Pinker losgeschickt – wütend, weil sie in einen Korb gesteckt wurde. Kann ich übrigens den Korb zurückbekommen? Ich könnte ihn irgendwann nächste Woche in Monk's House abholen, wenn ich in Brighton bin, dann hättest Du deswegen keinen Aufwand.

Es amüsiert mich sehr, was Harold Dir geschrieben hat: (1) Impfung, (2) Eifersucht. Natürlich lasse ich mich impfen. Natürlich ist er nicht eifersüchtig. Aber es ist witzig von ihm, daß er das schreibt. Nein, Du schreibst ihm mit der Post:

Britische Gesandtschaft
Teheran, Persien –

denn der Postsack geht für die nächsten zwei Wochen nicht mehr. Bitte sag ihm, wie sehr Du mich magst – denn das tust Du, oder etwa nicht?

Das Haus wimmelt vor Kindern und Sachen – Keine Ruhe möglich – Ich staune mehr und mehr darüber, wie alles sich dazu verbündet hat, das Leben in Stücke zu hacken, bis keine Kontinuität mehr übrigbleibt. Was mich wild macht, ist der Gedanke, daß diese letzten Wochen vorbeigleiten, ohne daß ich Dich sehe. Bevor wir wissen, wo wir stehen, werde ich fort sein. Jedenfalls komme ich Montag – und bitte, bitte, merke Dir, daß ich am 27. und 28. in London bin – und dann muß ich Dich einfach sehen, denn der 29. ist der Tag, an dem ich fahre. Du kommst am 20. her? aber herrje, das ist aus gewissen Gründen ein schlechter Tag – verdammt – könntest Du nicht vielleicht statt dessen das Wochenende vom 16. in Betracht ziehen? aber darüber reden wir am Montag.

Deine

V.

PERSÖNLICH, Fortsetzung.

Errötet nur, Ihr trost- und geistlosen Briefeschreiber dieser Zeit, und laßt die Köpfe hängen, denn es jährt sich der Todestag der ewig bewunderungswürdigen Madame de Sévigné.

»De toutes façons vous avez droit
de plaire,
Mais surtout vous savez nous
charmer en ce jour.«

S. C.

Ich wußte gar nicht, daß Sibyl Colefax so eine große Bewunderin von Madame de Sévigné ist.[1]

Es kommt mir so vor, als würde das hier ausgedrückte Gefühl auf kleinstem Raum sagen, was Du mir gegenüber fühlst?

[1] Der Zeitungsausschnitt war an den Brief geheftet.

Knole.
Samstag [15. Januar 1927]

Du hast keine Vorstellung von den Intrigen, die hier vor sich gehen, um sicherzustellen, daß Du das Zimmer bekommst, von dem ich will, daß Du es bekommst [in Knole] – wie ich ganz unverschämt gelogen habe, Olive in ein Zimmer gestopft habe, das sie noch nie hatte,[1] ihre Kleider fortgeschafft habe, die Haushälterin bestochen, die Hausmädchen zur Unwahrheit angestiftet habe. Du hast eine seltsame Wirkung, die mich ganz rücksichtslos werden und wie einen Schwertransporter über alle Hindernisse hinwegfahren läßt. Jetzt ist alles in Ordnung – soll ich Dich im Zug 5.18 erwarten? oder wann? Rufe Sevenoaks 146 an und gib Bescheid. Aber so bald wie möglich, bitte. Ich betrachte es als einen Schwanengesang. (Keinen dauerhaften Schwanengesang; nur einen temporären.)

Meine Mutter war ein Engel; ich bete sie an.

Ich schicke Dir Geld in rauhen Mengen.

Eddy hat mir erzählt, daß er Dich gestern abend getroffen hat, kleines Ferkel. Er sah bei seiner Rückkehr ziemlich leichtlebig und ziemlich reizend aus – Ich gehe morgen mit ihm zu der Film-Gesellschaft – Wünschte, ich könnte Dich treffen, aber Du wirst anderweitig gebunden sein.

Ich habe hier einen wunderbaren vollen Mond (jedenfalls fast) für Dich – Ich war gerade draußen und habe den Hof betrachtet; es ist jetzt Mitternacht; ich mag die Zinnen bei Mondlicht und Frost. Du *wirst* doch am Dienstag hier übernachten, oder? und ich fahre Dich am Mittwoch morgen nach London rauf. Denke daran, wie schrecklich lange es dauern wird, bevor ich Dich wiedersehe.

Ich weiß übrigens nicht, warum ich davon ausgehe, daß Du nicht vor dem Abend kommst; komm, wann immer Du kannst.

Ich nehme an, ich schaffe es, bis Montag zu überleben, aber sicher bin ich nicht.

Deine
V.

Eddie Marsh sagt, ich wäre die größte lebende Dichterin unter 80 Jahren – da hast Du es.[2]

[1] Olive Rubens, Lord Sackvilles vertraute Gefährtin.

[2] Edward Marsh hatte fünf Bände *Georgian Poetry* herausgegeben. Der fünfte Band (1924) enthielt sieben Gedichte aus Vitas *Orchard and Vineyard* (1921).

Am 28. Januar verließ Vita London, um zum zweiten Mal nach Persien zu fahren. Sie wurde auf dieser Reise wieder von Dorothy Wellesley begleitet, sowie von Leigh Ashton, einem weiteren Freund.

Ebury Street 182
Pimlico
[28. Januar 1927]

Geliebte Virginia, ein letzter Abschied, bevor ich fahre. Ich fühle mich in tausend Stücke zerrissen – es ist *verflucht* –, und ich *kann Dir nicht sagen*, wie sehr ich es hasse, Dich zu verlassen. Ich weiß nicht, wie ich ohne Dich auskommen soll – genauer gesagt, fühle ich mich nicht so, als ob ich es kann – Du bist für mich so unentbehrlich geworden. Gott segne Dich für all das Glück, das Du mir gibst. Ich werde Dir im Zug schreiben. Gott segne Dich, mein Liebling, meine liebliche Virginia.

Deine Vita

So lange Zeit, bis ich etwas von Dir hören kann! Bitte, schreibe bald mit der Post – genauer gesagt, sofort – Ich kann es nicht ertragen, lange auf ein Wort von Dir zu warten. Bitte, bitte. [*mit dem Bleistift*] Sag ›Schatz‹, wenn Du schreibst –

Liebling, bitte, liebe mich auch weiterhin – Mir ist so elend zumute – Vergiß mich nicht –

London – Dover
[28. Januar 1927]

Mein Liebling, es schaukelt so, daß ich kaum schreiben kann, wir rasen durch mein Weald – (siehe *Passenger to Teheran*, Kap. 2 passim)[1]. Seltsam, nach einem Jahr noch einmal die gleichen Gefühle zu durchleben – aber, ach, *schlimmer*, was Dich betrifft. Ich schimpfe und fluche wirklich über diesen Schmerz – und doch würde ich ihn um nichts in der Welt missen wollen – Ich werde Dich in Erinnerung behalten, wie Du mit Deiner blauen Schürze da stehst und winkst. O verdammt, Virginia, ich wünschte, ich würde Dich nicht so sehr lieben. Nein, das tue ich nicht; das ist nicht wahr. Ich bin froh, daß ich es tue. Ich weiß nicht, was ich Dir sagen soll, außer, daß mir der Abschied von Dir das Herz aus dem Leibe gerissen hat – Ich bin dankbar, den gestrigen Tag gehabt zu haben, ein wahres Geschenk der Götter – Ach, mein Liebling, Du *hast* mich so glücklich gemacht, und ich segne Dich dafür – und ich sollte jetzt nicht murren – oder? aber mir ist wirklich elend zumute – Du wirst diesen Brief nicht lesen können – Ich schicke Dir von Victoria aus ein Telegramm –

Deine
V.

[1] Eigentlich Kap. 1; Anm. d. Übers.

Bei Hannover.
Samstag, 29. [Januar 1927]

Mein Liebling,

Ich hatte gehofft, ich würde heute morgen weniger deprimiert aufwachen, aber ich tat es nicht. Ich ging gestern abend düster wie die Nacht ins Bett. Die schreckliche Trostlosigkeit von Westfalen macht es noch schlimmer: Fabrikstädte, Berge von Schlacke, flaches Land und ein paar Flecken schmutziger Schnee. Und Du fährst zu den Webbs.[1] Gut, gut.

Warum bist Du nicht bei mir? Warum nur? Ich will Dich so sehr.

Das einzige, was mir Vergnügen bereitet, ist Leighs Aufmachung.[2] Er hat sich einen kurzen Mantel aus Schaffell gekauft, in dem er offenbar glaubt, wie ein ungarischer Schäfer auszusehen, aber eine Hornbrille und ein Paar ziemlich auffällige Knickerbocker machen diese Wirkung zunichte. Dottie andererseits ist in einem sehr langen Pelzmantel erschienen, bis zu den Knöcheln und so dick, daß sie ganz rundlich wirkt; *sie* sieht aus wie ein russischer Großfürst. Wir sind alle ziemlich gereizt und haben Streitereien wegen des Gepäcks. Ich möchte mehr als je zuvor mit Dir reisen; das kommt mir jetzt wie der Gipfel aller meiner Wünsche vor, und ich verzweifle über der Frage, wie es sich jemals verwirklichen lassen wird. Meinst Du, es könnte? Ach, meine liebliche Virginia, es ist schrecklich, wie ich Dich vermisse, und ganz gleich, was irgend jemand auch sagen mag, es erscheint mir platt und dumm.

Ich hoffe mehr und mehr, daß Du nicht nach Amerika fährst, ich bin sicher, es wäre zu anstrengend für Dich, und überhaupt bin ich sicher, es würde Dir nicht gefallen.[3] Komm lieber nach Beirut??

So hasten wir durch Deutschland, es ist sehr langweilig – mir ist doch bestimmt nicht meine Begeisterung für das Reisen abhanden gekommen? nein, daran liegt es nicht; es liegt ganz einfach daran, daß ich mit Dir zusammensein möchte und mit niemand anderem – Aber es wird Dich langweilen, wenn ich das immer wieder sage, es kommt nur immer und immer wieder hoch, bis es aus meinem Federhalter tropft – Ist Dir klar, daß ich über zwei Wochen warten muß, bis ich etwas von Dir hören kann? ich Ärmste. Vor der Abfahrt hatte ich nicht daran gedacht, aber jetzt türmt es sich groß und schrecklich auf. Was kann Dir nicht alles im Verlauf von zwei Wochen zustoßen? Du könntest krank werden, Dich verlieben, der Himmel weiß, was noch.

Ich werde sehr hart arbeiten, teilweise Dir zuliebe, teilweise mir selbst zuliebe, teilweise um die Zeit herumzubringen und etwas dafür vorweisen zu können. Deine überraschenden Ausführungen zur Literatur gestern morgen bedeuten mir sehr viel – eine Verabschiedung an mich, etwa wie die von Polonius an Laertes. Es stimmt tatsächlich, daß Du intellektuell einen unendlich größeren Einfluß auf mich gehabt hast als irgend jemand sonst, und schon dafür liebe ich Dich. Ich spüre, wie meine Muskeln hart werden,

»Il poeta è un' artiere
Che al mestiere
Fece i muscoli d'acciaio. . . .«[4]

Ja, meine sehr liebe Virginia: gerade zu der Zeit, als ich Dich zum ersten Mal traf, stand ich an einem Scheideweg, der etwa so aussah:

Du willst, daß ich gut schreibe, nicht wahr? Und ich verabscheue es, schlecht zu schreiben – und in der Vergangenheit so schlecht geschrieben zu haben. Aber jetzt werde ich, wie Königin Victoria, brav sein.

Zum Teufel! Ich wünschte, Du wärest hier – Das Ponygespann tänzelt vor Aufregung. Schicke mir alles, was Du für Zeitschriften schreibst, und schicke *On reading*. Bitte. Ich hoffe, Du bekommst meine Briefe schnell und häufig. Sag mir, wenn ich zu oft schreibe. Ich liebe Dich.

V.

1 Beatrice und Sidney Webb, die soziologischen und politischen Schriftsteller.

2 Leigh Ashton.

3 Virginia war von der *New York Herald Tribune* eingeladen worden, entschied sich dann aber, nicht zu fahren.

4 »Ein Dichter ist ein Handwerker / Der durch seine Arbeit / Muskeln aus Stahl hervorbringt« – Gabriele D'Annunzio.

Moskau
Montag, 31. Januar [1927]

Ich habe im Zug versucht, Dir zu schreiben, aber er hat so geschaukelt, daß ich verzweifelt aufgegeben habe. Ach, in meinem Kopf wirbelt es, kleine Flecken von Schnee in Deutschland, mehr Schnee in Polen, alles voller Schnee in Rußland. Dunkle Nadelwälder, die von Schnee niedergedrückt werden; Bauern in Schaffellen; Schlitten; gräulichgrüne Flüsse, die zu Eis erstarrt sind. Alles sehr schön und unendlich melancholisch. Stell Dir vor, in diesem Land zu leben, sich selbst als einen kleinen schwarzen Punkt inmitten einer weißen Fläche zu fühlen, die sich bis nach China erstreckt. Dann Moskau mit goldenen, grünen, roten, blauen Dächern über dem Schnee; und der scharlachroten sowjetischen Fahne, die über dem Kreml weht und nachts von unten beleuchtet wird wie die Säulen von Selfridge; und der ganze Verkehr bewegt sich auf dem zugefrorenen Fluß hin und her, als wäre es eine Straße; und überall Schlitten und Kutscher, die sich mit Stroh ausgestopft haben. Ich habe mir heute abend Lenin angesehen. Er liegt einbalsamiert in einer scharlachroten Grabkammer direkt unter der roten Fahne, und die Menge geht paarweise um seinen Glaskasten. Eine Frau hinter mir hatte einen hysterischen Anfall; schrie wie ein Tier; schluchzte; schrie noch einmal; niemand beachtete sie – Und, ach mein Gott, heute abend findet eine Dinnerparty für 22 Personen statt – und ich bin mit Denys Trefusis in der Halle zusammengestoßen – und kommt er zu dem Dinner?[1] und werde ich neben ihn gesetzt? und dann soll es ein Konzert geben – wenn ich doch einzig und allein ins Bett gehen und schlafen möchte. Ich war ganz kurz davor, Dir ein Telegramm zu schicken, dachte aber, Du würdest es albern finden; ich hatte es fertig geschrieben, und dann habe ich es zerrissen. Hättest Du es albern gefunden? oder Dich darüber gefreut? und ich frage mich, ob Du weißt, wo ich bin, oder hast Du den Überblick verloren. Es ist hier sieben Uhr, aber in London erst fünf – also ist zur Zeit Sibyl bei Dir zum Tee an meiner Stelle, und *sie* wird nicht auf dem Boden sitzen oder meine liebliche Virginia sagen, und du wirst *ihr* Haar nicht zerwühlen – und es wird nicht annähernd so nett sein. Ich hoffe, Du vermißt mich, auch wenn ich es Dir kaum wünsche (nicht mal aus Gründen der Eitelkeit), daß Du mich so sehr vermißt, wie ich Dich vermisse, denn das schmerzt zu sehr, was ich aber hoffe, ist, daß ich eine Art Leerstelle in Dir hinterlassen habe, die bis zu meiner Rückkehr nicht gefüllt wird. Ich trage es Dir nach, daß Du mich für die Gesellschaft mit allen anderen verdorben hast, es ist zu schlimm –

Lieber Himmel, ich muß mich für diese dreimal verfluchte Dinnerparty anziehen, wo ich Dir doch noch weiter schreiben möchte. Es macht mich so wütend, daß Du nicht hier bist, wo ich mich doch die ganze Zeit so sehr nach Dir sehne – verdammt – es wird mit der Zeit und der Entfernung nicht besser – und ich kann vorhersehen, daß das auch weiterhin so bleibt – Außerdem werde ich so unendlich lange kein Wort von Dir hören – o verdammt, verdammt, verdammt – Du würdest Dich freuen, wenn Du wüßtest, wieviel es mir ausmacht –

Deine
V.

[1] Denys Trefusis, der Ehemann von Violet.

Rostow am Don
Mittwoch, 2. Februar [1927]

Geliebte Virginia – zwei Tage eingeschneite Steppen in einer überheizten Bahn mit hermetisch verschlossenen Fenstern haben meine Einbildungskraft gedämpft. Also habe ich das Fenster mit einem

Korkenzieher zertrümmert, und ein bleistiftdünner, pfeifender Luftstrahl zischt herein, belebt uns, beschert uns steife Nacken, bringt aber einen Windstoß von Frische mit sich, der an Long Barn im Winter erinnert, wo der Putz sich von den Balken zurückgezogen hat und einem ein Fleck blaßblauer Himmel zuzwinkert, wenn man in seinem Bade liegt – Ich weiß nicht, ob Du das je bemerkt hast – Ich lese Boswells Reise durch die Hebriden und spekuliere genüßlich über den anzunehmenden Unterschied zwischen Boswells Auffassung von den Hebriden und Deiner – Der Zug bummelt in einem angenehm langsamen Tempo voran – die Ukraine unter Schnee, das Asowsche Meer, dann Rostow, wo Leigh auf dem Bahnsteig einen Schottischen tanzte, zur großen Begeisterung einer Menge von Kosaken – die sich um uns drängten und »Whisky« sagten. Aber wir hatten keinen – trotzdem warfen sie uns Kußhände zu, als unser Zug aus dem Bahnhof rollte zu einer neuen Etappe seiner unendlich gemächlichen Reise. Mahlzeiten fallen zu ungewöhnlichen Zeiten an: Mittagessen um 3, Abendessen um 5; wir kommen sehr gut zurecht, mit Kaviar und Wodka. Miss Jebb paßt sehr gut dazu;[1] – ein lustiges Mädchen, das an einer Hand am Gepäckhalter baumeln kann – Miss Elgood paßt weniger gut dazu,[2] stört aber auch nicht besonders – sie bedient uns und hat nur einen einzigen Maßstab, an dem sie das ganze Leben mißt – »Nätt« oder »Nicht sähr nätt«. Ich nehme an, Leigh wird um Miss Jedds Hand anhalten, bevor er durch ist; ich habe ihm schon dazu geraten – und er gibt zu, daß er es schlechter treffen könnte. Aber, ach mein Gott, bin ich froh, daß ich nicht in diesem Land lebe. Die unsägliche Trostlosigkeit der kleinen Kosakendörfer, die dort abgetrennt im Schnee einer endlosen Ebene liegen! Dr Johnson erscheint wunderbar zivilisiert[3] – ich habe das Gefühl, er würde in fast jedem Punkt mit Desmond [MacCarthy] übereinstimmen – abgesehen davon, daß er 100% mehr Lebendigkeit besaß, als Desmond jemals haben wird – sogar noch bevor er (Desmond) zu einer bloßen Verfeinerung seiner selbst verblaßte und ausgelöscht wurde wie eine Fußstapfe nach Neuschnee.

Was den Rest betrifft, das ist nur die Lebensweise, in die man auf einer langen Reise verfällt: Das Necessaire hat seinen Ort und die Mineralwasserflasche und das Federmesser zum Anspitzen der Bleistifte und die Bücher und die Reisetasche – und dann der außerordentliche Mischmasch von eigenen Gedanken, die Hälfte des Denkens konzentriert sich darauf, aus dem Fenster zu sehen und die Fahrkarten, Pässe oder das Geld nicht zu verlieren, und die andere Hälfte lebt mit gesteigerter Intensität die Art von Leben, die man zurückgelassen hat – was denkt Leigh? was Dottie? was Miss Jebb? was Miss Elgood? über das Museum? Sherfield? Lower Sloane Street? Hurstmonceux? und was denke ich? über Virginia in ihrem blauen Kittel, wie sie am Türpfosten von Tavistock Square lehnt und winkt, während das schnell grau werdende Glas Milch in dem hoffnungslosen Versuch, warm zu werden, vor dem Gasofen steht und [George] Gissing auf dem Tisch liegt – Daran denke ich hier in der Steppe mit einem gebrochenen Herzen und schmerzhaftem Heimweh und einem Bedauern über die zweite Nacht in Knole – die jetzt bis Long Barn im Mai nicht wiedergutgemacht werden kann, wenn die Nachtigallen draußen im Dornbusch singen und die Iris in der Nacht zwischen Sonnenuntergang und Sonnenaufgang erblühen – Mein Liebling, Du wirst doch in England sein, wenn ich zurückkomme, oder etwa nicht? Du siehst, ich denke jetzt schon daran – und ich werde die nächsten drei Monate lang daran denken –

Deine
V.

[1] Marjorie Jebb, die Schwester von Gladwyn Jebb, dem dritten Sekretär der Britischen Gesandtschaft in Teheran.

[2] Eine Sekretärin des Auswärtigen Amtes, die mit ihnen gemeinsam reiste, um dem Personal der Gesandtschaft beizutreten.

[3] Gemeint ist James Boswells *The Journey of a Tour to the Hebrides* (1785).

Wieder in Teheran, stellte Vita fest, daß sie nicht in der Lage war zu schreiben, nicht einmal journalistisch. Diesmal kehrte Harold mit ihr gemeinsam zurück, und sie kamen am 5. Mai in Long Barn an. Nur wenige Tage vorher waren Virginia und Leonard von einem einmonatigen Urlaub in Frankreich und Italien zurückgekehrt.

Teheran
9. Februar [1927]

Mein Liebling, ich weiß kaum, wie ich Dir schreiben soll, alles ist so durcheinander, so Einsteinisch, eine Wirkung, von der ich niemals hoffen kann, daß ich sie Dir vermitteln könnte, also versuche ich es gar nicht erst. Jedenfalls bin ich hier. Ich bin über die vertrauten Berge gekommen und habe die vertraute Ebene durchquert – und es scheint von Anfang an so, als wäre ich nie fort gewesen. Mein Verstand hat sich sofort an die Dimension, Form, Farbe und Gerüche von Persien angepaßt; rutschte einfach mit einem Klick in den richtigen Gang. Und jetzt weiß ich nicht, ob mir England nah oder fern vorkommt – es ist eine Kombination: England selbst erscheint wie ein Punkt auf der Landkarte und ist nur von drei oder vier Figuren in Lebensgröße bewohnt, wodurch sie auf der winzigen Insel, auf der sie ihr Dasein führen, unverhältnismäßig hoch aufragen. Ich denke, so sollte es sein: der Ort verschwindet, aber die Menschen bleiben.

In dem Moment unserer Ankunft fingen wir an, davon zu reden, wie wir zurückkehren sollten. Einen Augenblick lang schien unsere Expedition in das [Bakhtiari] Gebirge gefährdet zu sein, aber jetzt ist sie wieder geplant; einen anderen Moment lang sah es so aus, als würden wir mit dem Schiff über Konstantinopel und Athen zurückkehren, wobei mir die verrückte Idee in den Kopf kam, Dich dort zu treffen; aber jetzt wurde das aufgegeben. Hättest Du dem Plan zugestimmt? (immer angenommen, Du fährst nach Griechenland und nicht nach Amerika) wärest Du in Piräus an Bord gekommen und hättest mich oben an der Gangway wartend vorgefunden? Dann wären wir gemeinsam über die griechischen Meere zurückgekehrt, was mich, glaube ich, vollkommen um den Verstand gebracht hätte. Griechenland, mit Dir – im Mai.

Gott, die Leute hier! Sie reden immer noch von den gleichen Dingen wie bei meiner Abreise, nur haben sie jetzt auch noch mich als neues Opfer, »Alors, chère amie, vous avez fait bon voyage?« »Etes-vous contente, chère madame, de vous retrouver à Téhéran?« Und ich benehme mich so gut und beantworte alles, als wäre es die wichtigste Sache der Welt. Dottie meint, sie hätte gar nicht gewußt, daß ich so gute Manieren habe. (Sie hat Dir übrigens geschrieben.) Aber, liebste geliebte Virginia, ich kann nicht glauben, daß ich für die diplomatische Laufbahn bestimmt bin. Harold scheint das unglücklicherweise von sich anzunehmen. Das ist eine Theorie, für deren Zerstreuung ich auf Dich zähle.

Wirklich seltsam aber ist, daß ich wieder am selben Tisch sitze und die Sonne durch die Platanen scheint und ich Dir genau wie letztes Jahr schreibe und wieder das hilflose Gefühl von Ohnmacht habe; denn Reisen ist, wie Du weißt, die privateste Form des Vergnügens. Und Dein Atelier erscheint soviel wirklicher, und Du, wie Du von der Tür aus winkst. Ach, wie ich mir wünsche, Du würdest mir das Leben erklären, damit ich es standhaft und als Ganzes betrachten kann, oder wie immer das Zitat lautet. Ich finde es immer rätselhafter, je älter ich werde. Ich werde Gides Memoiren lesen und sehen, ob das irgendeine Hilfe ist.[1]

Aber gleichzeitig ist es sehr aufregend, und ich nehme an, es ist gut für die Seele, wenn sie ständig verletzt und verwirrt wird. Ich weiß zumindest, daß ich Dich verdammt vermisse; das ist ein guter Fixstern. Ich tue es, Virginia, und würde lieber dadurch verletzt werden und einen festen Halt haben, als im Treibsand zappeln, der nie schmerzt, sondern nur erstickt. Ach meine Liebe, Du wirst kein Wort davon verstehen, und einen Vorwurf kann man Dir deshalb auch nicht machen.

Der Briefsack macht sich auf den Weg, aber ich kann einen Brief mit der regulären Post schicken. Rußland war gräßlich, und ich wäre fast im Zug vergewaltigt worden – wenn Leigh nicht rechtzeitig dazwischengekommen wäre. Also war er doch noch zu etwas nutze.

Mittag: die Kanone: die Muezzins lassen auf der Straße ihre Rufe los: die Sonne: eine kleine Flöte von einem Orangenverkäufer – Erinnerst Du Dich daran, daß Du mir vor Jahren aus Spanien über eine religiöse Prozession geschrieben hast? Ich bin so froh, daß es Dich gibt.

Deine
V.

[1] *Si le grain ne meurt* (Paris 1920/21).

Teheran
19. Februar [1927]

Virginia, hör zu. Wir kommen über Griechenland zurück. (»Wir« bedeutet Harold und ich, d. h., Dottie kommt früher nach Hause.) Wir kommen Donnerstag, den 28. April, in Piräus an und fahren am selben Tag mit der Lloyd-Triestino-Linie nach Triest weiter. Falls Du nun nach Griechenland fährst, stelle ich mir vor, daß Du etwa zur gleichen Zeit zurückkehrst? Warum also nicht genau zur gleichen Zeit? Warum nicht, genauer gesagt, auf demselben Schiff? Ich kann Dir den Namen des Schiffes noch nicht sagen, aber ich werde bald dazu in der Lage sein, und überhaupt sollte es nicht schwierig sein, das Lloyd-Triestino-Schiff, das am 28. April Athen verläßt, ausfindig zu machen. Würdest Du nun also Deinen Verstand und Deine Energien daransetzen, die Sache in die Wege zu leiten? Ich schreibe darüber in dieser praktischen und geschäftsmäßigen Art und überlasse es Deiner Phantasie, zu rekonstruieren, was es für mich bedeuten würde, wenn ich Dich diese Gangway hinaufkommen sähe; ich hoffe auch, daß es Dir etwas bedeuten würde – aber bei einem kalten Fisch ist es schwierig, so etwas mit Sicherheit zu wissen. Harold sagt, er könnte sich nichts Besseres vorstellen, also bitte keine Albernheiten *deswegen* – und laß uns nicht, ich flehe Dich an, laß uns nicht eine solche Gelegenheit durch irgendeinen Pfusch oder eine Fehlplanung von Deiner Seite verpassen. Du wirst zustimmen, daß es ein gutes Rendezvous ist: wir treffen uns in Athen am 28. April in der Morgendämmerung.

Jetzt zu den praktischeren Informationen: der letzte Postsack, mit dem Du an mich hierher schreiben kannst, ist der, der London am Donnerstag, dem 17. März, verläßt. Aber wenn Du willst, kannst Du mir c/o der Hochkommissar, Bagdad, schreiben, wo ich für einen Tag, den 20. April, sein werde. Ich weiß nicht, wie lange ein Brief bis Bagdad braucht, aber ich glaube etwa zwei Wochen. Du kannst mir auch c/o Sir Ronald Storrs, Nikosia, Zypern, schreiben, wo ich am 24. April sein werde. Es wäre schön, einen Brief von Dir an diesem romantischen Ort vorzufinden.

Für ganze zwei Wochen, während wir campen, werde ich nicht in der Lage sein, Dir oder irgend jemandem zu schreiben. Erinnerst Du Dich daran, wie ich Dich in den Film mit dem Titel ›Gras‹ geschleppt habe?

Ich habe einen Brief von Dir bekommen, der voll von Rätseln über Clive ist. Was in aller Welt hat Mary Dir vorgeworfen? Wie unfreundlich, meine Neugier zu wecken und dann zu dämpfen. Ich hätte Dir fast ein Telegramm zu 5/- pro Wort geschickt. Aber ich mag Menschen, die wütend werden, ob es nun Mary oder Lord Gladstone ist und ob ihr Ärger gerechtfertigt ist oder nicht. Sag mir nicht, daß sie sich Deinetwegen gestritten haben – aber es hat sowieso keinen Sinn, Dich jetzt zu fragen –, aber ich werde alles aus Dir herausbringen, wenn wir den Kanal von Korinth hinaufsegeln.

Liebling ... es fällt mir hier immer stärker auf, wie sonderbar die Menschen sind. Siehst Du, es ist genau das Gegenteil von London. In London kommen Leute zusammen, weil sie ein gemeinsames Interesse verbindet; hier sind wir nur eine Ansammlung von Menschen, die durch rein zufällige Umstände zusammengeworfen worden sind, ohne eine andere Gemeinsamkeit als den Ort, an dem wir uns befinden. Also gibt es einzig und allein dieses Thema. Ich mache einen Besuch bei einem verdammten Polen oder Belgier, und wir wissen, daß es nichts anderes zu reden gibt als über die Straße nach Trabzon oder die Straße nach Shiraz und ob man sie genommen hat und ob man über den Sommer fortfahren wird und ob wir mit mehr Schnee rechnen können. Es gibt nichts anderes außer den grundsätzlichen Dingen des Lebens, und ausländische Diplomaten reden nicht mit der gleichen Unbefangenheit, Offenheit und Bereitwilligkeit über Kopulation wie unsere Freunde in England. Korrektheit lautet die Parole, und so kommen wir nie weiter. Ich würde gerne sehen, wie Du damit fertig würdest. Ich habe die Pfarrerstochter gefragt, wie ihr Teheran gefällt? und sie hat geantwortet, »Also wirklich, die Theateraufführungen scheinen das einzig Aufregende zu sein.« Persien, Risa, die wimmelnden Basare, Asien – das ist nichts Aufregendes, und auch nicht eine tausendjährige Zivilisation oder der Anblick eines ausgelaugten Volkes. Aber Mrs Fairley kommt zum Tee, und Mrs Wilkinson kommt zum Mittagessen, und daher ist es nicht so schlimm, und man kann ja auch beim Fußball zusehen, und es *ist* möglich, Marmelade zu bekommen, auch wenn sie teurer ist, als sie sein sollte, »Aber ich mag diese Granatapfelmarmelade nicht, Sie etwa?« Währenddessen kann ich nicht schreiben, daher ist mir elend zumute – Statt der merkwürdigeren, eher eckigen Gedanken bringe ich erlesene Platitüden hervor, die nur für den Kamin taugen. Aber ich habe heute in meinen Ring geblickt – einen alten persischen Topas, blaßrosa – und habe darin eine Platane, etwas blauen Himmel und einen weißen Berg gespiegelt gesehen, alles winzig und farbig, und das scheint mir doch etwas wert zu sein, also glaube ich, daß es wohl noch etwas gibt, worüber man schreiben kann. Und wir fahren nach Schiras und Persepolis.

Wüßte ich, daß wir uns in Athen treffen, dann würde ich natürlich mit hundert Meilen die Stunde zu schreiben anfangen, einfach aus reiner Freude. Übrigens werden wir am 2. Mai in London sein.

Ach, ich habe einen Brief von Sibyl bekommen. Ob ich sie nicht das Datum unserer Rückkehr wissen lassen könnte, damit sie eine Gesellschaft veranstalten kann.

Insgesamt kann man ein gewisses Maß an Vergnügen aus den Menschen herausholen. Da gibt es den dicken Sekretär, der sagt, »Ich mag Gentlemen nicht, Mrs Nicolson, wenn Sie entschuldigen, daß ich das so sage, aber ich möchte, daß meine Söhne welche werden.« Da gibt es den Adjutanten des Militärattachés, dessen Maßstab für

Zivilisation Kwatta [Indien[1]] ist. Da gibt es die Gouvernante (Eton-Pflänzchen, Hände in den Taschen), die sagt, »Ach, wissen Sie, Mrs Nicolson, die Jungens in der Air Force *sind* aber auch ungehörig ...« Und wir haben ein neues Auto gekauft – groß, geschlossen, blau –, was unser Ansehen in Teheran hat steigen lassen. Und jeder bemerkt verstohlen etwas zu meinem Buch, das vor den Persern geheimgehalten werden soll.

Paß auf, kannst Du Leonard sagen, er soll alles so mit Doran vereinbaren,[2] wie er es für das beste hält? Ich weiß, daß er für den Verlag wie für mich tut, was er kann, also bin ich mehr als zufrieden, wenn ich es ihm überlassen kann. Ich habe sofort telegraphiert.

Es *ist* ein Spaß mit der Buchhandlung.[3] Ich hoffe allerdings, es wird Dich nicht davon abhalten, nach Griechenland zu fahren. Ich hielt Amerika nie für eine gute Idee und bin erleichtert, daß Du nicht dorthin fährst.

Kannst Du die Inschrift auf meinem Siegel lesen?[4]

Das Insekt ist schrecklich aufgeregt darüber, Dich in Griechenland zu treffen. Du würdest nicht das Herz besitzen, es zu enttäuschen – oder etwa doch? Denn Du hast wirklich ein freundliches Herz und bist ziemlich schlau darin, das in die Wege zu leiten, was Du in die Wege leiten willst. Ich habe das Gefühl, wenn ich Dich als Komplizin gewinnen kann, dann ist die Sache so gut wie gelaufen. Bitte schreib mir nette Briefe – Eine Woche ist eine lange Zeit, wenn man von einer Post zur nächsten warten muß – und wenn Du nach Griechenland fährst, weiß der Himmel, wie lange Briefe brauchen – ach nein, natürlich gehen sie über Konstantinopel und Khartum.

Deine

V.

1 Im heutigen Pakistan; Anm. d. Übers.

2 George Doran, der New Yorker Verleger, plante eine amerikanische Ausgabe von *Passenger to Teheran*.

3 Leonard hatte vorgeschlagen, die Buchhandlung in Bloomsbury, die von Francis Birrell gegründet worden war, zu kaufen.

4 *Nos patriae fines et dulcia linquimus arva* (»Wir haben die Grenzen und die uns teuren Felder unseres Heimatlandes verlassen«).

Teheran
23. Februar [1927]

Gestern kam die russische Post herein; zumindest die eine Hälfte davon, denn die Perser sind unfähig, die ganze Post in einer Lieferung zu überbringen, und halten uns für höchst unvernünftig, weil wir es von ihnen erwarten, so daß sie kleckerweise eintrifft, manchmal über drei Tage verteilt; aber es war die richtige Hälfte, die gestern ankam, denn sie enthielt einen Brief (einen netten, langen Vermisse-Dich-Brief) von Dir. Ich hatte gerade den Sheik von Mohammerah zu Gast, der mir irritierenderweise um 11 morgens in vollem Staat seine Aufwartung machte. Er ist ein prächtiger schwarzbärtiger alter Araber mit den schönsten Händen, die ich je gesehen habe (Deine immer ausgenommen), und einem großen Smaragdring; und dann nach einer halben Stunde schwieriger Konversation und endlosen Tassen Tee nahm er Abschied, und ich durfte meine Briefe lesen. Einer von Raymond, einer von Dir. Ich verfiel in tiefe Verzweiflung und Selbstvorwürfe, weil ich Dir nicht telegraphiert hatte. Ich hatte es vor; dann dachte ich, Leonard würde es öffnen und ärgerlich sein; dann hoffte ich, Mutter würde Dir Bescheid geben, so wie sie es letztes Jahr getan hat. (Ich sage Dir: Noch ein drittes Jahr halte ich diese [persische] Geschichte nicht aus. Aber Harold befindet sich in einer das Weltreich erschaffenden Geistesverfassung. Es wird enorme Geschicklichkeit erfordern, ihn da herauszubringen.)

Ich habe, nachdem ich Deinen Brief gelesen hatte, eine Menge davon geträumt, wie es gewesen wäre, Dich mit hierherzubringen. Hätte die Reise Dich sehr ermüdet? Reist Du gern? Gehörst Du zu der Sorte Reisender, die dauernd sagen »Sieh mal!«? Oder hältst Du alles für selbstverständlich? Was würde Dir hier am besten gefallen? Amüsieren Dich Leute so sehr – einfach als menschliche Wesen –, daß Dir keine überschüssige Energie mehr für Orte übrigbleibt? Wie wäre es, wenn ich Dich jetzt hier im Zimmer sitzen hätte? Leute verändern sich so, sobald man sie aus ihrer eigenen Umgebung fortnimmt – ganz gleich, wie gut man sie kennt, man stellt fest, daß man sie nicht so genau kennt, daß man in der Lage wäre, vorherzusagen, wie sie reagieren werden. Z. B. Dottie – mir ist nie klargewesen, was für ein Luxuskind sie ist, weil ich daran gewöhnt war, ihr immer in England zu begegnen, wo der Komfort automatisch da ist – sie hält Teheran für unzivilisiert – kein elektrisches Licht, dürftige Bäder – wie wäre sie, wenn es wirklich hart auf hart käme, wenn sie z. B. zu unserer Bakhtiari-Expedition zugelassen wäre, was sie nicht ist? Leigh hingegen – er kriegt sofort ein Gespür für den Ort, weiß die Straßennamen, ist ungemein neugierig. Dottie nicht; sie läßt sich nur herumtragen wie ein Päckchen. Es irritiert mich, und ich schimpfe deshalb mit ihr.

Letztes Jahr habe ich mir nie erlaubt, mich diesen Spekulationen über Dich hinzugeben – es war zu schmerzhaft, und ich habe mich dadurch zu sehr nach Dir gesehnt –, und warum, bitte, gebe ich mich ihnen dieses Jahr hin? na ja, aus zwei Gründen, (1) es besteht die Chance, daß ich Dich in Athen treffe, und (2) es gibt da diesen Italien-Plan von Dir für den Oktober. Ja, wirklich, ich glaube doch, daß es verflixt gute ›private Gründe‹ dagegen gibt, daß Du mit Dadie [Rylands] im Mai nach Spanien fährst; ich glaube, das könnte ich Dir nie verzeihen. Aber kehre mit mir von Griechenland aus nach Hause zurück.

Ich habe, seit ich hier bin, keine Zeile geschrieben. Es ist wirklich schrecklich. Ich glaube nicht, daß ich überhaupt eine Schriftstellerin bin – nein, nicht mal eine Journalistin. Wenn ich es wäre, dann müßte ich doch zumindest ein gutes Dutzend Artikel hervorgebracht haben. Und ganz sicher keine Dichterin. Diese furchtbare Stagnation im Hirn. Aber die literarische Seite des Hirns ist ein so merkwürdiges Ding, daß man nie weiß, ob sie nicht plötzlich einen Sprung macht und sicher auf allen vieren landet. Es liegt, glaube ich, zum Teil an meinem gesteigerten Sinn für Selbstkritik; ohne den würde ich zur Zeit zweifellos einen weiteren dieser bedauerlichen Romane hervorbringen. Ach, warum hatte ich damals nicht Dich, um mir zu sagen, »So geht das nicht«? Also, Ideen kommen schon daher, nur verwerfe ich sie alle, was zur Folge hat, daß nichts passiert. Ich lese gerade Gides Memoiren, bisher sehr enttäuschend, finde ich; ich habe kaum etwas gefunden, was mir gefallen hätte, außer der Murmel, die durch das Loch in der Tür fallen gelassen wurde. Ich habe

Jesting Pilate[1] gelesen, das mochte ich. Ich habe *Arabia Deserta*[2] zum fünfzigsten Mal versucht, aber ich komme damit nicht zurecht. Und doch ist es zweifellos ein monumentaleres Werk als *Jesting Pilate*. Worin besteht das Geheimnis bei der ganzen Sache? Ich wünschte, Du könntest es mir sagen. Und dann die Frage nach der Intelligenz – lassen wir uns zu sehr, zu bereitwillig durch bloße Ausdrucksfähigkeit beeindrucken? Ich meine, ist Raymond wirklich eine intelligentere Person als der Untergebene hier, der sein ganzes Leben lang Inder befehligt hat? Wie würde sich Raymond machen, wenn er plötzlich in eine Position mit Verantwortung und Autorität versetzt würde? Wieviel würde ihm sein Verständnis für feine Nuancen dann nützen? Und was ist wichtiger? Oder ist es nur eine Frage der Differenz und nicht einer graduellen Abstufung?

Was übrigens Gefühle angeht, so nehme ich an, daß in den knappen Bemerkungen des Untergebenen – »Prima Tag, – prima seh'n die Berge aus, – super Aussicht« – ebensoviel Gefühl liegt wie in jeder beliebigen Menge Wortmüll.

Es ist alles sehr schwierig.

Der Union Jack weht schlapp über dem Wachhaus, ein Flötenspieler geht auf der Straße vorbei, mittags lassen die Muezzins einen Schrei los. Dort gegenüber sind Konsulat und Kanzlei; mit all ihren Paraphernalien der Macht – bieten uns, die wir in der Sonne dösen und über subtile Fragen nachdenken, Schutz. Warum sollte mir Gides Murmel in der Tür mehr Freude bereiten als der Anblick von aktiven Männern, die mit Papieren in den Händen das Konsulat betreten und verlassen? Ich wünschte, ich wüßte, was im Leben zählt und welche Stellung die Literatur darin aus einem göttlichen Blickwinkel wirklich einnimmt. Zumindest wünschte ich, ich könnte mich damit zufriedengeben, die Dinge hinzunehmen, weil sie *sind*, anstatt zu versuchen, zu ihren Ursprüngen zurückzustoßen und herauszufinden, *warum* sie sind und woraus sie gemacht sind.

Derweil streitet sich Clive mit Mary und versöhnt sich mit Mary und fährt nach Frankreich und fährt nicht nach Frankreich, und alles ist sehr spannend und erreicht mich in Deinen Briefen wie ein Echo – ein angenehmes Echo, das mich zum Lächeln bringt, weil ich Clive mag.

Ich fürchte, es gab eine große Lücke zwischen dem Brief, den ich an Dich in Baku abgeschickt habe, und dem ersten, den ich von hier aus geschrieben habe. Siehst Du, es ging fast eine Woche lang keine Post raus, nachdem wir angekommen waren. Du kannst Dir nicht vorstellen – Du, die Du sechsmal am Tag aus der Drahtmausefalle unten an Deiner Treppe Briefe holst – Du kannst Dir nicht vorstellen, welch ungeheuere Bedeutung DIE POST an diesem Ort hat. Es ist die einzige Sache, die unsere ansonsten ereignislosen Wochen unterbricht. So stürzen die Diener mit einem strahlenden Gesicht herein und sagen, »Die Post ist angekommen!« Es hat immer einen Hauch des Wunderbaren an sich. Die Post ist angekommen, das heißt, es hat keinen Sturm auf dem Kaspischen Meer gegeben, das Schiff ist nicht gesunken, das Auto ist nicht in einen Abgrund gestürzt; der Paß war nicht durch Schnee blockiert; die Brücke war nicht von einer Flut fortgespült worden. Die Post ist angekommen.

Ich habe bisher noch keinen Mantel für Dich gefunden, obwohl ich gesucht habe. Ich glaube, Isfahan ist dafür der bessere Ort, und es macht mehr Spaß, einen von dort zu haben. Oder Schiras. Wann wirst Du diesen Brief bekommen? Am 14. März, nehme ich an. Denke daran, daß der Postsack am 17. der letzte ist, der mich hier erreichen wird – und der mich, genauer gesagt, nicht *hier* erreichen wird – aber die Briefe werden per Hand zu uns nach Isfahan hinuntergebracht, bevor wir uns auf den Weg nach Bakhtiari machen. Ich werde versuchen, etwas über diese Expedition zu schreiben – Persien auf den zweiten Blick? Vom Kaspischen Meer bis zum Persischen Golf? Mein Gott, wie heiß es am Golf und in der Wüste sein wird. Ich werde zu Dir so dünn wie eine Bohnenstange, so braun wie eine Nuß und so muskulös wie ein Pionier zurückkehren – das heißt, nach Athen, am 28. April. Hast Du dieses Datum fest in Deinem Kopf verankert?

Ja, ich freue mich, daß Du mich vermißt, selbst wenn es ›verdammt unangenehm‹ ist. Ich dachte nach Deinem ersten Brief, Du würdest mich überhaupt nicht vermissen, und war darüber traurig. Jetzt bin ich wieder ganz zufrieden. Egoistisch, oder? Aber ich mache das auch durch, weißt Du – dieses Dich-Vermissen und Dich-haben-Wollen –, so daß ich genau weiß, wie verdammt unangenehm es ist, und wahrscheinlich noch besser als Du. Das Insekt weint manchmal, und ich muß ihm das Gesicht abwischen. Ich glaube, es fürchtet sich insgesamt ein bißchen vor Persien – es ist ihm zu groß.

Schicke übrigens Pinker zu Louise, wenn Du eine Heimstatt für sie suchst, während Du in Griechenland bist. Mlle Louise Genoux [Vitas Hausmädchen] ist ihr Name. Sie würde sich furchtbar gern um Pinker kümmern.

Jetzt muß ich aufhören. Hast Du Deine blaue Schürze um? in Deinem komischen, schmutzigen Zimmer? Nein, ich kann mir nicht vorstellen, daß ein Teppich Deine Einsamkeit stört – ich möchte ein Gedicht über Einsamkeit schreiben –

Deine
V.

[1] Von Aldous Huxley (1926); ein Bericht über seine Reise um die Welt in jenem Jahr.

[2] Von Charles Doughty (1888).

Teheran
25. Februar 1927

Die Welt, in der wir leben, ist proustisch; das heißt, wenn man danach ginge, wie man Rennpferde benennt, würde es heißen: Von *Proust* aus *Miß Mitford: Teheran* (Nicht »nichts wie ran«[1], sondern »tehe« ran. Schlechter Witz).

Zum Beispiel gestern abend. Ein Abendessen für dreißig Personen in unserer Gesandtschaft. Lange Tafel; Kerzen; lebensgroße Ölgemälde von Edward VII. und Königin Alexandra; der Minister [Sir Robert Clive], sehr distinguiert, weiße Haare, le type Gainsborough, weicher sinnlicher Mund; zu erlesene Manieren, als daß er zeigen würde, wie gelangweilt er ist; perfekt in seiner Höflichkeit. Ein Haufen Engländer von der Kolonie; der Arzt (der seine Frau so sehr haßt, daß er sich umbringen möchte); die Schwester des Arztes mit einem blauen Auge und einer geschwollenen Nase, die Folgen eines

Hockeyspiels; der Manager der Imperial Bank of Persia (Wilkinson), der seit 23 Jahren hier ist, Persien haßt, sich nach Godalming sehnt; Mr Campbell, sehr schottisch, Beauftragter der Trans-desert-Post; Mrs Drurie, Cousine von Yeats und stolz darauf (»Ich sage immer, Mrs Nicolson – natürlich mag ich mich irren –, daß mich Persien – aber natürlich können Sie auch über mich lachen – an den Westen von Irland erinnert«); Miss Bill, mit langen Zähnen, pferdeartig; Miss Palmer-Smith – aber Miss Palmer-Smith verweigert sich jeder Beschreibung: Man muß sie sehen, um es zu glauben. Ein Haufen Amerikaner: Mr Poland, der hier Planungsarbeiten für eine Eisenbahn durchführt. (»Also auf jeden Bürger der Vereinigten Staaten, Mrs Nicolson, kommen 13 ½ Pferdestärken pro Maschine; und in diesem Land, wie viele? also, ich werde es Ihnen sagen: NULL.«) Ein Haufen Perser: Teymourtasche, die graue Eminenz hinter dem Thron, der Mann, der das Ohr des Schahs besitzt, sehr pariserisch, ganz Flaneur, sehr fesch; trägt seinen schwarzen Fez etwas auf der Seite, sehr verwegen;[2] seine Frau, eine Armenierin, die aus allen Poren Sex ausströmt und immer noch daran denkt, daß Teymourtasche vor einem Jahr vor der Nase ihres früheren Ehemannes mit ihr durchgebrannt ist; Abdullah Khan, sehr Möchtegern-Engländer, redet Slang und kriegt dabei nichts richtig hin. Ein Haufen ausländischer Diplomaten. ...

Wir setzen uns zum Essen. Wir essen zuviel; trinken zuviel – vor allem zu viele unterschiedliche Getränke: Sherry, Weißwein, roten Bordeaux, Champagner, Liköre. Nach dem Essen spielen wir Poker – zumindest die glücklicheren unter uns tun es, die weniger glücklichen betreiben Konversation. Das heißt, sie reden mit Leuten, an denen sie kein Interesse haben, über Dinge, die sie nicht interessieren. Und was kommt dabei raus?

Was dabei rauskommt, ist, daß am nächsten Tag die Frau des Arztes den Sekretär, der für die Tischordnung verantwortlich war, fragt, warum der Arzt keinen Platz weiter oben an der Tafel bekommen hätte? Warum Lady Wellesley noch unterhalb der Frau des belgischen Botschafters gesetzt wurde? Warum Miss P. S. (»diese gewöhnliche kleine Frau«) überhaupt eingeladen war?

In solch einer Welt, meine liebe Virginia, lebe ich, und führe ich meine Existenz. Und hinter all dem – gerade wie bei Proust hinter den Figuren von Mme Verdurin und Monsieur de Charlus die stürmische Tragödie von Dreyfus und Perversion und Eifersucht lauert –, hinter all dem lauert die Gewitterwolke von Rußland und von widersprüchlichen Interessen; und das arme Persien, geteilt, von Krankheit, Armut und Hilflosigkeit zerfressen; und kurzsichtige Gelüste und die Gier der Menschen.

[1] Im Original »also ran« – »ferner liefen«; Anm. d. Übers.

[2] Prinz Mehpour Teymourtasche, Minister am persischen Hof, »eine etwas lächerliche Person, ein angeblicher Frauenheld und Teil der High Society«, James Lees-Milne, *Harold Nicolson*, Bd. 1, 1981, S. 270.

Teheran
4. März [1927]

Ich habe ein Spiel, das ich ganz für mich allein spiele. Es besteht darin, die verstreuten Fragmente von Virginias Welt zu finden und Stück für Stück zusammenzusetzen. Siehst Du, diese Welt war einmal ganz und vollständig, und dann eines Tages hat sie ein innerer Kataklysmus in Stücke zerbersten lassen wie den Planeten, der zu den jetzigen Asteroiden zerborsten ist (es gibt einen kleinen Asteroiden mit dem Namen Ceres, glaube ich, mit nur vier Meilen Durchmesser, genausogroß wie das Fürstentum Monaco, von dem ich oft gedacht habe, daß ich gerne auf ihm leben und einsam um die Sonne kreisen würde. Das wäre sogar noch besser als meine Insel in der Südsee. Wußtest Du, daß ich eine Insel in der Südsee habe? Auf ihr steht ein Bananenbaum.[1] Aber ich muß Dir mehr über Virginias Welt erzählen, und vergiß die Südsee).

Nun, Virginias Welt war damals ganz und vollständig, so daß es ganz leicht ist, die Stückchen zu erkennen, wenn man auf sie stößt. Ein Stückchen schaffte es, wie Du weißt, in die Höhlen von Cheddar zu stürzen, und ein weiteres Stückchen schoß in den Palast des Schahs in Teheran. Dieses Stückchen bestand vollständig aus Spiegelglas. Ein wenig davon flog hoch und legte sich platt an die Decke eines großen Raumes; ein wenig legte sich in Form einer unteren Wandverkleidung um die Mauern. Der Teil an der Decke spiegelte natürlich alles auf dem Kopf; nicht nur den Raum, den Teppich und die Möbel, sondern auch die Würdenträger, die auf dem Boden herumliefen oder auf den Stühlen saßen, bis hin zum König der Könige selbst; alle wurden getreu wiedergegeben, auf dem Kopf, verkürzt, gedrungen, absurd. Auch der Wandteil hatte viel Spaß. Er spiegelte die Beine von Leuten bis zur Mitte der Waden, während sie vorbeigingen – große Füße, kleine Füße, Plattfüße, gewölbte Füße, dünne Füße, dicke Füße. Aber er gab sich nicht damit zufrieden, lediglich das zu tun – er doch nicht. Er stammte, erinnere Dich, aus Virginias Welt und war folglich boshaft, unverschämt, respektlos und machte sich über Großwesire und europäische Damen gleichermaßen lustig. Also richtete er sich so ein, daß er den Boden bergauf oder bergab oder einfach gekippt spiegelte, so daß die Füße eine Klippe hinaufkletterten oder einen Teppichabgrund hinabstiegen oder sich seitlich festklammerten wie eine Fliege, den ganzen großen Saal entlang bis hin zum Pfauenthron, der am Ende steht, und um die Ecke zum Bett der Frau Fath Ali Schahs, das reich mit Juwelen verziert ist und an seinem Kopfende ein uhrenartiges Gerät mit juwelenbesetzten Zeigern und dem lautesten Ticken hat, das Du je gehört hast – ein echter Witz von einem Ticken –, dazu bestimmt, die Benutzer in unpassenden Momenten vom Einschlafen abzuhalten. Ein ausgezeichnetes Gerät, dachte ich, und eines, das nutzbringend von Messrs Heal übernommen werden könnte.[2]

Dann gab es einige weitere Stückchen von Virginias zerbrochener Welt, die sich als Facettenmuster in einem Alkoven angeordnet hatten, so daß sie jeweils nur Teile von Gesichtern spiegelten – eine Nase, ein Auge, ein Kinn – in endloser Wiederholung, wenn man hinaufblickte.

Das Ganze war ein Riesenspaß, und ich hatte einen vergnüglichen Nachmittag.

Es gibt tatsächlich eine ganze Menge, was einen bei guter Laune hält. Da gibt es zum Beispiel die Geschichte von dem Geistlichen, der kürzlich von Räubern auf der Straße aller seiner Besitztümer beraubt wurde, bis auf ein Kleidungsstück, das er behalten durfte, auf sein Flehen hin, daß es für einen Mann Gottes nicht passend wäre, Schiras (wohin er unterwegs war) splitterfasernackt zu betreten. Dieses einzige Kleidungsstück war nun aber zufällig ein Frackoberteil. Der Geistliche bewältigte nach einiger Verlegenheit das Problem, indem er das Stück verkehrt herum anzog und in dieser Aufmachung Schiras betrat.

Ja, es gibt eine Menge, um sich bescheiden bei guter Laune zu halten, aber ich schmachte nach Virginia, und was die Sache noch verschlimmert, ist, daß (1) die russische Post seit inzwischen zwei Wochen Amok läuft und daß (2) unser Postsack, der gestern ankommen sollte, das Flugzeug verpaßt hat und noch geschlagene zwei Wochen nicht hier sein wird. Das bedeutet, daß ich keine Briefe bekomme. Daß ich auf undenkbare Zeiten nicht wissen werde, ob Du auch bestimmt nach Griechenland kommst. Daß ich nicht einmal weiß, ob Du mich vergessen hast oder nicht. Daß ich nicht weiß, ob es Dir gutgeht. All das ist furchtbar. Die russische Post wird mit der Zeit auftauchen; sie leistet sich gelegentlich solche Mätzchen. Aber ich schicke das hier, wenn möglich, durch eine Frau, die morgen nach England aufbricht.

(Morgen, wie albern, morgen zu schreiben! Es wird nicht ›morgen‹ oder auch nur ›gestern‹ sein, wenn Du es liest.)

Wir hatten eine Reihe von Abendgesellschaften, vielen Dank, eine von der anderen nicht zu unterscheiden. Es macht mir nicht viel aus, solange ich pokern kann, was so gut wie immer der Fall ist. Ich habe *nichts* geschrieben. Das ist die Hölle. Harold, der sehr nett ist, sagt, daß es immer Phasen gibt, in denen man etwas ausbrütet. Aber das ist nur sein Herz aus Gold, und es tröstet mich nicht, und ich sitze noch immer da und kaue am Ende meines Stifts. Und immer noch dauern die seltsamen bedeutungslosen Gespräche an, und ich staune immer mehr über den Stoff, der die Welt wie ein Netz zusammenhält, so daß es bei allem und jedem, was ich mir schließlich von der Seele schaffe und zu Wörtern ausbrüte, mit ziemlicher Sicherheit um Einsamkeit gehen wird. Einsamkeit, und wie erstrebenswert sie ist, wenn man überhaupt so etwas wie Kontinuität im Leben erreichen will, ist der eine Gedanke, den ich in der widerhallenden Leere, die meinen Kopf ausmacht, finde.

Ich habe einen Brief von Eddy bekommen über eine Gesellschaft, auf der er war; mir ist davon schlecht geworden. Laß uns doch versuchen, etwas wegen dieser jungen Männer zu unternehmen. *Du* könntest Wunder wirken. Ich nehme ihnen gegenüber langsam eine Einstellung an wie Molly [MacCarthy]. Es würde mir nicht soviel ausmachen, wenn sie bei der ganzen Sache etwas energischer wären, aber sie sind so *geziert*.

Ich habe eine Menge gelesen – Boswell, de Quincey, *Tom Jones*[3], Plutarch. Man sitzt in der Sonne, bis einen die Hitze wieder nach drinnen treibt. Dann hatten wir die Angestellten des Telegraphenamtes zum Mittagessen eingeladen und die jungen Männer aus der Bank. Und so geht es immer weiter.

Wie schön wäre es, wenn man dem Trott der eigenen Gedanken für ein Weilchen entkommen könnte, meinst Du nicht; die ganze Geistesverfassung zu verändern; plötzlich eine geistige Landschaft zu betreten, die so verschieden ist wie die Landschaft in Zentralasien von der in Kent.

Inzwischen sollte ich froh sein, wenn ich überhaupt noch einen weiteren Brief von Dir bekomme, aber ich kann noch mindestens eine Woche nicht darauf hoffen. Zum Teufel mit diesen unfähigen Postdiensten. Der Gedanke treibt mich zum Wahnsinn, daß unsere Postsäcke irgendwo auf einem Haufen liegen und niemandem nützen, während wir sie uns so sehnlich wünschen. Oder zumindest ich.

Deine
V.

[1] Ein winziges Inselchen, das sie 1922 auf eine Anzeige hin für 5 Pfund kaufte, aber nie besuchte.

[2] Ein vornehmes Möbelgeschäft auf der Tottenham Court Road, in dem auch Ausstellungen von zeitgenössischer Kunst stattfanden.

[3] Von Henry Fielding (1749).

Teheran
11. März [1927]

Die Postdienste laufen alle durcheinander und Amok; eine verirrte *Daily Mail* tröpfelt herein, dann eine Detektivgeschichte für Harold, dann ein Brief für mich, der am 30. Januar abgeschickt wurde, aber keine netten großen Berge von Post, wie es eigentlich sein sollte. Was unseren ausbleibenden Postsack vom Auswärtigen Amt betrifft, so ist er noch nicht aufgetaucht. Und ich habe seit 4 Wochen nichts von meiner Mutter gehört! Also weiß nur der Himmel, wann dieser Brief Dich erreichen wird.

Aber zumindest ist unter diesen Rinnsalen von russischer Post ein Brief von Dir, vom 16. Februar. Aus einigen darin enthaltenen Hinweisen schließe ich, daß noch einer aussteht – er wird mit dem Postsack der kommenden Woche eintreffen, nehme ich an. Aber hast Du Dir wirklich das Haar kurz schneiden lassen? ist das wahr? Ach Liebling, ob ich das mag? Ich glaube, ich mochte die herabfallenden Haarnadeln lieber, diesen fröhlichen kleinen Wasserfall, der auf Deinen Teller klimperte. Aber Mary [Hutchinson] sagt, Du siehst mit Deinem Kurzhaarschnitt nett aus, stimmt's? und Mary sollte es wissen. Du gerätst dadurch in meinen Gedanken vollkommen aus dem Lot, und die Photographie von Dir in Knole zeigt nicht länger die Wahrheit, was mich ärgert.

Ansonsten, ja, Du bist eine sehr strahlende Perle. Was mich am meisten amüsiert, ist die Spekulation darüber, wie Du hier erscheinen würdest. Und in Griechenland: Wohin wollen wir im Oktober fahren? Avignon? Italien? Oder läßt Du mich dabei im Stich? Ermüdet von der Auslandsreise nach Spanien mit Dadie!

Inzwischen haben sich unsere Pläne ein ganz klein wenig geändert: wir können Athen nicht, wie ich es Dir gesagt habe, bis zum 28. April erreichen, sondern erst am 5. Mai – eine Woche später. Gibt es irgendeine Hoffnung, daß Du dann noch dort bist? Wir werden mit der Lloyd-Triestino-Linie kommen (Carinthia, Carniola oder Trento, je nachdem welches Schiff gerade fährt – wir können nicht genau herausfinden, welches), die Piräus von Zypern aus anläuft und nach Triest weiterfährt. Ich wage kaum zu hoffen, daß Du in der Lage sein wirst, dazuzustoßen – oder etwa doch? Auf jeden Fall kommen wir am 9. Mai spät abends in London an. Aber, ach, *könntest* Du doch nur zum Schiff dazustoßen. . . .

Weißt Du, daß meine Zeit in Teheran ihrem Ende entgegengeht? Jeden Abend, wenn ich durch den Bezirk spaziere und zu den Sternen hochblicke, frage ich mich, ob ich Teheran jemals wiedersehen werde. Alle fragen mich, ob wir zurückkommen. Ich antworte, »Soweit ich weiß.« Aber das ist nur offizielle Zurückhaltung: ich kann mir nicht vorstellen, daß Schwerter und Seidenstrümpfe noch sehr viel länger ihre Anziehungskraft ausüben werden. Inzwischen hülle ich mich weise in Schweigen und beobachte einen inneren Kampf, der in Harold vor sich geht, und weiß, daß ein Wort zur falschen Zeit Menschen oft das Gegenteil tun läßt.

Was noch? Ja, ich habe Cowper gelesen:

> »The stable yields a stercoraceous heap. . . .«[1]

Es weist eine unangenehme Ähnlichkeit zu *The Land* auf, oder? Aber es hat auch seine guten Momente,

> »While fancy, like the finger of a clock,
> Runs the great circuit, and is still at home.«

Ich habe auch *Les faux-monnayeurs*[2] gelesen. Ich weiß noch, daß Du gesagt hast, Du würdest es nicht mögen. Aber ich frage mich, ob Dich nicht die Methode interessiert hat, dem Leser abrupt entscheidende Geschehnisse vorzusetzen, ohne die übliche psychologische Vorbereitung. Ich hatte den Eindruck, es geht so seltsam zu wie im wirklichen Leben. Ich mochte es lieber als *Si le grain ne meurt*, von dem mir nur der Anfang des dritten Bandes gefiel, über die französischen Literaten; der afrikanische Abschnitt hat mich gelangweilt; ich glaube nicht, daß Lust *als solche* interessant ist, und es inspiriert mich in keiner Weise, zu wissen, daß Gide einen arabischen Jungen in einer Nacht fünfmal hatte . . . Aber der Abschnitt über Wilde war gut, wenn auch abstoßend. Gide gegenüber nimmt Fielding sich wunderschön direkt aus mit all seinem deftigen Treiben in den Gasthöfen von Gloucestershire, wenn man so wie ich parallel liest, ineinander verschränkt, Gide am Tag und Fielding am Abend.

Ich bin zu dem Schluß gekommen, daß Einsamkeit die letzte Zuflucht für zivilisierte Menschen darstellt. Sie ist wirklich viel zivilisierter als gesellschaftlicher Umgang, auch wenn auf den ersten Blick das Umgekehrte der Fall zu sein scheint. Gesellschaftliche Beziehungen sind nur Abkömmlinge der primitiven Notwendigkeit für die Horde, sich zum Zwecke der Verteidigung zusammenzuschließen, eine Ansammlung von Buschmännern oder Pygmäen ist der wahre Urahne einer Abendgesellschaft in Teheran; dann schließt sich der Kreis, und der wirklich zivilisierte Mensch möchte fort davon, zurück zur Einsamkeit. Wenn mein ganzes Leben in Stücke ginge und ich alle und jeden verlieren würde, dann würde ich nach Persien gehen und dort leben, meilenweit von allem entfernt, und niemanden treffen als die Einheimischen, an die ich Chinin verteilen würde. Es ist nur Zuneigung und Liebe, was einen zurückhält. Aber ich glaube, Lady Hester Stanhope muß ein schönes Leben gehabt haben.[3]

Ich habe in großen Mengen herrliche persische Keramik gekauft: Schalen und Fragmente in dunklem Grün und strahlendem Blau, auf denen sich verborgen und fragmentarisch Muster, Figuren, Kamele, Zypressen, Schriften tummeln. Wie ich sie alle nach Hause bringen soll, weiß der Himmel. Gegenwärtig stehen sie aufgereiht an meinen Zimmerwänden und bilden einen Abklatsch des romantischen Lebens vergangener Jahrhunderte. Es ist, als ob man in einen Teich blickt und weit unten ein dunkles Spiegelbild sieht. Ich erfinde alle möglichen Geschichten über sie.

Wo wirst Du diesen Brief erhalten? in London? in Griechenland? Ich wünschte, ich hätte Deine Adresse. Ich habe Leigh [Ashton] gesagt, daß er Dir dort über den Weg laufen könnte, er geht an die Britische Schule in Athen. Ach Gott, ich wünschte, ich wäre mit Dir in Griechenland, glücklicher, glücklicher Leonard. Bitte wünsche Dir, ich könnte dort sein. Bitte vermisse mich. Du sagst, Du tust es. Es macht mich unendlich glücklich zu glauben, daß Du es tust, obwohl ich mir nicht vorstellen kann, wieso Du es tun solltest bei dem aufregenden Leben, das Du führst – Clives Zimmer und Gespräche über Bücher und Liebe, und dann der Verlag und die Buchhandlung, und

Dichter stürzen mit wildem Blick und Manuskript herein, und all das andere.

Aber ich *werde* nach Schiras fahren, es ist wahr. Das wäre himmlisch, wenn mir Virginia nicht so sehr fehlen würde. Egal, das nächste Mal, wenn ich ins Ausland fahre, wird es, soll es, muß es mit Dir sein.

Deine
V.

P. S. Ich finde, es ist wirklich bewundernswert, wie ich meine Verabredungen einhalte. Ich habe gesagt, ich wäre am 10. Mai zurück, und da bin ich nun und laufe am 9. um 11.50 abends in London ein, mit 10 Minuten als Reserve. Es ist wie bei dem Mann bei Jules Verne [Phileas Fogg], der in 80 Tagen um die Welt reiste und der vergessen hatte, in seiner Wohnung das Gas abzudrehen.

[1] William Cowper, *The Task* (1785) Teil III (»The Garden«), Zeile 463; 1. Zitat: »Der Stall bringt einen exkrementigen Haufen hervor«; 2. Zitat: »Derweil die Laune wie der Zeiger einer Uhr / den großen Kreis umläuft und doch zu Hause bleibt.«

[2] Von André Gide (Paris 1925).

[3] Lady Hester Stanhope, 1776–1839. 1820 zog sie sich aus dem Gesellschaftsleben Englands zurück und verbrachte den Rest ihres Lebens in einem Konvent in Syrien.

Persepolis.
30. März [1927]

Die Habichte kreisen zwischen zerbrochenen Säulen, die Eidechsen schießen durch die Eingänge des Palastes von Dareios; Persepolis ragt auf seiner großen Terrasse hoch. Ich bin in der letzten Woche fast tausend Meilen mit dem Auto durch Persien gefahren. Ich bin schmutzig, sonnenverbrannt, wohlauf. Wir sind jeden Morgen in der Dämmerung aufgestanden und immer um 8.30 ins Bett (auf den

Boden) gegangen. Wir haben in zerfallenen Hütten geschlafen, mit Granatapfelholz und getrocknetem Kamelmist Feuer gemacht; Eier gekocht; jegliches Gefühl für Zivilisation verloren; den primitiven Zustand wieder erreicht, in dem man nur an Essen, Wasser und Schlafen denkt. Aber bilde Dir nicht ein, daß wir nichts außer Wasser zu trinken hätten; nein, wirklich nicht; wir haben eine große Korbflasche mit Wein aus Schiras dabei, und wenn wir auch vielleicht unsere Betten zurückgelassen haben (was wir am ersten Tag getan haben, als unser Ford-Gepäckwagen liegenblieb und wir die Straße eines persischen Dorfes mit Hemden und Teekannen übersät haben), die Korbflasche haben wir *nicht* zurückgelassen. Wir stehen in der Dämmerung auf, fahren den ganzen Tag über Ebenen und durch enge Schluchten, fliegen dahin, und wenn die Nacht hereinbricht, kommen wir hier oder dort an, schlagen unser verkleinertes Lager auf und schlafen ein. Ein sehr schönes Leben, Virginia. Und jetzt (denn ich bin weitergezogen, seit ich diesen Brief in Persepolis angefangen hatte) habe ich Schiras gesehen, einen absurd romantischen Ort, und bin wieder in Sivand vorbeigekommen und habe dort übernachtet, in einem Tal voller Pfirsichblüten und schwarzer Kinder, und bin wieder nach Isfahan gekommen, wo die Post auf uns wartete und ein Brief von Dir. Aber bevor ich ihn beantworte, bilde Dir bitte nicht ein, daß dieses Leben im freien und ungehinderten Flug über Persien hinweg in irgendeinem Sinne ein romantisches Leben wäre; das ist es nicht; die Vorstellung, daß man dem Materialismus entflieht, ist eine falsche Vorstellung; im Gegenteil, man beschäftigt sich den ganzen Tag mit: Haben wir die Eier lange genug gekocht? haben wir noch genügend Kopfschmerztabletten? wer hat heute morgen abgewaschen, denn *ich* war es nicht? wer hat den Büchsenöffner eingepackt, denn wenn es niemand getan hat, ist er weg? Weit entfernt davon, den Geist zu befreien, wird man ein Sklave des praktischen Denkens –

Aber ganz egal, Liebling, ich habe einen Brief von Dir vorgefunden. Da war er. (Ich habe gerade die Tinte ausgepackt und den Füllfederhalter nachgefüllt.) Wir haben den Paß bezwungen und kamen nach Isfahan mit seinen blauen Kuppeln hinunter, und dort in dem Konsulat lag unser Postsack voller Briefe. Du fährst nun doch nicht nach Griechenland, sondern nach Rom. Rom wird Dir nicht gefallen mit seinen heruntergekommenen Straßenbahnen, aber die Campagna wird Dir gefallen. Bitte fahre so oft wie möglich in die Campagna hinaus, und laß Deine Sätze den Wolken dort gleichkommen und denke an mich. Ich habe gerade mit einem jungen Perser zu Abend gegessen – er ist in mich verliebt – so ein nettes Geschöpf – ich kenne ihn vom letzten Jahr her – er spricht so wunderschön persische Gedichte – Dieser Brief wird ständig unterbrochen, aber ich liebe Dich, Virginia – da hast Du's – und Deine Briefe machen es immer schlimmer – Bist Du zufrieden? Ich möchte zu Dir nach Hause fahren – Bitte denke an mich, wenn Du im Süden bist, und an den Spaß, den wir hätten, haben *werden*, wenn Du zu Deinem Plan stehst, mit mir im Oktober ins Ausland zu fahren – Sonne und Cafés den ganzen Tag lang, und? die ganze Nacht. Mein Liebling. . . . bitte laß diesen Plan gelingen.

Ich lebe dafür.

Bekommst Du wirklich den Femina-Preis?[1] Und den Hawthornden. erinnerst Du Dich an unsere Wette? was für ein Spaß. Ja, laß uns etwas über Einsamkeit schreiben. Merkwürdigerweise habe ich mit der Post, in der auch Dein Brief war, ein paar Blätter von Ethel Smyth bekommen, die sich weitgehend mit demselben Thema beschäftigen, Einsamkeit. Sie mag sie auch.

Solch ein Gekritzel. Bei Kerzenlicht. Der Wagen fährt morgen früh um 4 nach Teheran ab. Ich befinde mich in einem seltsam erregten Zustand – hauptsächlich wegen Deines Briefes –, ich bin immer vollkommen überwältigt, wenn ich von Dir höre. Gott, wie ich Dich liebe. Du sagst, ich benutze keine Kosenamen. Das finde ich komisch. Wenn ich in der persischen Dämmerung aufwache und zu mir selbst sage »Virginia . . . Virginia . . .«

Der *Common Reader* lag in meinem Zimmer in Schiras – es hat mir einen Schock versetzt.

Paß auf. . . . Du kommst doch nach Long Barn, oder? Recht bald nach meiner Rückkehr? Wenn ich verspreche, unversehrt zurückzukommen? Ich werde reizender zu Dir sein als jemals zuvor in meinem Leben –

Deine Vita

[1] Virginia erhielt den Preis 1928 für *To the Lighthouse* (1928).

Schalamzar, Persien.
4. April [1927]

Ich schreibe Dir von einem vollkommen phantastischen Ort aus, meine liebliche Virginia: einer Oase am Fuße von Schneebergen, einem Haus, das einem der Bakhtiari-Oberhäupter gehört. Aber was für ein Haus! Nicht, wie Du vermuten könntest, eine Lehmhütte, sondern eine Art Versailles, voll von seltsamen Gegenständen wie vergoldeten Damen, die Lampen halten, und ähnlichen Ausstattungsstücken nach orientalischem Geschmack – und alles ist natürlich am Verfallen. Ich hatte nicht geglaubt, daß ich noch mal dazu käme, Dir zu schreiben, aber die Autos, die uns die etwa hundert Meilen von Isfahan hierhergebracht haben, kehren morgen nach Isfahan zurück, und ich hatte die glänzende Idee, Briefe mit ihnen mitzuschicken.

Es ist ein einsames Tal hier, und hinter dem Haus steigt die Barriere von Bergen auf mit dem schwarzen Pfad, der in schwarzen Zickzacklinien durch den Schnee springt und in einer kleinen Kerbe im Gipfel verschwindet. Unsere vierzehn Maultiere sind draußen angepflockt, und wir haben eine berittene Eskorte, die so aussieht, als ob sie uns jeden Augenblick die Kehle durchschneiden würde. Liebling, ich habe Dir von Isfahan aus einen Brief geschrieben; ich war ziemlich erregt und übermüdet, und Du hast mir gefehlt. Über den Pappeln in dem Garten von Isfahan stand ein neuer Mond, der dünnste Geschorene von einem neuen Mond, und er knickste mit dem Rücken zu einem Stern wie dem, den wir sahen, als wir bei Long Barn einen Spaziergang machten (an dem Abend, als Du Dich so scheußlich aufgeführt hast), aber an einem ganz anderen Himmel; der Himmel in Long Barn war aufgewühlt und stürmisch; der persische Himmel war blaßgrün und wolkenlos.

Mir sind auf dem Weg hierher viele Dinge eingefallen, die ich Dir gern sagen wollte, und jetzt habe ich sie alle vergessen. Ich war ziemlich traurig, als mir Leute einfielen, die aus meinem Leben verschwunden sind, aber ich habe keine Ahnung, warum ich heute plötzlich an sie gedacht habe. Du bist in Cassis. Ich hätte Dir unmöglich dorthin schreiben können oder wollen. Mochten sie Deinen Kurzhaarschnitt? Es ist nur gut, daß Du es gemacht hast, als ich nicht da war, sonst hätte ich mit Sicherheit die Schuld dafür bekommen.

Herrgott, was für ein komischer Ort das hier ist – und diese wilden unbekannten Berge liegen draußen – und die Nacht zieht herauf – und das Geräusch der Maultiertreiber, die umhergehen – und ein kleines Stückchen von einem Lied. Ach, wenn Du doch nur hier wärest. Ich bin allein unter vier Männern.

Ich habe viele Millionen Dinge, die ich mit Dir bereden muß, alle sehr wichtig – Allgemeines, nichts Persönliches.

Wir haben zwei riesige Weinflaschen bei uns, darauf habe ich bestanden. Es sind echte Krüge. Sie werden an einem Maultier baumeln.

Jetzt Abendessen und dann schlafen und dann morgen! Aber bist Du Dir darüber im klaren, Du Licht meiner Augen, daß wir *auf dem Weg nach Hause* sind? Ein ziemlich merkwürdiger Weg, aber immerhin ein Weg. Ich kann doch zu Dir kommen und Dich am Morgen des 6. Mai sehen, oder nicht? im Studio? und das Glas graue Milch vor dem Gasofen – Denn ich muß nach dem Mittagessen hinunter nach Brighton, nur muß ich Dich zuerst sehen.

Deine (überaus Deine)

V.

Dienstag, 5. April [1927] *Villa Corsica, Cassis [Frankreich]*

Ich hatte eine maßlose Wut – Clive hatte einen langen Brief von Harold erhalten und ich keinen von Dir. Aus unerklärlichen Gründen kamen vier Tage später zwei von Dir und einer von Dottie. Das hat meinen Zorn besänftigt, der gedroht hatte, unsere Reise zu einer einzigen schwarzen und bitteren Reise der Verzweiflung werden zu lassen. Ich war sehr unglücklich . . .

Bitte, geliebter Schatz, komm wohlbehalten nach Hause. Wir haben einen vergnügten Sommer vor uns: vielleicht eine Nacht in Long Barn und eine andere in Rodmell: Wir werden ein paar schöne Prosastücke und Gedichte schreiben: wir werden den Haymarket hinunterschlendern. Wir werden nicht *im Argyll House zu Abend essen. Wir werden schnarchen.*

1. Virginia ist durch ihren Kurzhaarschnitt vollkommen ruiniert.

2. Virginia ist durch ihren Kurzhaarschnitt erst vollkommen hergerichtet.

3. Virginias Kurzhaarschnitt ist kaum zu bemerken.

Diese drei Denkschulen gibt es zu diesem wichtigen Thema. Ich habe eine Haarlocke gekauft, die ich mit einem Haken befestige. Sie fällt in die Suppe und wird mit einer Gabel herausgefischt.

Geht es Dir gut?

Long Barn.
[5. Mai 1927]

Es ist *wunderbar*, tatsächlich in England zu sein. Ich bin gestern an Cassis vorbeigekommen![1] Hätte furchtbar gerne Clive getroffen.

Liebste, liebste Virginia, es ist fast unvorstellbar, daß ich Dich morgen sehen werde . . .

[1] Vita und Harold kehrten auf dem Seeweg von Alexandria nach Marseille zurück.

Mai – September 1927

Vita erhielt für The Land *den Hawthornden Preis und schrieb mit großer Geschwindigkeit eine kurze Biographie von Aphra Behn. Sie und Harold machten aus ihrem Garten in Long Barn einen Prototyp für Sissinghurst. Es war die geselligste Zeit in Vitas Leben.*

Long Barn.
Sonntag [8. Mai 1927]

Aus dem Gerümpel von Kleidern, Büchern, Stiefeln, Socken, Bändern, Stücken von Persepolis, Briefen, Schnüren rette ich ein Stück Papier und einen Stift und schreibe, um Dir zu sagen, daß Pinker und ich morgen nachmittag kommen werden. Ich esse mit Sibyl zu Mittag und gehe nach dem Essen in die Ebury Street, um Pinker abzuholen, wenn Du also nicht möchtest, daß wir kommen, könntest Du mir dort eine Nachricht hinterlassen? Vic 5194. Ansonsten komme ich um 3.30 mit dem Hündchen, aber verschiebe die Verabredung mit mir, wenn Du willst, dann gebe ich das Hündchen in Tavistock Square ab und gehe traurig davon.

Ich habe hier einen himmlischen Brief von Dir vorgefunden. Er war in Teheran und ist wieder zurückgekommen. Ich habe auch einen von Deiner Freundin Ursula Greville vorgefunden, aufgrund des ›boshaften pianissimo‹ kann ich der Versuchung nicht widerstehen, ihn Dir zu schicken. Ich habe außerdem 150 andere Briefe vorgefunden, die 150 Antworten erfordern.

Was für Gefühle ich in den letzten drei Tagen durchgemacht habe: England, Virginia, Long Barn. ... Ich fühle mich wie eine kleine Tasse, die unter den Niagara-Wasserfall gehalten wird. Aber hör mal, verdammt, wann kommst Du für länger? Überhaupt fahre ich mit Dir nach Oxford.

V.

Montag [9. Mai 1927] *[Tavistock Square 52, W. C. 1]*

Liebster Esel West,

Hast Du verstanden, als ich geschrieben habe, es wäre mein bestes Buch, daß ich nur die leeren Seiten damit gemeint habe?[1] *Ein Scherz, ein schwacher Scherz: aber er könnte über Jack Squire und Hugh Walpole durchaus die Runde bis zu Gosse machen: im Ernst, so sind Deine Freunde.*

Diese Dinge brachten mich so etwa um 2 Uhr morgens zum Zittern wie einen Fisch am Haken, daher schreibe ich.

Dann zweitens: Oxford ist am 18. Mai, und ich habe schriftlich Zimmer im Mitre reserviert.

Und werde ich Dich vorher noch sehen? Und wo kauft man einen schwarzen Mantel? Ich muß im Rundfunk sprechen und meine, das sollte in feinster Wolle geschehen.[2]

[1] Virginia hatte Vita einen Blindband von *To the Lighthouse* geschickt und als Widmung hineingeschrieben: »Meiner Meinung nach der beste Roman, den ich je geschrieben habe.«

[2] Unübersetzbares Wortspiel von *broadcast* und *broad cloth*; Anm. d. Übers.

Dienstag [10. Mai 1927]

Aber natürlich habe ich gemerkt, daß es ein Witz war; wofür hältst Du mich? einen echten Esel? Überhaupt ist es ein wunderbares Buch ... und ich nehme an, Du hattest recht. Aber ich habe es noch nicht zu Ende gelesen.

Sosehr ich Clive auch liebe (und ich mag den großmäuligen Kerl wirklich gern), ich bin doch lieber mit Dir allein zusammen. Ich war verärgert und eingeschnappt.

Man kauft schwarze *Samt*mäntel (von feiner Wolle weiß ich es nicht) bei Debenham & Freebody für 25/–. Kauf einen, Du wirst nett darin aussehen.

Oxford: ja: in Ordnung. Um welche Uhrzeit? Und möchtest Du mit dem Zug oder mit dem Auto fahren?

Was Du auch tust, laß Mr [Aubrey] Herbert auf keinen Fall für Dich ein Zimmer im Mitre und für mich eines im Randolph bestellen.

Worüber sprichst Du im Radio? Ich werde Dir zuhören – oder könnte ich es nicht ertragen?

Ach Liebling, es ist schön, wieder dazusein und Dich zu treffen. Aber zum Teufel mit Clive. Guter alter Clive.

Ich habe gerade zwei Ziegen erstanden. Sie erinnern mich an Persien.

Ich fahre morgen über eine Nacht nach Sheffield. Im Moment keine Aussicht auf London.

Harold schreibt an Leonard. Laß nicht zu, daß Leonard Dich fortbringt.

V.

Long Barn.
Donnerstag abend [12. Mai 1927]

Die Uhr scheint ein Jahr zurückgestellt worden zu sein, denn ich sitze hier allein nach dem Abendessen. Harold ist in London, doch die Gewohnheit ist so stark, daß es mir vorkommt, als wäre er in Persien. Aber Dein Buch, von dem ich gerade die letzten Wörter gelesen habe, hat alles zu einem feinen Nebel verschwimmen lassen und scheint einzig und allein Wirklichkeit zu haben. Ich kann nur sagen, daß ich verblüfft und verhext bin. Wie hast Du das geschafft? wie konntest Du auf dieser Messerschneide entlanggehen, ohne abzustürzen? warum sagst Du so etwas Albernes, daß ich »es nicht mögen würde«? Du kannst das doch niemals gemeint haben.

Liebling, es macht mir angst vor Dir. Angst vor Deinem durchdringenden Verstand und Deiner Lieblichkeit und Deinem Genie.

Das Abendessen ist der Teil, der mir am besten gefällt. Dann das verlassene Haus und das Verstreichen der Zeit, das so schwierig zu bewerkstelligen sein muß und das Dir so vollkommen gelungen ist. Und Kleinigkeiten wie der Schal über dem Totenschädel und ein Satz über die Einheit der Dinge auf Seite 101 – ach, und hundert andere Sätze, überall verteilt, die so sehr wie Du sind (die Virginia aus Fleisch und Blut, die graue Milch am Gas erwärmt), daß es seltsam erscheint, sie gedruckt zu sehen. Und natürlich das Verhältnis zwischen Mr und Mrs Ramsey. Und ihr Schatten im Fenster. Aber ich könnte ewig so weitermachen.

Mein Liebling, was für ein reizendes Buch! Ich liebe Dich dafür um so mehr. Aber ich kann mir immer noch nicht vorstellen, wie Du es fertiggebracht hast. Es verwirrt mich, selbst von Dir. Es kommt mir vor, als hättest Du mit den bunten Sternen einer Rakete jongliert und sie alle am Leuchten und am Fliegen gehalten.

Natürlich ist es vollkommen lächerlich, es einen Roman zu nennen.

Ich frage mich, ob Du weißt, wie sehr Du selbst Mrs Ramsey gleichst? Aber vielleicht liegt das daran, daß sie Deine Mutter ist.

Ich liebe Dich wirklich mehr als zuvor dafür. Du hast immer gesagt, ich wäre ein Snob, und vielleicht ist das eine Form von Snobismus. Aber ich tue es. Nur wenn ich es gelesen hätte, ohne Dich zu kennen, würde ich mich vor Dir fürchten. So wie es ist, wirst Du dadurch noch kostbarer, noch mehr Zauberin.

Ich habe nicht das Gefühl, daß dies ein sehr erhellender Brief ist, aber das überlasse ich Deinen schlauen Freunden! er ist ganz einfach unter einem Zauberbann geschrieben worden – ich kann ihn nicht von mir abschütteln.

Ich bin heute nach Hertfordshire hochgerast, wieder zurückgerast; und habe nach dem Abendessen gelesen. Ich war sehr bewegt, als Louise hereinkam und auf einer Platte einen riesigen toten Fisch trug. Sie hatten das Loch, wo der Fisch-Haken gegriffen hatte, mit Gras zugestopft. Er sah mich mit einem toten kalten Auge an. Aber er konnte mich nicht wieder zu Verstand bringen.

Jetzt muß ich ins Bett, aber ich werde mehr träumen als schlafen, glaube ich. Alles Deine Schuld. Gott segne Dich, meine liebliche Virginia.

V.

Long Barn, Weald,
Sevenoaks.
Freitag [20. Mai 1927]

Mein Liebling, ich stehe immer noch unter dem Zauber, mit Dir [in Oxford] zusammengewesen zu sein.

Ich schreibe das hier, um Dir mitzuteilen, daß ich am Dienstag mit dieser alten Lesbierin zu Mittag essen *werde*,[1] aber ich habe ihr gesagt, daß ich um 1/4 vor 5 wieder in London sein muß. Verschiebe also das Treffen mit Logan [Pearsall Smith] und den anderen nicht. Es macht doch nichts, wenn ich reinkomme, während sie da sind, oder? Nur laß die Klingel nicht einfach läuten!

Die Herausgeberinnen von *Vogue* waren überwältigend. Sie haben mich in Schrecken versetzt. Eine von ihnen konnte kein Englisch.

Ich wünschte, Du könntest meinen Garten sehen. Er ist wirklich hübsch, und das wird vorüber sein, wenn Du nicht bis zur übernächsten Woche kommst.

Ein Gentleman schreibt, um zu erfahren, ob es wirklich notwendig ist, daß er seine Kräutersamen bei zunehmendem Mond aussät. Ob sie eingehen, wenn er es nicht tut?

Horden von Leuten überfallen uns am Wochenende. Unter anderem Elinor Wylie. Sie und Hugh Walpole stehen sich wahrscheinlich mit gezogenen Dolchen gegenüber. Der Himmel stehe mir bei.

Deine
V.

[*In die obere linke Ecke ist ein Stück von einem Brief geklebt, auf dem geschrieben steht:*] Es muß sehr erfreulich sein, nach Hause zu kommen, wenn dort ein so schönes Werk von Mrs Woolf auf einen wartet.

D.
Leigh [Ashton]

[1] Ethel Smyth, die Vita am 24. Mai in ihrem Haus in Woking, Surrey, besuchte.

Long Barn, Weald,
Sevenoaks.
[26. Mai 1927]

Ich dachte, dieses absurde Bild würde Dich amüsieren.[1] Stimmt das?

Ach meine Liebe, geht es Dir wirklich besser? Ich *wußte*, daß Du Dich krank gefühlt hast, aber ich dachte, es läge an den vielen Leuten.

Das Buch an Mutter [*To the Lighthouse*] war ein Riesenerfolg, und es kam an, als ich gerade da war. Sie war begeistert. Sie war so reizend, daß man es gar nicht in Worte fassen kann.

Ja, ich schicke Dir Deinen Vortrag zurück, oder soll ich ihn Dir am Dienstag geben?[2]

Bitte bleib über zwei Nächte. Du weißt, wie gern ich das hätte.

V.

[1] Vita hatte Virginia ein Photo geschickt, auf dem sie auf einem persischen Maultier saß. Es wurde als Illustration in *Twelve Days* aufgenommen.

[2] Virginias Vortrag in Oxford am 18. Mai über Dichtung und Fiktion.

Sonntag [29. Mai? 1927] *Tavistock Sqre 52 [W.C.1]*

Ja, das Bild von Dir auf Deinem Esel, oder war es vielleicht ein Maultier, hat mich amüsiert.

Ich habe von dieser verdammten Kälte verdammte Kopfschmerzen bekommen, also bleibe ich im Bett. . . .

Du bist der einzige Mensch, den ich sehen möchte, wenn ich Kopfschmerzen habe – das ist ein Kompliment – Aber sie werden schnell besser.

Schreib mir einen netten Brief, mein lieber Schatz.

Long Barn, Weald,
Sevenoaks.
Montag [30. Mai 1927]

Es war natürlich ein Maultier. Auf Eseln reitet man in Margate, nicht in den persischen Bergen.

Mein armer Liebling – ich hasse diese verdammten Kopfschmerzen, die Du immer bekommst, zutiefst. Ich wünschte, Du wärest ROBUST. Ich wünschte außerdem, Du würdest Dich etwas mehr schonen. Ich hasse den Gedanken, daß Du krank bist oder Schmerzen hast.

Die Leute sind gestern wie die Heuschrecken in Long Barn eingefallen, und Dada gab in Knole eine Party für Eddys Schwester [Diana Sackville-West], eine Party, über die Du Dich amüsiert hättest: schlanke junge Geschöpfe, die allesamt aussahen, als kämen sie direkt aus dem Tatler, nicht voneinander zu unterscheiden, und die entsprechenden jungen Männer dazu. Sie lagen über das Gras verteilt wie junge aristokratische Tiere mit eleganten Köpfen. Mir war ganz deutlich der Generationensprung bewußt.

Könntest Du mir Bescheid sagen, mit welchem Zug Du am Dienstag kommen möchtest? und ach ja, Harold fragt, ob Leonard irgendwelche von seinen *Büchern* hat, die an Desmond ausgeliehen waren? Ich glaube, es handelt sich um zwei Bände von Hobhouse[1], um die er ein großes Trara macht. Und seine Zeichnungen. Könnte Leonard sie mitbringen?

Über den Brief des jungen Mannes mußte ich lächeln. Was meint er bloß?

Bring Pinker mit.

Ich bin furchtbar aufgeregt darüber, daß Du hierherkommst. Ich hoffe, es regnet nicht. Ich glaube nicht, daß Du Long Barn schon einmal im Sommer gesehen hast, seit Du das erste Mal hier warst – und Leonard sicher noch gar nicht.

Liebling, werde bitte gesund. *Deine V.*

[1] John Cam Hobhouse (1786–1869), später Lord Broughton, der Freund Byrons.

Long Barn, Weald,
Sevenoaks.
Dienstag [31. Mai 1927]

Mein Liebling, ich brauche Dir wohl nicht zu sagen, daß ich mich ganz elend fühle, wenn ich weiß, daß Du krank bist. Ich habe einen Moment lang das Schlimmste befürchtet, als ich Leonards Schrift auf dem Umschlag sah. Ach Virginia, ich würde alles tun, um Dich gesund zu machen. Ich wünschte bei Gott, daß es, wenn Du schon krank werden mußtest, hier passiert wäre, denn dann hättest Du bleiben müssen, und ich hätte Dich pflegen können. Aber das ist wirklich selbstsüchtig, denn ich nehme an, Du würdest Dich schrecklich fühlen, wenn Du von Deinem eigenen Haus getrennt wärest.

Leonard fragt, ob ich komme und Dich Ende der Woche treffe, also kann es Dir nicht *so* sehr schlecht gehen. Natürlich komme ich, wann immer Du willst. Ich werde die ganze Woche hier sein, also mußt Du nur Leonard dazu bringen, daß er mir eine Postkarte schreibt – oder ruf an.

Ich schicke Dir ein paar Blumen. Ich fürchte, sie sehen nicht mehr so frisch aus, wenn sie bei Dir ankommen. Gib 10 Gran pulverisiertes Aspirin ins Wasser, um sie wieder aufleben zu lassen.

Bist Du im Bett? ja, ich nehme es an. Mit einem schmerzenden Kopf. Kannst Du lesen? Sind Briefe zugelassen? Ich werde Leonard bitten, daß er mir sagt, wie es Dir geht. Ich mache mir solche Sorgen um Dich, und vor allem kann ich den Gedanken nicht ertragen, daß Du Schmerzen hast.

Deine
V.
unendlich bedrückt.

Long Barn, Weald,
Sevenoaks.
[1. Juni 1927]

Ich dachte, die folgenden Komplimente würden Dich in Deiner Abgeschiedenheit aufmuntern, auch wenn sie nur von meinem armen verachteten Freund Hugh [Walpole] stammen:

»Ich habe den *Leuchtturm* zur Hälfte gelesen und ziehe ihn in die Länge, damit er noch etwas vorhält. Warum bringt sie nicht jeden Tag ein Buch heraus? und was für eine Freude es ist, bei der Geburt von Büchern dabeizusein, die genauso wichtig sind wie die von Jane Austen. Sie ist ein Genie, und ich würde für sie tausend haarende Hunde ans Höllentor tragen, wenn sie das wünschte! Du kannst Dich glücklich schätzen, sie als Freundin zu haben.« (Kann ich?)

Liebling, ich *weiß*, daß Du von Deinen Kissen rutschst und es nicht schaffst, das Telefon zu erreichen, denn wenn Du auch vielleicht, wie Hugh sagt, ein Genie im Bücherschreiben bist, so hast Du doch weniger Talent als irgend jemand sonst, den ich kenne, es Dir bequem zu machen. Ich hoffe, Du darfst Briefe bekommen, besonders solche, die keine Antwort erfordern. Solche wie meine. Ich mache mir schreckliche Sorgen um Dich, und Mutter hat Dir eine Schachtel Pralinen geschickt (für Dich und Leonard), weil sie dachte, Du würdest morgen herkommen. Also werde ich sie aufheben, bis Du kommst. Ich werde versuchen, sie nicht selbst zu essen, aber versprechen kann ich es nicht.

Ich habe heute morgen zwei Gedichte geschrieben (beide schlecht) und ein bißchen an meinem Buch, also rührt sich etwas von dem Saft, wenn auch mit geringer Ausbeute.

Ach meine Liebe, ich hoffe so sehr, daß es Dir bald bessergeht.

Deine
V.

Long Barn.
[2. Juni 1927]

Du hast gesagt, daß Du gern Briefe bekommst.

Also, ich bin zu Raymond rübergefahren, um Harold aufzugreifen, und habe nicht nur Harold, sondern auch Raymond aufgegriffen, der zwar im Cranium[1] essen sollte, aber lieber hierherkam (er sollte morgen sowieso kommen) und den Gedanken genoß, daß er vor einer ganzen Menge von Menschen ausrückte, Eddy eingeschlossen, die ihn besuchen, mit ihm Cocktails trinken, mit ihm zu Abend essen sollten etc. etc. Er ließ sich entführen eher in der geistigen Verfassung eines Schwänzenden als in der eines Gastes. Jedenfalls ist er hier, und er und Harold haben, seit wir angekommen sind, nichts getan, als über Impfungen und veranlagungsbedingten Anarchismus und die *Times* zu streiten, bis ich die Nase voll davon hatte und Dir statt dessen schreibe. Mir ist während des ganzen Abendessens ein solcher Kuddelmuddel durch den Kopf gegangen, was mir gezeigt hat, wie schrecklich wahr Deine Abendgesellschaft im *Leuchtturm* war: die roten Rosen in der Vase, die silberne Schale mit der Butter, Raymond halb nachgiebig, halb widerspenstig, Pippin, die unter meinem Stuhl an Knochen kaute; und dann Virginia, lieblich und golden auf zwei Stühlen hingestreckt und unwiderstehlicher denn je zuvor, ganz ohne Brillanz und nur das Kind, das übrigbleibt.

Deine
V.

[1] Ein Dinner-Club in Bloomsbury.

Long Barn.
Montag [6. Juni 1927]

Verdammt, ich hatte nicht gewußt, daß die Post am Feiertag kommt, und war erstaunt, als ich heute morgen Briefe bekam, darunter auch

Deinen. Sonst hätte ich gestern geschrieben. Ich muß sagen, ich hatte ein paar witzige Leute hier, seit ich Dich getroffen habe. Ethel Smyth kam, um sich die Nachtigall anzuhören. Wir saßen drei Stunden lang im Wald. Trotz meiner Befürchtungen, Regen und Kälte hätten sie zum Schweigen gebracht, waren mindestens ein halbes Dutzend Nachtigallen da. Ich war stolz und begeistert. Aber ... *sie konnte sie nicht hören*. Das arme alte Ding war noch tauber, als ich gedacht hatte. Ich war verzweifelt. Ich habe andauernd »Still! Horch!« gesagt, und sie hat im Dunkeln gelauscht[1] und ihren Kopf von einer Seite auf die andere geneigt, aber sie konnte keinen Ton hören. Dann, in einem Dornbusch kaum 10 Meter entfernt, brach der Gesang aus einer heraus. Die hat sie schließlich gehört; und er sang, Virginia, dieser gebenedeite kleine Vogel, er sang eine geschlagene Stunde lang, und Ethel war hingerissen. So waren Long Barn und der Abend ein voller Erfolg: »Geliebte Vita, sag doch Ethel zu mir«; und alles nur dank der Nachtigall. Aber sie wird nie erfahren, wie viele wirklich da waren; sie glaubt, es wäre nur eine gewesen.

Es ist ein guter Witz mit dem Matrosen-Verband und dem *Leuchtturm*.[2] Ich werde der Lebensrettungsgesellschaft ein Freiexemplar schicken. Ja, ich fühle mit Dir wegen John Drinkwater, es ist wirklich sehr erniedrigend für Dich. Aber Du wirst doch kommen und mich am 16. unterstützen, oder?[3] sonst bekommst Du Deine 5 Pfund nicht. Drei Uhr, und sie werden Dir eine Karte schicken. Du weißt, Du wirst Dich amüsieren, und Du weißt, wie gern Du Dich über mich lustig machst. Ich werde zwei Tage in London sein – am 16. und 17. – treffe ich Dich überhaupt? Ich bin an einem Abend mit Raymond zum Essen verabredet und am nächsten mit Clive. Ich habe überraschend einen Brief von Clive mit der Frage bekommen, ob er mit Mary [Hutchinson] hierherkommen kann, wenn sie zurückkommt, ich erwarte also einen lebhaften Besuch.

Du sagst nicht, ob es Dir bessergeht, du Schuft; aber da Du einen Spaziergang rund ums Karree gemacht hast (kann man rund um ein Karree gehen?) und nach Rodmell fährst, glaube ich, annehmen zu können, daß es so ist. Aber Du sitzt immer noch auf Stühlen – hör zu: ich *bestehe* darauf, daß Du ein Sofa bekommst. Wenn Du Dir selbst keins kaufst, muß ich es für Dich kaufen, und das wird Dich fuchsteufelswild machen. Wenn also nicht bald eines in Deinem Zimmer auftaucht, setze ich Dir ein Ultimatum. Sei also vernünftig und gib acht. Es ist lächerlich, wenn jemand, der in regelmäßigen Abständen auf zwei Stühlen unter einem goldenen Mantel zusammenbricht, kein Sofa besitzt.

Wie wird es Dir in Rodmell gefallen? Du meine Güte, was für ein glücklicher Mann Leonard doch ist. Aber ich wünschte, Du würdest statt dessen hierherkommen. Gott segne Dich, mein Liebling. Ich werde an Dich denken, wie Du auf den Rieselwiesen den Bauchrednern [Rotfüßchen] zuhörst.

Deine
V.

[1] Anspielung auf eine Stelle in Keats *Ode to a Nightingale* (1819).

[2] Die Seafarer's Educational Society hatte 2 Exemplare von *To the Lighthouse* bestellt.

[3] Virginia hatte so getan, als sei sie enttäuscht darüber, daß sie den Hawthornden Preis nicht bekommen hatte, den Drinkwater Vita am 16. Juni für *The Land* überreichte. (Virginia konnte den Preis nicht bekommen, da er nur an Schriftsteller verliehen wurde, die jünger als 41 Jahre waren.)

Long Barn, Weald,
Sevenoaks.
Mittwoch [8. Juni 1927]

Aber wann war ich denn einmal irgend etwas anderes als »ziemlich streng«? (außer vielleicht gegen Mitternacht? Aber das zählt nicht.) Was zählt, ist, daß Du Dich nicht an die Leute verschwenden sollst; und darauf dränge ich, selbst wenn ich die Leute bin. Meinst Du also, daß ich am Freitag wirklich kommen sollte? oder versprichst Du mir, daß Du mich wie ein Hühnchen von Deiner Türschwelle verscheuchst, falls Du Dich auch nur im mindesten müde fühlst, wenn ich am Freitag um 4 vorfahre? Wenn Du mich aufhalten willst, genügt eine Postkarte an mich nach White Lodge. Eine Enttäuschung, aber keine Kränkung. Ich fürchte, es ging Dir schlechter, als Du zugibst. Nein, ich meine wirklich nicht, daß Du Dich verhätscheln läßt, Gott gebe es, daß Du das mehr tun würdest. Aber ich stelle mir schon vor, daß ich das Problem, wie man das Sofa bei Dir die Treppe hochbekommt, lösen kann.

Können wir einen kleinen Spaziergang durch die Rieselwiesen machen? mit Pinker?

Vielleicht kann ich mit Raymond vorbeikommen, wenn ich mit ihm zu Abend gegessen habe – aber nein: Du darfst keine Leute treffen oder aufgeregt werden. Besonders wo Du am nächsten Tag mit Clive zu Abend ißt. Der liebe Clive, er hat mir so einen netten Brief geschrieben; und was für ein Engel, mich am gleichen Abend zum Essen einzuladen wie Dich. Ich mag das, denn es war dort und bei einer solchen Gelegenheit, daß ich Dich das erste Mal getroffen habe [am 14. Dezember 1922]. Obgleich seine Absichten zweifellos boshaft sind, bin ich ihm doch dankbar, und es bietet eine Möglichkeit zur Vorfreude.

Deine
V.

Sherfield Court,
Sherfield upon Loddon,
Basingstoke.
Sonntag [Samstag, 11. Juni 1927]

So bist Du also allein in Deiner Constable-Landschaft aus Ulmen und Wiesen, mit Deinem blauen Meisennest (»eines wilden Vogels Nest in Helenas Brust«[1]) und Deiner Ouse und Deinem ziegelgedeckten Kirchturm; und ich bin hier unter all diesen Leuten,[2] ein ganz klein wenig erstaunt und verwirrt von all ihrem Gerede; wie auch Harold nach der frischeren Luft Asiens. Alles kommt mir ein bißchen abgestanden, vorsichtig, tot vor. Sind wir im Unrecht? oder sind sie es?

Weißt Du, was ich machen würde, wenn Du nicht ein Mensch wärest, mit dem man ziemlich streng sein muß? Ich würde morgen abend um 10 Uhr mein eigenes Auto aus der Garage entwenden, um 11.05 in Rodmell sein (ja, Liebling: ich habe am Freitag einen Rekord aufgestellt, indem ich in einer Stunde und 7 Minuten von Lewes nach Long Barn gefahren bin) und Kies an Dein Fenster werfen, dann würdest Du runterkommen und mich reinlassen: ich würde bis 5 bleiben und um halb sieben zu Hause sein. Aber da Du Du bist, kann ich das nicht; um so schlimmer. Hast Du mein Buch gelesen? *Challenge* meine ich? Vielleicht habe ich damals mein ganzes Pulver verschossen. Und doch habe ich nicht das Gefühl, daß mich der Antrieb verlassen hätte; nein, bei Gott nicht; und für eine andere Virginia würde ich bei Nacht nach Sussex fliegen. Nur Alter, Nüchternheit und eine wachsende Rücksichtnahme halten mich zurück. Aber die Versuchung ist groß.

Ein dünner Clive; ein verhärmter Clive.

Ach Gott! Sie sind schon gekommen, um die Briefe für die Post abzuholen.

Deine
V.

[1] Dies ist ein Zitat aus Vitas eigenem Gedicht *The Land*. [Die gedankliche Verbindung zum Meisennest folgt aus der Doppelbedeutung von *tit*: *Meise* und *Busen*; Anm. d. Übers.]

[2] Clive Bell, Raymond Mortimer und Dorothy Wellesley.

[14. Juni 1927] *[Tavistock Square 52, W.C.1]*

Siehst Du, ich habe Challenge *gelesen, und ich hatte den Eindruck, Dein Brief wäre eine Herausforderung, »wenn Du nur nicht so ältlich und kränkelnd wärest«, hast Du in Wirklichkeit geschrieben, »würden wir den Tag zusammen verbringen«, woraufhin ich telegraphiert habe »dann komm«, und darauf kam natürlich keine Antwort, was ganz gut so ist, möchte ich sagen, weil ich ältlich und kränkelnd bin – es hat keinen Sinn, die Tatsache zu verbergen. Auch* Challenge *zu lesen, wird nichts daran ändern. Sie ist sehr begehrenswert, ich gebe es zu, sehr. (Eve) [Violet Trefusis]. . . .*

Long Barn.
Dienstag [14. Juni 1927]

»Chance verpaßt« – VERDAMMT. Wir sind zum Tennisspielen in Sherfield geblieben und kamen erst am Abend nach Hause.

Aber am Donnerstag treffe ich Dich doch. Ich beneide Dich wirklich um Deine Vergnügungen. Ich beneide mich überhaupt nicht. Jedesmal, wenn ich daran denke, fühlen sich meine Beine an wie der Charleston.

Meine Mutter hat etwas Beunruhigendes gesagt, daß Du noch schwach wärest. Ach, mein Liebling Virginia, bist Du es? Geht es Dir wirklich nicht besser? Du hättest in Rodmell bleiben sollen, das weißt Du. Ich frage mich, ob ich etwas von Dir hören werde? Ich mache mir ziemliche Sorgen um Dich.

Sherfield war ein Erfolg und Dottie vorbildlich. Clive ist ein Schatz. Ich liebe ihn.

Ich habe nichts zu erzählen, außer daß ich wünschte, Du wärest hier. Es wäre für mich so einfach gewesen, Dich heute morgen abzuholen ... aber ich nehme an, Du hättest mehr geredet, als gut für Dich ist.

Was ist mit dem Sofa?

Harold hat den Auftrag erteilt, daß Dir sein Buch zugeschickt wird; sie hatten nur ein Exemplar, eine Art Korrekturexemplar für den Umschlag, aber es geht Dir heute zu.[1] Raymond ist davon begeistert.

Meine Mutter sagt, Deine Handschrift hätte eine außerordentliche Wirkung auf sie. Was *meint* sie damit?

Ich glaube, das Haus stürzt ein – Es knirscht so merkwürdig.

Deine
V.

[1] *Some People*, das am 23. Juni erschien.

Long Barn, Weald,
Sevenoaks.
Donnerstag [23. Juni 1927]

Ich bin fuchsteufelswild, daß ich Dich heute nicht sehen kann. Dieser dämliche Philip Ritchie hat sich eine Vergiftung zugezogen und seine Party verschoben. Harold hat vergessen, meine Nachricht zu überbringen. Was für eine herrliche Werbung [für *The Land*] im *Literary Supplement*. Ich frage mich, ob sie Wirkung zeigen wird.

Ich lege einen Brief bei, der hoffentlich der Sache gerecht wird,[1] und bitte, bitte, Liebling, handle danach, denn ich hasse es, Dich nur scheibchenweise zu sehen, und die halbe Zeit auch noch mit Leuten drumherum. Ich hätte Dich so liebend gerne hier.

Deine Freundin Edith Sitwell scheint eine regelrechte Kampagne zu starten; ganz gleich wohin ich mich wende, überall steht mir dieses Gorgonenhaupt im Weg.[2] Ich wünschte, Du könntest sie das nächste Mal, wenn Du sie siehst, darüber aushorchen. Ich bin nicht verärgert, nur ungemein amüsiert und ziemlich verwirrt; sie schreibt, es wäre »das schlechteste Gedicht in englischer Sprache«; also, wie Du weißt, bin ich *nicht* eitel, aber ich will mich aufhängen lassen, wenn es so schlecht ist!

Sag mal, es geht Dir nicht wirklich gut, oder? Liebling, *was* für eine Strafe. Und verdammt, daß ich Dich heute nicht sehen kann. Ich werde wegen *Aphra Behn* in Aufregung gehalten, die sie am 15. August haben wollen, ohne daß ich eine Chance sehe, sie bis dahin fertigzubekommen. Ich habe sie noch nicht mal angefangen.

Ich habe in Brighton bei der Sussex Poetry Society ein bißchen Propaganda für Dich gemacht – ihnen gesagt, daß sie Dein Buch lesen sollen.

Deine
V.

sehr traurig darüber, daß ich Dich nie sehen kann.

[1] Dieser Brief ist aller Wahrscheinlichkeit nach der folgende Brief mit demselben Datum, der für Leonard geschrieben worden war.

[2] Edith Sitwells Verriß von *The Land* erschien im *Weekly Despatch* (30. Januar 1927), *T. P.'s Weekly* (19. März 1927) und im *Daily Mirror* (27. Juni 1927).

Long Barn, Weald,
Sevenoaks.
[23. Juni 1927]

Geliebte Virginia, es tut mir wegen heute so leid. Ich wollte Dich und Leonard einladen, Euren verschobenen Besuch nachzuholen, und dafür das Wochenende nach der Sonnenfinsternis vorschlagen. Kannst Du mir irgendwann Bescheid geben, ob Ihr dann könnt und wollt?

Harold war ganz begeistert von dem Abend mit Dir. Ich freue mich, daß Du ihn nett fandest. Er *ist* nett. Er möchte so gern, daß Ihr beide hierherkommt. Du kannst Dich ausruhen, soviel Du möchtest – bleib den ganzen Tag im Bett, wenn Du willst!

Vita

Long Barn.
Montag abend [4. Juli 1927]

Siehst Du, wie prompt ich Dir jetzt schreibe. Die Wahrheit ist, ich habe Dich heute abend schrecklich vermißt. Es ist plötzlich Sommer geworden; wir haben zum ersten Mal in diesem Jahr auf der Terrasse zu Abend gegessen; es gab manchmal einen warmen Luftzug; ich wünschte mir innig, daß es heute die letzte Nacht sein möge; ich habe allein auf den Stufen gesessen und beobachtet, wie die Mondsichel hinter den Pappeln hervorkroch; alles war still und duftend und weich und romantisch; ein Falter huschte an meinen Augen vorbei. Es ist alles sehr schön, weißt Du, aber diese kurzen Augenblicke von

Glück können einen zur Verzweiflung bringen. – Und warum bist Du so geschickt darin, so viel von Dir im Ärmel versteckt zu behalten? als ob ich zu dem Verdacht angehalten werden sollte, es gäbe auch nach 20 Jahren noch etwas zu enthüllen – irgendeine letzte, noch nicht freigelegte Schicht?

Ich mache Dich gern eifersüchtig, Liebling (und werde es auch weiterhin tun), aber es ist lächerlich, wenn Du es bist.

Ich komme am Dienstag der nächsten Woche nach London, dem 12. Wollen wir nach dem Mittagessen irgendwohin gehen, wo es schön ist? Kew? zum Hafen? in den Zoo? das Ballett? Ich esse bei Sibyl zu Mittag, aber danach bin ich frei. Laß uns etwas zusammen unternehmen. [*Auf die Rückseite ist die Illustration eines Delphins geklebt, eines der Phantasietiere, die Virginia zur Anrede von Vita benutzte, mit dem Begleittext:*] Delphin (Delphinus delphis) ist ein behendes Tier, das lustige Luftsprünge ausführt.

Long Barn, Weald,
Sevenoaks.
Sonntag [8. Juli 1927]

Virginia, sosehr ich Dich auch liebe (und das ist mehr, als ich für Deine Gemütsruhe wünsche), ich könnte unmöglich mit Dir in dieser Gesellschaft nach Hampton Court fahren.[1] Zum einen bin ich nicht Eddy, und daher schätze ich den Gedanken nicht, mich dort, wo ich unerwünscht bin, aufzudrängen, und dann – ach, eine Menge Dinge. Und Du hättest doch Dadie mitbringen können – die mich übrigens für Dienstag zum Tee eingeladen hat; was soll's, ich werde nicht hingehen – und werde auch keine Rede bei einem Mittagessen für Miss Gertrude Eileen Trevelyan halten. Ich komme am Dienstag nur nach London, um Virginia zu treffen und sie allein zu treffen.

Harold macht sich gut: flammende Besprechungen (von *Some People*) im *New Statesman*, dem *Observer* und der *Saturday Review*. Er ist überrascht und ziemlich schüchtern.

Clive hat mich gefragt, ob er am nächsten Freitag herkommen kann. Ich bin froh darüber, weil ich gedacht hatte, er wäre mit mir über Kreuz. Ich mag Clive, der eine ganze Austernbank wert ist. Habe ich Dir nicht eine herrliche Stichelei geboten?[2] was für eine Närrin ich war! Aber vielleicht auch nicht: es ist ebensogut, Dein Selbstbewußtsein und Gefühl von Macht nicht *allzusehr* aufzubauen.

Liebling, schreib mir eine kurze Notiz und sag mir, daß Du mich nicht nach Hampton Court bringen wirst. Ich könnte es nicht ertragen – ich stürme in vollem Galopp davon, wenn Du es tust.

V.

[1] Die Gesellschaft bestand aus Vanessa Bell, Duncan Grant und Clive Bell.

[2] Virginia hatte neckend angedeutet, daß Mary Hutchinson (»die Auster«) in sie (Virginia) verliebt sei.

Sonntag [24. Juli 1927] *T.[avistock] S.[quare] 52 [W.C.1]*

Geliebtes Wesen,

(nebenbei, wie kommt es, daß Du mir in Briefen immer einfach und ohne Umschreibung entgegentrittst – nicht einmal Meine liebe Virginia, während ich mir immer eine ach so liebliche Bezeichnung einfallen lasse?) wie nett ist es doch von mir, Dir zu schreiben, wo Du mir nicht schreibst.

... Aber hör zu: was soll ich denn wegen des Puders machen? Ethel wird es mir verübeln, wenn ich mir nicht die Nase pudere. Du hast mir mal welchen gegeben, der nicht roch; ... sag mir schnell, was ich besorgen soll und wo. Auf Puder lasse ich mich noch ein, aber auf Rouge nicht. Damit wäre das geklärt. ...

Du wirst Dich freuen zu hören, daß ich das L.*[*ighthouse*] 4000mal verkauft habe: in Amerika innerhalb eines Monats: daher glauben sie, ich werde bis zum Jahresende 8000 verkaufen. Ich werde 800 Pfund damit verdienen (d. h., mit etwas Glück.)*

Long Barn.
Montag [25. Juli 1927]

Ich fange meine Briefe nie richtig an, oder, geliebte Virginia? Aber wie Clive (der in diesen Dingen eine Autorität ist oder zu sein glaubt) Dir sagen wird, ist das die verbindlichste Art anzufangen.

Also, ich habe Dir eine Schachtel mit Puder geschickt, dem gleichen, den ich Dir schon einmal gegeben habe. Du mußt mir ja vor Ethel Ehre machen,[1] und ohne Puder oder mit der falschen Sorte würdest Du mir sicherlich keine Ehre machen. Also habe ich den Drogisten angerufen und gesagt, daß er sofort geschickt werden muß. Ich hätte ihm fast gesagt, er solle auch noch eine Schachtel Rouge, eine Flasche Flüssigweiß, ein Plättchen schwarze Wimpernfarbe und einen scharlachroten Lippenstift einpacken. Sag mal, darf ich Dich eines Tages mal zurechtmachen? Das würde mir Spaß machen.

Gott, ich wünschte, ich könnte Dich begleiten, anstatt eine Horde von Jungen in Paddington zu treffen und zu versuchen, zu viel Gepäck im Auto zu verstauen.

Aber das ist eine tolle Sache mit den Donnerstagen. Bleibst Du dabei? B M ist nach London gefahren, daher habe ich keine Brighton-Verpflichtungen und werde nicht daran gehindert, pünktlich zu sein.[2] Wir werden durch die Wiesen spazieren, und Du erzählst mir Geschichten.

Ich war gestern in Canterbury und in Wye, weil ich mir ansehen wollte, wo die unvergleichliche Astrea geboren wurde.[3] Ich habe sie heute niedergemacht, was bedeuten soll, daß ich 3/4 meines Buches fertig habe. Es wird nicht so erfolgreich sein wie der *Leuchtturm* mit seinen vier- oder vielleicht achttausend Exemplaren in Amerika. Was für Perlen vor die Säue! Es ärgert mich, daß sie es lesen. Dich nicht, aber Du bist ja auch nur ein Lohnschreiberling wie Michael Arlen und denkst ausschließlich an Deine Tantiemen.

Da.

Ich werde Dir von Ethel aus schreiben, nur um frisch und grün in Deinem Gedächtnis zu bleiben. Nein, mein Liebling, ich bin morgen nicht in London. Ich komme am Mittwoch rauf, aber da bist Du fort.

Deine Vita

[1] Ethel Sands, die amerikanische Malerin.

[2] B. M. könnte entweder für Bonne Mama oder Belle Mère stehen und war Vitas und Harolds Bezeichnung für Lady Sackville.

[3] Aphra Behn.

Long Barn.
27. Juli [1927]

Als ich heute die Oxford Street entlangfuhr, sah ich eine Frau auf einer Verkehrsinsel, die den *Leuchtturm* bei sich hatte. Es war eine unbekannte Frau – von außerhalb, nehme ich an, und gerade bei Mudie's oder der *Times* gewesen –, und als der Schutzmann mich mit seinem weißen Handschuh anhielt, sah ich Deinen Namen vor mir, Virginia Woolf, vor den fahrenden roten Bussen in Vanessas geschnörkelter Schrift. Dann, während ich dort stand (mit getretener Kupplung und der Hand an der Bremse, wie Du es gutheißen wirst), hatte ich eine eindringliche schwindelerregende Vision von Dir; wie Du in Deinem Kellergeschoß schreibst; wie Du in Rodmell schreibst; diese Wörter schreibst, die diese Frau mit sich nach Hause trug, um sie zu lesen. Wie war sie zu dem Buch gekommen? War sie zielstrebig hineingestiefelt und hatte gesagt »Ich hätte gern *To the Lighthouse*«?, oder war sie beiläufig an die Theke geschlendert und hatte gesagt »Ich möchte einen Roman, etwas für die Zugfahrt – einen neuen Roman – irgendeinen«? Egal, da war er, einer der achttausend, in den Händen der Öffentlichkeit.

Du bist jetzt sicher in den Armen von Ethel [Sands] (metaphorisch, hoffe ich) und wirst in der Normandie herumgefahren. Du wirst wahrscheinlich durch Salcavilla[1] kommen, ohne es zu merken. Du wirst zu einem Treffen mit Jacques Blanche mitgenommen werden. Du wirst eisgekühlte Pampelmuse bekommen, wenn Du gerufen wirst. Aber es wird in Deinem Badezimmer keine Engelbarsche geben und auch keine der anderen Freuden, die Du in Long Barn vorfindest. Bitte finde für mich ganz genau heraus, was es ist, das man an Ethel mag. Ist es der Eindruck von Zivilisation und silbernem Teegeschirr? Ethel ist sicherlich eine Analogie zu einem Teetischchen. Aber es gibt da auch einen Kratzer.

Ich habe die Jungen geholt, und im Haus, das einmal ein Hort der Ruhe war, ist es laut geworden. Wie *kann* man da schreiben? Die Tür wird jeden Augenblick aufgerissen – »Wo ist meine Hängematte?« »Können wir Tennis spielen?« »Was können wir denn jetzt mal machen?« Nigel allerdings, der es immer mag, wenn Situationen fein säuberlich definiert sind, bemerkt beim Frühstück »Wie schön es doch ist, eine Familie um sich versammelt zu haben.« Ich jedoch, die ich Familien verabscheue, bedaure dieses häusliche Gefühl in meinem jüngeren Sohn.

Liebling, *ich mag Einsamkeit*, das ist es, was ich mag – meinst Du also, daß mein Gedicht zu dem Thema darunter leiden wird, daß sie mir gewaltsam entzogen wird, oder daß es dadurch gewinnt? Ich habe keine Ahnung, wann ich das arme Ding je schreiben werde. Es dreht sich schläfrig in meinem Kopf von einer Seite auf die andere, und manchmal legt es ein kleines Ei in Form einer Zeile. Übrigens sind die meisten Leute so gesellig, daß es in keinem Herzen Widerhall finden wird, solange es nicht einen Einsiedler in Tibet erreicht.

Mein Liebling, komm bald zurück, ich mag das Gefühl nicht, daß Du aus England fort bist. (Und das ausgerechnet von mir, die ich nach Persien geflitzt bin.) Ich komme rüber nach Rodmell, wenn Du dort allein bist. Nicht am 6., denn das ist Bens Geburtstag. Aber bitte bald.

Deine
V.

[1] Anspielung auf Sauqueville, das Dorf, aus dem die Familie Sackville im 11. Jahrhundert nach England kam.

Vita, 1922

Virginia
in Monk's Haus,
photographiert
von Vita, 1928

Virginia,
photographiert
von Vita, 1928

Vitas
Wohnzimmer
in Long Barn

Vita,
photographiert von
Leonard Woolf, 1928.
Das Photo
wurde aufgenommen
als Illustration
für ›Orlando‹

Virginia mit
Benedict (Mitte)
und Nigel Nicolson
in Knole,
Januar 1927

Sissinghurst, 1930

Vita und Harold
mit ihren
beiden Söhnen
Benedict (links) und
Nigel in Long Barn,
Sommer 1929

Vita
in Long Barn,
1929

Vita und Harold
in Sissinghurst,
1932

Vita und Harold
in Sissinghurst,
1934

Vita in ihrem Turmzimmer
in Sissinghurst, 1936

Vita in Sissinghurst, ca. 1940

Long Barn.
[1. August 1927]

Mein Liebling, ich bin vollkommen durcheinander, daß Du sagst, Du hättest keinen Brief von mir bekommen. Ich habe Dir einen langen Brief geschrieben und ihn selbst am letzten Donnerstag abgeschickt. Hat er Dich jemals erreicht?

Desmond [MacCarthy] und Berners hier – Berners malt Bilder, und Desmond parliert hervorragend, groß in Form –

Wann sehe ich Dich?

V.

Mittwoch [3. August 1927] *Monks House [Rodmell, Sussex]*

Ja, geliebtes Wesen, Dein Brief wurde mir übergeben, als wir gerade Auppegard verließen, und hat, glaube ich, bewirkt, daß ich meine Schachtel vergessen habe, so daß der ausgezeichnete Butler uns bis Dieppe nachfahren mußte. Ja, Liebling, es war ein schöner Brief. Sauqueville ist nichtsdestotrotz nicht gerade ein großartiger Ort. Ich habe nach Spuren von Dir Ausschau gehalten. Hatten Deine Vorfahren eine Sägemühle? . . .

Long Barn.
Donnerstag [4. August 1927]

NICHT ZUR VERÖFFENTLICHUNG BESTIMMT.

Roshan-i-chasm-i-man,[1]

(Du wirst nicht wissen, was das bedeutet, aber Du sagst, daß ich meine Briefe nie richtig anfange, also versuche ich, es Dir recht zu machen.)

Taktvoller Brief, oder möchte-gern-taktvoll, liegt bei. Es wäre sowieso schwierig für mich, für zwei Nächte zu bleiben, obwohl ich es, wenn Du allein wärest, sicherlich tun würde.

Übrigens: Das über die Leute von Weald stimmt.

Fühlst Du Dich gut? entmutigt? überfressen? mir nicht mehr gewogen? Ich habe bei Deinem Brief den Eindruck, daß etwas nicht stimmt, aber ich bin immer noch zuversichtlich, daß nächste Woche um diese Zeit (d. h. Mitternacht) alles in Ordnung sein wird. Ich komme nach dem Mittagessen, etwa um 5, einverstanden? Du kannst Dir nicht vorstellen, wie ich mich danach sehne, Dich zu sehen. Die Unterbrechungen sind endlos.

Ich *würde* wirklich für zwei Nächte bleiben, wenn ich könnte, und sei es auch nur, um es nicht wie Absicht erscheinen zu lassen – Dir, nicht mir zuliebe.

Ein Lehrgang bei Mrs A. B. [Aphra Behn] hat mich in den vollkommen aufgeblasenen Liederjan verwandelt. Ich genieße oder befürworte Keuschheit auch nicht mehr als Mrs. A. B.

V.

[1] Ein persischer Liebesgruß.

Sonntag [7. August 1927] *Monks House [Rodmell, Sussex]*

Musha-i-djabah-dal-imam- [Pseudo-Persisch]

Was übersetzt heißt, Liebling-West – was-für-ein-Esel-Du-doch-bist – ich werde alle meine Briefe in Zukunft an Pippin [Hund] richten, da Du sie offensichtlich nicht lesen kannst. »Ich habe bei Deinem Brief den Eindruck, daß etwas nicht stimmt.« Was meinst Du? Es war der freundlichste, liebevollste, zartfühlendste Brief auf der Welt: ein bißchen kratzig vielleicht, weil ich nicht bei Dir bin, aber das ist Dir doch nur recht, oder? Oder hast Du mit der wunderbaren Intuition der Dichterin entdeckt, was ich versucht hatte, vor Dir zu verbergen? daß ich geliebt werde, von einem Mann; einem Mann mit einer Hakennase, einem hübschen Besitz, einer Ehefrau von Adel und dem dazu passenden Mobi-

liar.[1] *Der Antrag wurde am Tag vor meiner Abreise vorgebracht, und ich habe inzwischen einen Bestätigungsbrief. Was soll ich Deiner Meinung nach tun? Ich war so überwältigt, daß ich wie ein Mädchen von 15 errötete. . . .*

[1] Anspielung auf Philip Morrell und seine unerwünschten Avancen Virginia gegenüber.

Long Barn.
Montag [8. August 1927]

Ich war gerade dabei, nach Sevenoaks zu fahren, um die Jungen abzuholen, als ich das knallrote Fahrrad des Postboten am Dorfbriefkasten angelehnt sah. Das bedeutete, daß die Nachmittagspost angekommen war. Ich hielt an, ging rein, fragte: Gibt es Briefe für Long Barn? Es gab. Darunter war ein getippter Umschlag, der einen Brief von Dir enthielt. Ich spürte, wie mir vor Zorn das Blut ins Gesicht stieg, als ich ihn las – ich übertreibe nicht. Ich wußte nicht, daß ich so eifersüchtig auf Dich bin. *Wer* ist Dein verdammter Mann mit der Hakennase? Paß auf, es macht mir wirklich etwas aus. Aber da wir gerade dabei sind, ich habe auf meinem Tisch einen Brief von derselben Art – den ich noch nicht beantwortet habe.[1] Was für eine Antwort ich schicke, hängt von Dir ab. Ich spaße wirklich nicht. Wenn Du nicht aufpaßt, treibst Du mich zu einer Affäre, die mich schrecklich langweilen wird. Wenn Du dagegen nett bist, schicke ich die betreffende Person zum Teufel. Aber ich lasse kein Spiel mit mir treiben. Ich meine das ernst.

Was den Rest angeht:

(1) Ich bringe meine Kamera mit, nur liegt mein Preis bei 1 Pfund pro Schnappschuß und nicht bei 2/6.

(2) Ich werde Pippin nicht mitbringen, weil sie sich vielleicht im Auto übergibt.

(3) Ich komme am Donnerstag um 4.

(4) Ich bleibe bis Freitag.

(5) Ich würde gern in Charleston zu Mittag essen, wenn Du *versprichst*, gleich nach dem Essen zu gehen, damit ich Dich wieder für mich allein haben kann.

(6) Ich werde mich bestimmt sehr ins Zeug legen, um Dir zu gefallen.

Du machst mich so wütend.

V.

[1] Vielleicht von Mary Campbell, der Frau des südafrikanischen Dichters Roy Campbell, die beide in einem kleinen Landhaus bei Long Barn lebten.

Long Barn, Weald,
Sevenoaks.
Samstag, 20. August [1927]

Wie Du siehst, sind die Photographien nicht sehr gelungen. Ich habe einen neuen Film und kann am Donnerstag einen neuen Satz aufnehmen, wenn Du möchtest. Ich schicke diese einfach nur so mit.

Ich finde Deine Besprechung von Parson Woodforde gut.[1] Ich PROTESTIERE: Dich *nie* zu loben. Meine einzige Schwierigkeit besteht darin, meine Bewunderung im Zaum zu halten, damit sie nicht übertrieben erscheint. Wenn Du irgend etwas schreiben würdest, dem ich nicht trauen oder zustimmen würde, dann würde ich wie eine Tonne Zement auf Dich niederfahren.

Raymond sagt, ich schreibe schlechtes Englisch. Ich habe ihn meine *Aphra Behn* lesen lassen, und er hat mich in den Boden gestampft. Ich nehme an, Du wirst ihm beipflichten. Sie wird im Oktober erscheinen – zu spät, als daß Du sie für Amerika besprechen könntest. Es wird eine leichte und dankbare Aufgabe sein, das Buch zu besprechen – sehr geschichts-malerisch.

Warum tippst Du Deine Umschläge an mich? Sie sehen nicht wirklich geschäftlich aus; und dann betrachte ich sie genauer, und wenn ich [L]EWES auf der Briefmarke sehe, weiß ich, daß er von Dir ist.

Falls Leonard etwas von Adelaide Livingstone über einen Vortrag über Geschichte in Heidelberg hört, dann bin ich dafür verantwortlich. Aber sag ihm das lieber nicht, sonst denkt er, ich hätte die Absicht, Dich für mich allein zu behalten. (Nebenbei habe ich die.)

Ich lese ein köstliches Buch mit dem Titel *The Wandering Scholars*[2] – ich wünschte, ich könnte Latein. Nachdem ich *Aphra* tatsächlich abgeschickt habe, fühle ich mich so frei wie eine Lerche. Frei zum Lesen, frei zum Gärtnern, frei zum Nachdenken, frei, um nett zu meinen Kindern zu sein. Ein Wahnsinnsgefühl – aber in mir rühren sich schon wieder neue Kräfte, 24 Stunden nachdem *Aphra* beendet wurde. Zum Teufel mit dieser Energie; Gott sei Dank, daß sie da ist – so lauten meine gegensätzlichen Gefühle. Ich kann nicht glücklich faulenzen, manchmal wünschte ich, ich könnte es.

Ich habe meinen Füllfederhalter verloren und schreibe mit einem neuen, der einer Borste näherkommt als einer Feder.

Ich frage mich, ob Du morgen in Charleston Eddy und Raymond triffst.

Es ist spät, das ganze Haus schläft, und ich bin noch allein auf. Nigel hat sich heute ganz furchtbar an einem scharfkantigen Möbelstück verletzt und mußte ins Bett gesteckt werden. Pippin ist ganz lüstern gesinnt und fährt am Montag in einem Hundekorb nach Hertfordshire. Du bist bei den Börsenmaklern. Ich erinnere mich daran, daß Du mir einen Brief über sie geschrieben hast, als ich in Persien war. Ich bekomme von Zeit zu Zeit seltsame Sehnsüchte nach Persien – schmerzliche und merkwürdige.

Ich schicke Dir eine zusätzliche Photographie [von Virginia], die ich in Persien dabei hatte und die dort, an meinen Spiegel gesteckt, ihr Leben führte, und eine, die ich neulich hier aufgenommen habe. Könnte ich die persische bitte zurückbekommen? sie ist kostbar, und ich weiß nicht, wo das Negativ ist. Bei den anderen kommt es nicht darauf an, weil ich die Negative habe.

Schreibst Du mir?

Deine

V.

[1] »Life itself«, Virginias Besprechung von *The Diary of a Country Parson*, Bd. 3; von James Woodforde.
[2] Von Helen Waddell (1927).

Long Barn.
Dienstag [30. August 1927]

Es war nicht gerade schön, nein, war es nicht, Dich am Samstag mit Tray [Raymond Mortimer] und Leonard in der Einfahrt zurückzulassen. Glücklicher Tray. Glücklicher Leonard. Aber eigentlich wollte ich Dir hiermit mitteilen, daß ich meine übliche Effizienz an den Tag gelegt habe, ich habe Mr Harold Monro am Telefon erwischt, ihn dazu gebracht, gestern abend hierherzukommen, und ihn und Dottie einander in die Arme geschubst.[1] Es war ein großer Erfolg. Sie mochten sich und werden den morgigen Nachmittag zusammen in der Buchhandlung verbringen. Ich glaube, da könnte was draus werden. Aber Mr Monro nimmt die Literatur ernst – hört es gern, wenn Dichter laut vortragen – ermutigt gern Oberschullehrer dazu, Gedichten gegenüber aufgeschlossen zu sein – und ich bezweifle, daß es Dottie gestattet sein wird, im Verlauf von zwölf Monaten mehr als eine Auster und eine Flasche Champagner in die Buchhandlung mitzubringen.

Sie hat mir gerade ihren Brief an Dich zum Lesen gegeben. Ich bin schockiert. Ich bin nicht oft schockiert, aber jetzt bin ich es. Ich habe es ihr gesagt. Sie sagt, »Wird Virginia es auch sein?« Ich sage, »Ja«, aber sie klebt nichtsdestotrotz den Umschlag zu und adressiert ihn. In Wahrheit hat ihr der Erfolg bei Mr Monro etwas den Kopf verdreht. Er hat glattes schwarzes Haar und slawische Backenknochen und einen ausgeprägten Mund. Ich halte ihn für verteufelt eigensinnig.

Mein Liebling, ich hatte Dir viel zu sagen. Harold hat heute morgen vom Auswärtigen Amt Bescheid bekommen. Sie fahren alle in dieser Woche nach Genf und wollen, daß er bis zu ihrer Rückkehr, um den 20. September, wartet und dann »zu einer Besprechung« nach London kommt. Es ist immerhin noch eine Frist, aber es wäre mir lieber, wenn die Dinge endgültig geklärt wären.

Ein pensionierter Geschäftsmann will von mir wissen, wie er mit einer leidenden Frau in einem Hotel in Kensington glücklich leben kann. Woher soll ich das wissen? Ich schreibe keine Romane. Soll ich Dir den Brief zur Beantwortung schicken? Er scheint mehr auf Deiner Linie zu liegen als auf meiner. Es liegt ein Essay über Kaninchen bei.

Herrje, ich wünschte wirklich, ich hätte Dich immer im Haus. Hast Du *Oroonoko* gelesen?[2] Gefällt es Dir? Magst Du mich? Würdest Du mich vermissen, wenn ich verschwinden würde? Warst Du deprimiert? Meinst Du immer noch, Du wärest eine schlechte Schriftstellerin? Mochtest Du Harold neulich?

Auf der Straße draußen blöken Schafe. Der Klang schleudert mich geradewegs zurück auf die Straße von Bakhtiari. Wie heiß es jetzt dort sein muß und wie verlassen. Ich wünschte, ich wäre dort in einem Zeltlager mit Dir.

V.

[1] Harold Monro (1879–1932), der Dichter und Verleger, Gründer der *Poetry Review* und Besitzer des Poetry Bookshop, von dem er hoffte, daß Dorothy Wellesley diesen finanziell unterstützen würde.

[2] Von Aphra Behn (1688).

Freitag, 2. September [1927] *Monks House, Rodmell [Sussex]*

Liebste Mrs N.:

Also, es ist alles geklärt. Lady G. Wellesley hat mich gekauft. Sie hat 25tausend Pfund angezahlt und den Rest als Hypothek, also gehöre ich ihr auf Lebenszeit. Ich darf den Rolls-Royce benutzen und den Wein kosten.

In nüchterner Prosa gesprochen, werde ich allerdings Euch beiden nicht gehören, oder auch nur einer von Euch, wenn zwei von uns der einen gehö-

ren. Kurz gesagt, wenn Dottie Dein ist, bin ich es nicht. Darin steckt eine tiefere Wahrheit, die ich Dir zur Entdeckung überlasse. Es ist zu heiß zum Streiten: und ich bin zu deprimiert.

Long Barn.
Freitag abend [16. September 1927]

Auch wenn der Himmel Dich und Dottie zusammengeführt hat, kommt sie doch nicht vor Montag hierher. Sie bleibt bis Mittwoch morgen. Wenn Du also mit Leonard kommst, dann kommt am Montag oder Dienstag, *nicht* am Sonntag; das heißt, falls Du sie treffen willst. Und kommt überhaupt zum Mittagessen und nicht um 2.30 – eine lächerliche Ankunftszeit. Telegraphiere.

Ich bin so traurig und schockiert wegen Philip Ritchie.[1] Ich hatte keine Ahnung, daß er so krank war. Ich habe ihn kaum gekannt, aber er hatte einen freundlichen Blick, und Eddy mochte ihn, Tray auch. Außerdem ist es nicht richtig, daß Menschen im Alter von 28 sterben müssen.

Ich schäme mich, Dir sagen zu müssen, daß ich Mrs [Olwen Ward] Campbells *Shelley* vergessen hatte. (Ich vergesse nicht oft Dinge, die für *Dich* bestimmt sind.) Ich habe ihn heute morgen abgeschickt.

Ich kann nächsten Donnerstag nicht kommen, verdammt, weil es für die Jungen der letzte Tag zu Hause ist. Sie fahren am Freitag wieder zurück in die Schule. Ich könnte Donnerstag in 8 Tagen kommen, wenn das hilft?

Verlaß mich nicht sofort. Ich bin mehr auf Dich angewiesen, als Du denkst.

V.

[1] Ritchie war am 13. September an einer septischen Lungenentzündung gestorben, einer Komplikation nach einer Mandeloperation.

Mittwoch [21. September 1927] *Monks House, Rodmell [Sussex]*

... Sehr in Eile, kann also nicht schreiben. Und ziemlich bedrückt. Das erkläre ich, wenn wir uns treffen, falls Du nett bist.

Long Barn.
Donnerstag [22. September 1927]

Mein Liebling, *warum* bedrückt? Ich dachte schon neulich, daß Du nicht ganz Du selbst wärest, und fragte mich, ob das alles nur meine Einbildung ist. Ich nehme an, morgen in London wird es ziemlich hoffnungslos für mich sein, weil ich (a) Nigel bei mir habe und es (b) B Ms Geburtstag ist und ich daher in die Ebury Street muß – aber wenn ich im Verlauf des Vormittags für einen Augenblick hineinschauen kann, selbst mit Nigel (den ich im Auto lassen kann), dann tue ich es. Ben hat sich inzwischen eine Grippe geholt und kann für ein paar Tage nicht zur Schule. Hör mal, ich hoffe, ich habe Dich am Montag nicht angesteckt. Meine Temperatur stieg auf 39,7°, nachdem Du gegangen warst. Ich war entsetzt bei dem Gedanken, ich könnte Dich angesteckt haben – habe ich es? Ich wäre Dir aus dem Weg gegangen und hätte Dich allein dem Gespräch mit Dottie überlassen, wenn ich es gewußt hätte, aber ich dachte, ich hätte nur eine Erkältung.

Richte Leonard aus, es tut mir leid, daß meine Besprechung von Gertrude Bells Briefen so schlecht war.[1] Ich schreibe einen Artikel, den ich ihm anbiete, wenn er will.

Ich wünschte, ich wäre heute mit Dir zusammen, zum Teufel mit allem; ich möchte wissen, was los ist.

Deine
V.

[1] In *The Nation*, 1. Oktober 1927.

Photographien

Oktober – Dezember 1927

Am 9. Oktober schrieb Virginia fast beiläufig gegen Ende eines langen Briefes an Vita, daß sie beschlossen hatte, ein Buch über sie zu schreiben, das Orlando *heißen sollte. Über das folgende Jahr wurde dieses Buch zu einem Spiel zwischen den beiden. Virginia verlangte Einzelheiten aus Vitas Vergangenheit. Vita versuchte aus Virginia etwas mehr über ihr Vorhaben herauszubekommen. Derweil schrieb Vita* Twelve Days *und setzte ihre Affäre mit Mary Campbell fort, die sie bis dahin versucht hatte, vor Virginia zu verbergen.*

9. Oktober [1927] *Tavistock Sqre. 52 [W. C. 1]*

Sieh doch, Liebste, was für eine wunderschöne Seite dies ist, und bedenke, wie sie, wenn es keine spanische Wand und keine [Mary] Campbell gäbe, bis zum Überlaufen angefüllt wäre mit unglaublichen Liebesspielen: unvorstellbaren Indiskretionen: an deren Stelle nun nichts außer dem gesagt wird, was eine Campbell hinter der spanischen Wand mithören darf. . . .

Gestern morgen war ich verzweifelt: . . . Ich konnte kein Wort aus mir herausquetschen; und ließ zuletzt den Kopf in meine Hände sinken, tauchte den Federhalter in die Tinte und schrieb wie automatisch diese Worte auf ein leeres Blatt: Orlando: Eine Biographie. Sobald ich das getan hatte, wurde mein Körper mit Begeisterung und mein Kopf mit Ideen durchflutet. Ich habe hastig bis 12 geschrieben. . . . Aber paß auf, mal angenommen, Orlando stellt sich als Vita heraus; und es handelt alles von Dir und den Vergnügungen Deines Fleisches und den Verlockungen Deines Verstandes (ein Herz hast Du nicht, so wie Du auf den Feldwegen mit der Campbell herumschäkerst) . . . Würde es Dir etwas ausmachen? Sag ja oder nein: . . .

Long Barn.
Dienstag [11. Oktober 1927]

Mein Gott Virginia, wenn ich jemals vor Begeisterung und Schreck gezittert habe, dann bei der Aussicht, in die Form von Orlando gegossen zu werden. Was für ein Spaß für Dich; was für ein Spaß für mich. Siehst Du, jede Rache, die Du jemals nehmen wolltest, wird zum Gebrauch bereitliegen. Ja, nur zu, wirf Deinen Pfannkuchen in die Luft, brate ihn schön braun von beiden Seiten an, gieße Brandy drüber und dann serviere ihn heiß. Du hast ganz und gar meine Erlaubnis. Denk nur daran, daß Du es, wenn Du mich gestreckt und gevierteilt, aufgewickelt und neu verdreht hast, oder was auch immer Du mit mir vorhast, Deinem Opfer widmen solltest.

Und was für einen reizenden Brief Du mir geschrieben hast, [Mary] Campbell hin oder her. (Wie geschmeichelt sie wäre, wenn sie es wüßte. Aber das tut und wird sie nicht.) Wie recht ich hatte – nicht, daß es große Hellsichtigkeit erfordert hätte –, als mir bei Clive klar wurde, daß da die überaus ... was soll ich sagen? Du verlangst Treue und Hingabe, aber wenn ich schreiben würde, was ich wirklich denke, dann würdest Du sagen, daß Vita etwas dick aufträgt. Also werde ich mich lieber nicht Deinen höhnischen Bemerkungen aussetzen. Aber wie recht ich nichtsdestotrotz hatte, und daß ich mich Dir in Richmond aufgedrängt habe [im Januar 1923] und damit die Weichen für die Explosion gestellt habe, die auf dem Sofa in meinem Zimmer stattfand, als Du Dich so schändlich aufgeführt und mich für immer an Dich gebunden hast. Mich an Dich gebunden, das hast Du gemacht, so wie man einen jungen Hund in einem Geschäft kauft und ihn an der Leine fortführt. Immer noch trotte ich hinter Dir her, immer noch an der Leine. Vor aller Welt, wie Pinker.

Gestern abend gab es das herrlichste dunstige Mondlicht, das ich in meinem ganzen Leben gesehen habe. Nein, ich bin *nicht* die Wege hinuntergegangen. Ich hing an meinem Fenster und habe den toten Blättern gelauscht, die in dem Schweigen hinabtrudelten. Ich dachte daran, wie ungemein reizend und einsam es in Laughton sein muß.[1]

Es tat mir leid wegen Laughton – ein Ort aus einem Märchen, damit Virginia darin leben kann.

Moody[2] schreibt einen Roman. Über Spiritualismus.

Nein, ich habe noch nie von Mr Cecil Beaston [sic] gehört, aber geh bitte hin und laß Dich photographieren und gib mir eins.

Liebling, ich kann morgen nicht hochkommen und schicke Dir ein Telegramm mit dieser Nachricht. Ich sage Dir nicht warum – ein erbärmlicher Grund. Ich werde aber nächste Woche kommen und wahrscheinlich in London übernachten. Und wie steht es damit, daß Du in den nächsten Tagen einmal hierherkommst? Du hast gesagt, Du würdest, und die Vorteile liegen auf der Hand.

Kein Wort von diesem verfluchten Auswärtigem Amt. Ich fürchte, sie hecken etwas sehr Düsteres aus. Harold nähert sich seiner Korrespondenz mit zunehmendem Zögern. Ach, übrigens, er hat sein Buch heute zu Ende gebracht, und es ist zum Tippen fortgeschickt worden.[3] Also werdet Ihr es bald haben. Ich wünschte, Du wärest hier. Die Tage und Nächte sind so schön, wie es nur im Herbst möglich ist. Das hört sich an wie Clive, wenn seine Herbstfeuer am besten lodern und ihm reife Äpfel auf den Kopf fallen, aber ich versichere Dir, ich bin nicht in der gleichen Stimmung wie Clive. Meine Freude ist rein ästhetisch und, Landpomeranze, die ich nun mal bin, gut, arbeitsam und liebevoll; aber wie lange wird es dauern, bis ich ausbreche? Ich würde niemals ausbrechen, wenn ich Dich hier hätte, aber Du läßt mich unbewacht. Nun, nichts davon hat irgend etwas zu bedeuten, also bilde Dir nicht ein, es hätte. Ich bin Virginias liebes Hundchen, das mit dem Schwanz auf den Boden klopft und für ein freundliches Tätscheln empfänglich ist.

V.

[1] Laughton Place in der Nähe von Glynde war ein Haus mit Graben aus dem sechzehnten Jahrhundert. Die Woolfs hatten mit dem Gedanken gespielt, es zu kaufen.

[2] George Horne, der Butler in Long Barn.

[3] *The Development of English Biography*, im Februar 1928 bei der Hogarth Press erschienen.

Long Barn, Weald,
Sevenoaks.
Freitag [14. Oktober 1927]

Liebling, dieser Brief wird eilig und in einer aufgebrachten Stimmung geschrieben, um Dir mitzuteilen, daß Harold nächste Woche nach Berlin geht.[1] Hast Du nächsten Dienstag Zeit, wenn ich nach dem Mittagessen für ein Weilchen komme? Wir sind so wütend, aber es scheint unumgänglich zu sein. Wir haben es erst heute morgen gehört. Drei Jahre lang Berlin! Gütiger Gott, bewahre uns.

V.

Ich werde nicht vor Ende Januar dorthin fahren.

[1] Er wurde als Erster Botschaftssekretär dorthin versetzt.

Sonntag [23. Oktober 1927] *T.[avistock] S.[quare] 52 [W.C.1]*

Liebstes Wesen,

Ich fürchte, Du fühlst Dich heute abend einsam. Ich wünschte, ich wäre bei Dir. Harold ist ein sehr netter Mann, und ich bin froh, daß ich ihn kenne.

Würde es Dir passen, wenn ich Mittwoch, Donnerstag käme, Freitag wäre wohl schwierig, nehme ich an? Aber ich bin nicht sicher. Worüber hast Du denn normalerweise mit Lord Lascelles geredet? ...

Long Barn, Weald,
Sevenoaks.
Dienstag [25. Oktober 1927]

Geliebte liebliche Virginia,

Ich kann es aus Deinem Brief nicht rauskriegen – meinst Du Mittwoch oder Donnerstag? denn am Mittwoch muß ich mit (nicht lachen) dem König von Irak zu Abend essen. Aber am Donnerstag bin ich hier. Und allein. Ich werde am Mittwoch nicht in London übernachten, sondern nach dem Essen nach Hause fahren. Ich hätte Dich gestern fast besucht, als ich in London war, aber ich dachte, Du wärest vielleicht beschäftigt, und wollte Dir nicht lästig sein. Ich war so deprimiert. Ich war Dir dankbar für Deinen Brief, er war überaus willkommen und sehr nötig.

Ich werde versuchen, mich daran zu erinnern, worüber ich mit Harry Lascelles geredet habe! Er brachte nie einen Ton heraus, daher kamen wir nie sehr weit. Er hatte schöne Hände.

Liebling, ich habe ein paar reizende Bilder in Knole gefunden. Ich möchte *so* sehr, daß Du kommst. Pippin hat sechs Junge. Richte es Pinker aus. Bring sie mit, wenn Du kommst. Ach, ich möchte so, daß Du kommst. Sag mir Bescheid: Donnerstag oder Freitag – oder Samstag oder Sonntag, wenn Dir das lieber ist.

V.

Freitag morgen
[11. November 1927]

Ich fühle mich seit gestern abend wirklich absolut elend.[1] Ich hatte plötzlich das Gefühl, ich hätte in meinem Leben vollkommen versagt, da ich bisher anscheinend nicht in der Lage war, auch nur eine einzige gelungene Beziehung aufzubauen – Was soll ich nur machen, Virginia? willensstärker sein, nehme ich an. Nun, zumindest werde ich keine weiteren Fehler hervorbringen! Mein Liebling, ich bin Dir dankbar; Du hattest ganz recht zu sagen, was Du gesagt hast; es hat mir den Kopf zurechtgerückt; ich lasse mich zu leicht treiben.

Aber paß auf, denke daran und glaube mir, daß Du für mich etwas absolut Lebensnotwendiges bist. Ich übertreibe nicht, wenn ich sage, daß ich nicht weiß, was ich machen würde, wenn Du aufhören würdest, mich zu mögen – verärgert sein würdest – gelangweilt sein würdest. Du hast mich sogar durch das, was Du über Clive gesagt hast, ziemlich verstört. Du meinst doch sicherlich nichts Ernstes? Ach nein, das wäre undenkbar. Ich werde mir darüber nicht den Kopf zerbrechen – Es gibt auch so genug, worüber ich mir den Kopf zerbrechen kann.

Liebling, vergib mir meine Fehler. Ich verabscheue sie selbst und weiß, daß Du recht hast. Aber es sind nur alberne, oberflächliche Dinge. Meine Liebe zu Dir ist absolut wahrhaftig, lebendig und unwandelbar –

V.

[1] Vita hatte Virginia von ihrer Affäre mit Mary Campbell erzählt und von Roys Wut, als er sie entdeckte.

Freitag abend [11. November 1927] [Tavistock Square 52, W.C.1]

Liebstes Wesen,

Du hast mir das Gefühl gegeben, ich sei völlig gefühllos – und das wollte ich nicht sein. Man kann seinen Tonfall nicht bewußt lenken, nehme ich an; denn nichts von dem, was ich gesagt habe, könnte Dich von seiner Substanz her auch nur eine halbe Sekunde lang elend fühlen lassen – nur daß Du nichts dagegen tun kannst, daß Du wacklige Typen anziehst.

... Und ich bin zur Hälfte oder zu einem Zehntel eifersüchtig, wenn ich Dich mit den Valeries und Marys sehe: also kannst Du das abziehen.

Und das ist, soweit es mich betrifft, alles. Ich bin so glücklich zu glauben, daß Dir wirklich *etwas an mir liegt: denn ich komme mir oft alt vor, gereizt, streitsüchtig, schwierig (aber reizend) und fange an, Zweifel zu haben. ...*

Long Barn, Weald,
Sevenoaks.
Donnerstag [17. November 1927]

Es ist wirklich zum Verfluchen: bevor ich Deinen Brief erhalten habe, hatte ich versprochen, am Montag abend nach Brighton zu fahren, und jetzt kann ich da nicht mehr raus, obwohl ich es versucht habe. B M war heute hier, und ich hatte Deinen Brief nicht beantwortet in der Hoffnung, sie würde mich vom Haken lassen, aber es hat nichts geholfen, und jetzt wirst Du denken »Ach verdammte Vita, jetzt ist sie schon wieder vollgestopft« – so ein Glück habe ich mal wieder. Ich kann es Dir nicht verübeln, wenn Du das denkst. Was mich so verrückt macht, ist, daß Du sagst, Du wärest am Montag abend allein. Ich wünschte, Du hättest das neulich gesagt – am letzten Montag, meine ich. Ich komme also lieber nicht zum Mittagessen? auch wenn ich Dich danach nicht dem Verlag entreiße.

Oxford war eine Wiederholung von *Deinem* Oxford: Abendessen mit Mr Aubrey Herbert und dann diese Zusammenkunft bei St Hugh. Mein Vortrag,[1] und danach häßliche Fragen. Eine Flasche Weißwein nach der Rückkehr ins Hotel (diesmal das Mitre, nicht das Clarendon) und dann ein erschöpfter Schlaf. Ich habe mich gefragt, warum Du nicht müder gewesen bist? Ich habe mich gefühlt wie ein trockener Schwamm – aber konnte mich daran erinnern, daß Du so vergnügt wie eine Springmaus warst ... Wie habe ich mir gewünscht, Du wärest da. Es ist mir alles wieder mit schmerzhafter Lebendigkeit eingefallen. Warum haben wir nicht mehr Dinge, auf die wir zurückblicken können? Die wenigen Tage, in denen wir gemeinsam von London fort waren, treten für mich mit genau dem Unterschied hervor, der zwischen dem stereoskopischen Bild, das ich Dir gezeigt habe, und einer gewöhnlichen Photographie besteht.

Wo ich schon von Photographien spreche, ich habe aus Versehen die Mappe von Lenare mitgenommen. Soll ich sie zurückschicken? Die Leute von Kodak haben mir den Film für heute versprochen, aber ich habe ihn noch nicht.

Ist das ein liebevoller Brief? Nicht sehr, wirst Du sagen, und doch steckt eine Menge mehr dahinter, wenn Du es nur wüßtest.

Geht es Dir gut? Magst Du mich? Sehe ich Dich überhaupt am Montag, oder nicht? Ich gerate in Verzweiflung, wenn diese Pannen auftreten.

Wo bleibt das Französisch, das ich übersetzen soll? Und das Wichtigste überhaupt, wann kommst Du und bleibst über Nacht? Ich habe das Gefühl, das wäre nicht nur wichtig, sondern lebensnotwendig. Komm doch am nächsten Samstag, und ich bringe Dich am Sonntag rechtzeitig zu Osberts Stück wieder rauf.[2] Erwäge das doch einmal, denn ich habe *wirklich* das Gefühl, daß es dringlich ist. Du vielleicht nicht, aber ich schon. Ich möchte, daß Du kommst.

V.

[1] Vita sprach über moderne Dichter.
[2] Osbert Sitwells Stück *All at Sea*.

Montag [5. Dezember 1927] *[Tavistock Square 52, W.C.1]*

Soll ich am Samstag über Nacht bleiben? es scheint die einzige Möglichkeit zu sein. Sag mir Bescheid. . . .

Würdest Du, wenn ich Dich anrufen würde, sagen, daß Du mich magst?

Wenn ich Dich treffen würde, würdest Du mich küssen? Wenn ich im Bett wäre, würdest Du –

Ich bin heute abend wegen Orlando *ziemlich aufgeregt; habe am Feuer gelegen und mir das letzte Kapitel ausgedacht.*

Long Barn.
Dienstag [6. Dezember 1927]

Ich bin verzweifelt: Samstag ist der einzige Abend, an dem ich jemand zu Besuch habe; nämlich Dottie – ich habe versucht, sie zu verlegen, aber sie sagt, es wäre der einzige Tag, an dem sie kommen könnte. Hölle und Teufel. Könntest Du *unter Umständen* auch Donnerstag, Freitag oder Sonntag kommen? Ich fahre morgen für eine Nacht nach Brighton, bitte schicke Deine Antwort ans Metropole[1] – Wenn Du kommen kannst, werden alle Deine Fragen positiv beantwortet. Es ist praktisch unmöglich, in dieses Haus rein- oder rauszukommen, weil sich vor jeder Tür ein weitgeöffnetes Loch auftut – man muß springen – sehr gefährlich, aber ziemlich aufregend.[2] Und stinkende Männer krabbeln überall wie Käfer auf dem Boden herum. Aber egal – streng Dich nur richtig an – komm – und sieh, wie nett es sein wird.

V.

[1] Das Metropole Hotel in Brighton, wo Lady Sackville den Winter verbrachte.
[2] In Long Barn wurde eine Zentralheizung eingebaut.

Knole, Sevenoaks,
Kent.
Donnerstag [29. Dezember 1927]

Wird Dich das hier jemals erreichen? bist Du vollkommen eingeschneit? ist es sehr schön in den Downs? gefällt es Pinker? bist Du vielleicht nach London zurückgekehrt? hast Du irgend etwas zu essen? Werde ich es jemals morgen nach Sherfield schaffen? werde ich Dich jemals wiedersehen? werde ich jemals ein weiteres Buch schreiben? Ich habe das Gefühl, die Antwort auf die meisten dieser Fragen wäre negativ.

Ich habe Deinen Scheck eingelöst, nicht weil ich die 12/6 wollte, sondern weil ich dachte, das würde Dein Gefühl, so wie andere Frauen zu sein, noch verstärken – und ich wußte, daß er schließlich mit meinem Vermerk auf der Rückseite zu Dir zurückkehren würde, ganz so, als wärest Du ein richtiger erwachsener Mensch. Morgen also werde ich Ethel [Smyth] und ihrem Adlerauge gegenüberstehen. Ich habe das Gefühl, ich darf keine Begeisterung über irgend jemanden unter meinen Freunden an den Tag legen; oder sag mal, soll ich ein vollständiges Ablenkungsmanöver inszenieren? Das wäre ein Spaß. Ich werde eine neue Schönheit erfinden, die noch niemand jemals gesehen hat, ich werde Ethel fragen, ob ich sie zu einem Abendessen mitbringen darf, einem Abendessen, das durch den einen oder anderen Vorwand ständig verschoben werden muß. Wie wollen wir sie nennen? Denk Dir einen passenden Namen aus, etwas sehr Romantisches wie Gloria Throckmorton oder Lesbia Featherstonehaugh. Sie ist erst neunzehn, ist von ihrer Familie in Merioneth fortgelaufen und hat sich eine Wohnung in London genommen. Sie ist reizender als Valerie[1], klüger als Virginia, wollüstiger als Mary und eine bessere Golfspielerin als Cecilia Leitch[2].

An Weihnachten bin ich nach Brighton gefahren, mit links und rechts aufspritzenden Springfluten und durch sintflutartigen Regen. Ich habe sehnsüchtig nach links geschaut, als ich durch Lewes kam.

Knole ist vollkommen weiß und weich, und der Schnee fällt mit einem lauten Plumps, wenn ihn die Männer vom Dach schippen. Wir sind, abgesehen von Fußwegen, vollkommen abgeschnitten. Kein Auto, kein Telefon. Ich wünschte, Du wärest hier. Du kommst doch aber nach Long Barn, oder? und nicht in puritanischer Geistesverfassung?

Deine
V.

[1] Valerie Taylor, Schauspielerin.

[2] Die Siegerin der britischen Golf-Meisterschaften für Frauen 1914 und noch einmal 1920–1921. Sie nannte sich Cecil, nicht Cecilia.

Januar – April 1928

Der Januar 1928 war ein trauriger Monat für Vita. Ihr Vater, Lord Sackville, starb langsam und unter großen Schmerzen in Knole. Im Februar begann Vita mit der Hilfe ihres Cousins Edward Sackville-West, der sprachkundiger war, eine Übersetzung der Duineser Elegien von Rilke. Im März hielten sie und Harold Vorträge in Kopenhagen. Virginia war zwar häufig krank, kam aber mit Orlando *gut voran.*

Knole, Sevenoaks,
Kent.
Freitag [6. Januar 1928]

Sollte Dein Telegramm einen Befehl übermitteln oder nur eine Nachricht? Ich meine, sollte es lauten »Liebe Virginia!« – als Imperativ – oder »In Liebe, Virginia.«? Ganz gleich, wie man es liest, es war sehr nett und kam unerwartet, und als Befehl wurde es befolgt. Darling, Dada war so krank; wir dachten, es wäre eine Grippe, und dann plötzlich schlug es um in eine Lungenentzündung. Wir standen furchtbare Ängste aus, und obwohl es ihm heute bessergeht, sagt der Arzt noch immer nicht, daß er außer Gefahr ist. Darum bin ich noch hier, und ich glaube, ich muß die ganze nächste Woche hier bleiben – ich kann ihn mit den Dienern und Krankenschwestern nicht hier in diesem großen Haus allein lassen, er wäre zu unglücklich. Es juckt mich in den Fingern, vorzuschlagen, Du solltest über eine Nacht – oder länger – herkommen, denn ich bin allein hier; ich meine, er wird noch immer im Bett liegen – aber ich weiß nicht, ob Du Lust dazu hast? Es würde *Orlando* sehr guttun (behaupte ich vorsichtig), und ich stelle fest, daß man die Gesellschaft von Krankenschwestern sehr schnell über hat.

Rebecca West hat einen Artikel über *The Land* geschrieben, der es geschafft hat, mich zu ärgern; ich hasse es, wenn man mir sagt, meine Empfindungen dem Land gegenüber wären nicht echt, sondern nur was ich glaube, daß es Menschen dem Land gegenüber empfinden *sollten*; das ist *nicht* wahr. Außerdem hat es mich geärgert, daß der Femina-Preis an dieses Greuel vergeben wurde und nicht an Dich; siehst Du, wenn er Dir verliehen worden wäre, dann hättest Du Dich nie wieder über mich lustig machen dürfen.[1] Und daher ist meine literarische Stimmung voll von Gift und Galle. Außerdem möchte ich Dich sehen, bin aber hier gebunden – Zum Teufel mit allem –

Deine
V.

[1] Der Femina-Preis war noch gar nicht vergeben worden. Er ging tatsächlich an Virginia für *To the Lighthouse*.

Knole, Sevenoaks,
Kent.
20. Januar [1928]

Virginia, Liebling, ich habe Dir versprochen, Dich wissen zu lassen, wie es Dada geht – er ist furchtbar krank, er hat Perikarditis – (Herzbeutelentzündung –), und es besteht nur eine sehr geringe Chance, daß er doch noch durchkommt. Wir können uns nur daran klammern und abwarten, was die nächsten zwei, drei Tage bringen. Ich habe nach Harold telegraphiert, er kommt heute abend an. Es ist ein Alptraum, besonders weil er unter furchtbaren Schmerzen leidet, und sie trauen sich kaum, ihm Medikamente zu geben, um sie zu lindern. Wenn er nicht solche Schmerzen hätte, wäre es nicht so schlimm – aber so wie es steht, ist es einfach gräßlich, ihn zu sehen –, und er ist ein *Engel* an Geduld und Klaglosigkeit. Die ganze Atmosphäre im Haus erinnert mich ganz lebhaft an das Ende von *The Voyage Out*.

Mach Dir keine Umstände, das hier zu beantworten, aber ich dachte, Du würdest Dich fragen, was mit mir los ist.

Deine unglückliche
Vita

Knole, Sevenoaks,
Kent.
[27. Januar 1928]

Mein Liebling, es tat mir furchtbar leid zu erfahren, daß Hardy und Meredith gleichzeitig zu viel für Dich war,[1] aber es hat mich etwas aufgemuntert, als ich von Dottie hörte, daß sie Dich heute abend besucht. Harold sollte uns heute verlassen, und ich wollte mit ihm nach London fahren, aber es ging meinem Vater gestern so schlecht, daß er die Abreise verschoben hat, und ich bin ihm dankbar dafür, denn es geht ihm heute viel schlechter, und ich fürchte, es gibt nicht mehr viel Hoffnung. Sein Herz läßt ihn nun nach der langen Belastung im Stich. Wir können nichts tun als dasitzen und warten, was geschieht. Es ist jetzt noch grausamer, weil er sich doch neulich scheinbar erholt hatte. Olive [Rubens] tut mir schrecklich leid – für sie ist es schlimmer als für irgend jemand sonst.

Ich hätte angerufen, um zu fragen, wie es Dir geht, aber ich störe Leonard nicht gerne: Aber ich hoffe doch, die Tatsache, daß Du Dottie triffst, bedeutet, daß es Dir etwas bessergeht.

Deine liebende
V.

[1] Thomas Hardy war am 11. Januar gestorben, und Virginia hatte an seiner Beerdigung in Westminster Abbey teilgenommen; sie war zudem mit der Vorbereitung von »The Novels of George Meredith« für das *Times Literary Supplement*, 9. Februar 1928, beschäftigt. Sie schrieb an Eddy Sackville-West, daß sie in einer Woche alle Romane von Meredith hatte lesen müssen.

Knole, Sevenoaks,
Kent.
Montag [30. Januar 1928]

Mein Liebling, vielen Dank für Deinen überaus lieben kleinen Brief. Ich finde es sehr schwer, überhaupt darüber zu sprechen – eines Tages werde ich Dir davon erzählen.[1] Augenblicklich kommen mir nur die groteskesten Ideen in den Kopf, wie zum Beispiel: Was für ein guter Stoff wäre all das für Virginias Buch. Die ganze Sache ist eine Mischung aus Tragik, Groteske und Großartigkeit.

Glücklicherweise hat man kaum die Zeit nachzudenken. Er liegt in der Kapelle, und ich wünschte, Du könntest es sehen. Es ist sehr schön und sehr unwirklich.

Ich fahre morgen nach der Beerdigung zurück nach Long Barn. Ich würde Dich gern bald besuchen, wenn ich darf. Inzwischen liebe mich bitte, wie Du immer sagst, daß Du es tust –

Deine Vita

[1] Lord Sackville war in Knole am 28. Januar wenige Minuten nach Mitternacht an Perikarditis gestorben.

Long Barn.
Donnerstag [2. Februar 1928]

Mein Liebling, was für ein Engel Du für mich bist. Ich wünschte, ich würde heute abend mit Dir essen, aber ich habe Olive [Rubens] mitgebracht, die hier bei mir wohnt und die ich nicht allein lassen möchte. Sie wird am Montag abfahren, und ich denke, ich werde am Montag nach London kommen, soll ich Dich dann also besuchen? am Abend. Ich verspreche, daß ich in keiner düsteren Stimmung sein werde – und wenn Du an irgendeinem Abend der nächsten Woche hierherkommen würdest, könnte mir nichts größere Freude bereiten. Ich brauche Dir das aber nicht zu sagen. Harold ist fort, ich werde also allein sein. Innerhalb der nächsten drei Wochen fahre ich nicht nach Berlin.

Ich bin gerade von Withyham zurückgekommen, der Boden der Kapelle dort ist vollkommen mit Blumen bedeckt.[1]

Liebling, ich liebe Dich so sehr, und Du bist so reizend zu mir. Ich würde Dich so gerne sehen –

Deine
V.

[1] Die Dorfkirche in Sussex, wo alle Sackvilles seit dem sechzehnten Jahrhundert begraben worden waren.

Freitag [3. Februar 1928] *[Tavistock Square 52, W.C.1]*

Ja, geliebter Schatz, ich werde den ganzen Montag abend hier sein und erwarte Dich irgendwann nach fünf. . . .

Laß Dich nicht davon abhalten, Dich so elend, wie Du willst, bei mir zu fühlen – ich habe selbst eine starke Neigung dazu –

Über Dich stürzen jetzt tausendfach nutzlose, aber durchaus aufrichtige liebevolle Grüße herein – ich weiß, das ist sehr, sehr schrecklich, mein armer lieber Schatz.

Long Barn.
Sonntag [5.Februar 1928]
[*mit dem Bleistift*]

Mein Liebling, *nichts auf der Welt* ist mir lieber, als morgen mit Dir allein zu Abend zu essen – ich hatte nicht gewagt, das vorzuschlagen, weil ich nicht dachte, daß Du allein wärest – ich werde gegen 7 kommen – einverstanden?

V.

Long Barn.
Mittwoch [8. Februar 1928]

Mein Liebling, ich glaube, Du bist nicht nur der intelligenteste, sondern auch der netteste Mensch, den ich kenne. Ich werde nie vergessen, wie lieb Du zu mir warst. Du hast nur einen ernsthaften Rivalen in meiner Zuneigung, und das ist Bosmans Potto.[1] Ich muß sagen, er ist unwiderstehlich, genau wie Du – nicht, daß ich jemals groß versucht hätte zu widerstehen, von dem Abend hier an, an dem Du Dich so skandalös benommen hast, bis hin zum heutigen Tag.

Ich kann Dir nicht sagen, wie sehr ich die Sonne und die Fische mag (um so mehr, weil es ausschließlich um Dinge geht, die wir gemeinsam unternommen haben), und ich bestelle ein Exemplar von *Time and Tide*.[2] Wenn Du am Freitag kommen würdest, wäre ich überglücklich, aber ich möchte *nicht*, daß Du Dich anstrengst, und ich weiß, daß Du beschäftigt bist, also fühle Dich nicht verpflichtet, mein Liebling. Aber solltest Du kommen, könntest Du dann die Zeichnung von Vanessa mitbringen?

Ich habe den ganzen Tag Briefe geschrieben und habe es jetzt fast geschafft, daher werde ich morgen vielleicht in der Lage sein, ein düsteres kleines Gedicht für Dich zu schreiben, nur über die Sterblichkeit.

Die *N. Y. Tribune* schreibt, *The Land* sei das fadeste Gedicht, das jemals in diesem Genre geschrieben worden sei . . . Ich nehme an, sie haben recht.

Max Beerbohm hat gut reden, aber er weiß nicht, was Du wirklich magst – und auch nicht, was für ein Herz aus Gold Du hast.

Ich liebe Dich *wirklich*.

Deine
V.

[1] Der Name, den Virginia in Briefen an Vita für sich selbst benutzte.

[2] Virginias Artikel über die Sonnenfinsternis, die sie gemeinsam mit Vita am 29. Juni 1927 beobachtet hatte, »The Sun and the Fish«, erschien in *Time and Tide* am 3. Februar 1928.

Long Barn.
Dienstag [21. Februar 1928]

Geliebter geliebter Potto – könntest Du es *unter Umständen* auf Donnerstag verlegen? Ich sage Dir, warum: es ist so, daß ich, wenn ich in England am Samstag abfahre, am Sonntag frühmorgens in Berlin ankomme, und der Sonntag ist Harolds freier Tag – und wenn ich am Samstag abfahren will, muß ich am Freitag nach London raufkommen – Aber wenn Du es am Donnerstag nicht schaffst, dann verschiebe ich die Abreise – es ist wirklich nicht so wichtig, aber ich dachte, ich frage Dich für den Fall, daß es geht. Rufst Du mich morgen früh an? Ich würde Dich ja jetzt anrufen, aber es scheint, als würde ich immer Leonard erwischen – also suche Dir selbst die Zeit aus.

Ich hoffe, Deinem Hals geht es besser.

Was für eine reizende Unterschrift. Da kann ich nicht mithalten.

Die Zeichnung von Dir [von Vanessa Bell] steht gerahmt auf meinem Schreibtisch.

Ich kann Dich mit dem Auto nach London mitnehmen, ganz gleich, an welchem Tag Du kommst – weil ich dann abreise. Denk dran, mich anzurufen, denn ich nehme an, ich sollte meine Fahrkarten besorgen. Ich habe Dadas Auto bekommen, und es ist so schnell wie Captain Campbells.[1]

Deine liebende
V.

P. S. Aber sag jetzt nicht auf Deine hochwohlgeborene eifrige Art »Ich komme gar nicht«.

[1] Captain Malcolm Campbell stellte am 19. Februar 1928 in Daytona Beach, Florida, mit seinem Auto *Bluebird* den Geschwindigkeitsweltrekord zu Lande auf.

Brückenallee 24
Berlin N.W.23
Mittwoch [29. Februar 1928]

Mein Liebling, hier bin ich also und fühle mich wieder eher wie eine Dohle mit einem gebrochenen Flügel – aber ich habe ein reizendes Blatt Papier, oder? um darauf an Virginia zu schreiben. Könntest Du Dir übrigens die Adresse oben notieren? und mir hierher schreiben, denn wenn Du an die Botschaft schreibst, bekomme ich es nicht vor dem Mittagessen, wenn Du aber hierher schreibst, wird der ganze Morgen durch den Gedanken aufregender, daß jeden Moment die Post gebracht werden könnte. Das *ist* ein verfluchter Ort, soviel ist sicher; und meine Gefühle, die, wenn ich ihnen nachgeben würde, ganz aus Aufruhr und Verzweiflung bestehen würden – nur aus Zorn und Tränen –, werden durch das Gefühl verkompliziert, daß ich Berlin wegen Harold nicht verabscheuen darf, d. h., es handelt sich implizit um eine Kritik an ihm und um einen Groll, und ich kann es nicht ertragen, einen Gedanken zu hegen, der auf ihn zurückfällt – außerdem kann er nichts dafür, nehme ich an – und so ist es mit dem einen oder dem anderen Gefühl ziemlich schwierig. Derweil gibt sich Berlin die größte Mühe, im Fahnenschmuck fröhlich auszusehen: mit der schwarzen Fahne von Afghanistan. Die Beamten, die den Auftrag hatten, den Empfang der Afghanen vorzubereiten, befanden sich in Aufruhr, weil sie gewarnt worden waren, daß der König fünf Betten in seinem Zimmer haben wollte. Würde er denn, so fragten sie, vier Frauen mitbringen? Nein, er brachte nur eine Frau mit und eine Dame, die angesichts europäischer Gepflogenheiten seine Schwägerin genannt wurde. Warum dann fünf Betten? warum nicht drei? Es sikkerte dann durch, daß nach afghanischer Sitte der Rest der Nacht nicht in dem Bett verbracht werden darf, in dem der Liebesakt vollzogen worden war; wenn also dem König danach war, diesen Akt mit einer oder beiden der Damen auszuführen, so mußten zwei Ersatzbetten vorhanden sein, in die sie überwechseln konnten.

Die Deutschen fanden das sehr merkwürdig. Ich meine im Gegenteil, daß es einen hohen Stand von Zivilisation offenbart. Frage Potto, was er darüber denkt. Und glaubst Du, daß Queen Mary momentan die Einrichtung eines Schlafzimmers mit fünf Betten im Buckingham Palace überwacht?

Paß auf: ich kann nicht vor dem 28. zurückkommen. Gibt es *irgendeine* Chance, daß Du dann noch da bist? Ich sage Dir, warum: weil sich herausgestellt hat, daß Harold für uns beide am 25. eine Reise nach Kopenhagen organisiert hat, wo wir DEN DÄNEN VORTRÄGE HALTEN – ha! ha! – er über Byron und ich über Dichtung.

Ich habe eine neue Freundin hier, die es schon wegen ihrer gänzlich phantastischen Nationalität und ihrem Temperament durchaus wert wäre, eine Bewohnerin von Virginias Welt zu sein.[1] (Abgesehen davon, daß, wie wir wissen, nur Deine Welt phantastisch ist: Deine Figuren sind immer sanfte Damen und Gentlemen mit Universitätsbildung und makelloser Kultiviertheit.) Aber was meine Freundin angeht: als Griechin geboren, mit einer italienischen Mutter, verbrachte sie ihre Kindheit in Italien, wurde in die Schweiz eingebürgert, heiratete einen Schweden, der später die belgische Staatsbürgerschaft annahm. Irgendwo im Hintergrund gibt es auch noch eine russische Großmutter. Sehr groß und dunkel mit einer Masse von unordentlichen schwarzen Locken, und sie putzt sich anscheinend immer mit jedem einzelnen Kleidungsstück ihrer Garderobe heraus; große geblümte Schals, Bänder, Spitzen, Schärpen, Schleifen, Stolen, Handschuhe; und darüber hinaus baumeln von ihrem Handgelenk Fächer und Schlüsselbunde. Sie kann nicht durch den Raum gehen, ohne zwei oder drei dieser Dinge auf den Boden fallen zu lassen, worüber sie in seliger Ahnungslosigkeit verharrt. Als wäre diese bemerkenswerte Erscheinung noch nicht genug, wohnt sie in einem dunklen Haus, das vollkommen mit Sporen ausstaffiert ist. Große Sporen, kleine Sporen, silberne Sporen, Stahlsporen, stachlige Sporen; und ein paar Steigbügel als Zugabe obendrein. Sie hat keine Muttersprache, was kaum verwunderlich ist, sondern spricht normalerweise ein flüssiges und abscheuliches Französisch und hegt eine posthume und vollkommen sapphistische Leidenschaft für die Lady of Shalott.[2] Sie ist meine einzige Unterhaltung und Erholung in dieser trübsinnigen Stadt, gemeinsam mit einer anderen Dame, deren

Moral ich stark anzweifle und deren hauptsächliches Bindeglied zu mir eine rasende Begeisterung für die Werke von Virginia Woolf ist.[3] Ich muß Dir sagen, daß Du das Idol der Berliner Intelligenzija bist; daß aber die breite Masse Galsworthy vorzieht und – Jack London!, den sie für unseren führenden Autor halten.

Ich schlage vor, daß ich für Dotties Reihe die Gedichte von Rainer Maria Rilke übersetze, falls sie noch nicht übersetzt sind – und falls Du meinst, daß das eine gute Sache wäre. Sie sind ziemlich schwierig, aber sehr gut. Ich bin Dir *so* dankbar, daß Du mir gesagt hast, ich solle mir die Gedichte von Yeats kaufen, sie haben mich die ganze Bahnfahrt lang bei Laune gehalten. Ich mochte das über Leda,

»How can those terrified vague fingers push
That feathered glory from her loosening thighs?«[4]

Sie sind genauso, wie Gedichte sein sollten – aber wer hätte vorhersehen können, daß ausgerechnet Yeats am Ende seines Lebens in die Richtung Deines Freundes Tom Eliot umschwenken würde? Rilke ist davon auch nicht ganz unberührt – selbst davon nicht, imaginäre Figuren wie Mr Sweeney [Eliot] zu erfinden. Und doch glaube ich nicht, daß Rilke Eliot jemals gelesen hat.

Du wirst mir schreiben, oder? Ich kann Diplomaten wirklich nicht ausstehen – aber ich muß zugeben, daß die meisten Leute, die in unser Haus kommen, mehr oder weniger anrüchige Journalisten sind – außerdem Sinclair Lewis, der ein komischer Kerl ist – und die Frau, mit der er zusammenlebt.[5] Nichtsdestotrotz fühle ich mich so schrecklich wie ein Fisch auf dem Trockenen – und Harold sagt inzwischen, er wäre gern Botschafter – aber kannst Du Dir Deine arme Vita als Gattin eines Botschafters vorstellen? ich nicht – und die Aussicht erfüllt mich mit Schrecken. Das Schicksal spielt einem wirklich seltsame Streiche, wenn man eigentlich nur gärtnern will und schreiben und mit Potto reden – und statt dessen stattet man per Auto Besuche ab, mit einem Botschaftslakaien auf dem Wagenkasten, der eine Kokarde am Hut hat.

Ach ja, ach ja. Armer Orlando.

Deine

V.

[1] Else Lasker-Schüler.
[2] Der Titel eines Gedichts von Tennyson (1832).
[3] Margaret Goldsmith, die Frau von Frederick Voigt, einem britischen Auslandskorrespondenten, und selbst Schriftstellerin und Literaturagentin.
[4] »Wie könnten die erschrocken irrenden Finger / Abwenden die gefiederte Pracht von den sich lösenden Schenkeln.«
[5] Dorothy Thompson, die Journalistin, die er im selben Jahr noch heiratete.

Britische Botschaft,
Berlin.
8. März [1928]

Ich weiß, daß Du noch lebst, weil Clive Dich in seinen Briefen an Harold erwähnt (ja, diese Dokumente stapeln sich immer weiter auf und sind eine Quelle ausgesprochenen Vergnügens für uns), aber ich kann mir nicht vorstellen, daß Du mich noch liebst, denn ich habe kein Wort von Dir gehört. Und doch hatte ich Dir einen langen langen Brief geschrieben. Hast Du mich vergessen? oder bist Du nur beschäftigt? oder ist Potto eifersüchtig?

Hast Du jemals von einer Deiner Schriftstellerkolleginnen gehört, die Phyllis Bottome[1] heißt? Bisher hatte ich ihren Namen immer so ausgesprochen wie den Teil, auf dem man sitzt, aber ich erfahre jetzt, daß die korrekte Aussprache Bo-tóme lautet. Egal, also diese Dame hat nur einen einzigen Lebenswunsch, und zwar, Deine Bekanntschaft zu machen. Da sie meint, daß dies für sie unerreichbar sei, hat sie sich damit getröstet, eine Geschichte zu schreiben, in der sie von dem Treffen zwischen Dir und ihr erzählt. Sie beschreibt Dich so, wie sie sich Dich vorstellt. Also, wieviel würdest Du dafür geben, diese Geschichte lesen zu dürfen? Ich persönlich würde eine Menge dafür geben und versuche, sie in die Hände zu bekommen. (Sie existiert nur als Manuskript.) Miss Bo-tóme, die offenbar Bestseller schreibt, lebt nicht hier, sondern irgendwo in der Schweiz. Die Freundin, die mir davon erzählt hat, nimmt es sehr ernst und sagt, es wäre überhaupt nicht lustig, sondern bemitleidenswert; ich habe sie allerdings dazu überredet, ihr zu schreiben und sie um die Geschichte zu bitten.

Liebling, könntest Du mir bitte ein Exemplar von *Seducers* und ein Exemplar von *Passenger to Teheran* mit der Post des Auswärtigen Amtes schicken? Sie geht dienstags von London ab. Das ist GESCHÄFTLICH, denn *Seducers* könnte übersetzt werden. Beschrifte das Päckchen mit *Per Postsack nach Berlin*.

Gibt es Bücher zu besprechen? abgesehen davon, daß ich beim letzten Mal so spät dran war, daß ich nicht annehme, Leonard wird mir jemals wieder eins zukommen lassen.

Ach Liebe, ich habe *solch* ein Heimweh.

Deine

V.

[1] Phyllis Bottome (1882–1963).

Brückenallee 24,
Berlin N.W.23
14. März [1928]

Hier ist das hübsche große Papier, das Potto mag – ich habe ein sehr elegantes blaues Papier mit aufgedruckter Adresse und der Telefonnummer Moabit 37–94, aber wenn Potto dieses am liebsten mag, soll er es bekommen. Ich bin zu dem nicht sehr originellen Schluß gekommen, daß Virginia in jeder Hinsicht die bezauberndste Person der Welt ist – tatächlich habe ich in den letzten drei oder vier Tagen kaum etwas anderes gemacht, als daran zu denken, und bin in meiner Versunkenheit sehr glücklich; es war ein bißchen so, als würde ich ein kleines geheimes Leben führen, von dem niemand etwas weiß. Und paß auf, ich habe Bottomes Geschichte für Dich bekommen – und sie wird in ein oder zwei Tagen folgen. Diese Verzögerung ist notwendig, weil die Person, die sie für mich erhalten hat, sie noch einmal lesen möchte, bevor ich sie abschicke. Bottome ist von der Idee, daß Du sie liest, so begeistert, daß sie von der Schweiz aus nach Berlin telefoniert, um zu erfahren, ob sie schon unterwegs ist – und sie möchte, daß Du erfährst, daß »ihr die Idee in einem Traum gekommen ist«. In der Geschichte heißt Du Avery Fleming. Du mußt sie zurückschicken, wenn Du sie gelesen hast.

Ich hatte ein paar Querelen mit der Hogarth Press, wie Du an dem beiliegenden Scheck erkennen kannst. Der Grund war, daß ich annahm, sie würden es einfach von meinen Tantiemen abziehen, wenn jemals welche fällig werden; aber jetzt lege ich eilends und mit Entschuldigungen einen Scheck bei. Ich nehme an, unsere Bücher fertig zu machen bedeutet Angus' endgültigen Rückzug.[1] Und es gibt noch mehr Geschäftliches, bevor ich mich persönlicheren Angelegenheiten oder der Geist-Erforschung [*im Original deutsch*] zuwende: es gibt hier eine Frau mit dem Namen Margaret Voigt-Goldsmith, die Literaturagentin ist und Dir vor einiger Zeit geschrieben hat, um zu fragen, ob sie Deine Bücher betreuen dürfte, damit sie ins Deutsche übersetzt werden. Du hast sie an Curtis Brown verwiesen, und er hat ihr eine Antwort geschickt, die sich bei näherer Untersuchung als nicht ganz richtig erwiesen hat, d. h., er sagt, daß Fischer Deine Bücher hier herausbringt, was er anscheinend nicht tut. Könnte es daher eine Möglichkeit geben, daß die Betreuung Deiner Bücher dann doch an Margaret Voigt übertragen wird? Sie ist überaus nett und tatkräftig und intelligent; und, wie der Zufall es will, eine Busenfreundin von mir. Obwohl ich sie nicht empfehlen würde, wenn ich nicht sicher wäre, daß Du von ihr gut betreut werden würdest. Ihre Adresse lautet: Mrs Voigt-Goldsmith, Nürnberger Straße 7. Es wäre wirklich schade, wenn Du nicht ins Deutsche übersetzt würdest, wo sie hier doch alle über Dich Bescheid wissen; wenn Du also irgend etwas für Margaret Voigt tun kannst, solltest Du es, glaube ich, tun.

So. (Jetzt führe ich mich schon auf wie Eddy wegen Kurt Wagenseil.)[2]

Ich lege einen Brief von Louise bei, in dem sie Dir ihre Meinung über Clinker mitteilt.[3] »Clinker et bien bell« ist, glaube ich, *nicht* als ein Kalauer gemeint. Ich hoffe, Deine französische Orthographie ist besser als die von Louise.

Ich bin absolut dagegen, daß Du selbst durch Frankreich fährst. Es ist ausgesprochen gefährlich – und was hat es mit dem Fliegen auf sich? habe ich das so zu verstehen, daß Du den Boden verlassen hattest und daß diese Erfahrung ein für allemal vorüber ist und niemals wiederholt werden soll. Sollte das der Fall sein, bin ich sehr dankbar. Bitte schreib mir etwas darüber, damit die Schreckensqualen, von denen ich annehme, daß Du sie durchgemacht hast, nicht völlig vergeudet sind. Es *ist* schrecklich, daß ich Dich nicht treffe, bevor Du fährst, aber siehst Du, da ist Kopenhagen, was nicht ich organisiert habe, sondern Harold. Schick mir Deine Adresse in Cassis und *bitte* bleib nicht zu lange dort.

Himmel nein, was für ein mieses Volk Journalisten sein können. Ich habe gerade mit einigen in der Bar vom Adlon Hotel gesessen. Eine Frau war dabei, die uns von den Schlachthöfen von Chicago erzählt hat – wie die Kadaver auf beweglichen Plattformen immer im Kreis herumfahren und alle paar Meter etwas an ihnen gemacht wird. Es gab da einen blinden Mann, der 35 Jahre lang dort gestanden hat und seine Hand ausgestreckt hat, um bei jedem Kadaver irgendeinen besonderen Teil der Eingeweide herauszuziehen, wenn dieser vorbeikam, und er hat es nie verfehlt. Sie hat ein regelrechtes Epos daraus gemacht, aber die ganze Zeit über war mir so bewußt, wie physisch widerwärtig sie und ihre Kollegen waren, daß das halbe Vergnügen an diesen saftigen Dingen an mir vorbeigegangen ist. Aber ich muß zugeben, daß ich diese Unterwelt der internationalen Presse den sterngeschmückten Mitgliedern der diplomatischen Kreise vorziehe. Nein, Virginia, Orlando mag mit einem Auftrag zum Großkhan gereist sein, aber seine Nachfolgerin ist *nicht* dazu bestimmt, eine Exzellenz zu sein. Ich habe das Gefühl, daß die nächste Person, die mir die Hand küßt, eine gepfeffert bekommt.

Was muß ich Dir noch erzählen? Unser Kanarienvogel hat drei Eier gelegt und sitzt auf ihnen. Meine Mutter hat an meinen Onkel geschrieben und ihn gebeten, Knole für zwei Jahre zu übernehmen. Die jungen Männer von Berlin sind mit einem Bahnradrennen unter Bogenlampen beschäftigt, das sechs Tage und sechs Nächte andauert. Ich fahre am Montag nach Leipzig. Wir machen unserer Gesundheit zuliebe jeden Nachmittag lange Spaziergänge durch Kiefernwälder. Ich betrachte die Kiefern und den Sand und denke düster darüber nach, daß sich dieser Landschaftstyp ohne Unterbrechung bis nach Rußland erstreckt. Ich versuche, Berlin zu romantisieren, indem ich mir vorstelle, daß Rußland dort drüben im Osten liegt. Aber die einzige greifbare Erinnerung an Rußland ist der schneidende Ostwind, der uns direkt aus der Steppe erreicht. Ich könnte hervorragend ohne ihn auskommen; aber die Sonne scheint. Und in der Wohnung ist es warm; ich gebe den Dienern die Daueranweisung, daß ich immer ausgegangen bin, wenn jemand einen Besuch abstatten möchte; und ich mache es mir mit Rilke gemütlich, der ein verdammt guter Dichter ist. So sieht mein Leben aus. Zweifellos nicht so aufregend wie Deines, aber ich denke viel an Virginia – was eine Menge ausgleicht – und ich habe Virginia tatsächlich in letzter Zeit ganz ungemein geliebt – auf eine eindringliche abwesende Art (räumlich abwesend, meine ich), was für mich eine große Befriedigung gewesen ist – wie eine Flut, die hereinzieht und viele leere Räume ausfüllt. Orlando, so überlege ich glücklich, zwingt Dich wohl oder übel dazu, eine gewisse Zeit mit mir zu verbringen. Liebling, wie ich Dich liebe.

V.

[1] Angus Davidson war seit 1924 Mitarbeiter der Hogarth Press und wurde im Dezember 1927 von Leonard entlassen.

[2] Wagenseil übersetzte einige Bücher von Harold ins Deutsche.

[3] Clinker war ein Spanielwelpe, den Vita Angelica Bell geschenkt hatte.

[Getippt] *Tavistock Square 52, W.C.1*
[20? März 1928]

Liebste Mrs Nicolson,

Oh, was für eine Plage diese Übersetzer sind! Sag Deiner Busenfreundin Mrs Voigt Irgendwas, daß ich dazu nur sagen kann, daß ich vom Insel Verlag, der, soweit ich verstanden habe, der Fischer Verlag ist, einen Scheck bekommen und mit ihm einen Vertrag unterzeichnet habe, demzufolge sie im Herbst Mrs Dalloway *herausbringen und* den Leuchtturm *später. Aber alle Gespräche müssen über Curtis Brown laufen. . . .*

ORLANDO IST FERTIG!!!

[in Virginias Handschrift]

Hast Du eine Art Ruck gespürt, so als ob Dir das Genick gebrochen würde, am letzten Samstag [dem 17. März] um 5 Minuten vor eins? Da ist er gestorben – oder eher, da hat er aufgehört zu sprechen mit drei kleinen Punkten ... Jetzt muß jedes Wort neu geschrieben werden, und ich sehe keine Möglichkeit, daß ich vor September damit fertig werde – Es ist vollkommen durcheinander, unzusammenhängend, unerträglich, unmöglich – Und ich bin es leid. Die Frage lautet nun, werden sich meine Gefühle Dir gegenüber ändern? Ich habe all diese Monate in Dir gelebt – wie bist Du wirklich, wenn ich herauskomme? Existierst Du? Habe ich Dich erfunden? ...

Richelieu Allé 12
Hellerup, Copenhagen.
[eigentlich aus Long Barn]
3. April [1928]

Ich bin nicht in Kopenhagen. Aber ich war es, als ich dieses Blatt Papier ergatterte und die Adresse auf den Umschlag schrieb, weil ich befürchtete, ich würde sie vergessen. Daher fühle ich mich berechtigt, obwohl ich ganz woanders bin (genauer gesagt in Long Barn), ein Blatt Papier zu füllen, das von Anfang an für Dich gedacht war.

Ich habe soviel zu erzählen, daß es Bände füllen würde. Krieg keinen Schreck: ich werde das meiste davon weglassen. Der Zug ist auf eine Fähre gefahren, auf mehrere Fähren, weil Dänemark vom Meer zerteilt ist. Man kommt an und stellt fest, daß Kopenhagen selbst vom Meer zerteilt ist; man überquert Brücken, die sich manchmal plötzlich in der Mitte öffnen, um Schiffe durchzulassen, während der ganze Verkehr der Dänen unterbrochen ist. Ein großer Mißstand und eine Quelle von Entschuldigungen für alle unpünktlichen Leute in Kopenhagen. »Es tut mir so leid, daß ich zu spät komme, aber die Brücke war geöffnet.« Ich habe mich bei dem Wunsch ertappt, daß sich Piccadilly

Circus oder The Strand plötzlich auftun würden, um einem Schweden die Durchfahrt zu erlauben. Das liegt daran, daß ich unpünktlich bin, und ich habe eine Theorie, daß sich alles verbündet, um unpünktliche Leute noch unpünktlicher werden zu lassen, als sie ohnehin schon sind – ihre Taxis haben Pannen, sie geraten in 15minütige Staus – »dem, der hat, soll noch viel gegeben werden, dem aber, der nicht hat, dem soll auch noch genommen werden, was er hat«.

Überhaupt – Kopenhagen. Wir stürzten in einen Haushalt, der unverfälschter Ibsen war (wie passend, – obwohl man die Dänen nicht auf den Gedanken bringen darf, Ibsen oder Norwegen hätten irgend etwas mit ihnen zu tun). Es stellte sich heraus, daß unsere Gastgeberin die Schwester eben der Elsie Mackay war, die gerade für immer in den Atlantik gestürzt ist und mit deren Verlust man sich erst 2 Tage zuvor abgefunden hatte; unser Gastgeber, ihr Gatte, war ein vollkommen gefühlloser Mann. Sie hatte darüber hinaus auch ein Baby von nur ein paar Wochen. Es gab alle möglichen Formen von zusätzlichen Schrekken – wie seine Sammlung von Rudermützen und Rudern (er war mal in der Rudermannschaft der Universität), Trophäen seiner athletischen Großtaten, die hinter gläsernen Türen aufbewahrt waren; Medaillen und silberne Pokale; *ihre* Persönlichkeit war vollkommen ausgelöscht. Ein schrecklicher Mann mit der Stimme eines Pfarrers. Das ganze Haus wurde (sichtbar) von *seinen* Triumphen beherrscht und von seinem predigenden Tonfall; aber unter all dem lag *ihre* Tragödie, klein, zermalmt, unterdrückt. Wir (Harold und ich) verabscheuten all das so sehr, daß wir flüchteten; noch den Nachtzug nahmen, weil wir es nicht ertragen konnten, bis zum Morgen zu warten.

Aber es ist eine vollständige Geschichte, die Du schreiben solltest. Eingeschlossen Carl Bodelsen und Else Arnefeldt und Doktor Jespersen und Pastor Storm und Mrs Picton Bagge. Alles wirkliche Menschen.

Nun denn, Harold hielt einen Vortrag über Byron, der *höchst* brillant und vergnüglich war, und stand dabei aufrecht hinter einem goldenen und weißen Richterstuhl; und ich hielt einen Vortrag über englische Dichtung, der höchst langweilig und zäh war; und dann kamen wir mit dem Zug auf der Fähre zurück nach Berlin, und am nächsten Abend kam ich nach England und stellte fest, daß Leonard (a) mein

Leben zerstört hat, indem er mir ein Buch über Afghanistan geschickt hat,[1] welches der Ort ist, an den ich am liebsten fahren würde, und (b) mein Leben zum Strahlen gebracht hat, indem er mir einen höchst unerwarteten Scheck über 50 Pfund geschickt hat – richtest Du ihm bitte beide Nachrichten aus? Außerdem fand ich Pinker vor, die mehr denn je einer zappeligen viktorianischen Dame gleicht. (Es geht ihr sehr gut.) Ich sage »Wo ist Leonard? Wo ist Virginia?«, und sie jagt herum und schnüffelt wie nach einer Maus. Ich habe ihr die Zeichnung von Dir gezeigt, aber ich muß bedauerlicherweise sagen, daß sie Dich nicht erkannt hat. Sag Vanessa, daß ich davon begeistert bin und daß sie in meinem Schlafzimmer hängt. (Ha-ha.)

Ach, und ich muß Dir soviel erzählen: über Berlin und Else Lasker-Schüler und Schwichtenberg und den Nigger, der in Wahrheit ein Mann war und keine Frau; der aber die ganze Grazie einer Kokotte hatte, und die Launen auch; alles ein Ozean in meinem Schädel. Und hier ist endlich auch Bottomes Geschichte, die ich vergessen hatte zu schicken, die aber von Deinen Freunden und Verwandten, die das Glück haben, bei Dir zu sein, gewürdigt werden kann; zum Teufel mit ihnen.

Und wann kommst Du zurück?

Nein, natürlich habe ich Sibyl niemals getroffen.

Wie steht es um den Schirm [Leonards Auto]?

Wie ärgerlich ich war, als ich London erreichte und wußte, daß Du nicht da warst. Ein leeres London trotz seiner 8 Millionen Einwohner, oder wie viele es auch sind. Nur eine Wüste, aber nicht so nett wie eine richtige Wüste. (D. h. Afghanistan. Alles Leonards Schuld.)

Geht es Dir gut? Bist Du in der Sonne? Ach, und Orlando. Ich habe ihn vergessen. Du hast mich mit Deinen Bemerkungen vollkommen in Schrecken versetzt. »Ob ich existiere oder ob Du mich erfunden hast?« Das habe ich immer vorhergesehen, nachdem Du Orlando umgebracht hattest. Nun, ich kann Dir eins sagen: wenn Du mich jetzt, wo Orlando tot ist, auch nur ein Fitzelchen weniger magst – nein, *liebst* –, dann wirst Du mich nie mehr zu Gesicht bekommen, außer zufällig bei einer von Sibyls Gesellschaften. Ich will *nicht* fiktiv sein. Ich will nicht nur als Astralleib geliebt werden, oder in Virginias Welt.

Also schreib schnell, und sag mir, ob ich noch wirklich bin. Ich fühle mich gerade schrecklich real – wie Cockles and Mussels all alive – oh.[2]

Kommst Du für ein paar Tage zu mir, wenn Du wieder da bist? Wann wird das sein?

Hast Du Potto mit nach Cassis genommen oder in Tavistock Square gelassen? Hat er sich im Auto gefürchtet?

Das ist das Papier, das Potto mag, nur in der Mitte gefaltet.

Dein bewundernder und vollkommen solider

Orlando

[1] *Through the Heart of Afghanistan* von Emil Trinkler. Vita besprach es in *The Nation*, 19. Mai 1928.

[2] Zeile aus dem irischen Lied *Molly Malone* über eine Fischhändlerin, die lebende Muscheln verkauft; Anm. d. Übers.

Long Barn.
[26. April 1928]

[*Getippt*]
»Ich glaube, ich habe letzten Sommer in Polen einen Gentleman Ihrer Verwandschaft getroffen.«

»Je crois avoir fait la connaissance d'un gentilhomme qui vous était apparenté en Pologne l'été dernier.«

»Die Damen des englischen Hofes entzücken mich durch ihre Schönheit. Noch nie habe ich eine so graziöse Dame wie Ihre Königin gesehen oder eine so schöne Haartracht wie die ihre.«

»La beauté des dames de la cour d'Angleterre me met dans le ravissement. On ne peut voir une dame plus gracieuse que votre reine, ni une coiffure plus belle (élégante?) que la sienne.«

»Hätten Sie die Güte, mir das Salz zu reichen, Monsieur?«
»Voulez-vous avoir l'obligeance, monsieur, de me passer le sel?«

»Mit dem größten Vergnügen von der Welt, Madame.«
»Avec le plus grand plaisir du monde, madame.«
»Avec la plus grande joie du monde, madame.«

Ekelerregende Mixtur: *mélange nauséabond*
oder *potion nauséabond* (falls Du *médecine* meinst.)

Tölpel: *lourdauds* (wörtl. Tolpatsch)
oder: *rustres* (wörtl. Grobian)
oder: *hobereaux* (wörtl. Krautjunker)

Witzfigur: mir fällt keine absolut wörtliche Übersetzung ein. Du könntest sagen *C'est un véritable épouvantail* (wörtl. Vogelscheuche) oder *Il a une tête à se tordre de rire.*

Aufgetürmt wie ein Maibaum: *Une grande perche mal fagotée*
oder: *mal ficelée.*

Von Holz, von Sackleinen und von Schlacke. Das stellt mich vor ein Rätsel. Wenn Du ›in Sack und Asche‹ meinst, heißt es *›le sac et la cendre‹*. Aber Schlacke ist eigentlich *»escarbilles«* – wozu wir auch Lösche oder ausgebrannte Glut sagen. Holz ist natürlich *bois* oder *planches*, falls Du Bretter meinst.[1]
[*Handschriftlich*]
Der Unterschied zwischen *cendre* und *escarbilles* besteht darin, daß Asche fein und pulverartig ist; *escarbilles* sind klumpig. *›Sac‹* entspricht nicht eindeutig ›Sackleinen‹, außer wenn es in Verbindung mit *›la cendre‹* benutzt wird, denn es bedeutet auch Beutel. Wäre es

nicht besser, das in Englisch zu belassen? wenn die Übertragung auf französisch nicht wesentlich ist?

»*De bois, de sac, et d'escarbilles*« hört sich sehr merkwürdig an!

Liebling, hilft Dir das in irgendeiner Weise? Ich bin ganz seltsam aufgeschreckt, als mir klar wurde, daß die Sätze, die ich abschrieb, Sätze aus diesem unerforschten Land, Deinem Buch, waren. Ich habe versucht, ganze Szenen aus ihnen zu konstruieren – Szenen, in die sie möglicherweise passen könnten –, wie ein Anatom, der ein Tier aus einem Knochen rekonstruiert. Ich bin nicht sehr weit damit gekommen.

Der große Holzapfelbaum hat sich mit Blüten bedeckt, seit ich gestern morgen fortgefahren bin, und die Nachtigallen singen bei helllichtem Tag.

Wie geht es Orlandos Braut in ihrem orangenbestickten Kleid? und wie geht es den Bienen? Immer noch eifrig? Und Stella Benson?[2] Und Deinem ganzen Leben? Ach, ich schreibe auf der Rückseite des Getippten, das Du für Deine Maschinenschreiberin abschneiden solltest. (Eine Maschinenschreiberin nennt man auf deutsch auch *Tippfräulein.*) Aber nichtsdestotrotz, wie geht es Deinem ganzen Leben? Ist es wirklich so verzaubert, wie es mir erscheint? und so voller Autoren? Leuten, die ein Buch gedruckt haben? Beneidenswerte Virginia – voller Bienen und Preise. Ich habe neulich wieder einen Preis bekommen [für *The Land*] – habe ich vergessen, Dir zu erzählen – in Amerika –, aber es war nur eine riesige Anthologie mit amerikanischen Gedichten. Ich hatte auf Dollars gehofft.

[*Mehrere heftig ausgestrichene Wörter*]

Also es hat keinen Sinn, daß Du versuchst, das zu lesen, denn Du wirst es nicht können – Es war etwas sehr Interessantes.

Ich habe eine Eiche gestohlen. Einen Zaun darum errichtet. Ich zeige sie Dir, wenn Du kommst – aber wann wird das sein? Nicht in den nächsten Wochen, wenn Du 10 Seiten pro Tag schaffen mußt.

Sag Leonard, daß Roy an Graves geschrieben und ihn zum Duell gefordert hat und daß er ganz genau sagen wird, was er an ihm und allen Würstchen seiner Sorte so mag; aber sag Leonard, er soll es nicht weitersagen, weil Roy es sich vielleicht noch einmal überlegt –

und wir wollen kein böses Blut zwischen den Dichtern hervorrufen. Ich sollte es Dir nicht erzählen, aber es wird Leonard amüsieren. Es ist der unhöflichste Brief, den ich je gelesen habe!

Dein Orlando (ganz wirklich)

[1] In *Orlando* (S. 29f.). Virginia benutzte nur die ersten beiden Übersetzungen von Vita in dem Gespräch zwischen Orlando und Sascha, der russischen Prinzessin, in die er sich verliebte. [Auch der *Maibaum* findet sich auf französisch in *Orlando*; Anm. d. Übers.] Wie auch Orlando sprach Vita gleichermaßen Englisch und Französisch, Virginia aber nicht.

[2] Stella Benson stand bei der Auswahl für den Femina-Preis an zweiter Stelle.

Mai – September 1928

Im Sommer 1928 brachte Vita Twelve Days *zum Abschluß und Virginia* Orlando. *Im August/September verbrachte Vita noch einmal einen Monat in Deutschland, wo sie ihre Rilke-Übersetzung fortsetzte.*

Freitag [4. Mai 1928] *Tavistock Square 52, W.C.1*

Orlando,

ich glaube, ich muß Eddy von Dir [und Orlando*] erzählen. Was sagst Du dazu? Er ist voller Leidenschaft für Knole und die Sackvilles. Es ist mir unangenehm, ohne Warnung mit der ganzen Sache herauszuplatzen – Würde er es geheimhalten? ...*

Ich habe gehört, Mrs Nicolson und Mrs Woolf hätten am Mittwoch Anstoß erregt, weil sie zu der Preisverleihung wie zu einer Beerdigung gekleidet kamen. Immerhin war *es meine Beerdigung. ...*

Long Barn, Weald,
Sevenoaks.
Sonntag [6. Mai 1928]

Ja, erzähle es Eddy. Es wird ihn amüsieren und, so hoffe ich, ärgern. Er kommt heute zum Mittagessen hierher. Ich glaube, er wäre verschwiegen, wenn Du es ihm gut einschärfen würdest. Das Geheimnis ist bisher so gut bewahrt worden, es wäre schade, wenn es jetzt nach draußen dringen würde.

Weißt Du, daß ich am Mittwoch abend zu Dir kam und um 11.15 vor Deiner Tür stand? aber die Tür war so fest verschlossen, und alle Fenster sahen so dunkel aus, daß ich nicht zu klingeln wagte, sondern wie ein armer Hund traurig fortging und durch die Nacht zurück nach Long Barn fuhr. Ja, die Nächte sind wundervoll. Vollmond,

Nachtigallen und alles was dazugehört. Aber wo ist Virginia? Wie wäre es, wenn Virginia am Dienstag oder Mittwoch hier übernachten würde? bevor der Mond anfängt abzunehmen. Und der Garten ist so hübsch anzusehen.

Würdest Du Leonard vorsorglich fragen, ob er ein Pendant zu *Passenger to Teheran* möchte? Ich glaube, er hat gesagt, daß der Verlag trotz vergleichsweise geringer Verkaufszahlen auf seine Kosten gekommen ist. Ich habe eine ganze Menge Material und ein paar nette Bilder. Ich glaube, ich könnte es bis Juli fertig haben, wenn das früh genug für den Herbst wäre. Aber er soll nicht nur um der Freundschaft willen zögern, es abzulehnen. Ich möchte keine Polly Flinders für Euch sein.

Clive hat mich für den 17. zum Essen eingeladen. Kommst Du auch? Wenn ja, komme ich, wenn nein, dann nicht.

Du hast neulich so reizend ausgesehen – aber ich glaube, es wäre ein Fehler, nicht zu kommen und in dem ersten Hotel am Ort abzusteigen.

Deine Dich überaus liebende
V.

[11. Juni 1928]

Ich fürchte, ich kann am Freitag nicht zu Lenare [der Photographin] kommen, aber ich könnte am Montag kommen, wenn das genauso gut passen würde – vielleicht besser, falls es wahrscheinlicher ist, daß Vanessa bis dahin zurück ist? Harold fährt am Montag abend, daher werde ich an dem Tag auf jeden Fall mit ihm in London sein. Dein Vorschlag, am Dienstag hierherzukommen, begeistert mich, aber ich wäre noch mehr von dem Gedanken begeistert, daß Du nächste Woche für länger kämst – Wenn Du am Dienstag kommst, wirst Du [Sir Robert] Clive hier vorfinden, der in Teheran war (ich meine, er ist Botschafter in Teheran und zur Zeit auf Urlaub), aber das würde nichts ausmachen, außer daß es Dich langweilen könnte und ich persönlich Dich lieber für mich allein habe – Aber falls Du in Eile bist? . . . Auf jeden Fall treffe ich Dich doch morgen abend, wenn ich nach dem Essen komme, oder nicht?

Der lange Brief sollte von den Aufregungen handeln, die das Radio mit sich bringt, aber vielleicht geht das mündlich besser.

Glaubst Du, Osberts Ankündigung bedeutet, daß Sachie morgen den Hawthornden bekommt?[1] Ich wette darauf. (Wenn auch keine 5 Pfund.)

Wir kommen morgen nach dem Mittagessen rauf.

Tun Deine Ohren noch weh, hast Du das Gefühl genossen, an den Ringen herumzudrehen, wenn sie festsaßen? Ein neues, kleines, seltsames Gefühl.[2]

Hast Du Deinen armen Orlando schon vergessen?

V.

[1] Sacheverell Sitwell bekam den Preis für sein *All Summer in a Day* nicht. Er wurde an Henry Williamson für *Tarka the Otter* verliehen und ihm am 12. Juni von John Galsworthy überreicht.

[2] Am 4. Juni hatten sich Vita und Virginia Ohrlöcher stechen lassen.

Long Barn, Weald,
Sevenoaks.
Dienstag [10. Juli 1928]

Virginia, würdest Du sehr ernsthaft die Möglichkeit in Betracht ziehen, zwischen dem 26. September und Oktober mit mir zur Weinernte [ins Burgund] zu flitzen? Nachdem mir dieser Gedanke in den Kopf gekommen ist, wo er nun schon seit einigen Jahren vor sich hin köchelt, möchte ich ihn lieber als irgend etwas anderes in die Tat umsetzen.

Und, auf kürzere Sicht, könntest Du am Freitag nachmittag mit mir zum BBC kommen? Würdest Du mich morgen früh anrufen und mir Bescheid sagen, dann spreche ich es mit Miss Matheson[1] ab. Ich würde dann zum Tee mit zu Dir zurückkehren, und wir könnten auch noch hingehen und uns die Sachen aus Ur ansehen.

Wie viele Abbildungen kann ich bitte haben? Der größte Teil des Buches [*Twelve Days*] ist zum Tippen fort. Aber ich fürchte, Leonard wird es ablehnen, wenn er es gelesen hat. Ich würde trotzdem gern über die Abbildungen Bescheid bekommen, weil ich von meinen Negativen Abzüge machen lassen muß.

Ich war in einer ungemein gedämpften Stimmung, seit Du da warst, aber auch auf merkwürdige Weise glücklich. Ich bin nie vollkommen niedergeschmettert, wenn Du mir eine Standpauke hältst, denn es zeigt, daß Du nicht gleichgültig bist. Und ich habe wirklich ein paar gute Seiten. Frag Potto – dem Du alles Liebe ausrichten sollst.

Durch Deinen Ratschlag ermutigt, habe ich einige Gedichtzeilen in bester Tennyson-Tradition geschrieben.

Hör mal, wir müssen diese verkorkste Nacht unbedingt bald nachholen? Aber sie hatte nichtsdestotrotz einen netten und ungewöhnlichen eigenen Charakter.

Ich habe die Herbstliste von Harcourt Brace mit *Orlando* darauf bekommen. Hast Du daran gedacht, ihnen mitzuteilen, daß Du es zerrissen hast?

Du warst trotz der Standpauke wirklich sehr, sehr reizend. Und Du bist sehr bestimmt mit mir – Himmel ja, das bist Du. Meine dumme Virginia. Mein Liebling, geliebte kostbare Virginia.

V.

[1] Hilde Matheson, mit der Vita zu Virginias Verärgerung ein Verhältnis anfing.

Long Barn, Weald,
Sevenoaks.
Montag [23. Juli 1928]

Ich wollte Dir eigentlich einen Protestbrief schreiben: am Samstag blitzte Deine Handschrift unter meinen Briefen auf; ich legte ihn zur Seite, um ihn genüßlich als letztes zu lesen; und dann, als ich erwartungsvoll darauf zurückkam, stellte ich fest, daß er für Eddy war. . . .

Übrigens weiß ich nicht, wo Eddy steckt, daher habe ich ihn zum Gordon Square 41 geschickt, die letzte Adresse, die ich von ihm hatte.

Wußtest Du schon, daß ich Eddy heiraten werde? Ich wußte es selbst nicht, aber meine Mutter hat es Ozzie [Dickinson] erzählt. Ich werde mich von Harold scheiden lassen und Eddy heiraten, um Knole zu bekommen. Deshalb habe ich auch all ihren Schmuck gestohlen, um ihn für Knole einzutauschen.

Kommst Du zu meiner Hochzeit?

Man hat mir gesagt, daß Du angerufen hast. Worum ging es? Ich belästige Dich nicht gern am Telefon, aber würdest Du mich morgen bitte vor 10 anrufen? Wolltest Du mir sagen, daß Du herkommst?

V.

Donnerstag [9. August 1928]

Würdest Du das wirklich? Herkommen, meine ich? Am Sonntag? Über Nacht? Wenn am 11. Oktober unsere Romanze ihren Abschluß finden soll, dann wäre es gut, aus der kurzen Zeit, die uns noch verbleibt, das Beste zu machen.[1] Aber da ist noch die hoffnungsvolle, wenn auch problematische Woche in Frankreich Ende September. Man scheint nicht ohne weiteres darauf zählen zu können – also packe ich den Sonntag beim Schopf – oder den Samstag. Egal. Über Nacht. Sag mir nur Bescheid, welche.

Am Samstag nachmittag habe ich jemanden hier, aber sie wird bis zum Abend gegangen sein. Eine Person, vor der ich mich ziemlich fürchte: Prinzessin Lichnowsky. Ich weiß nicht, warum ich mich vor ihr fürchte; ich habe sie noch nie gesehen. Ich habe nur das Gefühl, daß sie dazu bestimmt ist, einen verderblichen Einfluß auf mein Leben zu haben – Vielleicht wird Harold sich in sie verlieben. Vielleicht Ben. Ich nicht. Jedenfalls wird sie bis zum Abend fort sein.

Ich war sehr eifersüchtig darauf, daß Eddy mit Dir zusammen war. Sehr ärgerlich, daß Ihr gemeinsam im Telefonhäuschen wart.

Ich möchte Dich *wirklich* gern sehen.

V.

[1] *Orlando* sollte am 11. Oktober erscheinen.

Mangerstraße 39 II
Potsdam.
21. August [1928]

Ich sitze auf einem Balkon mit Aussicht auf einen schwarzen See [den Heiligen See], der mit Trauerweiden behängt ist. Der Blick ist auf nicht allzu deprimierende Weise deutsch. Am Rande des Wassers steht ein kleiner grauer Pavillon mit einem kuppelförmigen Dach aus grünem Kupfer. Etwas entfernt zwischen den Bäumen gibt es eine romantische Ruine wie aus einem von Eddys Büchern. Ich lebe vollständig in der Gesellschaft von Engeln und obskuren, doch tragischen Gestalten aus der italienischen Renaissance (deren Katastrophen dadurch, daß sie nur angedeutet, aber nicht ausgebreitet sind, gewinnen), da ich Rilke übersetze. Die Jungen haben einen deutschen Hauslehrer, der (wie es das Schicksal will) die letzten zwei Jahre dem Studium von Rilke gewidmet hat und speziell dem Studium der Gedichte, die ich übersetze; die Haare stehen ihm vor Aufregung zu Berge, wenn er darüber spricht, und seine Hornbrille rutscht bis zur Nasenspitze hinunter, wo sie durch ein Wunder der Schwerkraft in der Balance bleibt. Dann zieht er mit den Jungen los, und ich sehe, wie ihre Größe schwindet, wenn ihr kleines Boot sie weiter hinaus auf den See trägt. Dann sehe ich zwei weiße nackte Körper, die im Boot aufrecht stehen, und dann ein Blitzen und ein Spritzen und dann nur noch zwei runde Köpfe, die auf dem Wasser schaukeln. Und ich kehre zu Rilke zurück.

»How strange it is to live no more on earth;
To make no further use of customs learnt;
No longer to attribute to the rose
Or anything of fair especial promise,
A metaphor of human destiny;
To be no longer that which once we were,
In ever terrible hands; to throw aside
Even our personal name, a broken toy!
Strange, to desire no more the consummation

Of our desires! How strange to see all things
Related to this earth, float free in space!
Death is a weariness so void of meaning
That slowly we conceive eternity.«[1]

Und am nächsten Samstag geben wir ein Abendessen für sechzig Mitglieder des Parlaments, die auf einer Tour durch Europa sind. »Seine britannische Majestät Chargé d'Affaires und Mrs Harold Nicolson erbitten die Ehre ...« Würdest Du mir Virginia, bitte, am Samstag abend um 8.30 einen freundlichen, wenn auch sarkastischen Gedanken widmen? wenn Du nach dem Abendessen nach draußen hinunter zu den Wiesen am Fluß gehst, um für Pinker ein Stöckchen in die Ooze [*sic*] zu werfen?

Irgendwelche neuen Entwicklungen wegen Frankreich?

Ich habe in einem Buch einen sehr alten Brief von Dir gefunden, der mit Liebe Vita anfängt.

Die deutsche Armee, oder was davon noch übrig ist, poltert jeden Morgen über die Pflastersteine, und die Musik einer entfernten Militärkapelle hallt über den See. In den Pausen zwischen Rilke denke ich an meinen Roman,[2] und es beginnt sich eine Art Flickenteppich herauszubilden, aber bisher liegen die Flicken nur nebeneinander, und ich habe noch nicht damit angefangen, sie zusammenzunähen. Ist es besser, extrem ehrgeizig oder eher bescheiden zu sein? Wahrscheinlich ist das zweite sicherer, aber ich *hasse* Sicherheit und würde lieber glorreich scheitern als schäbig siegen. Und überhaupt, es ist mir egal, was ›besser‹ ist, denn, ganz gleich wie viele Entschlüsse man faßt, die Feder findet wie Wasser immer ihre eigene Ebene, und man kann auf keine andere Art als die eigene schreiben. Zumindest bin ich ganz zuversichtlich, daß der Wildwuchs meiner frühen Jahre inzwischen ziemlich harsch zurechtgestutzt worden ist – und ich hoffe, daß an seiner Stelle schönes, starkes Holz gewachsen ist. Wir werden sehen.

Arme Virginia, sie wird den Roman lesen müssen, wenn er beendet ist – und was noch schlimmer ist, sie wird sagen müssen, was sie davon hält – und zwar mit äußerster Brutalität. Ich werde mich in die Gesellschaft von Doris Daglish begeben, oder wie auch immer sie heißt, und der Pillendreherin.

Ich vermisse Dich *wirklich* sehr. Ich hoffe so sehr, daß wir nach Frankreich fahren, aber ich wage es noch nicht, mit zuviel Zuversicht daran zu denken. Schreibst Du mir?

Deine

V.

[1] Vitas Übersetzung eines Teils der Ersten Elegie der Duineser Elegien (Leipzig 1923). Das Original lautet: »Freilich ist es seltsam, die Erde nicht mehr zu bewohnen, / kaum erlernte Gebräuche nicht mehr zu üben, / Rosen, und andern eigens versprechenden Dingen / nicht die Bedeutung menschlicher Zukunft zu geben; / das, was man war in unendlich ängstlichen Händen, / nicht mehr zu sein, und selbst den eigenen Namen / wegzulassen wie ein zerbrochenes Spielzeug. / Seltsam, die Wünsche nicht weiterzuwünschen. Seltsam, / alles, was sich bezog, so lose im Raume / flattern zu sehen. Und das Totsein ist mühsam / und voller Nachholn, daß man allmählich ein wenig / Ewigkeit spürt. –«

[2] *The Edwardians* (1930).

Mangerstraße 39 II
Potsdam.
31. August [1928]

Henry (Pinkers jüngerer Bruder), die Jungen und ich haben einen Spaziergang durch Potsdam gemacht. Wir gingen lange ordentliche Straßen mit Kopfsteinpflaster entlang, mit Straßenbahnen, die um die Ecken kreischten, und Staub, der in Wolken vor dem unablässigen Wind wirbelte. Ich war äußerst deprimiert. Soll ich denn, dachte ich, für alle Zeit mein Leben damit verbringen, in den Straßen von Potsdam, Belgrad, Bukarest, Washington herumzulaufen? Dann fiel mir ein, daß ich mein Zigarettenetui verloren hatte mit einer 10-Pfundnote darin *und* meinem Führerschein *und* einem Scheck von *The Nation und* noch einem Scheck *und* einer kleinen, aber kostbaren Photographie von Virginia *und* einem Rezept, das jemand anderem gehörte. Mir fiel außerdem ein, daß das Auswärtige Amt es abgelehnt hatte, das Abendessen für die MPs zu bezahlen, das uns etwas über 100

Pfund gekostet hatte. So verstärkte sich meine Depression. Aber dann kamen wir nach Hause, und ich fand im Briefkasten einen Brief, von dem ich wußte, daß er von Dir war, obwohl der Umschlag getippt war, und meine Stimmung stieg. Jetzt habe ich die Jungen in den See geworfen und kann für mindestens eine halbe Stunde meine Freiheit genießen.

Ich bin sehr wütend wegen *The Well of Loneliness.*[1] Nicht auf Grund dessen, was Du meine Neigungen nennst; nicht, weil ich es für ein gutes Buch halte, sondern wirklich aus Prinzip. (Ich spiele mit dem Gedanken, an Jix[2] zu schreiben und ihm nahezulegen, er solle Shakespeares *Sonette* verbieten.) Denn, siehst Du, selbst wenn *The W. of L.* ein gutes Buch gewesen wäre – selbst wenn es ein großartiges Buch, ein Meisterwerk gewesen wäre –, hätte sich an dem Ergebnis nichts geändert. Und das ist unerträglich. Mir fehlen wirklich die Worte, um meine Empörung auszudrücken. Läßt Leonard es wirklich zu einem Protest kommen? oder verläuft alles im Sande? (Was für eine eingebildete Kuh die Frau sein muß.) Laßt es *nicht* im Sande verlaufen. Wenn ihr Arnold Bennett und dergleichen kriegen würdet, dann würde es ganz sicher Eindruck machen. (Laßt aber die Finger von Shaw.) Ich bin fast explodiert bei den verschiedenen Artikeln in *The New Statesman.* Ich würde gerne als eine Geste meine Staatsangehörigkeit ablegen, aber ich möchte keine Deutsche werden, auch wenn ich gestern abend in einer Revue war, in der zwei hinreißende junge Frauen ein explizit lesbisches Lied sangen.

Frankreich. . . . Nun, du erhältst eine blasse Vorstellung von dem ehelichen Elend, dem *ich* ausgesetzt bin. Du zögerst, Leonard sechs Tage allein zu lassen; ich lasse Harold mehrere Male im Jahr für mehrere Monate allein. Ich verabschiede ihn, wenn er nach Persien fährt, er verabschiedet mich, wenn ich nach England fahre. Wir befinden uns permanent in einem Zustand des Abschiednehmens.

Nebenbei, wenn Du sagst, »Ethel rät uns« etc., meinst Du (mit uns) Dich und Leonard oder Dich und mich?[3]

Ich überlasse Dich Deiner eigenen Unschlüssigkeit, die mir eine Menge Amüsement bereitet. Ich will Dir nur sagen, daß Du nicht mitkommen solltest, wenn Du Dich die ganze Zeit über elend fühlen würdest. Aber das würdest Du nicht.

Sag mir nicht, daß in England der August herrlich ist. Hier ist es so kalt, daß ich mit einer Daunendecke über den Knien sitze. Es regnet fast jeden Tag. Es ist ein gräßliches Klima. Du darfst mir nicht sagen, daß es in England herrlich ist oder daß die Downs wie Gold erscheinen, oder was auch immer es sei – denn dann begehre ich gegen mein Schicksal auf.

Deine
V.

Meine Liebe und einen Kuß für Potto.

[1] *The Well of Loneliness* (1928), ein eindeutig lesbischer Roman von Marguerite Radclyffe Hall, war als obszön verboten worden, und die britischen Intellektuellen traten vereint zu ihrer Verteidigung an.

[2] Der Spitzname des Innenministers William Joynson-Hicks, der für Zensur zuständig war und das Buch verboten hatte.

[3] Ethel Sands gab Virginia Ratschläge bezüglich der Reiseroute für ihre geplante Fahrt ins Burgund.

Britische Botschaft,
Berlin.
Dienstag [11. September 1928]

Dein Brief hat mich gerade noch erreicht, denn wir fahren morgen früh ab. Ich bin überglücklich, wenn ich mir vorstelle, daß unser Frankreich wirklich zustande kommen könnte, und ich bitte Dich, die Fahrkarten zu besorgen, bevor Du die Zeit hast, es Dir anders zu überlegen. Nur eines noch, ich würde, wenn es Dir vollkommen gleich wäre, *lieber* am 24. losfahren und am 2. zurückkehren, anstatt am 22. abzufahren und am 30. wiederzukommen – teils, weil ich meinen ersten Radioartikel schreiben muß (hier kann ich das nicht, weil mir die nötigen Bücher fehlen), und teils, weil Nigel vor dem

26. nicht in die Schule muß, und ich lieber so lange wie möglich bei ihm zu Hause sein möchte – aber das ist nicht wirklich wichtig – und ich *kann* die Radiosache in 2 Tagen schaffen, nehme ich an (ich sage 2 Tage, weil ich nicht viel Zeit dafür haben werde, solange ich Ben noch nicht nach Eton geschickt habe), also kannst Du Dir den Termin aussuchen, der Dir paßt. Ich habe den Vorschlag nur für den Fall gemacht, daß es Dir vollkommen gleich ist.

Ich verstehe allerdings nicht, warum Du Dich um die Fahrkarten bemühen solltest, wenn mich doch Miss Le Bosquet in Long Barn erwartet![1] Laß mich das übernehmen. Wir sollten von Newhaven abfahren, oder? Ich fahre mit dem Auto hin und hole Dich auf dem Weg dorthin ab – und lasse das Auto dort in einer Garage, bis wir zurückkommen. Ich bin noch nie in Frankreich mit der 2. [Klasse] gefahren und weiß nicht, wie es ist, aber ich bin durchaus bereit, es zu tun, ich stimme jedoch mit Dir überein, auf dem Schiff auf der ersten Klasse UND einer Kabine zu bestehen. Die Erfahrung hat mich das gelehrt.

Meine Glückwünsche an Pinker.[2] Leonard hat sehr freundlich angefragt, ob ich ein Junges haben möchte; darf ich mich entscheiden, wenn ich weiß, ob Pippin welche bekommen hat oder nicht? Ich habe von Louise nichts darüber gehört. Falls Pippin, wie ich befürchte, keine bekommen hat, dann hätte ich liebend gerne ein Weibchen – um meinen Bestand aufrechtzuerhalten.

Ich nehme an, Du wirst am Dienstag, dem 18., nicht in London sein? weil ich Ben an diesem Tag hinbringen muß und wegen Frankreich für einen Moment zu Dir kommen könnte. Schick mir eine Zeile nach Long Barn, wo ich am Samstag ankomme.

Ich bin vor Freude rot geworden, weil Du mochtest, was ich über Tolstoi geschrieben habe;[3] ich wünschte, ich hätte es doppelt so lang machen können. Ich habe festgestellt, daß ich die Anzahl an Wörtern, die mir zustand, aufgebraucht hatte, als ich gerade erst angefangen hatte.

Jetzt kein Wort mehr – denn ich muß packen und weitermachen – und außerdem weil ich zu guter Letzt wirklich Zeit haben werde, mit Dir zu reden.

Hör mal, ist Potto eifersüchtig auf die Welpen? Ich nehme an, Leonard ist im 7. Himmel – und wie eine regelrechte alte Amme –

Deine
V.

Ich glaube, Du solltest besser einen kleinen Korb mit einem wasserdichten Tuch für Potto besorgen.

Ich glaube, Dottie muß sich darüber im klaren gewesen sein, daß etwas nicht stimmte, denn sie schrieb mir und sagte, sie hätte das Gefühl, sie sei absolut schrecklich gewesen.[4]

[1] Audrey Le Bosquet war Vitas Sekretärin.

[2] Pinker hatte vier Junge bekommen: zwei männlich, zwei weiblich.

[3] »Tolstoy«, *Nation and Athenaeum*, 8. September 1928.

[4] Virginia hatte geschrieben, daß Leonard über Dorothy Wellesleys Benehmen während eines Besuchs vor kurzem wütend gewesen sei.

Oktober – Dezember 1928

Ende September fuhren Vita und Virginia für einen einwöchigen Urlaub ins Burgund – die einzige Reise, die sie zu zweit unternahmen. Im Oktober hielt Virginia, die von Vita begleitet wurde, den ersten von zwei Vorträgen in Cambridge, die ihr als Grundlage für ihr nächstes Buch A Room of One's Own *dienten. Vita begann ihre kurze Studie über* Andrew Marvell *und beendete das Jahr wieder in Berlin.*

Long Barn.
Freitag nacht [5. Oktober 1928]

Mein Liebling,

ich habe das melancholische Vergnügen genossen, heute abend Deine Briefe durchzusehen, als mir auffiel, daß es einige Zeit her ist, seit ich einen von Dir bekommen habe – genauer gesagt, seit ich in Berlin war. Und jetzt bist Du in London, von Sibyls und Tom Eliots belagert, um gar nicht erst zu erwähnen, daß Du *Orlando* in Päckchen verpackst, und wirst zum Schreiben keine Zeit haben. Außerdem, wenn ich keine Briefe von Dir bekommen habe, dann deshalb, weil ich mit Dir zusammen war, was besser ist als Tinte und Papier. Und, große Güte, Du warst gestern erst hier.

Es war merkwürdig, einige Deiner Briefe zu lesen, nachdem ich in der letzten Zeit so viel mit Dir zusammen war. Ein unbeständiges Leuchten flackerte über ihnen – wie ein schräg einfallendes Licht – (ist Dir klar, daß man in Auppegard immer in einem schräg einfallenden Licht steht? eine symbolische Tatsache, die, wie ich glaube, auf Dich und mich einen größeren Einfluß gehabt hätte, wenn einer von uns zufällig dort gelebt hätte, als auf die relativ phantasielosen Naturen von Ethel [Sands] & Nan [Hudson].[1]) Also, wie ich sagte, flakkerte über ihnen eine Art schräg einfallendes Licht, das zur Hälfte von dem eher suchenden Leuchten der Vergangenheit ausging und zur Hälfte von dem kräftigeren Leuchten der Gegenwart. Ich konnte nicht aufhören, mich zu fragen, welches Leuchten mir lieber ist, denn ich sah sofort, daß sie gemeinsam ein sehr schönes klares Licht hervorbrachten, in dem ich gebadet wurde und in dem ich mich überaus glücklich fühlte. Davon allerdings nichts weiter, sonst hältst Du mich für sentimental (was ich, ich schwöre es, *nicht* bin), und ich habe noch genügend Respekt vor Dir, um nicht von Dir verachtet werden zu wollen.

Dieser Brief ist vor allem dazu da, Dir mitzuteilen, daß Potto nicht sehr glücklich ist; er ist trübselig; und ich bin mir nicht sicher, ob er nicht die Räude hat; daher wird er wahrscheinlich darauf bestehen, am Mittwoch zu Mrs Woof [*sic*] zurückgebracht zu werden, aber ich habe ihm erklärt, daß ich, wenn Valerie [Taylor] hier ist, kaum in der Lage sein werde, nach London zu fahren. Kein Wort von Valerie bisher, aber ich nehme an, daß sie jetzt wohl jeden Tag hereinspaziert kommen kann, und Gott weiß, wie lange sie bleiben will. Ich werde sie bis zum Mittagessen in ihr Schlafzimmer einsperren.

Pinker, andererseits, hat ihr altes Heim sehr freundlich aufgenommen – und die Hündchen bellen, als wären sie die offiziellen Wachhunde des Haushaltes. Ach ja – und ich habe einen davon verkauft – den Hund – an Dottie – für sechs Guineen. Sie hatte einen von Pippin gewollt – so bekommt sie statt dessen einen von Pinker.

Burgund erscheint mir wie ein Traum. »Before, a joy proposed; behind, a dream.«[2] Ich war sehr glücklich. Warst Du es auch? Ich habe Walter Pater über Vézelay gelesen.[3] Weißt Du was, der Narthex, über den ich mir die ganze Zeit Gedanken gemacht habe, ist anscheinend einer der Glanzpunkte Frankreichs. Und wir haben ihn nicht gesehen. Aber ich habe das Gefühl, ich habe genug gesehen, um ein Dutzend Narthex aufzuwiegen. Wie dem auch sei, ich bin als ein veränderter Mensch nach Hause zurückgekehrt. Den ganzen Sommer über war ich nervös wie eine Katze – schreckhaft, verträumt, brütend –, jetzt bin ich wieder kräftig und vital und lebenshungrig. Und all das dank Dir, glaube ich. Du siehst also, daß dieser Brief ein Collins ist.[4]

Es ist 1/4 vor 1 – fast zwei Stunden über Virginias Schlafenszeit hinaus. Meine Liebste, ich liebe Dich so. Alle Sibyls und Tom Eliots der Welt lieben Dich nicht so sehr wie ich. Ich segne Dich für alles, was Du für mich gewesen bist. Das ist kein Scherz, sondern die schlichte Wahrheit.

Deine
V.

[*Ein großes P, das von zwei runden Schleifen in roter Tinte eingeschlossen ist.*]

Ich esse mit Dir am Dienstag, dem 16., zu Abend, oder? falls unsere Freundschaft überlebt hat?

[1] Vita und Virginia hatten mit Ethel Sands und Nan Hudson (deren amerikanischem Freund und Maler) in ihrem Haus Auppegard bei Dieppe am 30. September zu Abend gegessen, bevor sie von ihrer Tour durchs Burgund zurückkehrten.

[2] Shakespeares Sonett 129: »Erst ein erhofftes Glück, ein Traum zuletzt.«

[3] In seinen *Studies in the History of the Renaissance* (1873).

[4] Siehe Brief vom 15. September 1924.

Long Barn, Weald,
Sevenoaks.
Dienstag [9. Oktober 1928]

Meine Liebste,

ich glaube, ich werde morgen nicht raufkommen, weil (a) mein Onkel [Charles Sackville] in Knole ist und (b) Valerie [Taylor] hier ist. Außerdem bin ich sicher, daß Du mit Leuten und Geschäften ausgefüllt bist und an Vita – oder Potto – der sich anscheinend eingewöhnt – keinen Bedarf hast. (Pinker litt unter Verstopfung – Es war nicht so, daß sie Leonard vermißte. Jetzt hat sie eine Pille bekommen und ist wieder ganz zufrieden – wie wir es ja nun alle sind, wenn wir Pillen bekommen haben.)

Aber schickst Du mir *Orlando*? vor 4 Uhr? Ich muß wohl kaum sagen, daß ich es kaum aushalte, bis ich es bekomme.

Valerie ist sehr lieb – und erzählt mir Geschichten aus ihrem frühen Leben, an denen Du Spaß hättest.

Es ist schrecklich, mir vorzustellen, daß dies der letzte freundliche Brief ist, den ich Dir jemals schreiben werde.

Deine Vita

Long Barn, Weald,
Sevenoaks.
11. Oktober 1928

Mein Liebling,

ich bin nicht in der richtigen Verfassung, Dir zu schreiben – und was kühle und wohlbedachte Meinungen betrifft (wie Du am Telefon gesagt hast), solche Dinge existieren in solch einem Zusammenhang nicht.[1] Zumindest noch nicht. Vielleicht kommen sie später. Im Moment kann ich nichts sagen, außer daß ich vollkommen geblendet, verhext, verzaubert und gebannt bin. Es kommt mir vor wie das reizendste, klügste, *reichste* Buch, das ich je gelesen habe – daß es sogar noch Deinen eigenen Leuchtturm übertrifft. Virginia, ich weiß wirklich nicht, was ich sagen soll – habe ich recht? habe ich unrecht? bin ich vorbelastet? bin ich noch bei Trost oder nicht? Es scheint mir, als hättest Du wirklich dieses »harte und seltene Ding« in ein Buch eingeschlossen; daß Du eine vollständige Vision hattest; und Du hast sie doch, als Du Dich an die nüchterne Arbeit gemacht hast, sie auszuarbeiten, nie aus den Augen verloren und nie in der Ausführung geschwankt. Die Gedanken kommen mir so schnell, daß sie übereinander stolpern und ich sie verliere, bevor ich ihnen Salz auf den Schwanz streuen kann; es gibt so viel, was ich sagen will, und doch kann ich nur zu meinem ersten Ausruf zurückkehren, daß ich verhext bin. Du wirst Briefe von vielen Leuten bekommen, sehr vernünftige und erhellende Briefe; ich kann jetzt nicht solch einen Brief schreiben, ich kann Dir nur sagen, daß ich wirklich ganz durcheinander bin, was Dir vielleicht nutzlos und albern vorkommt, was aber in Wirklichkeit ein größerer Tribut ist als Seiten ruhiger Anerkennung – und dann berührt es mich natürlich auch persönlich, und ich weiß auch nicht, was ich darüber sagen soll, nur, daß ich mich fühle wie eine dieser Wachsfiguren in einem Schaufenster, die Du mit einem juwelengeschmückten Kleid behängt hast. Es ist, als wäre man allein in einem dunklen Raum mit einer Schatzkiste voller Rubine und Goldklumpen und Brokat. Liebling, ich kann und will kaum schreiben, so überwältigt bin ich, daß Du ein so glanzvolles Gewand über einen so armseligen Kleiderhaken gehängt hast. Wirklich, das ist keine falsche Bescheidenheit; das ist es wirklich nicht. Aber ich kann über diesen Teil davon nicht schreiben und es Dir noch viel weniger jemals direkt sagen.

Inzwischen hältst Du mich wohl für zu verwirrt und ungebildet für irgend etwas, also werfe ich schnell ein, daß es mir vorkommt, als ob das Buch (in seiner Beschaffenheit) das Beste von Sir Thomas Browne und Swift in sich vereinigt – den Reichtum des einen und die Direktheit des anderen.

Es gibt ein Dutzend Details, auf die ich gern eingehen würde – den Besuch von Königin Elizabeth, Greenes Besuch, verstreute Sätze (besonders einen auf S. 131, der anfängt »Hohe Zinnen aus Gedanken etc.«, was genau das ist, was Du mit mir gemacht hast), Johnson auf der Jalousie und so weiter und so fort – aber es ist heute zu spät; ich habe den ganzen Tag über fortwährend gelesen, und jetzt ist es 5 Uhr, und ich muß noch die Post erreichen, aber ich werde morgen versuchen, etwas vernünftiger zu schreiben. Es ist Deine Schuld, weil Du mich so bewegt und so vollkommen geblendet hast, daß alle meine Verstandeskräfte von mir abgefallen sind und mich ganz starr zurückgelassen haben.

Ein furchtbarer Gedanke befiel mich heute morgen: Du hast doch nicht, oder hast Du, auch nur für eine Sekunde gedacht, daß ich gestern aus Gleichgültigkeit nicht nach London gekommen bin? Du *kannst* das doch nicht gedacht haben? Ich hatte in meinem Kopf so unumstößlich festgelegt, daß der 11. Oktober der Tag wäre, an dem ich es bekommen würde, daß ich mich darein gefügt hatte (nach all den Monaten), bis dahin zu warten. Aber als ich es in seinem reizenden Einband sah, mit meinen Initialen, kam mir blitzartig der Gedanke und hat mich entsetzt. Aber nach einigen Überlegungen dachte ich mir, daß Du es unmöglich so falsch verstanden haben könntest.

Ja, ich *werde* morgen noch einmal schreiben, in einer ruhigeren Geistesverfassung, hoffe ich – im Moment schreibe ich wirklich gegen die Zeit an – und bin, wie ich sagte, so durcheinander, daß ich nicht ganz ich selbst bin.

Außerdem hast Du eine neue Form des Narzißmus erfunden – muß ich gestehen – ich habe mich in Orlando verliebt – das ist eine Komplikation, die ich nicht vorhergesehen hatte.

Virginia, meine Liebste, ich kann Dir nur dafür danken, daß Du solche Reichtümer ausschüttest.

V.

Du hast mich mit Deinen Passagen über Knole zum Weinen gebracht, Du Schuft.

[1] Virginia hatte Vita ein speziell gebundenes Exemplar von *Orlando* (1928) am Tag des Erscheinens geschickt. Als sie diesen Brief erhielt, schickte Virginia Vita ein Telegramm: »Deine Biographin ist unendlich erleichtert und glücklich.«

Freitag [12. Oktober 1928] *Tavistock Square 52, W.C.1*

Was für eine ungeheuere Erleichterung! . . . Ich hatte plötzlich entsetzliche Angst, daß Du verletzt oder ärgerlich sein könntest, und wagte es nicht, die Post zu öffnen: Nun soll bellen oder beißen, wer will; Engel, der Du bist – aber ich bin ziemlich in Eile: und schreibe nicht mehr als diese Zeilen. Verkauf viel besser, Begeisterung in der Birmingham Post *[Mail]. Knole ist entdeckt. Sie geben einen Hinweis auf Dich.*

[Long Barn.]
Montag [15. Oktober 1928]

Ich will Dir im Moment nur Auszüge aus drei Briefen schicken, die ich heute abend bekommen habe:

(1) »In seiner Schönheit und Genialität ist dieses Werk großartig – man ist atemlos vor Bewunderung. Die Beschreibungen von Knole sind zu schön – sie kommen in ihrer Schönheit sicher allem gleich, was jemals über Knole geschrieben oder gesagt wurde. Ich habe das Gefühl, daß Du bei diesen Beschreibungen glücklich sein wirst. ...«

(2) »Wie reizend Deine Pseudobiographie ist. Sie ist eine der köstlichsten Vergnüglichkeiten, die man sich nur zu lesen wünschen kann. Ich glaube, daß die Form auf eigentümliche Weise ihrem Genie entspricht und daß es das größte ihrer literarischen Werke ist. Die Sprache ist so herrlich.«

(3) Von Harold: »Was für ein wunderbares Buch! Das Ganze ist von einer Schönheit, die einem den Atem verschlägt – wie dieser Sonnenuntergang vor Dilijan (das bezieht sich auf Persien.) Es ist weit *mehr* als brillant. Ich kann einfach nicht glauben, daß ein solches Buch nicht überdauern wird. Die ganze Welt des Lebens ist hineingegossen worden und lodert auf mit geschmolzenen Flammen.«

Mein Liebling. Ich lese es alles noch einmal von Anfang an. Ich komme morgen um 6.45 oder eventuell ein bißchen früher.

V.

[Long Barn.]
Sonntag [21. Oktober 1928]

Ich werde nie nie wieder mit Squire reden.[1] Ich habe, was reine Idiotie betrifft, noch nie etwas Derartiges gelesen. Ich nehme den ersten Satz zurück: ich würde gerne nur noch einmal mit ihm reden, um ihm meine Meinung zu sagen, und dann nie wieder.

V.
sehr wütend.

[1] J. C. Squire hatte *Orlando* in seiner Besprechung in *The Observer* vom 21. Oktober 1928 eine »vergnügliche Bagatelle« genannt.

London.
Samstag [3. November 1928]

Mein sanftes Genie,

Ich schreibe Dir dies, um Dir zu sagen, daß ich gestern mein Herz etwas an Mrs Richmond verloren habe.[1] Sie muß reizend gewesen sein. In gewisser Weise erinnert sie mich ein bißchen an Dich. Mr R. ist nicht gekommen, weil er nach Schottland fahren mußte.

Ich bin von Clive am 13. wegen Deines Eröffnungsabends zum Abendessen eingeladen worden.[2] Möchtest Du aus irgendeinem Grund, daß ich nicht komme? Wenn ja, sagst Du es mir? Ansonsten werde ich kommen. Aber da Du mir selbst nichts davon gesagt hast, wolltest Du vielleicht gar nicht, daß ich davon weiß.

Du hast neulich abend Bernard Shaw verpaßt, der kam, als Du gegangen warst, und einen langen, paradoxen, geistreichen und vollkommen destruktiven Vortrag hielt.[3] Es tat mir leid, daß Du gegangen warst. Die Gesellschaft wurde mit der Zeit mutiger und offener, und die kleine Kellnerin von Harrods, die hinter dem Buffet saß, ging vor Aufregung fast in die Luft. »Da«, dachte ich, »ist ein weiteres junges Leben falsch gelaufen.« Sehr viel an Ergebnissen wurde nicht erreicht, das muß ich zugeben.

Vielen Dank für das Plakat [von *Orlando*]! es hat mir Spaß gemacht – und ich mochte die Werbung

Orlando ist
Orlando ist
Orlando ist
" "
" "
" "
" "
" "[4]

[1] Elena Richmond, die Frau von Bruce Richmond, dem Herausgeber des *Times Literary Supplement*.

[2] Ihre »Dienstagabende«, eine abendliche Bloomsbury-Gesellschaft in Vanessas Haus am Gordon Square.

[3] Eine Zusammenkunft, um über gerichtliche Aussagen zugunsten von *The Well Of Loneliness* zu diskutieren.

[4] Diese Anzeige von der Hogarth Press erschien in mehreren Zeitungen: »›*Orlando* ist wieder ein Meisterwerk‹, schreibt Hugh Walpole; ›*Orlando* ist ...‹«, es folgen andere lobende Zitate, und den Schluß bildet »*Orlando* ist von Virginia Woolf«.

Long Barn.
Mittwoch [7. November 1928]

Boski war von Desmond ziemlich verblüfft:[1] er war so schnell, und Leute kamen herein und störten sie bei ihren Hieroglyphen, aber ich lege alles bei, was sie mitbekommen hat. Es war noch mehr; alles sehr lobend.

Ich habe hier einen netten, netten Brief von Dir vorgefunden – zumindest war er streckenweise so nett, daß ich glaube, mein Verbündeter Potto muß Deine Hand gehalten haben. Wenn es Dir gutgeht, komme ich morgen, am Donnerstag, wann immer Du willst, und wir essen zusammen zu Abend. Ich muß um 9.15 am Savoy Hill [BBC] sein. Könntest Du morgen früh vor 10 in der Mount Street (Grosvenor 184.) anrufen – (weil ich um 10 zur Beerdigung von Lord Carnock muß) und Bescheid sagen, ob es Dir gutgeht und ob ich kommen soll? Ich fahre heute nach dem Abendessen in die Mount Street.

Wie ich sehe, hat Rose Macaulay genug Verstand, *Orlando* zu mögen.

Ich hoffe sehr, daß es Dir bessergeht. Ich habe mich am Montag abend so sehr danach gesehnt, Dich zu sehen, und habe fast geweint, als Nellie sagte, Du wärest ausgegangen. Aber das Feuerwerk war reizend, durch den Nebel hindurch. Hast Du es gesehen?

Deine Dich sehr sehr liebende
V.

[1] Desmond MacCarthy hatte Audrey Le Bosquet, Vitas Sekretärin, seine Besprechung von *Orlando* diktiert, die in der *Sunday Times* erschien.

Long Barn, Weald,
Sevenoaks.
Dienstag [20. November 1928]

Verdammter Eddy. *Ich* halte mich im Zaum und schreibe Dir nicht, weil ich denke, daß Du mehr als genug zu tun hast – und dann geht dieses Balg los und belästigt Dich.

Ja, natürlich habe ich die Bilder Onkel Charles gegenüber erwähnt.[1] Ich habe ihm nicht genau gesagt, zu welchem Zweck sie gebraucht wurden, weil *Orlando* damals noch ein Geheimnis war. Ich habe nur gesagt »für ihr neues Buch«. Er hat gesagt »Aber ja – natürlich – hocherfreut«, und ähnliches. Dein Brief an ihn ist gut so. Wenn Du willst, kannst Du sagen, daß ich Dir gesagt hätte, ich hätte ihn gebeten, die Erlaubnis zu bestätigen, die Dada gegeben hatte, und daß er einverstanden gewesen sei, das zu tun. Was für Idioten die Leute sind. Dada hätte NIEMALS an so was gedacht.

Was Eddys eigenen privaten Kummer angeht, das zeigt nur, wie egoistisch er ist, wenn er glaubt, jeder würde sofort die Initialen S. W. mit ihm in Zusammenhang bringen. Die eigenen Initialen sind einem selbst vertraut, aber sonst niemandem. Das würde ich ihm antworten, wenn Du seinen Brief tatsächlich überhaupt beantwortest.

Ich bin vor Wut wie eine Rakete in die Luft gegangen wegen Eddy. Eingebildeter Schnösel. Schreihals. Gnom.

Ich komme nächsten Dienstag rauf. Bin von Molly [MacCarthy] hinzitiert worden, um sie zu treffen. Soll ich nach dem BBC bei Dir vorbeischauen? oder soll ich mit etwas mehr Muße irgendwann am Mittwoch (dem 28.) kommen? Clive hat mich am Dienstag wieder zum Abendessen eingeladen, aber ich kann nicht: ich esse mit Ethel. Er hat etwas von einer Abschiedsparty für Raymond am Dienstag abend gemurmelt und vorgeschlagen, daß ich von Ethel aus kommen sollte. Wenn Du da bist, komme ich, aber ich weiß nicht, wo es stattfindet – vielleicht in Vanessas Haus? Clive hat mir zwei Fasane geschickt; nett von ihm.

Soll ich das übriggebliebene Hündchen am Dienstag mitbringen? Das, das verkauft ist? Es ist so reizend, und es ist so schade, daß die

Besitzer seinen jugendlichen Charme verpassen. Ich könnte es Dir am Dienstag jederzeit vor 3.30 vorbeibringen, besonders dann, falls ich mit Raymond, wie ich geplant hatte, zu Mittag esse. Es sei denn, Du würdest kommen und mit mir irgendwo allein essen. RSVP. Postkarte genügt.

[1] Lord Sackville hatte sich beschwert, daß die Bilder von Knole im Buch ohne seine Genehmigung benutzt worden seien.

Long Barn, Weald,
Sevenoaks.
Donnerstag abend [29. November 1928]

Ich fühle mich irgendwie so, wie sich (in meiner Vorstellung) ein Fischer zwischen zwei Stürmen fühlen muß. An einem ruhigen Tag kann er hinausfahren und eine Menge kleine silberne Fische fangen. Aber hier liegt der Unterschied: Bei einem Sturm kann er zu Hause sitzen und Pfeife rauchen (wenn er nicht auch noch zur Mannschaft eines Rettungsbootes gehört), während für mich ein Sturm London, Eton, Oxford bedeutet – einfach aufs Meer hinausgeweht zu sein, und die kleinen Fische sind ganz verstreut. Mit anderen Worten, ich habe es geschafft, heute morgen nach Hause zu kommen, nur um morgen früh wieder loszufahren; und was für eine Art zu leben ist das, frage ich Dich?

Egal, es war ein RIESIGES Dinner, und ich habe mit sehr großer Bestürzung eine Rede gehalten; aber nach dem Essen wurde ich von einer Erscheinung in Rosa und Silber, die sich auf mich stürzte, etwas getröstet; ich war ziemlich gerührt. Ich war von Mr B. R. [Bruce Richmond] nicht sehr eingenommen – etwas schmeichlerisch finde ich? und ein bißchen zu gewinnend? aber ich wurde überaus herzlich dazu gedrängt, nach Robertsbridge zu kommen etc. etc. – also ist dagegen nichts zu sagen. Was für eine Menge Leute – mindestens 300 – und Photographen mit Blitzlichtern – und ein Mikrophon – und Mr Winston Churchill, mit dem ich herzlich gerne durchbrennen würde, wenn ich gefragt würde – und ich ganz elend in der Mitte von all dem – und ich fragte mich, warum ich dort war – und dann plötzlich ein Vortrag über Knole – und Jack Squire sehr betrunken mit einer Kopfgrippe. Du meine Güte, ich mag das öffentliche Leben nicht. Ich mag es, über dem Gasfeuer in Virginias Schlafzimmer Brötchen zu rösten.

Ich habe versucht, [Herbert] Reads Ausführungen über Dichtung zu lesen – Worte Worte Worte – und alle vielsilbig. Das ist keine Dichtung; oder auch nur eine Erläuterung davon. Ich habe geträumt, ich hätte Raum-Zeit verstanden, was der Wahrheit viel näher kam als alles Gerede von Read.

»I saw eternity the other night
Like a great Ring of pure and endless light
All calm, as it was bright . . .
Yet digged the Mole, and lest his ways be found,
Worked underground. . . .«[1]

In Oxford werde ich mit John Sparrow zu Abend essen – und am Sonntag komme ich zurück – und am Donnerstag kommt Virginia, und alle Freuden werden wir erproben. Wäre es besser, tot zu sein als völlig verwirrt? wie ich es bin? und das Leben nie synthetisch? Aber ich genieße das Leben.

Was für ein egoistischer Brief – so schlimm wie Eddy –, nur *nicht* über meine Initialen.

Liebling, Du bist mein Anker. Ein Anker, der sich in Goldklumpen am Grunde des Ozeans verfangen hat.

V.

[1] Henry Vaughan, *Silex Scintillans* (*The World*), 1650: »Ich hab' in einer Nacht die Ewigkeit erblickt, / ein großer Ring aus reinem ew'gen Licht, / ganz ruhig, ein strahlendes Gesicht . . . / Doch grub der Maulwurf zu verbergen seine Spur / unter der Erde nur . . .«

Long Barn, Weald,
Sevenoaks.
Montag [3. Dezember 1928]

Es ist zum Verrücktwerden. Ich saß gestern abend allein von 7 bis 8.30 in Charing Cross, weil ich meine Verbindung verpaßt hatte; und Du warst auf der anderen Seite von London allein beim Essen. Ich hätte so leicht zu Dir kommen und einen noch späteren Zug nehmen können. Verdammt, verdammt, verdammt... Aber Du hast Chaucer gelesen.

Harold hat heute morgen geschrieben: »Er (ein Freund) nahm mich mit in eine Bar [in Berlin], von der er sagte, sie wäre ganz anständig, aber der Besitzer zeigte mir pornographische Photographien, etwas, das ich ganz und gar verabscheue und ekelhaft finde. Daher ging ich aufgebracht fort und las ein Kapitel von *Orlando*, um meine Gedanken zu reinigen. Dieses Buch ist die reinste Sache, die ich kenne – wie klarer und tiefer Kristall.« Ja. Das ist es. Das ist es. Harold hat ganz recht.

Kommst Du wirklich im Januar nach Berlin? Wirklich und wahrhaftig? Und Du wirst Dich nicht von Eddy in Beschlag nehmen lassen? Ich hoffe, Dein Streit mit ihm vertieft sich, so daß ihr am 15. Januar nicht mehr miteinander redet. Weißt Du, ich bin immer ein bißchen eifersüchtig auf Eddys Freundschaft mit Dir. Gehässig. ...

Oxford war mit *Orlando* übersät. Ich habe in allen Buchhandlungen herumgeschnüffelt. Ich hatte eine tolle Zeit; und ich habe mich ein bißchen in einen Studenten verliebt, was ein sicheres Zeichen für die mittleren Jahre ist.

Liebling, ich bin keine Dichterin, glaube ich. Ich bin ein Klumpen Teig, soweit es Dichtung betrifft. Aber ich würde gern mit Dir darüber reden. Ich bin sehr traurig darüber; und ich denke daran, mich wegen meiner verstorbenen Muse in Trauer zu begeben. Sie ist jung gestorben, das arme Ding, noch bevor sie zu sprechen gelernt hatte. Oder glaubst Du, sie hat nur ein paar Jahre zurückgezogen verbracht und wird eines Tages wieder hervorkommen, grauhaarig, aber weise? Ich habe fünf Minuten lang in *The Land* gelesen und fand es verdammt schlecht. Nirgendwo ein Funken darin. Respektabel, aber schwerfällig.

Boski sagt, sie wäre BEGEISTERT davon, jegliche Post für Dich zu erledigen; solltest Du also welche haben, für die als Antwort eine getippte Bestätigung reicht, dann bring sie her – je mehr, desto besser –, und Du kannst sie am Freitag morgen unterschreiben. Es würde Dir eine Menge an Zeit und Mühe ersparen. Bitte.

Ich lege eine Liste mit Zügen bei. *Wie sehr* ich mich auf Donnerstag freue, ganz sicher, Licht meiner Augen und Glück meiner Seele, das Du bist.

Es gab ein schreckliches Durcheinander wegen Vanessas Skizze: sie war von Duncan. Ich fühle mich deswegen ziemlich miserabel. Ich erzähle es Dir am Donnerstag. Aber Dottie hat 3 von Duncans Bildern für 200 Guineen gekauft. Ich beneide sie. Sie sind reizend.

Ich wünschte, es wäre Donnerstag. Ja – wie schade ist es doch, daß Du im wirklichen Leben mit der Zeit nicht so zaubern kannst wie in Büchern. Dann könnten wir den Donnerstag 300 Jahre dauern lassen. Marvell hat anscheinend fast den gleichen Gedanken gehabt. Ich verstehe jetzt zum ersten Mal vollkommen und ganz genau, was er gemeint hat.

Bring Potto mit. Er bekommt einen Stint ganz für sich allein.

Dein Orlando

Brückenallee 24
Berlin N.W.23
26. Dezember [1928]

Ich hätte Dir schon vor Tagen geschrieben, aber in den ersten paar Tagen war ich zu mürrisch für menschliche Gesellschaft, ganz gleich ob auf Papier oder in Fleisch und Blut, und dann habe ich mit einer Art Grippe im Bett gelegen, von der ich mich gerade erst erholt habe, geblieben sind nur wacklige Knie und eine noch immer ziemlich düstere Lebenseinstellung. Abschiede sind sehr merkwürdig und unangenehm: ich habe immer noch das Gefühl, ich hätte mich ganz plötzlich von Deiner Seite losgerissen und wäre in die Nacht verschwunden, fast ohne ein Wort für irgend jemanden. Jetzt fange ich allerdings an, nach vorn statt zurück zu blicken und mich zu besinnen, daß Du in kaum mehr als zwei Wochen hier sein wirst. Das wird schön, und ich verspreche Dir, daß ich so taktvoll sein werde, wie es mir meine Freude darüber, daß ich Dich hier habe, erlaubt. Glaubst Du, wir könnten einmal (hier versagt der versprochene Takt) einen Abend allein miteinander ausgehen? Aber das überlasse ich ganz Dir.

Eddy spielt eine wichtige Rolle in meinem Leben; er ist sehr glücklich und bester Laune; er hat einen großen schwarzen Ring und ein dünnes goldenes Armband erworben, und seine Konversation besteht fast ausschließlich aus rein idiomatischen deutschen Ausrufen und Einwürfen, aber wir kommen sehr gut miteinander aus.

Hat Boski daran gedacht, Dir die Bernsteinperlen zu schicken? und wirst Du sie tragen? und nicht mit mir zanken? und jede davon als einen Kuß von Orlando betrachten? und ich werde an Dich als einen Fuchs, eine Melone oder einen Smaragd denken oder als irgend etwas anderes, das Du Dir ausdenken kannst?

Und Du bist heute in Rodmell und erfindest Dein neues Zimmer? sehr zufrieden, und Pinker jagt im Garten herum?

Und werde ich noch einmal schreiben? Meine Krankheit hat mich ganz ohne Sinn und Verstand belassen – daher sage ich heute nicht mehr, als daß ich Dich liebe.

V.

29. Dez. 1928 *Monk's House, Rodmell,*
Lewes [Sussex]

Dieser jämmerliche Potto ist ganz in gelbe Perlen eingewickelt. Er hat sich in ihnen herumgewälzt und läßt sich nicht von ihnen vertreiben – solange man ihm nicht die Vorderpfoten abschneidet, was Du, wie ich weiß, nicht gutheißen würdest. Aber darf ich ein für allemal sagen, daß Geschenke nicht erlaubt sind: es steht groß und breit über dem ganzen Käfig. Es verdirbt ihren Charakter – Auf lange Sicht schadet es ihnen – Dieses eine Mal soll es verziehen werden: aber nie, nie wieder – In der Nacht, in der Du in die Falle gegangen bist, in jenem Winter in Long Barn [18. Dezember 1925], hast Du Lord Steynes Brieföffner hervorgezogen, und ich mußte damals die Bedingungen klarstellen: mit diesem Messer wirst Du in unsere Herzen schneiden, und das gleiche trifft auch für Perlen zu. ...

Januar – Juli 1929

Im Januar 1929 besuchte Virginia gemeinsam mit Leonard, Vanessa, Duncan Grant und Quentin Bell Vita in Berlin. Edward Sackville-West stieß ebenfalls zu ihnen. Virginia arbeitete an einem ersten Entwurf von The Waves. *Vita hatte mit der Arbeit an ihrem bekanntesten Roman,* The Edwardians, *begonnen und setzte sie – nach einem kurzen Urlaub mit Harold in Italien – fort, als sie Anfang März nach Long Barn zurückkehrte.*

Brückenallee 24
Berlin N. W. 23
2. Januar [1929]

Ich hatte gerade angefangen, mich zu fragen, ob Du mit Deinem armen Hirtenhund böse wärest – ob jede einzelne Bernsteinperle wie eine Kanonenkugel auf Dein Herz abgefeuert worden wäre oder was auch immer – und dann erhielt ich heute morgen einen netten, netten liebevollen besorgten Brief – und der Hirtenhund fing wieder an, mit dem Schwanz zu wedeln.

Ich habe mich erholt, falls es eine Erholung ist, wenn Zigaretten wie bröseliger Sandstein schmecken und sich die Glieder wie gezupftes Werg anfühlen – ganz kiesig und auseinandergezogen. Aber hier sind alle krank, kaum erhebe ich mich, sinkt Harold danieder; aber er ist richtig krank, was ich nicht war. Es ist unangenehm, aber nichts Ernstes.

Ich schicke Dir dies in einem Umschlag, den Nigel angefangen hatte, für meine Mutter zu tippen, weil ich dachte, daß die Dogware[1] Mrs Woolf ein netter Titel für Dich wäre. Ich freue mich, daß die *Times* geschrieben hat, *Orlando* wäre der wichtigste Roman des Jahres.

Ich werde mich jetzt geduldig niederlassen und auf den langen

Brief warten. (Aber, mein Engel, Britische Botschaft Berlin ist eine Adresse, die man sich ganz leicht merken kann! und Du hast Dir mit einer Effizienz, die immer wieder beeindruckend war, Harolds viel schwierigere im Irak, in Syrien und sonstwo gemerkt.) Ach meine Liebe, wie komisch, daß Du die Brückenallee sehen wirst. Ich besorge Zimmer für Euch alle – ist das gut? – 8 Mark die Nacht, glaube ich – aber sag mir, ob Ihr am 15. oder 16. ankommt – und denk dran, mir zu sagen, um welche Zeit (d. h., auf welcher Strecke Ihr kommt –), damit ich Euch abholen kann, *und auf welchem Bahnhof* (Friedrichstraße ist am besten). Wenn Ihr über Harwich – den Haken [Holland] kommt, müßt Ihr um 4.45 in der Frühe aufstehen, und paßt auf, daß sie Eure Sitze nicht im Nichtraucherabteil buchen, was sie tun werden, wenn man ihnen nichts anderes angibt. Ich bin mal damit reingefallen.

Wie nett, daß Du Boski den *Common Reader* geschickt hast – sie ist hocherfreut.

Ich war zum Tee bei einer Dame, die auf einem Diwan lag und mit einem Sittich spielte. Ich war bei einer anderen Dame zum Tee – diesmal einer alten –, die mit einem Neffen zusammenlebt, von dem man erwartet, daß er jeden Moment ein Verbrechen begeht. Sie tröstet sich mit 3 Aberdeen-Terriern. Ein echter Balzac-Haushalt – und außerdem eine Schwägerin mit einem gebrochenen Bein. Wenn sie nicht in Berlin sind, leben sie alle in einem Schloß aus dem XII. Jahrhundert bei Hannover, alle miteinander über Kreuz und ohne Geld, so daß das Dach einstürzt. Eine weitere Schwägerin ist gerade an gebrochenem Herzen gestorben und ein Schwiegersohn an Blinddarmentzündung.

Ich schreibe wieder, wenn ich den langen Brief bekommen habe. Im Moment will ich Dir eigentlich nur sagen, daß es mir gutgeht und daß Du mir genau Bescheid geben mußt, wann Ihr kommt – wegen der Zimmer. Fünf Einzelzimmer – ist es das, was Ihr wollt? Vielleicht steht das alles in dem langen Brief.

Ich bin immer noch ziemlich schlecht gelaunt, aber das wird sich geben, wenn der 15. näher kommt. Ganz offen gesagt, werde ich weinen, wenn Du wieder fährst, vor Kummer, Neid und Mißgunst.

Aber wirklich, es ist wunderbar, daß Du tatsächlich in vierzehn

Tagen kommst. Ich wünschte nur, Du würdest in der Brückenallee wohnen. Kommst Du im März nach Long Barn?

Dein getreuer Hirtenhund

[1] Gemeint war *Dowager*; unübersetzbares Wortspiel zwischen *Hundeartikel* und *Witwe*; Anm. d. Übers.

Brückenallee 24
Berlin N.W. 23
Sonntag, 6. Januar 1929

Aber siehst Du, daß Potto da also (als Du nicht aufgepaßt hast – Du weißt, was für ein verschlagenes Biest er ist – obwohl ich ihn nicht gern hinter seinem Rücken verpetze), daß Potto da also ein Exemplar von *Orlando* gestohlen hat und es in feinstes Ziegenleder binden ließ – und damit nicht genug, er hat auch noch das MS von *Orlando* gestohlen und das ebenfalls binden lassen – daher dachte ich, ich könnte ihm wirklich ein paar gelbe Perlen zu Weihnachten schenken – ohne deswegen Streit zu bekommen – weil ich Potto gerne Sachen schenke – und normalerweise werde ich so streng kontrolliert, daß ich es mich nicht traue. Ist mir vergeben? und ist Potto vergeben? daß er sich darin herumgewälzt hat?

Ich habe im Prinz Albrecht einen speziellen Hausmädchenschrank für Potto und außerdem Eure fünf Zimmer gebucht.

Noch zehn Tage, dann bist Du hier. Werde ich Dich viel sehen? jeden Tag? Wagenseil – ja, ich habe Wagenseil die Tour vermasselt, noch bevor ich Deinen Brief bekommen hatte. Ich habe Eddy mit Bestimmtheit gesagt, daß Du niemanden treffen möchtest, und Wagenseil schon gar nicht. Dann habe ich Wagenseil selbst getroffen. Er ist ein schöner, brauner, schlanker junger Mann, wie ein spanischer Kapitän, mit melancholischen Augen und einem verzogenen Mund, sehr attraktiv. Aber ich blieb hartherzig. Zwischen Dir und Wagenseil wurde eine Mauer errichtet. Du bist in Sicherheit.

Ich mußte Deinen Brief mehrmals lesen, bevor ich ihm seine ganze Bedeutung entlockt hatte. Was hat es mit der 3. und 4. Rippe und irgendwelchen Lieben auf sich? Wessen Lieben? Deine? aber Du sagst, Du hättest keine. Meine? aber es weiß doch jeder, daß ich Virginias Hirtenhund bin. Was soll das Ganze also? Aber am Ende Deines Briefes gab es eine Bemerkung, die mich sehr ermutigt hat: ob ich Dich liebe, hast Du gefragt, ganz besonders und nicht nur einigermaßen? Also weißt Du (jedenfalls theoretisch), daß es da einen Unterschied gibt. A la bonne heure! Wie Clive kichern würde. Jedenfalls werde ich Dir keine Antwort geben, bis Du in Berlin bist – abgesehen davon, daß Du sie schon weißt.

Hör mal, es ist schrecklich kalt hier. Ich empfehle Gamaschen. Kälter als alles, was wir jemals in England haben. Aber bis Du kommst, kann es sich natürlich geändert haben.

Weißt Du, ich freue mich auf den 15. (oder ist es der 16.), wie sich die Gläubigen aufs Paradies freuen. Ich kann nur den Gedanken nicht ertragen, daß Du wieder fortfährst. Es ist albern, daran zu denken, bevor Du überhaupt angekommen bist; aber es lastet auf mir. Ich habe vor zwei Tagen bei einem Abendessen einen netten Mann kennengelernt; einen Deutschen. Er starrte mich an, als wir uns vorgestellt wurden; starrte intensiv. Dann rief er »Orlando!«. Er sagte, es wäre das wunderbarste Buch, das je geschrieben wurde.

Es ist wahr, kann es wahr sein? – daß Du nach Berlin kommst? Himmel, ich wünschte, Du kämest allein. Aber Virginia in Berlin ... Sehr merkwürdig. Es könnte mich fast mit Berlin versöhnen, daß Berlin Virginia beherbergen soll. Die rote Zunge kriecht über meinen Kalender und frißt die Tage: nur noch zehn Tage. Bitte, ach bitte, werde nicht krank, so daß Du verhindert würdest. Wie der Hirsch lechzt nach frischem Wasser[1] ... Denn wirklich, Du hast keine Vorstellung, wie elend ich mich hier fühle. Ich vergehe fast. Ich werde aufleben, wenn Du kommst, wie eine Blume, die gegossen wird.

Ich treffe Dich am Bahnhof.

Ich höre jetzt lieber auf, sonst schreibe ich einen zu wilden Brief über Liebe und Sehnsucht.

V.

Ich bin so froh, daß *The Land* Julian [Bell] gefällt – so froh, daß er mich für eine Dichterin hält. Ich wünschte, ich wäre der gleichen Meinung. Ich mag es, wenn die jungen Leute *The Land* mögen – und ich mag es, gesagt zu bekommen, daß es gut ist, nicht Tom Eliot zu gleichen.

[1] Psalm 42.1

Brückenallee 24
Berlin N.W.23
12. Januar [1929]

Henry [Harolds Spaniel] und ich treffen Euch um 5.09 am Donnerstag nachmittag, dem 17., an der Friedrichstraße. Wir werden sehr erfreut sein, Euch zu sehen. Eure Adresse in Berlin lautet:

Hotel Prinz Albrecht
Prinz-Albrecht-Straße 9
Telefon: Zentrum 88–74. Telegrammadresse: Hustersäle, Berlin. Preis: 9 Mark pro Tag und Zimmer.
Fließend Heiß- und Kaltwasser. Aufzug. Zwei Zimmer für den 17. gebucht; drei weitere für den 18.
Amen.

Inzwischen zähle ich die Tage, Du hast nämlich keine Ahnung, auf welch mitleiderregende Weise ich mir kleine Tricks einfallen lasse, um den Januar und Februar zum Verschwinden zu bringen; und mit Deiner Ankunft löst sich ein ganzer Zeitblock von selbst auf, vom strahlenden 17. bis zum schwarzen 24. Aber nach dem 24. ist es nur noch eine Woche bis zum Februar; und wenn der Februar erst mal da ist, dann fange ich wieder an, meine Ohren zu spitzen. Außerdem habe ich ein paar Fäden gezogen mit dem Ergebnis, daß ich heute einen reizenden Brief von Lady Lindsay bekommen habe, in dem sie schreibt, sie hätte Sir Ronald gesagt, daß Harold gern ins Auswärtige

Amt zurückkehren würde, sobald sich eine freie Stelle bietet, und er hat es versprochen. . . .

Ich habe es Harold gebeichtet und mir dadurch praktisch seine Zuneigung verspielt (»Ich lasse mir meine Karriere nicht von Frauen regeln«), aber was kümmert mich das, solange ich ihn nur wieder nach London bekomme? Derweil tut er so, als wäre er verärgert.

Wir waren beim Sodomiten-Ball. Viele von ihnen waren als Frauen zurechtgemacht, aber ich glaube, ich war das einzige authentische Exemplar im Raum.[1] Ein sehr seltsamer Anblick. Wir waren auch bei einem Radrennen, das 6 Tage und 6 Nächte dauert, immer im Kreis um eine schräge Bahn unter Bogenlampen. Es gibt eindeutig sehr merkwürdige Dinge in Berlin zu sehen, und ich glaube, Potto wird seinen Spaß haben.

Jetzt sage ich nichts mehr, außer daß 482000 Sekunden zwischen jetzt und Deiner Ankunft liegen, und das ist der Moment, auf den ich hinlebe.

V.

[1] Er wurde *Ball der Jugend* genannt.

Brückenallee 24
Berlin N.W.23
Montag [14. Januar 1929]

Wenn Du mir ein Exemplar der *Seducers* mitbringen könntest . . . Du fährst nicht vor Mittwoch nacht von London ab, also sollte Dich das hier noch rechtzeitig erreichen. Und es wird nicht viel Platz beanspruchen. Ich bin schrecklich aufgeregt. Ja, es grassiert eine Grippe, aber nur eine leichte Abart. Bring eine Menge warme Sachen mit. Heute ist es wärmer, aber bis jetzt war es unglaublich kalt. Ich empfehle Gamaschen.

Läuft Leonard Schlittschuh? wenn ja, bringt Schlittschuhe mit.

Dein Besuch ist so ziemlich die aufregendste Sache, die mir je in

Berlin passiert ist. Sprichst Du Deutsch? d. h., hast Du Lust, ins Theater zu gehen?

Mein Gott, ich glaube es nicht, ich kann es nicht glauben, daß Du jemals hier ankommst. Daß ich Dich jemals in der Friedrichstraße aus dem Zug steigen sehe. Werdet Ihr, Du und Leonard, an dem Abend bei uns essen, oder werdet Ihr zu müde sein? Ich treffe Euch auf jeden Fall.

Dein Besuch rettet mir ganz einfach Leben und Verstand. Ich hoffe, Du bekommst keine Grippe. Ich sehne mich so sehr nach Donnerstag, so sehr, so sehr, so sehr.

V.

Brückenalle 24
Berlin N. W. 23
Freitag [25. Januar 1929]

Meine geliebte liebliche Virginia,

Es ist so leer hier ohne Dich. Ich habe heute beim Mittagessen Pirandello getroffen; ein kleiner älterer Herr mit einem Ziegenbärtchen. Er kam eine 3/4 Stunde zu spät zum Essen; und warum? Weil er, nachdem er wegen eines Gerichtsverfahrens nach Berlin gekommen war, plötzlich in seinem Hotel von zwei riesigen deutschen Polizisten aufgesucht wurde, die ihm die Uhr aus der Tasche und die Ringe von den Fingern gezogen haben – was ihm einige Schmerzen verursacht hat, da seine Fingergelenke durch Gicht geschwollen sind. Ein regelrechter Auftritt. Er war bei der ganzen Sache sehr ruhig, aber seine frühere Bewunderung für die Deutschen hatte sich im Laufe einer halben Stunde in Haß verkehrt.

Dank der englischen Sonntag-keine-Post wirst Du das hier erst bekommen, nachdem Du in Long Barn warst, was Dich hoffentlich ein bißchen an mich erinnert und vielleicht ein paar der Gefühle wiedererweckt hat, denen Du im Funkturm so überraschend und beunruhigend Ausdruck verliehen hast. Hör mal, Du weißt gar nicht, was für einen Unterschied Deine Woche hier für mich ausgemacht hat. Es zeigt nur, wie wenig die tatsächliche Dauer der Zeit bedeutet. Vorher war Berlin insgesamt die reinste Abscheulichkeit für mich; jetzt aber gibt es einige wenige Orte, die mit Romantik besetzt sind. Prinz-Albrecht-Straße, Potsdam, der Funkturm; sogar die Brückenallee hat etwas von Deinem Duft. Also war es keine Verschwendung, 4 Leute nach Berlin zu transportieren – und ich lehne mich vergleichsweise philosophisch für meinen verbleibenden Monat zurück. DANN kommen Long Barn und der Frühling und die Nachtigallen und Dein großes Schlafzimmer und alles andere. Aber wirst Du bis dahin in einer anderen Geistesverfassung sein? und mir untreu? Mary [Hutchinson]? Christabel? Mein Gott, ich würde Dir nie verzeihen – Nein – bewahre Dich auf für Deinen

Orlando

Sonntag [27. Januar 1929] *[Tavistock Square 52, W.C.1]*

Nun, jetzt stecke ich also im Bett. Ich mußte in Harwich aus meiner Koje gehievt werden – eine Mischung aus Schlafsucht, Grippe und Kopfschmerzen – anscheinend. Bin ziemlich betäubt. Aber es geht mir besser. Nur muß ich natürlich auf Anweisung des Dr im Bett bleiben und darf nichts tun. Ich wünschte, es wäre in Berlin passiert. Ich wünschte, ich könnte Dich sehen. Schreib mir. Es geht mir heute viel besser. Berlin war es sowieso wert.

Dienstag abend [29. Januar 1929]

Meine arme, arme Virginia,

es tut mir so furchtbar leid – und ich ärgere mich so, daß Du, WENN Du Dir schon die Grippe einfangen mußtest, das nicht in Berlin gemacht hast. Wir hätten Dich hierher getragen und uns so wunderbar um Dich gekümmert – und Du hättest noch mindestens eine Woche bleiben können – von Wärmflaschen umgeben – und Deinem Hirtenhund, der rein- und raustrottet – traurig über Deine Grippe – aber froh, Dich da zu haben und versorgen zu dürfen. Geht es Dir wieder gut? und keine Kopfschmerzen als Hinterlassenschaft? Hast Du Dich sehr elend gefühlt? meine Güte, meine Güte, so weit fort zu sein und von Dingen zu hören, Tage, nachdem sie passiert sind – Was für eine schreckliche Fahrt Du gehabt haben mußt – und Harwich um sechs Uhr morgens – mit Grippe – man darf gar nicht daran denken. Ich mag es gar nicht, wenn Du krank bist; es ist bei Dir schlimmer als bei anderen Leuten. Paß auf: wenn Du gerne aufs Land flüchten möchtest (und in Rodmell ist nur Mrs Bartholomew), weißt Du, in Long Barn dreht die ganze Dienerschaft Däumchen, und Du könntest dorthin fahren und es Dir bequem machen (mit dem Komfort eines Spitzenhotels etc.); und nichts in der Welt könnte mich glücklicher machen als der Gedanke, daß mein leeres müßiges Haus Dir zugute kommt – außer selbst mit Dir dort zu sein: wenn Dir also danach ist, ruf an und sag, daß Du mit Leonard und Pinker kommst. Ich würde mich wirklich darüber freuen – aber das muß ich nicht sagen: Du weißt, daß ich es meine, und Louise würde Dich verwöhnen – und sie wären alle ganz begeistert, etwas zu tun zu haben.

Als ich Dir geschrieben habe, habe ich Dir da erzählt, daß wir am 9. für eine Woche nach Rapallo fahren? Nein, ich glaube, da hatten wir noch nicht daran gedacht. Harold sagt, er kommt um, wenn er nicht aus Berlin flüchtet – also fahren wir. Du kannst Dir denken, ob ich begeistert bin oder nicht. Danach dauert es nicht mehr lange, bis ich nach Hause komme – meine Methode, die Zeit zu verplanen, funktioniert also ganz wunderbar. Du wirst nie verstehen, was Du für mich getan hat, als Du nach Berlin gekommen bist, und daher habe ich das Gefühl, es wäre irgendwie meine Schuld, daß Du die Grippe bekommen hast und aus Deiner Koje gehievt wurdest.

Ich habe noch eine Menge über Kessler gehört: er ist sehr reich, besitzt eine Kupfermine in Mexiko und ist homosexuell. Das hatte ich mir schon gedacht. Ich wollte Dir so viel erzählen, aber es ist mir von dem Gedanken, daß Du krank bist, aus dem Kopf getrieben worden. Ich werde nicht zufrieden sein, bis ich weiß, daß Du Dich erholt hast, und wenn ich wüßte, daß Du Dich nach Long Barn begibst, dann wäre ich *wirklich* zufrieden. Denk nur mal an dieses nette Zimmer und das riesige Bett, und steig in den Schirm und fahr los. Liebling, tu es. Und vermisse mich ein bißchen.

Denk daran, was ich Dir alles schulde! Ich habe überraschend einen großen Strauß weißen Flieder bekommen mit einer Karte: »Für Orlando«. Ich hatte das Gefühl, ich müßte ihn zusammenpacken und Dir schicken.

Liebling, ich mache mir solche Sorgen um Dich; tut Dir alles weh und fühlst Du Dich elend? hast Du Dich erholt?

Deine Dich sehr, sehr liebende und besorgte

V.

Brückenallee 24
Berlin N.W.23
Donnerstag [31. Januar 1929]

Deine kleinen, wackligen, mit Bleistift geschriebenen Briefe zerreißen mir das Herz – ach, zum Teufel mit Zeit und Raum – siehst Du, alle Bilder, die ich von Dir habe, sind mindestens zwei Tage überholt. Ich weiß, daß Du noch im Bett warst, als Du geschrieben hast, was ich aber nicht weiß, ist, ob Du *jetzt* noch im Bett bist – oder ob Du bis zum Sofa befördert worden bist – jedenfalls habe ich mitbekommen, daß es Dir ziemlich schlechtging – Du untertreibst immer mit Deinen Krankheiten – und das ist durchaus beunruhigend genug für mich. Berlin hat Dir das angetan – dieser Schuft – Der Sarg von Berlin ist allmählich vollständig mit Nägeln bedeckt – Nägeln mit großen Messingköpfen – wie die Truhe des königlichen Schatzmeisters [Thomas Sackville] in Knole – und der bisher größte Nagel von allen ist, daß es Virginia (die für mich kostbarer ist als eine ganze Schatzmeistertruhe voller Perlen und Rubine) krank gemacht hat. Ja, ich wünschte, ich könnte plötzlich bei Dir zur Tür reinkommen – anstelle Deiner angemalten Mary [Hutchinson] – und apropos Mary, ich habe ganz wundervolle Photographien von ihr gesehen. ... aber ich fange mit dem Anfang an, denn ich hatte gestern einen lustigen Tag – die Sorte Tag, die Virginia amüsiert – die mit dem niederen Leben beginnt und mit dem gehobenen endet – er fing mit einem liederlichen kleinen Gespenst aus Teheran an[1] und endete mit einem päpstlichen Nuntius[2], und in der Mitte eine rothaarige Lesbierin[3].

Das Gespenst aus Teheran tauchte plötzlich auf, es war nach Berlin gekommen, um mich zu treffen – *nicht* aus Teheran, sondern aus Schweden – eine verkommene, ziemlich amüsante Art Montmartre-Mensch – immer voller phantastischer Geschichten, die wahr sein könnten, andererseits aber auch nicht. In Teheran hat sie mich gelangweilt, aber hier habe ich mich gefreut, sie zu sehen – und sie wollte das Aquarium ansehen, also gingen wir hin – es war schwer mit Erinnerungen an Virginia beladen – und dann nahm ich sie mit zum Tee bei der rotschopfigen Lesbierin – wo wir Pirandello und seine beiden kleinen Flittchen, mit denen er herumreist, antrafen – und einige andere zwielichtige Leute.

Rotschopf ist Photographin – und da an der Wand, zwischen den Photographien aller nur erdenklichen europäischen Berühmtheiten von Hindenburg bis André Gide, war unsere Mary [Hutchinson] vorzüglich porträtiert. Rotschopf bugsierte mich in einen dunklen kleinen Raum, wo sie mir Photographien von Josephine Baker nackt bis zur Hüfte zeigte – sehr schön – und andere Photographien von einer Unanständigkeit, die ich nicht beschreiben werde; mich lüstern beäugte; mich dazu brachte, den Hut abzunehmen und mich schließlich so lange drängelte, bis ich sagte, ich würde ihr morgen früh sitzen. Sie jagt mir Schauer über den Rücken. Ich kam nach Hause und badete erst einmal. Dann beendete ich den Tag damit, daß ich meine Freundin auf den Weg nach Paris schickte und zu einem großartigen, riesigen Essen in der Botschaft ging – Lakaien in Kniehosen; eine Art Schweizer Gardesoldat, der einen Stab mit einem silbernen Knauf obendran hielt und damit jedesmal, wenn sich die Tür öffnete, auf den Boden klopfte; Sterne und Bänder; eine Dame, die schon fünf

Ehemänner gehabt hat, darunter einen persischen Prinzen, und schließlich einen letzten Ehemann, der ein Neffe des ersten ist – sie wechselt auch die Perücke ganz nach Laune, so daß sie manchmal grau, manchmal schwarz, manchmal rot ist –, Ströme von goldenem Besteck den Tisch entlang, und der päpstliche Nuntius in rosenroter Seide mit einem großen goldenen Kreuz auf der Brust. (Er wird wahrscheinlich der nächste Papst.[4])

Potto hätte *bestimmt* mit dem Schwanz gewedelt.

Und die ganze Zeit habe ich an Virginia gedacht, wie sie am Tavistock Square oben liegt, und gewünscht, ich wäre dort.

Und Frau [Katie] Stresemann hat Harold in die Finger bekommen und gesagt »Ich weiß, Sie halten mich für eine Närrin, denn jedesmal, wenn Sie mich sehen, fragen Sie mich, ob in der letzten Zeit viel Tanz war, aber ich bin keine Närrin, und ich kann Ihnen sagen, daß Sie *und* Ihre Frau für diesen idiotischen Beruf zu schade sind.« Was meine Meinung von der lüsternen Katie enorm verbessert hat.

Habe ich Dir gesagt, daß wir am 9. für eine Woche nach Rapallo fahren? Ja, bestimmt.

Ach, mein Liebling, sei so gut und paß auf Dich auf – Leonard sorgt dafür, ich weiß – aber ich kann es einfach nicht ertragen, wenn Du krank bist. Ich *wünschte*, ich wäre dort –

Deine
V.

[1] Baronne Frachon, die kurze Zeit in Teheran gelebt hatte und dort die selbsternannte Anführerin der diplomatischen Gesellschaft war.

[2] Eugenio Pacalli.

[3] Ihr Name war Frau Riess.

[4] Vita hatte recht, er wurde später Pius XII.

Brückenallee 24
Berlin N. W. 23
2. Februar [1929]

Wie geht es meiner armen lieben Invalidin? Sitzt Potto unter dem Sofa – dem Knole-Sofa – und fühlt sich einfach nur aus Mitleid elend? So ginge es Vita, wenn sie dort wäre.

Potto hat einen stumpfen Pelz und eine heiße Nase. Sein Schwanz wedelt nicht. Er bewegt sich, aber nur gerade so, nur dann, wenn er die Zehen an einem Schuh, den er kennt, unter dem Besatz des Sofas hindurch sieht. Würde er die Zehen von Mary Hutchinsons Schuhen sehen, würde er knurren.

Wirklich, ich bin Deinetwegen sehr unglücklich. Strikte Ruhe auf längere Zeit hat einen bedrohlichen Klang an sich. Nur aus diesen beiläufigen Bemerkungen kann ich schließen, wie schlecht es Dir gegangen sein muß, da Du nie klagst. Wirst Du nach Long Barn fahren? Ich habe Boski gesagt, sie soll Leonard anrufen und darauf drängen. Siehst Du, es ist so albern und so ärgerlich für die ganze Dienerschaft, dort zu sein und nichts zu tun zu haben, und sie mögen das selbst nicht. Allerdings ist es für Dich langweilig, wenn ich davon fasele, wie sehr, wie unglaublich ich mich freuen würde, wenn ich wüßte, daß Du in Long Barn bist, und ich vertraue darauf, daß Du weißt, wie leidenschaftlich ernst ich es meine, und dementsprechend handelst, sobald Dir danach ist.

Wir haben einen herrlichen Spaziergang mit Eddy durch einen Kiefernwald gemacht, der Schnee war im Schatten leuchtend blau und in der Sonne leuchtend rosa: Rehe kreuzten unseren Weg, und es waren Leute mit Skiern dort; am Ende des Weges kamen wir zu einem See hinab. Jetzt, da sich der Januar in den Februar verwandelt hat, bin ich wieder in der Lage, in den Schönheiten der Natur Trost zu finden. Aber ich werde von einer wachsenden Gefahr bedroht: die Tapete in meinem Schlafzimmer löst sich durch die Wärme und Trokkenheit von den Wänden; ich höre einen lauten Knall wie von einem Pistolenschuß, und siehe da, ein weiterer Teil hat sich losgerissen und hängt schlaff herunter. Eines Nachts wird auch das letzte Stück nachgeben: das Ganze wird abblättern wie eine Rose, die plötzlich zerfällt; und ich werde unter den Fasanen und Pfingstrosen begraben sein.

Grand Hotel & Europa, Rapallo, Italien, wird, falls Du Dich noch danach fühlst, mir mitzuteilen, wie es Dir geht, vom nächsten Samstag, dem 9., bis zum Samstag, dem 16., meine Adresse sein – und ich weiß, daß Du mir geschrieben hast, weil Du es versprochen hattest – Engel, der Du bist – ob krank oder nicht – die Nachricht *ist* erwünscht. Aber Du darfst Dich nicht anstrengen. Himmel, was für ein Trost es ist, an Leonard und seine Beefsteaks zu denken. Aber ich wünschte, Du wärest in Long Barn. Keine Gesellschaften, keine Romanzen – arme, arme Virginia. Auch wenn ich durchaus für den Zwinger bin (mit ein bißchen Auslauf hinter Draht), mag ich ihn aus folgendem Grund nicht: ich hätte lieber eine gesunde und unartige Virginia als eine Virginia, die krank und brav ist. Viel, viel lieber.

Wie steht es mit den Photographien [Lenares]? Ich würde sie furchtbar gerne sehen. Ich hatte eine nette Stichelei für meine rothaarige Photographin, der ich, nachdem sie Dich erwähnte, sagte, Du wärest gerade dagewesen. Sie ist fast gestorben. Ehrlich gesagt, tut es mir ziemlich leid, denn sie hätte ein paar reizende Photographien von Dir machen können, und wenn ich sie gesehen hätte, hätte ich Dich vielleicht dorthin mitgenommen. Aber Lenare! Lenare!

Hör mal, wäre es eine Hilfe für Dich, Boski für Deine Briefe in Anspruch zu nehmen? Wenn ja, dann rufe sie an und sage ihr, sie soll raufkommen – und nimm sie auf jeden Fall in Anspruch, falls Du nach Long Barn fährst. O verdammt, es ist so quälend, so viele Meilen entfernt zu sein und nichts tun zu können, als Vorschläge zu machen, von denen ich befürchte, daß Du sie verschmähst. Aber alles, was mein ist, ist Dein, wie Du sehr wohl weißt – bis hin zu meinem Herzen.

Deine

V.

Einen unglücklichen Brief von Raymond [Mortimer] erhalten, der New York verabscheut!

Brückenallee 24
Berlin N. W. 23
Montag [4. Februar 1929]

Noch eine Woche im Bett! mein Schatz Virginia, was für entsetzliche Dinge stoßen Dir zu? Es ist schön und gut, zu sagen, daß Dir nichts fehlt – und ich glaube nicht, daß Berlin wirklich schuld war, ich glaube, es war die Grippe, die es ausgelöst hat und die Du überall hättest bekommen können. *Hast* Du Dich hier sehr müde gefühlt? Wenn ja, dann hast Du es hervorragend verborgen. Ich habe mir selten so gewünscht, in England zu sein; nur dürftest Du mich, wie Du sagst, nicht sehen. Aber ich könnte auf der Schwelle sitzen. Das einzige, was mich tröstet, ist, daß Du sagst, Du fährst nach Long Barn, wenn Du es willst, und überhaupt kommst Du ja vielleicht im März zu einer kleinen Verwöhnungskur, zur Erholung? Du weißt, daß ich eine gute Krankenschwester bin und sehr streng. Ja – da ich schon mal von Krankenschwestern spreche, ich habe ganz schön über Mrs Clives »sombre *nurse*« in meiner Besprechung der Romane in der *Nation* von dieser Woche gelacht – wo es eigentlich »sombre *muse*« heißen sollte –, aber vielleicht habe ich noch Glück gehabt, daß sie nicht »sombre *mouse*« gedruckt haben![1] In dieser elenden Besprechung ist ein ganzer Packen an Druckfehlern (und ein Satz, der überhaupt keinen Sinn ergibt, weil ein »nicht« weggelassen wurde) – sag Leonard, daß ich ihn liebe, daß er aber ein schlechter Mensch ist.[2] Nun, solltest Du nach Long Barn kommen, werde ich eine düstere Krankenschwester oder Maus oder Muse oder alles, was Du auch willst, sein – und Dir zwischendurch morgens Suppe – und nicht Kaffee – verabreichen. Wirklich, mein Liebling, ich bin ganz unglücklich darüber, daß Du krank bist und Kopfschmerzen und sonstwas hast, und nichts in der Welt wäre mir lieber, als für Dich sorgen zu dürfen – außer in der Lage zu sein, ein Wunder zu bewirken, damit es Dir augenblicklich bessergeht. Statt dessen müssen wir zum Ball der Britischen Kolonie! Aber es gibt auch Ausgleich: Ein Chemiker[3] war zum Mittagessen bei uns und erzählte uns, daß innerhalb von zwei Jahren Krieg aufgrund der absolut tödlichen neuen Gase unmöglich sein wird, und er hat außerdem ein Gerät erfunden, mit dem du dein Auto aus schwierigen Parkplätzen herausbekommen kannst – die Welt scheint sich also doch trotz allem in Richtung Zivilisation fortzuentwickeln. Dann gab es eine Gesellschaft in der Botschaft, an der wir teilnahmen, und wir haben uns *The Squeaker* [von Edgar Wallace] auf deutsch angesehen – und was noch? wir hatten 41 Grad unter Null, Réaumur – und alle Fenster an den Autos zerspringen in der Kälte, die mit der ganzen Gewalt einer Horde von Tataren zurückgekehrt ist. Aber meistens denke ich an Virginia, wie sie in herrlicher Seide daliegt und sich Geschichten über Nachtfalter ausdenkt [*The Waves*] – aber nicht, gar nicht so glücklich oder gesund, wie ich sie gern hätte. »Veränderliche und folglich elende Verfassung des Menschen: noch diese Minute war ich gesund und bin schon diese Minute krank; eine plötzliche Veränderung überrascht mich, und ich kann ihr keine Ursache zuweisen.« Das ist von Donne, nicht von mir. Ich stelle fest, daß man in dieser Kälte Vorsicht walten lassen muß; eine unerwartete Berührung von Metall, Pelz oder Wasser ruft einen elektrischen Schlag hervor; ich habe das Gefühl, man könnte mit einem Fingerschnippen eine Gasflamme entzünden. Und in Rapallo, nehme ich an, haben wir strömenden Regen und ein aufgewühltes graues Meer. Aber wir werden sehr hart arbeiten, und Max Beerbohm wird ein Bild von Harold malen. Ich habe gehört, daß Edith und Osbert [Sitwell] in Rapallo sind! aber ich glaube es nicht. Ich bin immer noch nicht darüber hinweggekommen, daß Francis Birrell meinen großzügigen Tribut an den Genius der Sitwells bitter fand.[4] Es scheint mir einfach keinen Sinn zu ergeben.

Langweilen Dich meine unzusammenhängenden Briefe? aber sie sind mit so viel Besorgnis um Dich geschrieben und mit solch einem Bedürfnis danach, zu hören, daß es Dir *wirklich* bessergeht – was ich trotz all Deiner Versicherungen nicht glaube. Nicht, solange Du im Bett bleiben mußt und Bromid bekommst, das Deinen Kopf an das Kissen festklammert, und Du niemanden sehen darfst. Diese Tatsachen sprechen für sich selbst. Erst wenn ich höre, daß Du Sibyl zum Tee da hattest, werde ich wieder Vertrauen gewinnen. Inzwischen verbleibe ich Deine sehr besorgte und Dich unendlich liebende V.

[1] [*Sombre muse* – düstere Muse; *nurse* – Krankenschwester; *mouse* – Maus; Anm. d. Übers.] Vita hatte am 2. Februar das Buch *Paul Ferroli* von Mrs Archer Clive besprochen, das ursprünglich 1855 erschienen war.

[2] Leonard Woolf war bis Anfang 1930 Redakteur des Literaturteils von *Nation and Athenaeum*.

[3] Frederick Lindemann (1886–1957).

[4] Vitas »großzügiger Tribut an den Genius der Sitwells« war in ihrem Vortrag vor der Royal Society of Literature im November 1928 enthalten.

Brückenallee 24
Berlin N. W. 23
Dienstag [5. Februar 1929]

Ich kam gerade rein, war bei Wertheims, um ein Paar Handschuhe für 4 Mark zu kaufen, und wollte eigentlich mit meiner Geschichte von dem Bankangestellten, der sein Gedächtnis verliert, weitermachen, aber da ich auf dem Weg bei einer Buchhandlung angehalten hatte und *Orlando* von Tauchnitz gekauft hatte, fing ich an zu lesen und habe mich so darin verloren, daß der Abend fast vorüber ist. Weißt Du, daß ich *Orlando* nie gelesen habe, ohne daß mir Tränen in den Augen standen? Manchmal fließen sie sogar über. Ob es daran liegt, daß das Buch einfach wunderschön ist, oder daran, daß Du es bist, oder daran, daß es Knole ist, oder an allen dreien, weiß ich nicht; aber Du magst ja Tatsachen, und da hast Du eine Tatsache. Es gab noch nie ein Buch, das mich so verhext und bewegt hat. Und das, obwohl es mir verboten ist, *O—o* zu erwähnen. Vielleicht wurde die Wirkung heute durch die verdammenswerte Tatsache Deiner Krankheit verstärkt. Wenn ich alt bin und sterbe, werde ich veranlassen, daß mir *Orlando* laut vorgelesen wird.

Geht es Dir inzwischen besser? das scheint mir die einzige Sache zu sein, die wirklich zählt. Ich habe eine Nachricht von Leonard bekommen, aber sie enthielt nicht so viel an Informationen über Dich, wie ich gern gehabt hätte. Er sagte »Du wirst von Virginia gehört haben«, aber er weiß doch inzwischen sicher, daß Virginia eine Erzlügnerin ist, die immer sagt, daß es ihr bessergeht, ganz gleich, ob es stimmt oder nicht? Sogar Potto und ich wissen das. Potto hat mir schon vor langem angeraten, einfach kein Wort, das Virginia in diesem Zusammenhang äußert, zu glauben. Ich habe ihm gedankt und gesagt, das wüßte ich schon. Daher wäre mir ein bißchen Aufklärung von Leonard, den ich für einen ehrlichen (wenn auch voreingenommenen) Mann halte, sehr willkommen gewesen. Aber er hat gesagt, Du würdest Fortschritte machen, auch wenn es ein langsamer Prozeß wäre, und ich war glücklich über diese Brosame.

Eine Gesellschaft zum Essen heute abend, der Herr sei uns gnädig. Aber am Samstag öffnet sich der Käfig, und die Vögel ergreifen die Flucht.

Deine liebende, liebende
V.

Brückenallee 24
Berlin N.W.23
Mittwoch abend [6. Februar 1929]

Harold schreibt eine Biographie von Lord Carnock [seinem Vater], und ich habe einen deutschen Kriegsroman gelesen, der hier große Aufregung verursacht[1] – 70000 Exemplare in drei Wochen verkauft, behaupten sie – haha –, aber diese teutonische Sprache trampelt wie ein Elefant auf meinem Gehirn herum, daher ziehe ich es vor, Virginia zu schreiben – nicht, daß ich ihr irgend etwas zu sagen hätte, außer daß ich sie liebe und wünschte, sie wäre nicht krank. Ich kann nicht glauben, daß das wilde Leben von Berlin schuld ist; wirklich, als hättest Du eine Woche lang jede Nacht bis fünf Uhr morgens an Orgien teilgenommen – so hört es sich an, was Du redest – oder eher was Leonard redet und der Doktor. Nein, nein; es war die Grippe, aber ganz gleich, was es war, es ist sehr bedrückend. Sieh mal, wie gut es Dir ging, als ich Dich aus Frankreich zurückbrachte; ganz rund und rosig, und es war eine Freude, Pottos Fell anzusehen. Weißt Du, was ich glaube, was es war, abgesehen von der Grippe? es war

UNTERDRÜCKTE GEILHEIT: Da hast Du's – Du erinnerst Dich an Deine Eingeständnisse, als das Suchlicht immer rundherum ging?

Nein, Liebling, ich bin der rothaarigen Dame nicht erlegen – oder irgend jemand anderem. Ich bin so rein wie eine Schneeflocke – und etwa genauso kalt. Auch strebsam: ich habe Rilke beendet. Aber herrje, die Prüfungen, denen Du mich aussetzt! Wir haben gestern mit der Berliner Sibyl zu Abend gegessen [Mrs Thelwall] – aber Du mußt Sibyls Ungeschliffenheit mit 1000 multiplizieren und dann ihr ganzes Gehirn entfernen. Sie stürzte nach dem Essen auf mich. »Ach, könnten Sie nicht kommen und sich im Nebenzimmer zu uns setzen? Wir können es kaum erwarten, mit Orlando zu sprechen.« So etwas muß ich Dir zuliebe ertragen. Aber Orlando hat nicht mitgespielt. War eingeschnappt und unfreundlich.

Ich wünschte, meine Briefe würden nicht so lange brauchen. Ich habe jeden Tag geschrieben – eine traurige Maus in der Mausefalle und mit einer ausbalancierten Wasserwaage in den Ohren. Nein, ich würde es nicht gerne sehen, wenn Potto sich immer und immer im Kreis drehen würde.[2] Würden Ohrstöpsel helfen?

Deine
V.

[1] Erich Maria Remarque, *Im Westen nichts Neues* (Berlin 1929).

[2] Virginia hatte über ihre Schwindelgefühle geschrieben: »Es hat etwas mit der Wasserwaage in meinen Ohren zu tun. Es gibt eine Sorte Mäuse, die sich immer im Kreis drehen, weil sie in ihren Ohren keine Wasserwaage haben. Würdest Du es gerne sehen, wenn Potto sich immer im Kreis drehen würde?«

Brückenallee 24
Berlin N.W.23
Donnerstag [7. Februar 1929]

Weißt Du was? Marta [ein deutsches Dienstmädchen] trampelte mit einem Paket rein – einem großen flachen Paket – per Einschreiben – »aus England«. Ob ich bitte den Empfang bestätigen würde? Aus dem Schlaf gerissen, kritzelte ich meinen Namen – brannte die Schnur mit einem Streichholz durch – und da war meine Virginia und blickte schelmisch [Lenares Photographien].

Ach Virginia, Liebling, sie sind toll. Ich habe sie überall um mich im Raum angeheftet. Ich weiß nicht, welche mir am besten gefallen. Kann ich sie bis morgen behalten? absurde Frage, weil Du nicht ja oder nein sagen kannst – und bis dahin habe ich mich vielleicht entschieden. (Natürlich gibt es nichts, was mich davon abhalten könnte, sie alle bei Lenare für mich zu bestellen, wenn ich das wollte!) Gefallen Sie Dir denn? und Leonard? Du wirst feststellen, daß sie ein ständiger Kostenfaktor für Dich sein werden, weil Leute Dich um sie bitten werden. Du bist ein Engel, daß Du sie mir geschickt hast – ich habe mich so darauf gefreut. Sehr ordentlich hast Du an dem Tag ausgesehen, und ich bin froh, daß Du keinen Hut aufhattest. Mit Deinen Briefen und jetzt den Photographien bin ich richtig verwöhnt worden – hallo, hier kommt die zweite Post und eine kurze Nachricht von Leonard – und ein Postskriptum von Dir – ›sehr müde‹ – ach du meine Güte – aber Leonard sagt, es geht Dir, Gott sei Dank, wirklich besser – und Du schreibst, ich soll die Photographien mit zurückbringen und nicht schicken – das ist mir natürlich viel lieber. Richte Leonard aus, ja, ich bespreche die Romane – aber er soll mir auf keinen Fall einen schicken, der *Belated Adventure* heißt[1] – weil er zum Teil über mich ist, und ich könnte daher unmöglich etwas darüber schreiben. Grand Hotel et Europa, Rapallo, aber er darf es diesmal nicht zulassen, daß der Drucker mich dazu bringt, vollkommen phantastische Figuren zu erfinden, wie zum Beispiel Mrs Clives düstere Krankenschwester!

Jetzt gehe ich und esse mit einem Mann zu Mittag, der wie ein Barsoi aussieht – aber ich bin ganz gespannt und glücklich.

V.

[1] Von Margaret Voigt-Goldsmith. Vita taucht darin unter dem Namen »Hester Drummond« auf.

Rapallo
Montag [11. Februar 1929]

Was für eine reizende italienisierte Adresse Du für mich erfunden hast. Ja, ich habe Deinen Brief hier gestern abend vorgefunden, als wir nach einer triumphalen Fahrt durch Deutschland und die Schweiz, während der unser Speisewagen in Flammen aufging und zurückgelassen werden mußte, ankamen. Und es war warm. Wir gingen nach dem Abendessen ohne unsere Mäntel hinaus und spazierten unter Orangenbäumen und Mimosen umher, und das Mittelmeer seufzte am Strand. Die Alpen waren wirklich sehr schön; alle Wasserfälle waren gefroren und hingen wie schillernde Perlen vorn an den Felswänden herab; sonnenbestrahlte Gipfel stießen durch den Nebel hervor, und in den Tälern waren die Weiden ganz aus Gold. Die Schwänzer waren ganz außer sich vor Glück. Es ist eine großartige Sache, beweglich zu sein, Virginia; Züge auszunutzen und nicht zu sagen, daß eine Woche Schwänzen keine 30-Stunden-Reise wert ist. Sie *ist* es. – Gott, wenn ich das sage, wirst Du mit Leonard nach Spanien flitzen.

Ich war froh, genau zu erfahren, was mit Dir los gewesen ist. Ich glaube nicht, daß es wirklich an Berlin lag. Ich will das nicht glauben, weil ich sonst das Gefühl habe, ich müßte einen Teil der Schuld tragen; ansonsten wäre ich überglücklich, Berlin jedes Verbrechen anzuhängen. Ich nehme an, es war das Mittel gegen die Seekrankheit. Ich kannte Leute, so stark wie Pferde, die von diesen Dingern wochenlang krank wurden.

Später. Wir haben einen herrlichen Spaziergang gemacht und ein kleines grünweißes Haus entdeckt, an dem Pensione [Villa Cuba] stand. Da werden wir morgen einziehen, und ich habe Boski telegraphiert, daß sie Dir Bescheid sagt, aber ich werde noch drei Tage lang hier ins Hotel kommen, um meine Briefe abzuholen. Es ist ein abscheuliches Hotel, und die Pensione ist so nett: Sie steht mit den Fußspitzen praktisch *im* Meer, und sie hat große einfache holzgetäfelte Zimmer mit großen Fenstern, die direkt auf die Küste fast bis nach

La Spezia blicken. Sie machte einen vollkommen leeren Eindruck, als uns Zimmer um Zimmer gezeigt wurde, damit wir uns eins aussuchten.

Dann gingen wir weiter, und alles war blau und golden und staubig. Dieser Teil der Küste ist viel unverfälschter als der französische Teil. Die Wirkung, wenn man nach dem Schnee und der scheußlichen deutschen Ebene zu diesem blauen Meer und den sonnigen Landzungen herabkommt, ist einfach außergewöhnlich.

Zu Lady Bessborough: Harold sagt, er kann sich nicht genau erinnern, aber er kennt den Briefwechsel, den Du meinst, und er glaubt, Du findest einen Hinweis darauf in *The Life of Lord Granville.*[1] Es ärgert ihn, daß er sich nicht genau daran erinnern kann. Jedenfalls sagt er, daß er glaubt, Lord Granville würde Dir die notwendigen Angaben liefern.

Ach, wie sehr ich wünschte, Du wärest hier, es würde Dir so guttun (kein wildes Leben), und es *gibt* Oliven-Terrassen und all das andere. Warum lebt man in England? Warum lebt man irgendwo anders als im Süden?

Deine
V.

[1] Von Lord E. Fitzmaurice (1905). Harolds Vermutung über Lady Bessboroughs Briefwechsel traf zu.

Villa Cuba,
San Michele di Pagano,
Rapallo.
Mittwoch [13. Februar 1929]

Ich würde Dir gerne auch weiterhin von blauen Himmeln erzählen, aber da ich großen Respekt vor der Wahrheit habe, muß ich gestehen, daß es geschneit hat. Es ist tatsächlich bitter kalt. Alle sagen uns

»È proprio straordinario« und erzählen uns, wie sie noch bis letzten Sonntag draußen saßen und in der Sonne schwelgten – was ich glaube, weil wir ja einen Tag davon abbekommen haben –, und das ärgert uns dermaßen, daß Harold mit größter Wahrscheinlichkeit einen Mord begeht, wenn es noch einmal jemand zu ihm sagt. Wir sitzen mit Mänteln um unsere Knie gewickelt und zittern, ein wirklich mitleiderregender Anblick. Mir persönlich macht es nicht soviel aus, denn nach Berlin ist alles andere das Paradies, aber es tut mir leid wegen Harold, dessen Tage der Flucht und des Urlaubs gezählt sind.

Leonards Romane sind gestern angekommen, kein sehr aufregender Haufen. Woran liegt es, daß heutzutage Romane so gräßlich gekonnt gemacht sind, mit gerade soviel Leben darin wie in einem sterbenden Fisch? Es deprimiert mich in einem Ausmaß, das mich davon abhält, selbst den Versuch zu machen, einen zu schreiben. Der gewöhnliche Roman ist auf eine reine Schablone reduziert worden; sie sind wie diese scheußlichen Illustrierten, *Vogue* und so weiter – ja, ich weiß, was mit den Romanen passiert ist: Sie sind für die Literatur das geworden, was der *gute Geschmack* für die Kunst ist. (Ich werde das in meine Besprechung reinbringen!) Jeder hat ihn, so daß man sich jetzt über ein blaues Porzellankätzchen und über Sofaschoner freut als Abwechslung zu grauen Wollteppichen und Chinawänden. Aber einen habe ich gelesen, den ich mochte: *Sergeant Grischa.*[1] Darüber hinaus treibt das Gefühl, daß der Roman eine Schablone geworden ist, die Leute dazu, sich um etwas anderes zu bemühen, und man bekommt entweder die gewollte Kunstlosigkeit von Leuten wie Bunny Garnett und Dorothy Edwards [*Rhapsody*, 1927] oder aber das Feuerwerk von Ronald Firbank. Wie dem auch sei, ich gehe davon aus, daß Du die ganze Sache aufklären wirst, wenn Du wieder über Belletristik schreiben darfst, sowenig Du es auch magst.

Wir haben noch nichts wegen Max Beerbohm unternommen, aber wir sollten es.[2] Nun, da haben wir einen Mann, der schreiben kann, meinst Du nicht? Wenn ich nach Hause komme, stellst Du mir eine Übersicht an handfester Lektüre zusammen? Ich war in der letzten Zeit über meine eigene Unkenntnis entsetzt. Sieh mal, Du weißt alles über Leute wie [Lawrence] Sterne, und ich nicht. Ich mache sorgenvoll weiter, ohne einen ausreichenden Hintergrund an festen Kriterien zu haben, die man für Vergleiche heranziehen könnte. Es gibt keinen Zweifel, ich bin beklagenswert unwissend. Aber ich liebe die Literatur, und ich verabscheue *wirklich* alles Zweitrangige.

Wir werden jetzt gleich nach Rapallo gehen, mit gesenkten Köpfen gegen den Blizzard, um im Hotel abzuholen, was an Briefen da sein mag. Es war so ein abscheuliches Hotel. Wir haben diese winzige Villa am Montag gefunden, als wir einen Spaziergang machten; sie wäre herrlich bei warmem Wetter, denn sie liegt praktisch *im* Meer, und vom Fenster aus kann man direkt die Küste entlang bis nach La Spezia sehen. Habe ich Dir das schon erzählt? Ich habe es vergessen. Aber jetzt peitscht das Meer den Felsen, auf dem sie gebaut ist, und die Orangen sehen einfach albern aus. Südliche Länder sehen in winterlichem Wetter viel alberner aus als die nördlichen in sommerlichem. Ich weiß nicht genau, was ich damit meine, aber ich meine irgend etwas.

Mein Liebling, geht es Dir besser?

Deine
V.

[1] Arnold Zweig, *Der Streit um den Sergeanten Grischa* (Potsdam 1927).
[2] Virginia hatte Vita gebeten, sie solle »Max B. meine bescheidene Empfehlung ausrichten, wenn Du ihn siehst«. Er lebte in Rapallo.

Villa Cuba
San Michele di Pagano,
Rapallo.
Samstag [16. Februar 1929]

(Ich lege eine Photographie bei, von der ich glaube, daß sie Dir einigen Trost spenden wird.)

Jeden Morgen, wenn ich noch in köstlichem Schlaf in einem riesigen *letto matrimoniale* (aber allein) liege, werde ich von einem Schlagen geweckt, mit dem die Fensterläden im Nebenzimmer geöffnet werden, und dann stürzt eine Figur in einem kanariengelben Pyjama herein und öffnet mit den Worten »Das *mußt* Du einfach sehen« und mit dem gleichen Schlagen meine Fensterläden. Ich richte ein schlaftrunkenes und widerwilliges Auge auf den Tagesanbruch. Ich sehe ein dunkles violettes Meer; dunkle violette Vorgebirge; und darüber einen blaßgelben Himmel. Es sind einige kleine Wolken am Himmel. Sie sind rosa. Sie wechseln von Rosa zu Gold. Ein scharlachroter Rand erscheint über den Vorgebirgen. Er wird, so plötzlich wie ein Aufschrei, zu einer scharlachroten Scheibe. Die Sonne ist aufgegangen. Die ganze Küste ist mit Licht überflutet; das Meer wird blau. Ein neuer Tag hat begonnen.

Nun, das passiert wirklich, während Deine Themse zufriert und Deine Wasserleitungen platzen. Warum lebt man nicht an der Riviera? Harold hat es auf jeden Fall fest vor; »ein kleines rosa Haus«, murmelt er, »unter den Oliven.« Wenn also Leonard in einem seiner dramatischen Momente den Verlag in Stücke schlägt, Mrs Cartwright ermordet, Nellie rausschmeißt und mit Pinker in einem Korb und Virginia an der Leine sein Lager nach Südfrankreich verlegt, dann stehen die Chancen gut, daß Ihr Harold und Vita ein kleines Stück die Küste hinunter in ihrem Lager vorfindet. Es scheint tatsächlich irrsinnig, nicht hier zu leben, zumindest im Winter. Ich gebe zu, daß wir zwei Tage lang, als die italienische Presse in Schlagzeilen über »Il tragico governo invernale« ausbrach, Schneesturm hatten. Aber das Klima hat sich fast sofort wieder erholt. Die Einheimischen von Ligurien haben aufgehört, sich mit Schneebällen zu bewerfen, und ihre normale Beschäftigung wieder aufgenommen, an runden Blechtischen Vermouth zu trinken und dabei die Fesseln der vorbeigehenden Frauen zu begutachten.

Max Beerbohm ist nicht hier; er ist in England. Wir gingen zu seiner Villa; ein schreckliches kleines Haus, so eng zwischen seine Nachbarn gedrückt wie der Schinken in einem Sandwich zwischen das Brot.

Was hat es mit »ein paar Tage in Long Barn« auf sich? Bevor ich zurückkomme? oder danach? Überleg mal: ich komme in der übernächsten Woche zurück, was keine sehr lange Wartezeit bedeutet, und Du weißt, daß ich für Dich sorgen werde wie die teuersten schottischen Kindermädchen, die ein neues Baby zu pudern haben. Ganz ernsthaft, das würde ich. Siehst Du, ich habe gerade Deinen hierher adressierten Brief bekommen, und, meine Güte, ich fürchte, es geht Dir nicht so gut, wie es sollte – eine langwierige Geschichte –, aber bitte sag, daß nicht ich es war, die Dich in Berlin angestrengt hat? Nein – es waren all diese Galerien, zu denen ich nicht mitgekommen bin. Sanssouci vielleicht? aber da wärest Du doch sowieso hingegangen, ob mit mir oder ohne mich. Mein armer Liebling – es bekümmert mich mehr, als Du denkst. Ich will damit sagen, daß ich ständig das Gefühl habe, daß ich nicht das Recht habe, gesund und in der Sonne zu sein, wenn Du mit Kopfschmerzen auf dem Sofa liegst. Ich würde mit Dir tauschen, wenn nur ein Erzengel erscheinen und es mir ermöglichen würde.

Wir teilen uns dieses kleine Haus mit fünf anderen Leuten. Einem jungen Italiener, den ich für einen Dichter hielt (mindestens), als ich sah, wie er sich über einem Blatt Papier die Haare raufte. Aber es stellte sich heraus, daß er nur versuchte, einen Brief an seine Mutter zu schreiben. Dann ist da ein älteres italienisches Paar, sie ziemlich schön, er sehr zerstreut, murmelt ständig »Ah, bello! bello!« über gar nichts – es sei denn über seine eigenen Gedanken. Ein englisches Paar, Mutter und Tochter, Smith mit Namen, mit dem besten britischen Akzent auf italienisch, den ich je gehört habe. Harold und ich studieren an diesem Ort mit sehr großem Interesse englische Jungfrauen. Sie haben den ausgeprägtesten Familienblick. Einen schmalen, mißbilligenden Mund – ach, die Freuden, die wir verpaßt haben! – laßt sie uns aufwiegen, indem wir sie verdammen. Und so stricken sie, da sie nicht lieben können.

Wir machen lange Spaziergänge, entweder die Küste entlang oder die Berge hinauf in die Olivenhaine. Wir fahren hier am Dienstag ab, nicht sehr ermutigt von den Zeitungsartikeln über das, was Zügen in Mitteleuropa zustößt – eingeschneit zu sein ist noch gar nichts, aber was ist mit den Wölfen? Und hast Du gesehen, wie die Temperatur in Berlin ist? Dieses eine Mal hat Europa, glaube ich, so einhellig vom Wetter gesprochen, wie es sonst gewohnheitsmäßig die Engländer tun.

Sag mal, könntest Du Leonard ausrichten, daß ich meine Besprechung der Romane schon Boski geschickt hatte, als heute morgen zwei weitere eintrafen? Was soll ich machen? Meine Besprechung umschreiben? Zwei Bücher herausschneiden und durch die beiden Neuankömmlinge ersetzen? Ihm die beiden Neuankömmlinge zurückschicken, so daß sie dem nächsten Haufen zugeschlagen werden? Ich erwarte seine Anordnungen.

Gott! Ich wünschte, ich könnte Dich sehen. Aber das werde ich bald. Am 4. Ich werde, glaube ich, am 2. wegen Ben direkt von Dover nach Long Barn fahren. Ich sage Dir Bescheid, falls ich meine Pläne ändere. Ich hoffe, Potto ist nett zu Dir?

Deine
V.

Berlin.
Donnerstag [21. Februar 1929]

Ich wünschte, ich könnte Dir erzählen, wir wären in einer Schneewehe steckengeblieben oder von Wölfen verfolgt worden, aber es wäre einfach nicht wahr; unser Zug war tatsächlich mit Vorhängen aus Eis verziert, aber abgesehen davon, daß wir zwei Stunden Verspätung hatten, verlief unsere Rückreise ohne Zwischenfall. Wir verließen San Michele in strahlendem Sonnenschein und wurden fast in dem Moment, in dem wir Genua den Rücken zuwandten, vom Schnee verschluckt. Ja, natürlich stimmt das mit der Mimose und der Wärme. Sage ich jemals etwas anderes als die Wahrheit? Wäre das nicht der Fall, dann wäre ich vielleicht eine bessere Schriftstellerin – weniger schwerfällig, fad, trocken. Aber egal: ich habe über einen Roman nachgedacht, und ich werde ihn diesen Sommer schreiben und mein Glück damit machen [*The Edwardians*]. Es wird ein Spaß werden und hoffentlich alle ernsthaft verärgern.

In Berlin sehen alle mittelalterlich aus: sie haben jede Art von ungewöhnlicher Kleidung gegen die Kälte hervorgebracht – die ziemlich schneidend ist. Alte Frauen, die ihre Köpfe in Geschirrtücher gewickelt haben, Männer mit rembrandtartigen Fellmützen, große

Filzstiefel, Schaffelle, Ohrenschützer, riesige Handschuhe. Zwei Tage lang ging anscheinend niemand nach draußen, und kein Motor konnte angelassen werden, daher waren die Straßen leer, und Berlin war eine Totenstadt. Natürlich ist es alles Deine Schuld; das habe ich schon seit langem gedacht; würdest Du jetzt also bitte eine Beschreibung darüber verfassen, wie der Golfstrom kocht und das englische Wetter furchtbar heiß wird. (FURCHTBAR HEISS, nicht FURCHTBAR.) Ich habe gehört, daß Deine verhängnisvollen Passagen über den Großen Frost [*Orlando*] im Radio gelesen wurden, ich nehme also an, daß die Verkaufszahlen einen neuen Aufschwung nehmen – bist Du doch jetzt eine Autorin, die in allen Regalen zu finden ist!

Dieser Brief soll Dir eigentlich nur mitteilen, daß wir wieder zurück sind – und daß ich Deinen Brief hier vorgefunden habe und daß ich nächste Woche zurückkomme, und habe ich die Erlaubnis, Dich am Montag zu sehen? und geht es Dir wirklich und wahrhaftig besser? und magst Du mich noch?

Übrigens hat Tauchnitz Deine Bücher groß herausgebracht: *Mrs Dalloway* und *Orlando* reiben sich in allen Ländern – Deutschland, der Schweiz und Italien – ihren Ellenbogen mit *The Squeaker* [von Edgar Wallace]. Wirklich. Ich habe sie auf allen Bahnhöfen der Strecke gesehen und ihnen freundlich zugewinkt. Aber sie haben mich geschnitten, zweifellos haben sie sich wegen der schlechten Gesellschaft geschämt, in der sie sich befanden, so wie ein englischer Gentleman (stelle ich mir vor) so tut, als würde er eine anständige Frau nicht sehen, wenn er mit einer Hure diniert.

Mein Liebling, bald werde ich Dich sehen – hurra.

Deine
V.

Britische Botschaft,
Berlin.
Samstag [23. Februar 1929]

Mein Liebling Virginia, ich bin über Berlin so erbittert, daß ich es nicht über mich gebracht habe zu schreiben. Wenn ich beschreiben wollte, was ich für diese Stadt empfinde, müßte ich mein Vokabular erweitern. Und die Kälte! Dicker Schnee, und das Thermometer fällt ins Bodenlose. Ich fühle mich vollkommen ausgezehrt. Also, da ich das jetzt schreibe, werde ich wahrscheinlich in England sein, bis Du es bekommst, und am nächsten Morgen werde ich Dich sehen – oder? – das ist wirklich ein netter Gedanke – aber mein armer Harold ... Allerdings haßt er es nicht so sehr wie ich.

Es stimmt, es gibt die Museen und das Planetarium. Vom Planetarium werde ich Dir erzählen. Ich wollte eines in Long Barn haben, aber als ich mich erkundigte, erfuhr ich, daß sie 20000 Pfund kosten. Ich werde daher alle meine Energien darauf verwenden, daß in London eines eingerichtet wird. Es ist ein weiterer Aspekt von Virginias Welt. Ich werde versuchen, einen Artikel darüber zu schreiben, aber es ist ein Thema für Dich, nicht für mich. Es gibt auch ein wunderbares Aquarium, und sie spielen Eishockey bei künstlicher Beleuchtung – hast Du schon mal beim Eishockey zugesehen? – und die Filme sind berauschend – Du siehst, daß ich versuche, aus Berlin das Beste zu machen – außerdem habe ich einen Buchladen gefunden, der ausschließlich homosexuelle Literatur führt, was sich auf deutsch noch komischer anhört als auf englisch. Das sind meine Kompensationen – aber der Rest ist nur tiefes Elend, und ich werde mit Liebkosen und Schmeicheln zu meinem Gleichmut zurückgebracht werden müssen. Was die Idee von drei Jahren betrifft, die mit großen Blökken Berlin durchsetzt wären, darüber darf ich gar nicht nachdenken. Du wirst kommen und bei uns bleiben *müssen*. Ich fühle mich so, als würde sich meine Schädeldecke heben – ein wildes, hilfloses Gefühl.

Ich habe einen Bewunderer von Dir getroffen, einen Mr Cohen-Portheim, einen Gentleman, dem es an Charme mangelt, der aber ein gewisses Urteilsvermögen bezüglich der Literatur hat. Er sagt, er würde Leonard kennen. Als er Deinen Namen fallenließ, begann der Raum (für mich) plötzlich zu leuchten. Ich habe Tausende von Leuten getroffen und hatte kaum einen Moment für mich.

Oh, ich muß diesen Brief schlagartig beenden, denn mein alter Freund Kühlmann[1] ist gekommen. Zum Teufel mit ihm. Sei gesegnet, meine liebliche Virginia – Mittwoch morgen!

Deine
V.

[1] Baron Richard von Kühlmann (1873–1948).

Berlin.
Montag [25. Februar 1929]

Es schneit und schneit – Berlin liegt jetzt seit Anfang Dezember im Schnee. Das Gehirn, zumindest meines, schrumpft vollkommen ein; aber was mich wirklich entsetzt ist der Gedanke, Harold hierzulassen, während ich ausgelassen nach England heimkomme. Du würdest doch Leonard in ähnlichen Umständen nicht gern zurücklassen? nein, das würdest Du natürlich nicht.

Ein Echo von Virginia: Dottie hat Dich besucht. Ich habe davon gehört. Wenn sie meint, daß alle sie hassen, dann ist das meine Schuld. Ich habe mit ihr geschimpft. Ich habe gepredigt. Nun magst Du es, wie ich aus gutem Grund weiß, Leute auszuschimpfen und sie zum Weinen zu bringen, ob am Gasfeuer oder unter Johannisbeerbüschen; aber ich mag es nicht, und es tut mir leid wegen Dottie. Man kann nicht zurücknehmen, was man gesagt hat, und schon gar nicht, wenn es die Wahrheit war. Dinge, die man im Zorn sagt, kann man zurücknehmen; nicht die kalten Dinge, die Dinge, die man tatsächlich so meint. Außerdem sind Dein Tadel und Deine Zurechtweisungen (auch wenn sie nicht im Zorn gesagt werden) verdient; sie sind angebracht; sie sind heilsam. Meine, an Dottie gerichtet, mögen verdient sein, und zwar reichlich; angebracht sind sie nie – und heilsam selten. Daher hätte ich sie besser für mich behalten. Während Dein Schimpfen auf mich die Wirkung hat, eine 12monatige Enthaltsamkeit auszulösen, sowohl physisch als auch moralisch. Sehr gut sowohl für meine Seele als auch für meine Nerven.

Weißt Du, was wir gerade machen? Harold liest über Haarmann, den Schlächter von Hannover – ein unglaublich schreckliches Buch, das ich nebenbei der Hogarth Press zur Übersetzung empfehle[1] –, und ich schreibe an Dich, und über uns beiden hängt die unmittelbare Aussicht, unsere hübsche Abendgarderobe anzulegen und zu einer Gesellschaft aufzubrechen. Keine diplomatische Gesellschaft, sondern eine Gesellschaft, bei der Yvette Guilbert auftreten wird; Yvette Guilbert, von der ich nichts mehr gehört habe, seit ich 17 Jahre alt war und in London auf eine Gesellschaft ging, die mir verboten worden war. Stück für Stück versiegt unsere Entschlossenheit. Wir haben den Punkt erreicht, an dem wir sagen, »Wenn wir nicht gehen, wird es uns nachher leid tun – Yvette Guilbert wird sterben – und es wird so sein, wie bei der Duse [Eleonore], als wir zu faul waren, nach London raufzufahren, um sie zu sehen.« Also schreibe ich Dir und erwarte jeden Moment zu hören, wie Harold im Nebenzimmer sagt – und sich vom Schlächter von Hannover losreißt – »Wir müssen uns fertigmachen«; oder mich auch selbst streng sagen zu hören, »Harold, mach dich fertig.« Sie trug lange grüne Handschuhe, als ich sie sah, und ich hatte das deutliche und beschämende Gefühl, daß ich nicht ein Drittel von dem verstand, was sie sang. Aber heute abend werde ich, falls ich gehe, alles verstehen. So wird man erwachsen, und ich nehme an, man gewinnt dadurch? oder nicht? – Doch – natürlich.

Wie geht es meiner Virginia unterdessen? Hör mal, kann ich Dich am Samstag abend anrufen. Ich rufe Dich aus Prinzip nie an; aber ich glaube, ich mache eine Ausnahme? Zwischen 7 und 8? Du wirst vielleicht auf dem Sofa liegen, noch nicht zu Bett gegangen sein. Denn weißt Du, ich möchte wissen, wie es Dir geht, und ich glaube nicht, daß ich bis Montag warten kann. Also soll ich? – Ach, ich fühle mich so zerrissen. Long Barn, Virginia, mein eigenes Zimmer, Pippin, England – und mein Harold zurückgelassen in Berlin, das er verabscheut. Pfui. Du würdest es auch verabscheuen. Ich würde so glücklich zurückkommen, von ganzem Herzen, wenn er nur auch mitkäme.

Deine

V.

[1] Theodor Lessing, *Haarmann. Die Geschichte eines Werwolfs* (Berlin 1925).

Long Barn, Weald,
Sevenoaks.
Mittwoch [3. April 1929]

Du weißt, oder eher Du weißt nicht, wie ich Dinge verschleppe, außer wenn ich Bücher für die Hogarth Press schreibe, und das liegt daran, daß ich vor Leonard Angst habe. Du weißt z. B., daß ich 15 Jahre dafür gebraucht habe, mir die Ohren stechen zu lassen, nicht nur aus Gründen der Feigheit; und Dinge bleiben fünf oder sieben Jahre lang im Haus liegen, bevor ihretwegen etwas unternommen wird. Aber wenn ich zwei [Lenare] Photographien von Virginia bekomme, dann gehen sie direkt nach Sevenoaks zum Rahmen, wo sie zur Zeit sind. Jetzt nehme ich also an, daß ich die Freiheit habe, Dir Geschenke im Wert von zwei Guineen zu machen, sogar Un-Geburtstags-Geschenke, denn ich habe Dich nicht nur um die Photographien *gebeten*, sondern dich auch dazu gebracht, loszugehen und sie machen zu lassen, was sich für Dich in den kommenden Jahren als ein dauerhafter Kostenfaktor erweisen wird. Liebling, ich liebe sie. Ich wünschte nur, Potto hätte auf Deinen Knien gesessen.

Wir haben hier alle unter mysteriösen Beschwerden gelitten, es fühlte sich an wie eine Mischung aus Neuralgie und Rheumatismus. Ich habe mich wieder erholt und sehe jetzt zu, wie die Mitglieder meines Haushalts eins nach dem anderen dahinsinken. Wann werde ich Dich sehen? Ich werde am nächsten Dienstag in London sein – paßt das irgendwie? Wollen wir vielleicht nach Kew fahren, wenn es ein schöner Tag ist? oder Du hast mal gesagt, Du würdest mir Keats' Haus in Hampstead zeigen, oder bist Du beschäftigt? Ich esse mit

Francis Birrell zu Mittag; ansonsten bin ich frei und würde gern Virginia treffen, die ich in letzter Zeit ziemlich heftig vermißt habe. Aber die Photographien haben geholfen, mich bei Laune zu halten.

Deine
V.

5. April [1929] *Monks House, Rodmell [Sussex]*

In Gottes Namen: ja: ich habe einige Sätze mit folgender Einleitung an Dich gerichtet:

I. G. N. Komm am Dienstag; in das Kellergeschoß, keinen Augenblick später als 3:

I. G. N. Bring Francis [Birrell] nicht *mit – ein lieber alter schwatzköpfiger Langeweiler.*

I. G. N. Bring Dottie nicht *mit: in dieser Hinsicht bin ich ganz entschieden. Sie hat in der letzten Zeit zweimal meine heitere Stimmung mit Dir vollkommen ruiniert; und das lasse ich nicht zu. Wähle zwischen uns. Dottie, wenn Dein Geschmack in diese Richtung tendiert, wenn es denn sein muß; aber nicht uns beide in einem Cocktail.*

... Ich habe Nessa neulich in einer Apotheke die Geschichte unserer leidenschaftlichen Liebe erzählt. Aber gehst Du wirklich gern mit Frauen ins Bett, sagte sie – während sie das Wechselgeld nahm. »Und wie macht ihr es?«, und dabei kaufte sie ihre Tabletten für die Auslandsreise und redete so laut wie ein Papagei.

Long Barn.
Montag [6. Mai 1929]

Und werde ich Virginia jemals wiedersehen? Verzweiflung hat mich in dieser Hinsicht ergriffen. Meine eigene Schuld, ohne Zweifel;

aber Harold war hier, der gestern abend nach Berlin zurückgefahren ist, obwohl ich ihn dazu gedrängt habe zu schwänzen. Jetzt bin ich hier allein und, ach, so beschäftigt: schreibe einen Roman, schreibe über Marvell, schreibe immer mal wieder zwischendurch ein bißchen Gedichte; und habe ein neues Möbelstück [ein kleines Bücherregal] neben meinem Ellenbogen stehen, das zur Gerätschaft jedes Schriftstellers gehören sollte. Es hat die Hälfte aller meiner Probleme im Leben gelöst.

Aber ganz im Ernst: soll ich einen Tag, außer Freitag oder Samstag, raufkommen, und wir gehen zu Keats und essen gemeinsam zu Abend – oder muß ich bis Donnerstag, den 16., warten, an dem ich um 3.30 beim Zahnarzt entlassen werde und bis 7 frei habe, wenn ich im Radio übertragen werde? Es hängt davon ab, wie beschäftigt Du bist.

Ich habe heute morgen einen Brief von Leonard bekommen; könntest Du ihm ausrichten, daß ich nicht die Absicht habe, Doran [dem amerikanischen Verleger] die Verhandlungen mit Kanada zu überlassen? Er wird es verstehen.

Hör mal, der Roman handelt von der edwardianischen Gesellschaft – ein faszinierendes Thema, wenn man ihm gerecht werden kann. Das Buch ist mit Adelsgeschichten vollgepackt. Wirst Du das mögen? Ich denke, daß allein der Snobismus das Buch sehr populär machen wird! Ich hoffe es, denn Leonards Angebot war überaus großzügig, und ich fände es schrecklich, den Verlag zu ruinieren, dem ich, wie Du weißt, ein onkelhaftes Gefühl entgegenbringe.

Was macht die Pumpe?[1] Ich mache mir immer noch Sorgen deswegen und Deinetwegen.

Pippin dick vor lauter Jungen. Jane weniger räudig. Das Vogelhaus voller Nester. Die Wälder voller Nachtigallen. Aber wo ist Virginia? Auf jedem Plakat, aber nicht hier.

Deine
V.

[1] Eine Maschine am Tavistock Square, die beim Bau eines großen neuen Hotels eingesetzt wurde und den Anwohnern viel Ärger bereitete.

Long Barn.
Montag [10. Juni 1929]

Virginia, mein Engel, ist Potto gerade sehr beschäftigt? Denn ein junger Mann, der Kenneth Rae heißt und bei Cobden Sanderson ist, ist schrecklich darauf versessen, Dich dazu zu bringen, 300–400 Wörter für einen »Vergiß-mein-nicht-Kalender« zu schreiben, der von einem Rex Whistler illustriert wird, und ich dachte, Potto könnte das für Dich übernehmen. Sie haben Deinen Bewunderer Max [Beerbohm], Deinen Freund Hugh Walpole, Deinen Freund [Edmund] Blunden, Deinen Schwager Clive, Siegfried Sassoon, Deinen armen zottigen Schäferhund [Vita] und Deinen Freund Maurice Baring unter anderen hervorragenden Mitarbeitern für sich gewonnen – das Thema ist frei, sagen sie, solange es zu Herbst oder Winter paßt, und sie schlagen »Grippe« oder »Wochenende« vor. Ich habe gesagt, ich glaubte nicht, daß es eine Chance gäbe, daß Du zustimmst, aber ich würde Dich fragen. Sie können nur 5 Pfund zahlen. Die Sache ist nur, sie müßten es sofort wissen – könntest Du also wie ein Engel ein Telegramm schicken? direkt an sie wäre am besten, KNOXYNOX, Westcent, London ist ihre Telegramm-Adresse.[1]

Du hast gesagt, ich sollte einen vertraulichen Brief schreiben, und das ist das Ergebnis! Ich habe gearbeitet wie ein Mohr. *Marvell* beendet und abgeschickt und verschiedene Kleinigkeiten erledigt, so daß ich mich jetzt mit einem Seufzer der Erleichterung meinem Roman zuwenden kann. Ach ja – und Pinker. Wir haben ihr zwei Mittel gegen Würmer gegeben, eins als Pulver und eins als Tablette – und sie hat es jedesmal wieder erbrochen, bevor es wirken konnte. Würdest Du es Leonard ausrichten? Sie hatte einen netten Kampf mit Pippin, in dem Pippin ziemlich schlecht abschnitt, und als Folge hatten die Jungen Durchfall. Ansonsten ist sie reizend, wenn auch ein bißchen wehmütig – ich glaube, sie vermißt Euch beide. Vier kleine Wellensittiche, ganz nackt, aber mit papageienartigen Schnäbeln; zwei kleine Tauben brüten. Harold kommt am Samstag.

Ich habe vergessen zu sagen, daß die Cobden-Sanderson-Leute Deinen Text gern bis Mitte nächster Woche hätten. Sie wollten Dich unbedingt fragen, haben sich aber nicht getraut, und dann habe ich zufällig diesen jungen Mann getroffen, der fast vor Begeisterung für seinen Kalender platzt – sein erstes eigenes Projekt, seit er bei der Firma ist – Daher kann ich nicht umhin zu hoffen, daß Du es machst, auch wenn ich es kaum erwarte.

Ich werde mich in London einsam fühlen ohne Virginia, wenn ich am Dienstag zum Sendetermin rauffahre. Ich werde folglich nicht vor dem Abend raufkommen. Kein netter Ausflug oder so was. Kein Brötchen – keine Zuneigung – kein Potto zum Streicheln. Verdammt. Bist Du am Montag abend bei Sibyl? Harold und ich gehen hin – ~~wir werden~~ nein, das erzähle ich Dir nicht: Du würdest darüber lachen.[2] Du wirst es schnell genug allein herausfinden. Ich könnte Dir Pinker am Montag raufbringen, wenn Du nicht lieber früher herkommen und sie abholen möchtest?

Hast Du Vanessa alle meine Nachrichten übermittelt? Bitte komm bald wieder, denn ich vermisse Dich.

Deine
V.

[1] Virginia lieferte keinen Beitrag zu dieser Sammlung.

[2] Am 17. Juni diskutierten Vita und Harold in einer Radiosendung über die Ehe. Die Diskussion wurde teilweise in *The Listener* vom 26. Juni abgedruckt.

Long Barn.
Donnerstag [4. Juli 1929]

Ha, ha, so eine Überraschung: Du wußtest nicht, daß der Umschlag einen Brief von mir enthalten würde, oder? Ich will hiermit fragen, ob ich Virginia nächsten Donnerstag sehen werde? oder ist sie so sehr von einer Wolke von Nachtfaltern umgeben [*The Waves*], daß sie ganz unerreichbar ist? Falls ja, könnte ich statt dessen Potto an der Leine ausführen. Ich esse am Mittwoch abend mit den Keyneses; werde in der Mount St. schlafen und bin den ganzen Donnerstag in London.

Schreibst Du, und bist Du sehr glücklich? Ich fühle mich sehr, sehr elend, weil Pippin verschwunden ist. Alle Versuche, sie aufzuspüren, waren vergebens. Ich bin mit Jane und fünf kleinen Waisen zurückgeblieben und einer Sorge, die an meinem Herzen nagt, was ihr zugestoßen sein könnte. Liegt sie verletzt in einer Falle im nassen Wald? Hat sie sich vergiftet? Glaubst Du, der BBC (den ich als meinen Wahlkreis betrachte) würde ein SOS senden?[1]

Ein Freund von mir hat zwei unbekannte und überaus obszöne Gedichte von Byron entdeckt, samt und sonders über sein Verhältnis zu seiner Frau. Er hat sie im Safe seines Vaters gefunden. Er wurde mit Desmond in Kontakt gebracht. Desmond hatte noch nie von den Gedichten gehört. Hast Du? Sie heißen ›Don Leon‹ und ›Leon to Annabella‹, und man kann sie absolut nicht veröffentlichen, werfen aber eine Menge Licht auf das Liebesleben der Byron-Ménage.

Hat Clive daran gedacht, meine Blumen mitzubringen?

Sagst Du mir wegen Donnerstag Bescheid? Ich wünschte, Du würdest auch bei den Keyneses essen; ich werde schüchtern sein. *Was soll ich anziehen*? bitte, ich will es wissen. Einen Kittel? eine Tiara? Einen Tip, bitte. Soll ich vor dem Essen für eine Minute zu Dir kommen, es ist ja ganz in der Nähe, oder hast Du eine Gesellschaft?

Und wie steht es mit diesem Besuch in Long Barn?

Deine
V.
ganz und gar

[1] Pippin, Vitas Spaniel, wurde am 7. Juli tot aufgefunden.

In der zweiten Hälfte des Jahres 1929 kamen zwei Ereignisse zusammen, die eine weitere geringfügige Änderung in ihrem Verhältnis zueinander auslösten. Vitas Wandertour in Savoyen, die sie allein mit Hilda Matheson unternahm, rief bei Virginia einen Anfall von Eifersucht hervor. Er wurde noch einmal dadurch verschärft, daß Vita mehrere Gedichte lesbischer Natur bei der Hogarth Press einreichte, von denen Virginia wußte, daß sie für Mary Campbell geschrieben worden waren. Und zweitens beschloß Harold, den diplomatischen Dienst zu quittieren und bei einem höheren Gehalt für Lord Beaverbrooks Zeitungen zu arbeiten. Er sollte nun permanent mit Vita in England leben, der die ständigen Trennungen über lange Zeiträume ernsthaften Kummer bereitet hatten. Seine neue Arbeit sollte sie außerdem aus der finanziellen Abhängigkeit von Lady Sackville befreien, die zunehmend schwierig wurde.

Col de l'Iseran [Savoyen, Frankreich]
24. Juli [1929]

Ich schreibe Dir in einer Alpenhütte, während draußen ein Gewitter kurz bevorsteht. Wir befinden uns in der durchaus respektablen Höhe von 9300 Fuß und sind von einem Ring weißer Gipfel umgeben. Hier oben wachsen Enzian und andere reizende kleine Geschöpfe, die anscheinend immer leuchtender und zarter werden, je höher man steigt. Und dann gibt es Schmetterlinge und Käfer, die Dein entomologisches Herz erfreuen würden.

Inzwischen habe ich eine ganze Menge Meilen von Savoyen in meinen Beinen. Man trifft in diesen Hütten komische Leute, die Dich amüsieren würden. Und Val d'Isère – das unser Hauptquartier ist – steckt voller ›Charaktere‹. Wir wohnen im Haus des katholischen Pfarrers, das wir mit dem Pfarrer, seiner Haushälterin, Théodorine, und seiner Kuh, Marquise, teilen. Jeden Morgen um 6 geht

Marquise mit einer Glocke um den Hals hinaus auf die Weide; jeden Abend kehrt sie zurück und betritt das Haus durch den Vordereingang. Es ist alles sehr familiär, freundlich und mit einem leichten Geruch behaftet. Einem angenehmen Stallgeruch.

Hilda ist eine großartige Gefährtin, damit zufrieden, stundenlang gemeinsam zu lesen; sie kann aus Aprikosenmarmelade und Schnee einen Pudding machen und einen Papierkorb aus der *Times*. Außerdem kann sie Karten lesen, so daß wir uns nicht verlaufen, wenn wir über die Berge ziehen.

Aber wie schreibt man einen Roman [*The Edwardians*]? Ich bin zu dem Schluß gekommen, daß ich zwar eine gute Wanderin, aber eine schlechte Schriftstellerin bin. Man schreibt und schreibt, und am Ende liest man es noch mal und stellt schließlich fest, daß das Ganze ebensogut hätte ungeschrieben bleiben können. Ich nehme das Schreibpapier aus meiner Tasche, lehne mich gegen einen Fels, von dem aus ich Savoyen überblicken kann, und versuche mich genau daran zu erinnern, wie es roch, wenn man 1908 in einen Bus stieg. An das Holpern der schlauchlosen Reifen. Den Eindruck von Verschwendung und Extravaganz, der einen in dem Moment befiel, in dem man durch die Türen des Hauses trat. Die Scharen von Dienern; die Namen der Leute in kleinen Schlitzen an ihrer Schlafzimmertür; schläfrige Hausmädchen, die nach dem Abendessen untätig in den Fluren warten. Ich stelle fest, daß diese Dinge für mich um einiges lebendiger sind als viele Dinge, die seitdem geschehen sind, aber werden sie ansonsten überhaupt irgend etwas für irgend jemanden aussagen? Trotzdem bleibe ich dran und hoffe, daß ich es eines Tages mit dem Signet der Hogarth Press stapelweise in den Buchhandlungen sehen werde.

Das hier ist vielleicht nicht das, was Du einen intimen Brief nennen würdest? aber ich bin anderer Ansicht. Das Buch, das man gerade schreibt, ist wirklich der intimste Teil von einem, und der Teil, den man am strengsten geheimhält. Was ist Liebe oder Sex, verglichen mit der Intensität des Lebens, das man *in* seinem Buch führt? Eine Bagatelle; eine Sache, die man von den Berggipfeln hinausschreit. Wenn ich Dir also über mein Buch schreibe, schreibe ich wirklich über etwas Intimes, auch wenn es nicht sehr interessant sein mag,

Q. E. D.? Aber hättest Du es lieber, wenn ich Dir sagte, daß ich Potto und Virginia vermisse, diese seidigen Geschöpfe mit Stacheln unter ihrem Fell – denn das tue ich und frage mich sehr, ob sie mich für eine Weile besuchen, wenn ich wieder zurück bin? Potto würde die Welpen mögen, Virginia würde ihr nettes großes Bett mögen und den Kaffee um elf – und all die Zuneigung, die ihr in zulässigen und unzulässigen Stunden erwiesen würde. Ich komme, glaube ich, am 4. zurück. Ein Brief, adressiert an mich, Britische Botschaft, Berlin, würde mir in Harolds Tasche mitgebracht werden, denn ich treffe ihn in ein paar Tagen irgendwo in Süddeutschland. Das wäre sehr nett – ein Brief, meine ich. Ich habe keine Briefe nachgesandt bekommen, was bedeutet, daß ich einen ordentlichen Stapel bei meiner Rückkehr vorfinden werde.

Ich beobachte die Käfer – geflügelt, schwarz mit roten Flecken – bei ihren Liebschaften hier auf den heißen Hängen und würde Dir gern einen beilegen. Aber er würde in der Post zerquetscht werden. Also schicke ich Dir nur meine Liebe, die nicht zu zerquetschen ist.

Deine
V.

Val d'Isère
[Savoyen, Frankreich]
30. Juli [1929]

Was meint Potto zu Lord Beaverbrook? Soweit ich verstanden habe, hat Harold an Dich und Leonard über das Thema geschrieben und ermutigende Antworten erhalten, die ihm dabei geholfen haben, seinen Entschluß zu fassen. Als ich Dir das letzte Mal geschrieben habe, hatte ich noch nichts davon gehört, daher ist es in den letzten Tagen wie eine glückliche Bombe über mir geplatzt. Ich bin schrecklich aufgeregt und kann mich kaum im Zaum halten, bis ich Harold morgen sehe. Also wird Harold jetzt Journalist. Gut, gut! das Leben ist zweifellos sehr aufregend. Zusammen mit der Bergluft ist mir das Ganze ziemlich zu Kopf gestiegen. Falls Du in Rodmell bist, muß ich Dich treffen, ohne jedoch eine Formulierung, daß Du einmal über Nacht nach Long Barn kommst, in einem Deiner Briefe zu vergessen. Ich nehme an, daß ich Montag zu Hause bin – was meinst Du, werde ich eine Nachricht von Potto vorfinden? Ich habe einen großen Teil meines Romans fertiggestellt, seit ich herkam; es ist ein sehr aufrichtiges kleines Buch, ziemlich direkt, ohne Tralala, und ich befürchte, daß Du es vollkommen uninteressant finden wirst, abgesehen von ein paar Details über die Etikette der Dienerschaft, die von einer Art ist, wie sie Dir gefällt. Durch die eine wie die andere Sache fühle ich mich wie ein Boot im Mahlstrom – wenn auch nicht in irgendeinem unangenehmen Sinne – und freue mich schrecklich darauf, Virginia wiederzusehen.

Deine
V.

Long Barn, Weald,
Sevenoaks.
Freitag [9. August 1929]

Ach du meine Güte, ich hatte meinen Brief in den Löschpapierblock gesteckt, wo ich ihn gerade gefunden habe, und jetzt ist er vollkommen veraltet mit seinen Mitteilungen über Züge. Daher schicke ich ihn nicht ab. Was ich aber schicke, sind meine Korrekturfahnen,[1] auf die Du einen Blick werfen könntest? Ich habe ziemliche Zweifel wegen des Gedichts mit dem Titel *Nocturne* auf S. 56 & 57; soll ich es herausschneiden? Jetzt erscheint es mir bedeutungslos, als ich es geschrieben habe allerdings durchaus gewichtig!

Und hör zu, Du *wirst* mich verschieben, wenn es Dir schlechter geht? Ansonsten komme ich (mit dem Auto) rechtzeitig zum Mittagessen am Sonntag. Ich verspreche, daß ich nicht störe, sondern nur nach Dir sehe und mich selbst zum Verschwinden bringe, wenn Du müde wirst. Ich sehne mich danach, bei Dir zu sein, habe aber Verständnis dafür, wenn Du sagst, Du wärest lieber allein, oder wenn Leonard meint, Du solltest es sein.

V.

[1] Aus *King's Daughter*, Vitas neuem Gedichtband (1929).

Freitag [16. August 1929]

Eddy hat angerufen, um Bescheid zu sagen, daß er wieder von Charleston zurück ist und daß er gehört hat, es ginge Dir besser, obwohl er Dich nicht gesehen hat. Ich hoffe, daß er und sein Informant beide die Wahrheit sagen.

Ich habe die letzten drei Tage im Bett gelegen [mit Hexenschuß]. Es wäre nicht ganz richtig zu sagen, es ginge mir besser, aber ich werde geschickter: d. h., ich habe gelernt, welche Haltungen vermieden werden müssen, und ich habe ein Seil um einen Balken gebunden, mit dessen Hilfe ich mich mindestens zwei Zoll weit aufrichten kann. Jane [Vitas Spaniel] hat jetzt 72 Stunden am Stück auf meinem Bett geschlafen. Ich habe eine ganze Anzahl an Büchern gelesen, weil es schwierig ist zu schreiben, und ich kann nicht länger als jeweils fünf oder zehn Minuten auf meinen Ellenbogen gestützt bleiben – Du siehst also, daß es, selbst wenn Du heute hättest kommen können . . . langweilig für Dich gewesen wäre – sagen wir es mal so.

Geoffrey [Scott] ist in New York an Lungenentzündung gestorben, was mich sehr bestürzt hat.[1] Wie schrecklich, in einem Krankenhaus im Ausland zu sterben, weit weg von all seinen Freunden – Armer Geoffrey – was für ein schreckliches Leben –

Es ist ganz interessant, physisch untauglich zu sein, vorausgesetzt man weiß, daß es nicht ewig dauern wird. Wenn einem alle normalen Aktivitäten entzogen werden – Sogar ein Umdrehen im Bett wird zu einem Abenteuer – und man braucht verdammt lange dazu – Normalerweise könnte ich in der Zeit, die es erfordert, die halbe Strecke bis Sevenoaks laufen.

Ich wünschte, ich wüßte WIRKLICH, wie es Dir ging – zumindest war mein Kopf frei, während Deiner schmerzt – oder schmerzte –

Hier kommt Louise wegen der Post.

Deine
V.

[1] Geoffrey Scott hatte 1923–24 eine Liebesaffäre mit Vita gehabt. Seine Frau hatte sich ihretwegen von ihm scheiden lassen. Er war der Autor von *The Architecture of Humanism* und *The Portrait of Zélide*. Als er starb, war er sechsundvierzig Jahre alt.

Long Barn.
Donnerstag [22. August 1929]

Miss V. Sackville-West soll laut Ankündigung heute um 7 im Radio über Neue Romane sprechen, aber Miss V. Sackville-West ist ein armes, lahmes Ding, das nur an zwei Stöcken kriechen kann und nicht in der Lage sein wird, am Mikrophon zu erscheinen. Daher wird ihr Text für sie gelesen, und sie wird auf dem Sofa liegen und die vortragende Person dafür verfluchen, daß sie alle Pointen verdirbt. Es ist eine merkwürdige Sache, krank zu sein, wenn man nicht daran gewöhnt ist. Ich nehme an, wenn man wirklich bettlägerig wäre, würde man raffinierte Methoden entwickeln, um mit dem Leben im Bett zurechtzukommen – man könnte überall kleine Netze anbringen wie in einem Schlafwagen, um Sachen darin aufzubewahren und zu verhindern, daß sie verlorengehen, denn zur Zeit scheint alles entweder auf den Boden zu fallen oder zwischen Decken und Laken zu versinken. Auch der Abfall – was macht man mit dem Abfall? Mein Zimmer sieht aus wie Hampstead Heath nach dem Feiertag. Und das Schlimmste an dem Bett ist, daß es nicht wirklich bequem ist, außer um darin zu schlafen. Zu versuchen, sich im Bett etwas hochzusetzen, ist eine Qual, oder – Wie kommst Du damit zurecht, wo Du doch so viele Monate Deines Lebens in dieser Situation zubringen mußtest? Andererseits ist das Gefühl von Zurückgezogenheit angenehm, man hat ein Gefühl von buddhistischer Schwere und fühlt sich den aktiven Menschen überlegen, die aus einer emsigen Welt hereinbrechen – Dann gibt es das Problem des schlechten Schlafs – Dir vertraut, aber für mich eine neue Erfahrung – und eine eher interessante. Das Denken scheint sich in verschiedene Richtungen auszudehnen, wenn man wach liegt und alle anderen schlafen – nicht wirklich unglücklich, sondern nachdenklich und auf ruhige Weise aufgeklärt. Man denkt ans Sterben. Ich merke auch, daß man (mit einiger Bestürzung) über die Falschheit und Schwierigkeit seiner Beziehungen zu Menschen nachdenkt; daß es wahrscheinlich niemanden in der Welt gibt, der einen *rundum* kennt; daß man verschiedenen Leuten voneinander getrennte Teile von sich zeigt, nicht absichtlich, sondern nolens volens, und das Beste, was man sich erhoffen kann, ist, daß sie den Rest erraten. Außerdem würde man es wahrscheinlich nicht mögen, wenn jemand rundum und durch einen hindurchsehen würde. Und was für eine Bedeutung hat es überhaupt – was einen zurück zum Sterben führt und zur Auslöschung des eigenen, fesselnden Mikrokosmos, woran dann leichter zu glauben als *nicht* zu glauben ist – an die Auslöschung, meine ich. Wenn man ganz normal und gesund ist, ist das Gegenteil der Fall.

Aber was das Kennen von Menschen anbelangt, ich habe Miss Maynes zweibändige Biographie von Byron gelesen[1] – und das ist sehr erhellend: zuerst einen Brief gezeigt zu bekommen und dann einen anderen, an zwei verschiedene Personen gerichtet, beide am selben Tag geschrieben und schlicht im Widerspruch zueinander. Zum Beispiel an Tom Moore und an die Guiccioli; oder an Augusta und an Lady Byron. Anstatt jeweils nur eine Ebene in seinem Denken zu sehen, sieht man (sozusagen) hindurch auf die nächst tiefere, auf eine Weise, wie es seine Zeitgenossen nicht konnten. Jetzt schreibst Du mir, und wie kann ich wissen, ob Du nicht im nächsten Moment Deinen Federhalter nimmst und etwas vollkommen anderes an Vanessa schreibst? Und man weiß selbst nicht, was man wirklich meint. Nichts könnte mich davon abhalten, innerhalb der nächsten Stunde einen Brief an Harold zu schreiben und die Schrecken der Krankheit zu verfluchen, auch wenn ich Dir gerade ihren Reiz geschildert habe.

Aber das ist eine Sache, die Du niemals wissen kannst, solange Du nicht das zweite Gesicht hast.

Jedenfalls wäre ich sehr froh, wenn ich solche Briefe wie Byron schreiben könnte. ...

Über Emily Brontë habe ich auch eine Menge nachgedacht – Leonards Schuld, weil er mir ein Buch über die Schwestern geschickt hat.[2]

Ich frage mich, wann Du kommst? denn ich erhole mich wirklich und sollte Anfang der Woche, wenn nicht früher, wiederhergestellt sein. Jeden Tag außer Montag, da ist eine Tante hier – Tante Cecilie, von der Dir Eddy erzählt hat –, die, die immer sagt, »Ach, aber so sind die Klassiker.«[3]

Bist Du von einer amerikanischen Freundin von Vernon Lee verfolgt worden, die sich Clive geschnappt hat und Dich malen will? Hüte Dich vor ihr: sie ist die redseligste Schwätzerin der Welt und wird Dich ermüden. Ich habe sie etwas entmutigt, indem ich gesagt habe, Du wärest krank.

Sieh Dir meine klebrigen Finger überall auf dem Papier an. Ich habe Pfirsiche gegessen. »*Le jus des pêches que tu coupes*«, etc. –

Ach, ich möchte Dich so gern sehen –

Deine
V.

[1] Ethel Colburn Mayne, *Byron*, 2 Bde., 1910, neu aufgelegt 1924.

[2] K. A. R. Sugden, *A Short History of the Brontës*; eine Besprechung von Vita erschien in *The Nation* vom 4. September 1929.

[3] Die Schwester von Vitas Vater, Lady Cecilie Cunliffe.

Samstag [24. August 1929] *Monks House [Rodmell Sussex]*

Kann ich am Mittwoch über Nacht kommen? – würdest Du mir Bescheid sagen?

... Und wie geht es Dir? Der beste Schlaftrunk ist audit ale[1] zur Schlafenszeit: jeder Collegestudent kann es bekommen, und wenn Du es nicht magst, trinke ich es.

Tausend verschiedene Arten der Liebe werden über Dich ausgeschüttet wie die Wasserstrahlen aus einer riesigen Gießkanne von Virginia und Bosman.

[1] Ein starkes Bier, das an manchen englischen Universitäten, bes. Oxford und Cambridge, gebraut wird; Anm. d. Übers..

Long Barn.
Montag [26. August 1929]

Mittwoch ist ideal – es sei denn, Du würdest lieber bis nächste Woche warten, wenn ich den Wagen fahren kann? Es geht mir viel besser, aber so ganz kann ich ihn noch nicht fahren. Wenn Du es lieber verschieben *würdest*, laß es mich wissen. Am Donnerstag nächster Woche muß ich nach London, und am Freitag kommt Harold, ansonsten ist alles klar.

Meine unglücklichen Kinder sind gerade nach Streatham losgefahren, um meine Mutter zu besuchen. ...

Natürlich könnte es mir bis Mittwoch schon so gutgehen, daß ich wieder fahren kann, in diesem Fall könnten wir am Donnerstag irgendwohin fahren? und ich würde Dich nach Hause bringen.

Auf jeden Fall, ob verkrüppelt oder nicht, wirst Du einen herzlichen Empfang bekommen. Na, war das nicht nett ausgedrückt?

Deine
V.

[27. August 1929] *[Monk's House, Rodmell, Sussex]*

Nun denn, ich glaube, ich würde lieber am nächsten Dienstag als morgen kommen aus dem einfachen Grund, weil Du, falls ich morgen komme, mit Sicherheit mit dem Auto fahren und Deinen Rücken wieder aufs Spiel setzen wirst. Gib zu, daß meine Psychologie stimmt. ... Das alles ist sehr gut begründet, aber ich gebe zu, daß ich ziemlich enttäuscht bin. ...

Long Barn.
Freitag [30. August 1929]

Ich war auch enttäuscht, aber ich nehme an, daß das Arrangement so besser ist, denn bis zum nächsten Dienstag bin ich so springlebendig wie ein Floh. Momentan eher wie eine lahme Dohle. Komm also am Dienstag, meinen Segen hast Du, und am Mittwoch fahren wir irgendwohin, wo es nett ist, und dann bringe ich Dich nach Hause.

Ich weiß nicht, was Dottie meint.[1] Es ist möglich, daß ich gesagt habe, Du hättest das eine oder andere in einem Brief gesagt – ich kann mich nicht dran erinnern – jedenfalls nicht, daß sie keine 4 Gärtner haben sollte!

Ich bin von einem furchtbaren Schlag getroffen worden: Harold sagt, er glaubt nicht, daß diese Gedichte von mir gut genug für eine Veröffentlichung sind[2] – Also halte ich die Korrekturfahnen zurück, bis er nächsten Freitag kommt, in der Hoffnung, daß ich ihn überzeugen kann – könntest Du es Leonard ausrichten? ich kann mich nicht entscheiden, ob er recht hat oder nicht – und hätte gern Deinen Rat, bitte – oder Pottos. Pottos wäre vielleicht besser –

Es wird nett am Dienstag – sehr nett – Deine ungeduldige

V.

[1] Virginia hatte den Verdacht, daß Vita Dorothy Wellesley ihre Briefe zeigen würde.

[2] *King's Daughter.*

Sonntag, 1. Sept. 1929 *Monks House [Rodmell Sussex]*

Verdammter Harold. Und warum solltest Du der Kritik eines Diplomaten irgendeine Bedeutung beimessen?

Hast Du Deine Korrekturfahnen? Ich lese sie. . . .

Long Barn, Weald,
Sevenoaks.
13. September [1929]

Ich habe Dir mehrere Dinge von größter Wichtigkeit zu sagen:

(1) Harold hat den diplomatischen Dienst quittiert.

(2) Er hat sich vom 1. Januar 1930 an Lord Beaverbrook verpflichtet.

(3) Wir haben meiner Mutter geschrieben und ihr gesagt, daß wir mit Jahresende nicht mehr von ihr abhängig sind.

(4) Harold hat seine Einwände gegen *King's Daughter* zurückgezogen, also geht es jetzt so durch.

Na, ist das nicht ein hübscher Packen Nachrichten in einem Brief.

Harold bleibt bis zum 1. November hier und muß dann wahrscheinlich für einen Monat zurück nach Berlin.

Und hast Du 500mal unterschrieben? Und hat Hugh [Walpole] Dir sein neues Buch geschickt, in dem Du unter dem Namen Jane Rose erscheinst?[1]

Wir haben 12 Goldfische im Teich.

Ich fühle mich sehr stolz und frei.

Ich vermute, es gibt keine Möglichkeit, daß Du am nächsten Donnerstag in London bist, wenn ich raufkomme? Nein, ich vermute nicht. Aber ich habe Sehnsucht danach, Dich zu sehen.

Deine
V.

[1] *Hans Frost.* Über Jane Rose schrieb Walpole: »In ihrem letzten Roman sprach sie von dem Lichtstrahl eines Leuchtturms, ›der über den Schlafzimmerboden einer Pension streicht‹ – so hatte ihre Kunst die Welt, die er kannte, erleuchtet, sanft und zärtlich. Was er ihr schuldete, konnte nie getilgt werden.«

Long Barn.
Montag [16. September 1929]

Ich habe letzte Nacht geträumt, daß Du und Leonard niemals richtig verheiratet gewesen wärt und daß ihr entschieden hättet, es wäre höchste Zeit, die Zeremonie abzuhalten. So habt ihr vornehm Hochzeit gefeiert. Du trugst ein Kleid, das mittelalterlich geschnitten und aus goldenem Tuch gewirkt war, und Du hattest einen langen Schleier und eine Eskorte von Brautjungfern und Pagen. Du hattest mich nicht zur Hochzeit eingeladen. So stand ich in der Menge und sah Dich an Leonards Arm vorbeigehen.

Aus einem oder mehreren Gründen (man muß nicht lange suchen) hat mich dieser Traum sehr, sehr unglücklich gemacht, und ich bin in Tränen aufgewacht und habe die Wirkung noch nicht ganz abgeschüttelt.

Könntest Du Deinem Bräutigam sagen, ich hätte die Korrekturfahnen von *King's Daughter* letzte Woche an Mrs Cartwright zurückgeschickt? Ich schicke ihm beiliegend einen Flohkamm, der besser ist als Keatings [Hunde-Puder].

Wir fahren heute abend zu einem Essen mit Lord Beaverbrook rauf nach London.

Ich wünschte, Du hättest etwas Erhellendes über Hughs Roman gesagt – abgesehen davon, daß es nichts Erhellendes zu sagen gibt –, denn ich nehme an, daß ich am Dienstag darüber im Radio sprechen muß. Sag mal, ist Dir Rebecca Wests Buch über den Weg gelaufen?[1] Es ist unlesbar. Es ist ein Gebräu aus Meredith, *Orlando* und Amanda Ross. Das hier ist ein Satz daraus:

»So hastig war das alte Haus umgebaut worden, um die Häuser-Gier nach dem Großen Krieg zu befriedigen, so viel schneller als jeder schnelle Kegler hatte der Bauunternehmer Treppen und hölzerne Trennwände hineingeschleudert, aus denen, hätte er sie in Ruhe gelassen, Steichholzschachteln geworden wären, daß einige architektonische Probleme unweigerlich ungelöst geblieben waren.«

Bin ich voreingenommen, oder sind hier einige stilistische Probleme ungelöst geblieben.

Mein Schwager[2] glaubt, er könnte uns eine Wohnung im Temple verschaffen.

Werde ich Dich jemals wiedersehen? Ich habe ein großes und drängendes Bedürfnis danach. Aber Du erscheinst so weit entfernt. »Es lag etwas Erschreckendes in ihrer sanften Entferntheit.« Nein, das ist es nicht – nicht deine sanfte Entferntheit – die mich erschreckt, sondern lediglich die geographische Entfernung – nur daß Du in Rodmell bist und ich in Weald. Jedenfalls wohne ich vielleicht in diesem Winter im Temple – das wäre schön. Jetzt, wo wir über die Stränge geschlagen haben, ist alles möglich. Es ist, als wäre man wieder zwanzig (Jahre alt). Fährst Du nach Cassis?

Ich überlege, ob ich im November eine Woche nach Barcelona fahre, um mir die Ausstellung anzusehen, falls ich Dottie dazu bewegen kann, mich dorthin zu fahren. Oder ich könnte Dich, wenn Du dann noch in Cassis bist, auf dem Weg von Barcelona besuchen? Liegt es auf dem Weg? Mehr oder weniger? Aber Du möchtest dort allein sein. Und die Ausstellung könnte nach allem, was ich weiß, vielleicht bis dahin schon vorbei sein. Auf jeden Fall scheinen sich alle Arten von unterschiedlichen Landschaften vor mir zu öffnen, in welche Richtung ich auch schaue, nicht nur die Aussicht auf eine Abendtafel mit Gentlemen in goldbetreßten Uniformen und Damen in tief ausgeschnittenen Kleidern. O Gott, wie gern ich Dich jedesmal sehen möchte, wenn das Leben aufregend wird.

Dein Orlando.

Die Tatsache, daß ich *Dich* nicht sehe, verhindert, daß dies die glücklichsten Tage (einige davon) meines Lebens sind.

[1] *Harriet Hume.*
[2] Frederick Nicolson.

Long Barn.
Samstag [21. September 1929]

Ich bin so unglücklich bei dem Gedanken, daß Du wieder an Kopfschmerzen leidest, arme, arme Virginia – und Potto legt seine Schnauze an seine Pfoten. Ich wünschte, ich könnte am 5. Oktober rüberkommen, aber ich kann mir nicht wirklich vorstellen, daß es geht, kannst Du es, wo Harold hier ist – denn er muß wieder für zwei Monate nach Berlin. Wäre er auf Dauer zu Hause und bei seiner neuen Arbeit, dann wäre es etwas anderes. Er tritt sie nicht vor dem 1. Januar an, und sie ist beim *Evening Standard*; es ist noch nicht endgültig entschieden, was er genau machen muß, denn sie wollen ihn erst verschiedene Dinge versuchen lassen, um zu sehen, was er am besten kann – das »*Tagebuch eines Londoners*« vielleicht und Leitartikel. Er wird 3000 Pfund im Jahr bekommen, aber Lord Beaverbrook möchte, daß das geheim bleibt. Es hört sich nach einer unglaublichen Menge an; aber tatsächlich bleiben uns, wenn wir Einkommensteuer und Einkommensteuerzuschlag und 800 Pfund pro Jahr für die Jungen und 100 Pfund an Lady Carnock bezahlt haben, nur 1500 Pfund für uns beide, um Long Barn zu finanzieren und Harolds Wohnung in London (vielleicht im Temple), wir werden es also durch eine Menge Schreiben ergänzen müssen – Long Barn ist so teuer. (Das hört sich an wie ein Gespräch um 3 Uhr morgens »und wieviel zahlen Sie der Köchin?«)

Jedenfalls bin ich sehr zufrieden, aber die Situation wird dadurch schwierig, daß meine Mutter sich weigert, auch nur eines unserer Arrangements zu akzeptieren.

Harold würde Dich sehr gerne sehen – Wenn es Dir bessergeht, d. h., wenn Du Dich weitgehend erholt hast – würdest Du einen Abend auf dem Rückweg von London hier anhalten und mit uns essen? oder erlaubt Dir Leonard nicht mehr, nach London zu fahren? Wenn Harold in der Nacht vor dem 5. Oktober in London ist, könnte ich vielleicht zu Dir zu Besuch kommen? an Dein heißes Meer oder sonstwo? Ich weiß nicht, wo Lyme Regis liegt – ist es das gleiche wie King's Lynn?[1] Meine arme Virginia, ich hasse es, wenn

Du diese Kopfschmerzen hast – und die Nachtfalter [*The Waves*] fliegen für den Augenblick alle davon –

Ich habe Deine gesammelten Werke bekommen – und sehr hübsch sind sie auch, in ihren grünen Einbänden.[2]

Hast Du den Witz im ›Punch‹ gesehen: »Mrs Harold Nicolson ist der Orlando in Rebecca Wests gleichnamigem Buch. *Weekly Paper*

Aber wenn sie das sieht, wird Mrs Virginia Woolf wahrscheinlich zu einer Orlando Furiosa.«

Richte Leonard aus, daß ich die Arbeit an meinem Roman wiederaufgenommen habe [*The Edwardians*] – als Verleger wird ihn das vielleicht interessieren.

Werde ich Dich sehen? sollen Harold und ich mal einen Tag rüberkommen? Aber nicht, um Dich zu ermüden, und nicht, bevor es Dir bessergeht. Ich wünschte, ich wüßte, daß das der Fall ist. Dieses Mal war es nicht *meine* Schuld.

Deine
V.

[1] Lyme Regis liegt in Dorset, King's Lynn in Norfolk. Virginia verwarf ihre Pläne, nach Dorset zu fahren.

[2] Die Hogarth Press legte Virginias Romane in einer einheitlichen Ausgabe neu auf.

Donnerstag [26. September 1929] *Monks House [Rodmell Sussex]*

Nein, ich habe nicht gemeint, daß ich krank wäre – nur normale Kopfschmerzen, und ich bin wieder ganz in Ordnung. . . .

In meinem Leben gibt es nur eine Leidenschaft – Kochen. Ich habe mir gerade einen hervorragenden Ölofen gekauft. Ich kann alles kochen. Ich bin die Köchinnen für immer los. Ich habe heute Kalbskotelett gemacht und einen Kuchen. Ich versichere Dir, das ist besser, als diese mehr als idiotischen Romane zu schreiben.

. . . Nun, Gott weiß, wann wir uns treffen werden. Du machst Dich auf den Weg nach Barcelona. . . .

V.

Long Barn.
Samstag [28. September 1929]

Habe ich einen ärgerlichen Ton in Deinem Brief bemerkt, oder etwa nicht? einen kleinen Kratzer?[1] Jedenfalls irrst Du Dich sehr: wenn ich überhaupt nach Barcelona fahre, dann nicht mit Hilda Matheson, sondern mit Dottie in ihrem Auto, und ich glaube sowieso nicht, daß der Plan jemals ausreift. Ich bin so froh, daß es Dir wieder gutgeht und Du eine Köchin bist. Falls ich ein Kochbuch finden sollte, schicke ich es Dir! Inzwischen habe ich die Bekanntschaft eines alten Mannes gemacht, den Du mögen würdest, und ihn, glaube ich, dazu überredet, seine Autobiographie zu schreiben. Er hat mir einige Notizen über seine Karriere zukommen lassen. Er ist ein professioneller Lebensretter – in den Zeiten zwischen den Lebensrettungen Lumpenhändler –, er hat 49 Jahre und 9 Monate lang Leben gerettet und andere menschenfreundliche Taten vollbracht, er muß also nur noch 3 Monate damit fortfahren, um fünfzig Jahre vollzumachen, und dann will er aufhören. Hier sind ein paar Punkte aus seinen autobiographischen Notizen.

»Hob ein armes Mädchen im Park von einem Zaun mit Eisenspitzen.
Stürzte selbst über einen kochenden Brunnen.
Stand einer werten Dame bei, die bei Tonbridge ertränkt werden sollte.
Leistete Beistand bei erster Hilfe für einen Mann, der von einem Apfelbaum erschlagen wurde.
Das Pony einer Dame, das seit Jahren nicht laufen wollte – ich brachte es zum Laufen.
Brachte schwangere Mütter kostenlos zum Hopfenfeld.
Fand schließlich Gehstöcke für die Blinden.
Habe auch Müttern einen Kinderwagen gegeben.
Fing meinen Sohn von einer sehr hohen Leiter auf.
Nahm einen werten Schafskopf ab, der an einigen Haken hing.
Ein Hufschmiedemeister wurde getreten, er starb, er lieh mir seine Schürze.
Suchte eine alte Dame für eine Weihnachtsfeier und hatte dabei Erfolg.
Fing ein Eichhörnchen im Schlafzimmer einer Dame.

Fing 86 Ratten mit meinen eigenen Händen.

Des weiteren andere nicht aufgeführte Punkte, alle ausgeführt vom Lieben Geist. Kann auf Wunsch jederzeit illustriert werden.«

Wer ist der Student aus Oxford, und wie heißt sein Roman? Übrigens, Harold und ich mochten beide Clifford Kitchins Krimi,[2] und ich werde ihn am Donnerstag empfehlen, sag also Leonard, er soll darauf achten, ob es sich auf die Verkaufszahlen auswirkt. Könntest Du Leonard fragen, ob ich ein paar Tage Aufschub für die Besprechung seiner Dichter bekommen kann?[3] Auf dem blauen Zettel stand 1. Okt., aber wir hatten SO viele Leute hier – und ich mußte mehrere Romane lesen, ich hatte noch keine Zeit – Außerdem muß ich am Montag nach London – aber ich beeile mich, sag ihm das.

Ich glaube, ich könnte Donnerstag oder Freitag kommen – kann ich Dir Bescheid sagen? Sag Potto, ich würde gern kommen, wenn er hier für Gesellschaft für Nigel Nicolson sorgen kann.

Wie gut Dein »Beau Brummell« war![4] und ich mochte die kunstvolle Weise, auf die die Verbindung zu Cowper gezogen wurde.

Mein Roman ist so alltäglich, so dünn –

Die Felder sind herrlich, wir gehen mit den Welpen spazieren, unserer Gesundheit zuliebe. Sie rennen den Fasanen hinterher. Wie zahm Fasane vor dem 1. Oktober sind. Unmöglich, sie aufzuschrecken.

Wir haben 12 Goldfische und 10 kleine neue nackte Wellensittiche.

Rodmell scheint weit weg von Weald zu sein, aber ich nehme an, Du bist sehr glücklich.

Wir hatten Sir Victor Sassoon zum Abendessen hier – er hat 14 Millionen und eine Armbanduhr, die sich jedesmal, wenn man seinen Arm bewegt, selbst aufzieht.

Deine

V.

Dottie sagt, ihr Speisezimmer wäre traumhaft schön.

[1] Vita strich 5 Zeilen am Ende von Virginias Brief vom 26. September heftig durch. Möglicherweise enthielten sie eine Anspielung auf Hilda Matheson.

[2] *Death of my Aunt* von C. H. B. Kitchin wurde von Vita in ihrer Radiosendung am 3. Oktober besprochen.

[3] »New Poetry«, *The Nation*, 2. November.

[4] »Beau Brummell«, *Nation and Athenaeum*, 28. September 1929.

Long Barn, Weald,
Sevenoaks.
Samstag [5. Oktober 1929]

Liebling, es war gestern so schwierig – Du hattest ganz recht, ich hatte gesagt, ich könnte vielleicht kommen, weil ich dachte, Harold wäre in London. Dann hat er jemanden hierher eingeladen, den ich seiner Meinung nach kennenlernen sollte,[1] und es gab noch andere Dinge (alle sehr langweilig, außerdem bl. Ausfluß), was mich alles zusammen zu der Entscheidung zwang, daß ich nicht konnte. Es ist immer kompliziert, wenn er nach Hause kommt. Aber paß auf, ich bin am Dienstag in London – kann ich zu Dir kommen? Wir kommen spät am Montag abend rauf und essen mit Sibyl – (ja! Das ist wieder Harolds Schuld) und am Dienstag sehen wir uns eine Wohnung an, die uns im King's Bench Walk angeboten wurde – sehr hübsch –, aber nicht so nah bei Dir wie eine, die wir uns in der Taviton Street angesehen haben – und eine andere am Tavistock Place. Aber die war schon vermietet, als wir hinkamen. Aber King's Bench Walk ist sehr romantisch – getäfelt – und lächerlich billig, mit Platanen und Tauben davor. Ich werde auf jeden Fall den ganzen Januar und Februar in London verbringen – vielleicht länger – und die Wochenenden hier. Wäre das schön, was meinst Du? Werde ich Dich sehen? machen wir noch weitere Ausflüge in London?

Wir sind ziemlich aufgeregt, und ich bleibe den 24 Seiten Beschimpfungen gegenüber, die ich gestern abend von meiner Mutter bekommen habe, ungerührt.

Ich fand »Beau Brummell« und »Mary Woll–« (kann das nicht schreiben) so gut.[2] Gott, ich wünschte, ich könnte so schreiben.

Deine
V.

[1] Maurice Bowra, der Altphilologe von Oxford und sehr produktive Autor.
[2] »Mary Wollstonecraft«, *Nation and Athenaeum*, 5. Oktober.

1930–1931

Aus den Jahren 1930 und 1931 sind keine Briefe von Vita an Virginia erhalten geblieben, obwohl Vita im gleichen Zeitraum über siebzig von Virginia aufbewahrte. Der liebevolle Ton von Virginias Antworten beseitigt jeglichen Verdacht, sie würde Vitas Freundschaft nicht mehr schätzen oder wäre der Ansicht, Vitas Briefe seien es nicht mehr wert, aufbewahrt zu werden. Sie gingen zu einem späteren Zeitpunkt in Virginias Leben oder nach ihrem Tod verloren. Aber Veränderungen in Vitas Lebensweise vertieften sacht die Distanz zwischen ihnen. Anfang 1930 entdeckte, kaufte und restaurierte sie das fast verfallene Sissinghurst Castle zwanzig Meilen von Long Barn entfernt, und die Nicolsons verließen Long Barn 1932, um ständig dort zu leben. Virginia verbrachte nur eine Nacht dort. Aber diese zunehmende Distanz zwischen den beiden sollte nicht überbewertet werden. Ihre Tagebücher zeigen, daß sie sich in den vier Herbstmonaten des Jahres 1930 achtmal und in den ersten vier Monaten von 1931 neunmal trafen. In eben diesen Jahren veröffentlichte Vita ihre beiden Bestseller The Edwardians *und* All Passion Spent, *beide bei der Hogarth Press, und sie begann mit Harolds Hilfe in Sissinghurst einen Garten anzulegen, der auch fünfzig Jahre später noch zu den berühmtesten von England zählt. Virginia veröffentlichte* The Waves *und schloß eine neue Freundschaft mit Ethel Smyth, der Komponistin und sehr produktiven Autobiographin, die Vita in ihrer tiefsten Zuneigung zwar nicht ersetzte, die aber Virginias beständigste Besucherin und Briefpartnerin wurde.*

Im Frühling 1932 fuhren Virginia und Leonard mit Roger Fry und seiner Schwester Margery nach Griechenland. Vita schrieb einen weiteren erfolgreichen Roman für die Hogarth Press, Family History, *und Harold, der einen katastrophalen Einstieg in die Politik unternommen hatte, indem er Oswald Mosleys New Party beitrat, ließ sich in Sissinghurst nieder und schrieb einen Roman,* Public Faces, *und eine Trilogie über die Geschichte der Diplomatie.*

Sissinghurst Castle,
Kent.
Sonntag, 25. April [24. April 1932]

Meine liebe, entfernte, romantische Virginia – ja, tatsächlich, ich sehe den Mond in englischen Schlammpfützen und frage mich, wo Du bist: gleitest Du die dalmatinische Küste entlang (denke ich in einem Augenblick) vorbei an Korfu und Ithaka (und, ach Gott! was für Gedanken ich mit ihnen allen verbinde!) und dann Piräus und Athen – (noch mehr Assoziationen), und was geschieht dann mit Dir? denn ich weiß es einfach nicht – das griechische Hinterland, nehme ich an, das für mich bis jetzt verschlossenes Land ist – und es wahrscheinlich auch bleibt, wenn ich nicht mit Ethel [Smyth] dorthin fahre, was Gott verhüten möge. Warum hast Du mich nicht gefragt, ob ich mit Euch komme? ich hätte alles in den Wind schießen lassen und wäre mitgekommen. Aber das hast Du nicht.

Inzwischen lege ich meinen Garten an, und der April betrügt mich um all seine versprochenen Freuden: der Wind heult zu jeder Stunde, und der Regen regnet in den meisten. Einen verfluchteren April hat England nie erlebt. Sei also froh, daß Du (hoffentlich) in der Sonne Griechenlands bist.

Ich freue mich für Dich, aber England ist leer ohne Dich.

Kommst Du nach Deiner Rückkehr hierher? Wirst Du von all den Dingen, die Du gesehen hast, benommen sein? Du warst schon früher in Griechenland und wirst Dich sehr deutlich erinnern, das weiß ich. Es ist ziemlich entsetzlich, sich zu überlegen, was Menschen erleben – Menschen, die man liebt –, wenn man nicht dort bei ihnen ist. Ja, ich wünschte, ich wäre bei Dir.

Das Heft mit den Briefmarken *gehörte* mir – zumindest habe ich eines aus meinem Zigarettenetui verloren, also nehme ich an, daß es das war, das Du unter dem Stuhl gefunden hast. Vielen Dank.

Du wirst die lavendel- und lohfarbenen Hänge sehen, nehme ich an, und all die wilden Frühlingsblumen, die ich nie gesehen habe – denn ich war im Oktober [1923] in Griechenland. Wie ich Dich beneide. Wie ich die Menschen beneide, die bei Dir sind.

Das Leben ist zu kompliziert – ich habe manchmal das Gefühl, daß ich es gar nicht bewältigen kann.

Deine
V.

Sissinghurst.
Dienstag [17. Mai 1932]

Wir haben hier seit Samstag keine Post bekommen! Die Folge war, daß ich Deinen Brief erst heute morgen bekommen habe. VERDAMMT. Ich war gestern in London und hätte problemlos kommen können, aber ich habe überhaupt nicht daran gedacht, daß Du am Feiertag in London sein würdest. Ich habe einen reizenden, reizenden Brief von Dir aus Griechenland bekommen – genauer gesagt zwei –, ja, es hört sich hinreißend an, und ich wünschte, Du hättest mich in Deiner Tasche mitgenommen.

Wann werde ich Dich denn nun sehen? Ich werde vor dem 30. nicht mehr in London sein, es sei denn, ich komme zu der Blumenausstellung rauf. Es reizt mich schon, raufzukommen, aber ich sollte bei meinem Buch bleiben. Was wirklich nett wäre, wäre, wenn Du und Leonard an einem schönen Tag mit dem Auto herfahren würdet.

Ruf an und sag, daß Ihr kommt, *Sissinghurst 250* – aber unsere Nummer ist ein großes dunkles Geheimnis, also sag sie niemandem weiter. Sissinghurst sieht jetzt wirklich nett aus – aber Du bist natürlich für unsere einfache englische Schönheit verdorben. Trotzdem, der Wald aus Glockenblumen ist wirklich ein Traum.

Nein, ich bin nicht niedergeschlagen, und ich hatte mit Sicherheit nicht vor, einen niedergeschlagenen Brief zu schreiben. Es kann sein, daß ich mich ziemlich belästigt gefühlt habe, und Du merkst es immer, wenn sich mir das Fell sträubt. Ich sehne mich so danach, Dich zu sehen.

V.

Mittwoch [12. Oktober 1932] *T.[avistock] S.[quare]* 52 *[W. C.1]*

Ich habe gerade das 6000. Exemplar von Family History *gekauft – 6000 verkaufte Exemplare noch vor dem Erscheinen – mein Gott! Und meine Finger sind rot und schwielig davon, seit drei Tagen unablässig Päckchen fertigzumachen. Miss Belcher krank – Aufträge strömen herein – wir arbeiten alle bis 7.30 – dachten, wir wären fertig – in einer Schublade versteckt ein weiteres Bündel Aufträge entdeckt, noch eine Stunde Arbeit – die Angestellten keuchen – Telefone klingeln, Boten laufen ein – Päckchen werden gerade rechtzeitig fertig, um noch mit dem Lieferwagen mitzukommen – O Herrgott, was es bedeutet, einen Bestseller herauszubringen. . . .*

Sissinghurst Castle,
Kent.
Sonntag [16. Oktober 1932]

Du meine Güte, nicht zufrieden damit, Dich zu zwingen, 6000 Familiengeschichten zu verschnüren, zwinge ich Dich auch noch, den *Common Reader* zu verschnüren.[1] Ein Extrapaket. Ich werde mich aber nicht entschuldigen. Wenn Du wüßtest, was für eine Freude es mir bereitet hat, würdest Du nicht wollen, daß ich mich entschuldige. ... Herrgott, Du BIST eine gute Schriftstellerin, oder? und eine gute Kritikerin. Ich ziehe meinen Hut, ich reiße ihn herunter, so daß seine Feder den Staub aufwirbelt.

Ich habe morgen eine Extrasendung im Radio und werfe drei Bücher raus, um Deines reinzubekommen.

Das ist der Grund, warum dieser Brief nicht länger ist: weil ich mein Skript schreiben muß.

Deine

V.

Ja, komm bitte bald nach Sissinghurst. Denk dran, ich bin fast vier Monate lang in Amerika [Januar – April 1933].

[1] Vitas *Family History* erschien am selben Tag, dem 13. Oktober, wie Virginias *The Common Reader: Second Series*.

In den ersten vier Monaten des Jahres 1933 unternahmen Vita und Harold eine Vortragsreise durch die Vereinigten Staaten. Obwohl sich Vita und Virginia schrieben, daß sie einander »wirklich sehr« vermißten, trafen sie sich nur ein halbes Dutzend Mal in diesem Jahr. Virginia veröffentlichte Flush *und schrieb* The Years, *Vita veröffentlichte ihre* Collected Poems.

Denver and Rio Grande Western Railroad
Unterwegs durch die Rockies
16. März [1933]

Dieses Schreibpapier gefällt mir so gut, daß ich einen Brief darauf schreiben muß. Dies ist ein Donnerstag; ich habe New York am Montag verlassen und bin seitdem durch endlose Prärien gereist, bis ich heute morgen aufwachte und am Rande des Horizonts einen Halbkreis von Schneebergen entdeckte, deren Gipfel sich gerade rosa färbten, als die Sonne am gegenüberliegenden Rand der Ebene aufging. Dann kamen wir nach Denver am Fuß der Rockies, und zur Frühstückszeit kletterten wir schon schnurstracks die Berge hinauf und sind jetzt etwa 7000 Fuß hoch. Es ist sehr schön, sehr verlassen, die Sonne brennt, und ich habe einen Cowboy gesehen. Und so bin ich sehr glücklich. Es ist ganz plötzlich alles unamerikanisch und leicht spanisch.

Wir erreichen San Francisco erst in drei Tagen und zwei Nächten. Ich habe mir, bis ich herkam, nie die Größe dieses verflixten Landes klargemacht. Ich hoffe, Kalifornien hat aufgehört zu beben, bis wir hinkommen, und daß ich nicht wieder dem Ruf, den Du mir zuschreibst, gerecht werden muß, die Natur in Krämpfe oder was auch immer zu versetzen.

Später. Ich habe festgestellt, daß ich dies hier direkt oben von den Bergen aus abschicken kann – Du mußt also auf den Poststempel achten, der anscheinend ein besonderer ist. Das Landschaftsbild hier ist etwas zu malerisch für mich – großartige Schluchten und brausende Flüsse –, ich bekomme davon Klaustrophobie, und das Wissen, daß es sich um den alten Planwagen-Trail handelt, tröstet mich nur wenig. Mir war das offene Hochland lieber und die entfernten Bergketten, die mich an Persien erinnert haben –

Salt Lake City – 17. März – Es hat so gewackelt, daß ich nicht mehr weiterschreiben konnte – anstatt den Brief oben an der großen Wasserscheide abzuschicken, muß ich ihn also in der Heimat der Mormonen aufgeben. Die große Wasserscheide funktionierte prima, und alle Flüsse fingen plötzlich an, in die andere Richtung zu fließen – und wir fühlten uns wie der tapfere Cortez –

Die Zeit ändert sich ständig, was sehr verwirrend ist; nach der »Mountain Time« haben wir jetzt die »Pacific Time«, und es sind 6 [*sic*] Stunden Unterschied zwischen uns und Euch. Ist Dir klar, daß Kalifornien mehr als doppelt so weit von England entfernt ist wie Persien?

Harold möchte jetzt einen Spaziergang machen, weil wir hier eine Stunde Aufenthalt haben.

Deine
V.

Smoke Tree Ranch –
South California –
[bei Palm Springs]
28. März [1933]

Ich habe schon seit Tagen versucht, Dir zu schreiben, aber das Leben war zu dicht mit Filmstars und so weiter angefüllt. Ich befinde mich jetzt in einem Dreizimmer-Häuschen mitten in der Wüste (ich schicke Dir ein Photo davon), und nichts außer ein paar Cowboys und einem herumstreunenden Coyoten könnte mich stören. Großartige Sterne über mir und ringsumher Berge. Die Wüste selbst ist mit rosa

Verbenen bedeckt. Es sieht genauso aus wie Persien, und wir freuen uns wie die Schneekönige.

Ich muß Dir mehrere wichtige Dinge mitteilen. (1) Daß ich in der Huntington Library in Pasadena war, und als ich feststellte, daß ihre Handschriftensammlung soweit auf den neuesten Stand gebracht ist, daß sie George Moore enthält, habe ich sie gefragt, ob sie nicht gern *A room of one's own* hätten. Sie waren sehr aufgeregt, und wenn Du an

Captain Hazelton
Manuscript Dept.
The Huntington Library,
Pasadena, Los Angeles, California,

schreibst, dann besteht, glaube ich, eine gute Chance, daß sie es kaufen. Sei aber nicht zu optimistisch, denn, wie Du weißt, sind die Amerikaner zur Zeit ziemlich angeschlagen. (2) Die zweite Sache ist, daß ich Deine Freundin Brett getroffen und sie von Dir gegrüßt habe.[1] Sie ist ganz rot geworden. Ich habe sie in einem verrückten Haushalt angetroffen in einem Ort namens Carmel, wo sie mit Mabel Dodge Luhan lebt. Mabel D. Luhan ist die Frau, die D. H. Lawrence die Ranch in New Mexico geschenkt hat. Sie hat über das Ganze ein Buch mit dem Titel *Lorenzo in Taos* geschrieben [1933]. Sie ist mit einem Indianer verheiratet, zur Zeit aber in Robinson Jeffers verliebt, der auch da war. Ein gutaussehender Mann; Du kennst ihn. Mabel Luhan saß da und starrte ihn an, während er so tat, als würde er es nicht bemerken, und ich in diese Art Kamera schrie, die Brett auf ihren Knien hält und die durch Drähte mit der Telefonapparatur verbunden ist, die sie über ihren Ohren hat. Hin und wieder unterbricht sie einen beim Reden und wechselt die Batterie, so wie man einen neuen Film in eine Kamera einlegt. Sie ist sehr zu bedauern; gierig nach Nachrichten aus England und von ihren Freunden. Sie möchte die amerikanische Staatsbürgerschaft annehmen, muß aber erst eine Prüfung über die amerikanische Verfassung bestehen, was sie beunruhigt. (Ich habe plötzlich das Gefühl, daß ich Dir das alles schon geschrieben habe.)

Ich kann mich nicht erinnern, ob ich Dir von einem Ort namens Pasatrimpo, Santa Cruz, aus geschrieben habe, an den ich von einer Golf-Meisterin [einer Miss Hollins] verschleppt wurde – ich weiß bis zum heutigen Tag nicht, warum. Danach fuhr ich zurück nach San Francisco und dann runter nach Los Angeles. Mr William Randolph Hearst lud uns ein, auf seiner Ranch zu wohnen (100 000 Hektar und ein spanisches Schloß [San Simeon], das er so, wie es war, von einer Bergspitze in Andalusien entfernt hat), und bot uns an, ein Flugzeug zu schicken, das uns abholen sollte, aber wir waren stolz und lehnten ab, zum Teil, weil es ein Weg von 300 Meilen war, und zum Teil, weil Shaw dort sein sollte, und wir meinten, das würden wir nicht aushalten. Also machten wir uns, nachdem wir in Chinatown in San Francisco herumgeführt worden waren und das Gefängnis gezeigt bekommen hatten, auf den Weg nach Los Angeles. Wir haben das Erdbeben knapp verpaßt; es gab ein kleines, während wir dort waren, aber wir haben geschlafen und es gar nicht bemerkt. Die Natur scheint uns mit Macht zu verfolgen, seit wir England verlassen haben: Hurrikans über dem Atlantik, Schneestürme in Chicago, Erdbeben in Kalifornien, ein Sandsturm hier und ein Meteor, der fünf Staaten eine halbe Stunde lang erleuchtete und in Arizona niederging. Trotz alledem ist das Klima in Kalifornien göttlich; eine Durchschnittstemperatur von 27° im Schatten, durchgängig Sonnenschein und unglaubliche wilde Blumen. Ich lege eine Photo von ihnen bei, nur um Leonard zu ärgern. Es ist wirklich ein Photo, wenn auch koloriert. Ich meine, so *ist* es wirklich.

Los Angeles ist die Hölle. Nimm Peacehaven, multipliziere es mit 400 Quadratmeilen, verteile es die ganze französische Riviera entlang und dann schütte die Chelsea Flower Show darüber aus, füge noch ein paar spanische Ausstellungsgebäude hinzu, und Du hast die Küste von Los Angeles. Die Amerikaner haben ein unvergleichliches Talent, alles abscheulich herzurichten. Hollywood allerdings macht Spaß. Es ist die reine Phantasie – du weißt nie, was hinter der nächsten Ecke auf dich zukommen wird, ein halber Ozeandampfer oder Trafalgar Square oder die Fassade des Grand Hotel oder eine Straße in Stratford-on-Avon, auf der malaysische Huris entlanggehen. Wir wurden von Mr Gary Cooper herumgeführt. Und dann gingen wir zu einer Party bei Clemence Dane[2] – aber das ist alles zu lang zum Erzählen. Jedenfalls war da das allerreizendste Geschöpf, Diana Wynyard. Falls die Kavalkade nach London kommt, mußt Du hingehen und sie dabei sehen.

Eine junge Dame stürzte in Pasadena auf mich zu und sagte, sie schriebe ein Buch über Dich und mich. Ist das nicht schön für uns? Ob ich ihr ein Interview geben würde und ihr unsere (Deine und meine) Ansichten über Metaphorik erklären könnte. Glücklicherweise konnte ich sagen, daß ich jetzt gerade noch Zeit hätte, meinen Zug zu erreichen.

Dann traf ich Elsa Maxwell und sah die reizendsten Fische in einem Aquarium. Das Aquarium in London kann diesem nicht entfernt das Wasser reichen. Es sind alles Fische aus dem Pazifik. Und es gab Seehunde am Strand und Kolibris und Spottdrosseln und 5000 Jahre alte Bäume und hektarweise Kakteen wie phallische Symbole oder ansonsten wie prähistorische Reptilien und meilenweit Orangenhaine – Sunkist – und so seltsame Verkehrungen der Natur wie Pflanzen, die im November herausgenommen und in gekühlte Räume gebracht werden müssen, weil der Winter zu heiß für sie ist. Ich bezweifle, daß ich mich jemals von all dem erholen werde. Auf jeden Fall werde ich nie wieder dieselbe sein. Soviel ist sicher.

Wir kommen am 21. April zurück – bist Du dann in London? denn ich MUSS zu Dir kommen und Dich sehen. Du kannst diese Frage natürlich nicht beantworten, denn Du wirst diesen Brief erst kurz bevor wir wieder aufs Schiff gehen bekommen. Aber Du könntest mir vielleicht eine Nachricht nach Sissinghurst schicken. Ich habe seit einer Ewigkeit keine englische Post mehr bekommen, es kann also sein, daß ein Brief von Dir irgendwo in Amerika herumirrt. Er wird mich irgendwann erreichen.

Von hier aus fahren wir nach Arizona und dann nach New Mexico und dann nach Milwaukee und dann nach South Carolina und dann nach New York, und dann geht es auf die gesegnete *Bremen*, die uns nach Hause bringt. Zerschlagen, aber bereichert – nicht nur durch Dollars.

Herrgott, aber ich brenne darauf, Dich zu sehen.

Deine

V.

[1] Dorothy Brett, eine Malerin.

[2] Pseudonym von Winifred Ashton (1888–1965).

Charleston,
South Carolina.
9. April [1933]

Trotz des Bildes oben auf dem Papier[1] schreibe ich in Wirklichkeit aus South Carolina, eine ganz beträchtliche Strecke davon entfernt. Wir haben uns den Spaß gemacht, die Entfernung zu berechnen, die wir gereist sein werden, wenn wir nach Hause kommen, und festgestellt, daß sie sich auf über 33000 Meilen beläuft – Wir waren in 72 verschiedenen Städten und haben 63 Nächte im Zug verbracht. Ich hoffe, Du bist von dieser Statistik beeindruckt.

Wir warten jetzt auf Mr Dubose Heyward (hast Du je *Porgy* gesehen?), der uns zu einem Essen mit Cornelia Otis Skinner mitnehmen wird. Du siehst also, daß Charleston, S. C. ebenso seine Berühmtheiten hat wie Charleston, Sussex, Eng.

In Chicago habe ich einen reizenden Brief von Dir vorgefunden, und ich habe die Hoffnung, daß dieser hier zwei Tage vor mir England erreicht, denn ich werde ihn mit der *Empress of Britain* in Begleitung von Mr und Mrs Bernard Shaw schicken. Unser Schiff geht am 15., und wir sind fast krank vor Aufregung.

Ja, ich kenne Ivy Davison schon mein ganzes Leben lang.[2] Sie ist wirklich sehr nett, und sie hat, glaube ich, die *Review* vom Wochenende sehr kompetent redigiert. Allerdings wird ihr Schicksal, soweit es die Hogarth Press betrifft, schon vor langem entschieden worden sein. Sie ist eine junge Frau mit einigem Unternehmungsgeist und Unabhängigkeit, als das Kind einer vollkommen konventionellen englischen Familie hat sie zum Kummer ihrer Eltern die vorgefertigten Traditionen abgeschüttelt, um sich bei der *Saturday Review* selbst ihren Lebensunterhalt zu verdienen. Sie hatte über zehn Jahre eine unglückliche Liebesaffäre mit einem verheirateten Mann, ich weiß nicht, um wen es sich gehandelt hat. Ihre Angehörigen sind anständig bis in die Knochen; ihr Vater war ein sehr guter Freund von mir. Sehr gutaussehend alle beide – und Ivy auch, meine ich. Sie hat, abgesehen von dem, was sie verdient, kein Geld. Ich fände es lustig, wenn ich sie bei meiner Rückkehr in Miss Scott Johnstons Stellung vorfinden würde.

Ach, all die Dinge, die wir gesehen, und all die Leute, die wir getroffen haben! Ich glaube, ich habe Dir nicht vom Grand Canyon aus geschrieben, der die erstaunlichste Sache der Welt ist. Wir werden noch einmal nach Amerika kommen, um mit dem Auto durch ganz Texas, Arizona, Kalifornien und Mexiko zu fahren, und Zelte mitnehmen, damit wir in der Wüste campen können. Du kannst Dir die Painted Desert nicht vorstellen, Virginia. Sie hat jede Farbe des Regenbogens, unterbrochen von riesig großen rosa Klippen in der Farbe der Felsen von Devonshire. Und jeden Tag strahlt die Sonne, und bei der Luft möchte man über die Heide springen. Warum kommt Ihr nicht mit, Leonard und Du? Januar, Februar und März wären die richtige Zeit, und der Anfang vom April. Du kannst Dir auch diese Wüstenblumen nicht vorstellen, obwohl ich Dir, glaube ich, ein Bild von ihnen geschickt habe. Du könntest damit Sibyl *und* Mr Scaife entkommen – für den ich mich mehr, als ich sagen kann, entschuldige.[3] Es gäbe nichts außer ein paar Indianern. Wir schlagen vor, ein Schiff nach Panama zu nehmen, dort an Land zu gehen, ein Auto zu kaufen und direkt loszufahren und von New Orleans aus wieder ein Schiff zu nehmen. Reizt Dich das nicht? Wenn Du wolltest, könntest Du ein paar Vorträge halten, die Deine Kosten quasi decken würden.

Ja, ich glaube, das ist ein guter Plan.

Charleston ist die Heimat der Azaleen. Sie wachsen hier wild in allen Wäldern; etwa 20 Fuß hohe Büsche in den Gärten. Sie blühen jetzt alle, tatsächlich sind einige sogar schon verblüht. Es ist außerdem auch die Heimat der Magnolien und Kamelien und riesiger Stechpalmen. Es ist vollkommen anders als das restliche Amerika.

Gott, ich muß aufhören. Aber denk Dir, nächste Woche – *nächste Woche* – sind wir zu Hause.

Deine
V.

[1] Vom Grand Canyon National Park, Arizona.

[2] Journalistin und Herausgeberin von *The Geographical Magazine* in den 40er Jahren. Sie hatte sich um eine Stelle bei der Hogarth Press beworben.

[3] Roger L. Scaife war Geschäftsführer bei Houghton Mifflin, Harolds amerikanischem Verleger.

Mittwoch [19. April 1933] *Monks House [Rodmell, Sussex]*

Ich muß sagen, es ist aufregend!

Du bist wieder da – Gott sei Dank ist mein Delphin wieder beim Fischhändler! Aber wann werde ich sie sehen? Wir sind bis Sonntag nachmittag hier (Lewes 385). Dann zehn Tage London: dann Italien. Könntest Du mich anrufen – sag nicht, daß Deine Stimme sich auch verändert hat – und einen Termin vorschlagen, den ich einhalten werde, auch wenn es Mord und Totschlag bedeutet. ...

Jetzt mußt Du Dich Deiner Welt widmen. Gott, wie ich Dich um den rosa Turm nach dem ganzen Amerika beneide.

V. Sackville-West
Sissinghurst Castle, Kent.
Montag [24. April 1933]

Ja, Dein Delphin ist wieder auf dem Marmortablett. Aber mit Sachen, die sich über vier Monate angesammelt haben und erledigt werden müssen – ein echter Alptraum.

Ich habe nicht das Gefühl, daß ich je wieder alles hinkriege. Ich kann auf meinem Tisch kaum einen freien Platz von 8 x 8 Zoll finden, um dieses Blatt hinzulegen. Und es gibt keinen Stuhl, auf dem man sitzen kann – alles beladen mit Büchern und Papieren und Cowboyhüten. Ich sitze meistens auf dem Boden, und Sarah schlängelt sich auf meinen Schoß und wirft alles um.

Ja, es ist sehr nett – aber ich hatte bisher erst einen Tag zu Hause – Samstag. Gestern bin ich zu meiner Mutter gefahren – und habe Harold mitgenommen. Es fing damit an, daß er in Wut geriet und ihr sagte, er würde sie erschießen – es endete damit, daß Harold zu ihren Füßen saß und sie mit ihren Fingern seine Haare zu Little-Lord-Fauntleroy-Löckchen drehte. Ein großer Erfolg. Sie erkannte einen Gleichgesinnten und war erfreut. Ich saß als bloße Zuschauerin daneben und blieb ganz außen vor.

– Gerade von Eddy unterbrochen worden, der morgen seinen Blinddarm herausgenommen bekommt.

Du fährst also nach Italien. Gut, gut. Verdammt. Ich werde nach London kommen, um Dich zu treffen, bevor Du losfährst. Ich lege eine Postkarte bei, auf der Du mir mitteilen kannst, *wann* Du fährst. (Amerikanische Geschäftsmethoden) Achte auf die Adresse. Ich hänge inzwischen so an meinem eigenen Namen, daß ich ihn jetzt ständig benutze. Für künftigen Gebrauch notieren.

Am Donnerstag kann ich nicht kommen, weil da der Mann von der Einkommenssteuer kommt. Ansonsten frei.

Deine verwirrte, glückliche, vor Heimweh nicht kranke
V.

P. S. Du allein bist die einzige Person, die ich sehen möchte. Wo ist das versprochene *Flush*?

Sissinghurst Castle,
Kent.
17. Mai [1933]

Nun, Du bist verschwunden – aus meiner Welt entschwunden – in Italien verloren – und befindest Dich, wie ich vermuten darf, in diesem Moment mit Iris Origo in den Kastanienwäldern von Montepulciano, oder wo auch immer sonst sie lebt. Und ich nehme an, es ist so herrlich – Italien im Mai –, daß ich Dir von den Glockenblumenwäldern hier nichts erzählen werde, die alles im Mittleren Westen übertreffen, das kann ich Dir versichern. Und ich erzähle Dir auch nichts über unseren Holzkohlenbrenner [das Heizsystem] – einen neuen Mitbewohner von Sissinghurst – oder über die beiden Schwäne, die auf wunderbare Weise auf dem See aufgetaucht sind, in weißer Majestät umherschwimmen und reizende langhälsige Spiegelbilder im Wasser werfen. Nein, Du hast mich verlassen, und mir bleibt als Trost nichts als Pinka. und weißt Du was? sie beachtet mich gar nicht. Pinka, die mich schon erschnüffelt, wenn ich noch auf der Schwelle von Tavistock Square stehe, und sich bepinkelt, wie Du zugeben wirst, wenn ich reinkomme, will nichts mit mir zu tun haben, wenn sie mein Gast ist. All ihre Liebe gehört Louise, von deren Seite sie keinen Augenblick weicht. Ich fühle mich wirklich völlig zerschmettert.

Sie hat ausgiebig Mittel gegen Würmer bekommen, richte es Leonard aus. Louise nennt sie Mrs Pinka, ich weiß nicht, warum.

Bist Du sehr, sehr glücklich? Ich schicke Ben für zwei Monate nach Italien – würdest Du nicht gerne achtzehn sein und allein für zwei Monate nach Italien reisen? Ich schon. Er ist sehr nett, dieser Ben. Wie ich die Jungen liebe. Ich fände es schön, wenn Du ihn jetzt noch einmal sehen würdest. Du weißt, wie er Dich bewundert; das sollte Dich für ihn einnehmen, oder bist Du Bewunderung leid?

Und Cimmie Mosley ist tot. So schön, so jung. Es tut mir leid.

Liebling, es erscheint ein bißchen hart, daß Du einfach so verschwunden bist, nachdem ich 33 000 Meilen gereist bin, um Dich wiederzusehen. Aber ich kann natürlich nicht darauf hoffen, mit der Anziehungskraft eines hydraulischen Getriebes konkurrieren zu können.[1] Aber komm lieber bald zurück, sonst fange ich an, London nach einer Ablenkung zu durchforschen. Ich muß morgen dorthin, und stell Dir vor, ich esse mit Sibyl zu Mittag.

Ethel möchte, daß ich nach Guildford fahre, um mir *The Bosun's Mate* anzuhören. . . . Ich glaube, ich werde es nicht tun.[2]

Es tut mir leid, mit meiner Tinte ist etwas nicht in Ordnung. Sie heißt Higgins' Eternal Ink, und ich habe sie neulich an Shakespeares Geburtstag von einem Freund geschenkt bekommen. Sie ist von einem schönen Schwarz, aber ich habe noch nicht ganz gelernt, damit umzugehen.

Würde es Dich überraschen, wenn Du erfahren würdest, daß ich Dich wirklich sehr, sehr vermisse? Um mich zu trösten, denke ich daran, etwas mit Marlene Dietrich anzufangen. Halte Dich also nicht zu lange in Montepulciano auf, wenn Du auf die ach so rührende Treue Deines alten Schäferhundes Wert legst.

[1] Im Februar hatte Virginia stolz den Kauf eines neuen Autos verkündet – »silber und grün, hydraulisches Getriebe, Tickford Haube – Lanchester«.

[2] Ethel Smyths Oper *The Boatswain's Mate*.

Sissinghurst Castle,
Kent.
Pfingstmontag [5. Juni 1933]

Virginia, Du bist ein Engel – ein Engel, meine ich, weil Du es so unfehlbar genau verstehst, wenn man wirklich über etwas empört ist, so wie ich darüber empört bin, daß meine Mutter mit Ben über meine und Harolds Moral geredet hat.[1] Nicht daß ich mich in irgendeiner Weise wegen meiner oder H.s Moral schämen würde. Es ist nur, daß es sich ganz schrecklich in Bens Kopf hätte einprägen können. Glücklicherweise war das nicht der Fall – ein Tribut, glaube ich, an unsere Erziehung? (Das ist Angabe. Aber auch Du, selbst Du, gibst manchmal an. Deine Großtuerei bezieht sich meistens auf Prinzessin Patricia[2] oder irgendeinen amerikanischen Verleger; meine lediglich auf die Art und Weise, in der ich meine Söhne erzogen habe, so daß sie, ohne zu zucken, die Offenbarung hinnehmen, daß ihre Eltern beide zu den Ausgestoßenen der menschlichen Rasse gehören.) Auf jeden Fall bist Du ein Schatz, weil Du gemerkt hast, daß ich empört war.

Ich bin leicht und zu einem ungewöhnlichen Zeitpunkt beschwipst, denn ich war hier bei einer Feier meiner Pächter anläßlich ihrer goldenen Hochzeit, und wir mußten beim Mittagessen auf ihre Gesundheit anstoßen. Es war die Art Gesellschaft, die Du gemocht hättest: die alte Dame, die gerade achtzig geworden ist, hatte sich ein gelbes Band um den Hals gebunden mit der kokettesten kleinen Schleife gerade hinter dem Ohr, und sie versicherte mir immer wieder, wie glücklich ihr Mann an diesem Tag vor fünfzig Jahren ausgesehen hätte. Das ganze Haus war mit Union Jacks geschmückt. Wie kommt es, daß Patriotismus in die intimsten Familienzusammentreffen hineinspielt? Ihr Sohn war zu diesem Anlaß aus Australien zurückgekehrt – sie hatten ihn seit dem Krieg nicht mehr gesehen.

Ich habe seit Jahren nicht mehr so viel Spaß gehabt wie bei dieser Feier. Sie alle waren viel eher Figuren aus einem Roman als irgendeine Figur in irgendeinem Roman, den ich je gelesen habe. Die alte Dame sagte mir eher grimmig, als ich ihr gratulierte, »Na ja, es ist jedenfalls besser als eine Scheidung.«

Und, o mein Gott, Lady Northampton kommt zum Tee. Wieviel lieber sind mir meine Pächter, die Gosdens von Sattins Hill, als Lady Northampton von Castle Ashby oder was auch immer.

Und wieviel lieber ist mir Virginia als beide.

Wann werde ich Virginia sehen?

Ich war über Pfingsten nicht in Brighton, sonst wäre ich mit einem Korb voll Feigen nach Monk's House gekommen.

Ich schreibe Gedichte – aber Mr [A. E.] Housmans Theorien haben mich durcheinandergebracht. Hast Du Mr Housman gelesen? Wenn man seine Theorien akzeptiert, was wird dann aus dem *Prelude* [Wordsworth] oder dem *Testament of Beauty* [Robert Bridges]?

Deine
V.

[1] Ben Nicolson hatte mit Virginia darüber gesprochen, daß Lady Sackville ihm Geschichten erzählt hätte »darüber, daß M. sich Frauen verschafft und D. Männer – über Violet Keppel, Virginia Woolf etc.«

[2] Lady Patricia Ramsay.

Donnerstag [8. Juni 1933] *Tavistock Square 52, W. C. 1*

Würdest Du mit mir allein, *Ehrenwort, am Montag, nächsten MONTAG, dem 12., zu Abend essen – wann immer Du willst. Es ist einfach so, daß ich allein sein werde. Ansonsten glaube ich nicht, daß es sich für irgend jemanden lohnt, nach London zu kommen. Könntest Du engelhafterweise anrufen?*

Verzeih das Gekritzel
Potto hat es geschrieben

Sissinghurst Castle,
Kent
[11. Juni 1933]

Ist es nicht zum Aus-der-Haut-Fahren, daß von allen Menschen auf der Welt ausgerechnet Deine eigene spezielle Ethel [Smyth] verhindert, daß ich morgen mit Dir zu Abend esse? Aber da hast Du es – die Verabredung wurde schon vor Wochen getroffen – ich bekomme mit jeder Post Briefe von Ethel, die ihre Aufregung herausposaunen – ergänzt von Postkarten und Telegrammen – und meinem Gefühl nach kann ich sie daher einfach nicht verschieben – so sehr ich es auch möchte. Jede andere – jede Heringsbraterin – hätte zur Hölle fahren können. Aber Ethel, habe ich überlegt, ist 75, und man kann mit den Alten kein Schindluder treiben.

Sie kommt über Nacht. . . . Sagt, sie will alles über Amerika erfahren. Mein Gott.

Du hast keinen anderen Abend zur Verfügung, oder? Ich werde Dir nicht sagen, wie sehr ich Dich sehen möchte, weil Du es nicht glauben würdest – zynisches Weib, das Du bist – unwissend, was Liebe bedeutet.

Ich war so faul. Ich habe Millionen von Kreuzkrautpflanzen ausgerissen und ab und zu eine Zeile von einem Gedicht geschrieben (nein, einem Vers), aber ernsthafte Literatur, so etwas wie einen Roman für die Hogarth Press, nicht die Spur – tatsächlich habe ich heute einen angefangen. Nicht wirklich angefangen, eher bin ich zu einem bißchen Erbrochenen zurückgekehrt, das ich in Amerika ausgespieen habe – dem Roman, den ich Deiner Meinung nach schreiben sollte – nur über Wüsten und Hurrikans.[1] Ich weiß nicht, ob ich etwas daraus machen kann.

Also, dieser Brief wird Dich am Abend erreichen, und Du bist entweder allein, oder Du hast an meiner Stelle jemanden zum Abendessen da – und ich werde Ethel über den Mittleren Westen anschreien – Harold schreit ins eine Ohr und ich in das andere – wo ich doch auf dem Boden zu Deinen Füßen sitzen könnte – physisch statt metaphorisch. Ich bin darüber tatsächlich erbittert.

Ich darf nicht vergessen, einen Nachttopf für Ethel bereitzustellen.

Alex [de Froissard] (unsere neue Sekretärin) ist gerade hereingekommen und hat gefragt, ob sie einen Roman ausleihen kann? Was für eine Art Roman, frage ich? Na ja, sagt sie schüchtern, könnte ich *Orlando* haben? Also ist sie mit *Orlando* abgezogen, und ich frage mich, wie sie damit zurechtkommt, wo sie doch erst vierundzwanzig ist und bisher noch überhaupt keine modernen Romane lesen durfte, ausgenommen Mr Galsworthy, den sie, um ihr Gerechtigkeit widerfahren zu lassen, nicht ausstehen kann.

Ich kann das Licht in ihrem Schlafzimmerfenster auf der anderen Seite vom Hof sehen und nehme daher an, daß sie *Orlando* mit ins Bett genommen hat.

Sie hat einen Wasserkessel, der wie eine Nachtigall pfeift, wenn er kocht. Man hört ihn über unser ganzes Feldlager.

Unser Feldlager war in letzter Zeit sehr schön mit einem ganz besonders großen Mond und zwei Planeten. Ich habe ein Gedicht über die beiden Planeten geschrieben, das ich, glaube ich, »Stellar Sodomy« nennen werde. Ich schicke es Dir, falls ich nach weiteren Überlegungen zu dem Schluß komme, daß es anständig genug für Alex zum Abtippen ist.

Richte Leonard aus, er soll Harolds neues Buch lesen.[2] Es liegt mehr auf seiner Linie als auf Deiner, weil es politisch ist, aber ich glaube, Du hättest Spaß an einigen Passagen aus seinem Tagebuch, das die zweite Hälfte des Buches bildet. Ich bewundere Harold sehr – ganz unvoreingenommen. Ich mag seinen klaren Verstand und seine leichte Ausdrucksweise. Er ist wie ein Mensch, der mit einer Sichel umzugehen versteht – rhythmisch, scharf und sicher.

Ach, verdammte Ethel! Ich bin wirklich ärgerlich. Vater vergib ihnen, denn sie wissen nicht, was sie tun. Sie weiß nicht, daß sie mich um einen Abend mit Dir betrogen hat.

Deine

V.

[1] Eventuell *Grand Canyon*, das erst 1942 veröffentlicht wurde.

[2] *Peacemaking*, über die Friedenskonferenz von Paris 1919.

King's Bench Walk 4,
Temple, London, E.C.4.
Freitag [14. Juli 1933]

Liebling, ich habe gerade den Verlag angerufen, aber erfahren, daß Du bis Montag fort bist. Wir sind gestern aus Italien wiedergekommen, wurden aber sofort nach Eton bestellt, weil bei Nigel Verdacht auf Blinddarmentzündung bestand. Wir haben ihn direkt nach London gebracht, und er wurde innerhalb einer Stunde operiert – ein erschreckend schlimmer Fall, sehr dringend mit einem Abszeß als Komplikation, noch gestern nacht. Er ist ernsthaft krank, und vor morgen können sie nicht sagen, wie es ausgeht. Harold und ich, wir sind furchtbar in Sorge, wie Du Dir vorstellen kannst. WENN alles gutgeht, könnte ich Anfang nächster Woche kommen und Euch beide besuchen? sagen wir Montag oder Dienstag? Würdest Du mir eine Nachricht hierherschicken (King's Bench Walk) und mir sagen, wann Ihr zurückkommt?

V.

Sissinghurst Castle,
Kent.
Freitag nacht [21. Juli 1933]

Virginia, ich bin hierhergekommen – Mittwoch morgen fahre ich zurück nach London.

Du verläßt London am Donnerstag, oder? für immer? Machen wir also irgendwas am Mittwoch, oder nicht? Mittagessen? Abendessen? Würdest Du zu einer dieser Gelegenheiten mit mir ausgehen? Komm mit mir am Mittwoch zum Mittagessen ins Royal Café? Oder bist Du zu beschäftigt?

Aber irgendwo *mußt* Du doch zu Mittag essen.

Würdest Du bitte Deinem Mann mitteilen, daß ich beiliegend seine Ankündigungen mit zwei Vorschlägen zurücksende – und sag ihm bitte, daß ich wegen dieser Ausgabe [der *Collected Poems*] eine furchtbare Nervensäge sein werde, weil es das einzige Buch von mir ist, an dem mir je etwas gelegen hat – d. h., ich schere mich keinen Deut um meine Romane, aber ich schere mich einen halben Deut um meine Gedichte – was nicht viel ist.

Normalerweise bin ich, glaube ich, als Autorin für meinen Verleger keine große Nervensäge. Aber bei dieser Gelegenheit könnte ich eine werden.

TEUFEL, TEUFEL – mir ist gerade eingefallen: ich esse am Mittwoch mit Sibyl zu Mittag. Kannst Du zum Abendessen oder nicht? Wenn nicht, dann habe ich dafür Verständnis, weil Du am nächsten Tag aus London fortgehst.

Mittagessen am Donnerstag, wenn Du möchtest.

Eine Postkarte hierher – nach Sissinghurst –

Wichtigster Punkt: Ich möchte Dich sehen – aber ich möchte kein Inkubus sein.

V.

Mittwoch [16. August 1933] *Monks House [Rodmell, Sussex]*

Die arme Virginia lag im Bett; und dachte daran, wie schön es wäre, Vita zu sehen!: und jetzt ist sie auf und sagt, Wie nett wäre es doch, Vita zu sehen! Und L sagt (das ist ein ungeheures Kompliment) »Ich würde Vita gern sehen.« Was hältst Du davon, nächste Woche einen Tag über Nacht herzukommen? Wäre das möglich?

Und wer ist Lady Roehampton in den Edwardians*? Bitte verrate es mir. . . .*

Aber kannst Du kommen?

Wenn ja, schreibe ich Dir einen langen Brief. Das hier ist nur Pottos Gekritzel

Sissinghurst.
Freitag [18. August 1933]

Liebe Mrs Woolf,

(Das scheint mir die angemessene Formel zu sein.)

Ich bedauere, daß Sie im Bett lagen, jedoch ohne mich – (eine weniger angemessene Formulierung.)

Nun zu nächster Woche. Ich fühle mich mehr, als ich es sagen kann, von Deinem Vorschlag, daß ich nach Rodmell kommen soll, geschmeichelt, wo ich doch weiß, wie wenig Du Eindringlinge magst. Ich fühle mich noch mehr durch Leonards Unterstützung geschmeichelt – ja, ich verstehe das wirklich als Kompliment. Aber nächste Woche ist es wirklich schwierig, wenn auch nicht unmöglich. Der Punkt ist, daß meine Schwägerin hier zu Besuch ist,[1] und sie war krank, und von mir wird erwartet, daß ich für ihre Genesung sorge. Aufenthalt auf dem Lande und all das. Und Harold schreibt ein Buch über Lord Curzon[2], während ich überhaupt kein Buch schreibe, daher habe ich Zeit, mich um seine Schwester zu kümmern – was ich gerne mache, weil [*fünf Wörter ausgelassen*] sie momentan ein Buch mit Ratschlägen für Eltern zur Veröffentlichung fertigstellt [*The Family Book*, 1934], das ich faszinierend finde – ich meine, ich beobachte gerne, wie sich ein wirklicher Fachverstand mit solch schwierigen Angelegenheiten praktisch auseinandersetzt. Wir sitzen auf den Stufen des Turms und diskutieren darüber, warum manche Frauen ihre physische Befriedigung innerlich oder äußerlich erleben und welche Verbindung wohl zwischen dem inneren Teil des Nervs und dem äußeren besteht oder auch nicht – und welche Verbindung zwischen Perversion und Normalität bestehen mag – und so weiter.

Eine sehr interessante Frage.

Ich könnte Dir um 3 Uhr morgens mehr darüber erzählen – aber nicht ruhigen Blutes. Überhaupt ist es ein besseres Thema für 3 Uhr morgens als das Gehalt des Butlers.

Na ja – egal – unterm Strich: kann ich am Dienstag, dem 29. April, nach Rodmell kommen? über Nacht?

The Edwardians – ach, das verdammte Buch! Ich werde rot bei dem

Gedanken, daß Du es liest. Lady Roehampton ist Lady Westmoreland – ein reizendes prächtiges Geschöpf, sie kam nach Knole, als ich acht war, und in meiner Vorstellung war sie es, die meine Schritte als erste in die falsche Richtung gelenkt hat, sie selbst starb aber relativ jung an Drogen und einem Übermaß an Geliebten. (Nein, es war nicht Lady Westmoreland, die meine Schritte in die falsche Richtung gelenkt hat, jetzt wo ich daran denke, sondern die Königin von Rumänien, die eines Tages in meinem Schulzimmer auftauchte.)

Jetzt geht die Post.

Deine

V.

[1] Gwen St Aubyn, Harolds jüngere Schwester.

[2] *Curzon, the Last Phase.*

Sissinghurst Castle,
Kent.
1. September [1933]

Überall in der Umgebung schießen sie – Rebhühner natürlich – der erste September – Und ich habe pflichtgemäß »Kaninchen« gesagt, als ich heute morgen aufwachte – also können wir jetzt Rebhühner und Austern essen – und damit beginnt eine weitere Saison – »oh, süße Monotonie des Jahres.« Ich habe vergessen, wer es so treffend zusammengefaßt hat – aber ich nehme an, ich selbst – Mein Gedächtnis ist allerdings so schlecht, daß ich meinen eigenen Zitaten mißtraue.

(Ich mache mir mit der Zeit wirklich Sorgen um mein Gedächtnis: es ist schlecht jenseits von Sinn und Verstand.)

Es war nett von Dir, mir von Francis zu schreiben – ich war wirklich betroffen bei dem Gedanken, daß dieses zwinkernde Gesicht von völliger Auslöschung bedroht ist.[1] Raymond [Mortimer] hat heute morgen geschrieben, sie hätten Grund zu der Annahme, daß die Wucherung *außerhalb* des Schädels läge – und daß die Operation selbst nicht tödlich wäre. Wie schrecklich der Körper ist, wenn er aus dem Lot gerät. Ich wünschte, es würde mir nicht soviel an meinem Freunde liegen – nicht daß Francis je ein enger Freund gewesen wäre. Er war einfach jemand, den ich gern mochte, und davon gibt es weiß Gott wenige genug.

Unterbrechung: da ist ein Mann, der darauf wartet, mich nach historischen Packwegen zu fragen – in meinem Wald gibt es einen, und ich muß hingehen und ihn ihm zeigen – er stellt außerdem Ziegel und Keramik her.

Wann kommst Du auf dem Weg zu Ellen Terrys Haus hier vorbei? jeder Tag der nächsten Woche außer Donnerstag und Freitag – RSVP

Sag Leonard, ein Konkurrenzverleger würde versuchen, mich mit einer Bestechungssumme von 1000 Pfund fortzulocken, aber ich lasse mich nicht bestechen und habe das auch gesagt.

Ein getreuer Schäferhund? gut darauf trainiert, bei Fuß zu gehen?

Deine
V.

[1] Francis Birrell litt an einem Gehirntumor.

15. Sept [1933] *Monk's House, Rodmell bei Lewes, Sussex*

Geliebtes Wesen,

ich bin ein Schuft, daß ich die ganze Zeit nicht geschrieben habe – nicht, daß es Dir etwas ausmachen würde. Aber es ist eine solche Flut von Besuchern über mich hereingestürzt, daß ich nicht flüchten konnte. Nächste Woche ist hoffnungslos ... aber nach dem 23. wüßte ich, dem Himmel sei Dank, von niemandem ...

Ich muß schon sagen, was für eine nette Frau Du bist! Genau das waren meine Worte, als ich Deinen Brief an Leonard las. Darüber hinaus bestätigten sie, was ich gesagt hatte. Er war ziemlich in Aufregung und dachte, wir würden Ansprüche an Deine Ehre, Integrität, Freundschaft und Dei-

nen Großmut stellen. Ich habe gesagt, Ach, aber Vita ist eben so. Dann kam Dein Brief als Bestätigung. Aber es war wirklich eine noble Tat, 1000 Guineen in den Ententeich oder die Jauchegrube zu werfen, denn, um die Wahrheit zu sagen, ich mag [Rupert] Hart Davies nicht im Fleische und [Jonathan] Cape [Verleger] nicht im Geiste.

Sissinghurst Castle,
Kent.
Samstag [16. September 1933]

Ich hatte angefangen, mich zu fragen, ob Du mit mir über Kreuz bist – obwohl ich nicht gewußt hätte, warum, und ein reines Gewissen hatte. »Nach dem 23.« paßt hervorragend, denn es hat sich herausgestellt, daß sie an diesem Tag *All passion spent* im Croydon Theater aufführen (mit Jean Cadell als Lady Slane), und ich nehme an, daß ich an einem Tag der nächsten Woche hingehen und mir eine Probe ansehen muß, um zu verhindern, daß sie zu viele Heuler verbrechen. Du könntest Leonard das ausrichten, falls er es noch nicht weiß? denn er würde wahrscheinlich gern mit dem Theater ausmachen, daß sie das Buch zum Verkauf ausliegen haben –

Croydon Repertory Theatre
Wellesley Road,
Croydon

ist die Adresse –, so wie er es bei den *Edwardians* gemacht hat.

Jeder Tag nach dem 23. würde mir für einen Besuch von Dir hier passen – ich meine, ich habe keine Verabredungen, Gott sei Dank. Versuche doch, vor dem 4. Oktober zu kommen, weil Ben dann nach Oxford geht, denn Ben mag Dich. Ist das nicht komisch?

Nein, es war nicht [Jonathan] Cape, der mir 1000 Guineen geboten hat. Es war Cassell. Cape war eine ganz andere Bestechung. Wir hatten [*Name ausgelassen*] hier, und ich kam zu dem Schluß, daß ich ihn nicht ertragen kann – Perückenständer, der er ist – geschniegelter

Snob – Spatzenhirn – und entschieden zu liebenswürdig. Überhaupt kannst Du Leonard ausrichten, daß keine Versuchung, die Hogarth Press zu verlassen, eine wirkliche Versuchung ist. ~~Einer der Gründe, warum ich~~ Nein, das werde ich nicht sagen. Es sollte eine gehässige Bemerkung werden – nein, nicht gerade gehässig, aber für Dich ärgerlich.

Du schickst mir *Flush*, oder? Ich bestehe schamlos auf diesem Versprechen von Dir.

Ich muß sagen, meine Gedichte sind so *dünn*. Es entsetzt mich wirklich, sie geschlossen wieder zu lesen und zu denken »Ist das alles, was ich für ein halbes Leben voll Erfahrungen vorweisen kann?« Ich kann kaum hoffen, daß Du in Deiner Eigenschaft als mein 1/2er Verleger auch nur einen Blick darauf wirfst, deshalb schicke ich Dir einen Band, in dem ich die einzigen Gedichte, von denen ich ertragen könnte, daß Du sie liest, markiere, und ich verlasse mich auf Dein Ehrgefühl, daß Du die anderen nicht heimlich liest.

Meine Mutter lehnt es ab, daß ich ihr das Buch widme, daher denke ich daran, es statt dessen Edith Sitwell zu widmen.[1]

Herrgott, ich muß weg und Fritillarien pflanzen.

Wann kommst Du?

V

[1] Es wurde dann doch Lady Sackville gewidmet.

Samstag [30. September 1933] *Monks House [Rodmell, Sussex]*

... wir haben mit Mary [Hutchinson] zu Abend gegessen, und ihr Jeremy würde gern Deinen Ben treffen, also habe ich gesagt, ich würde die Nachricht weiterleiten.

Mary ist zärtlich zu mir – ja, andere Leute sind das nicht. Ich glaube doch, daß Du gerade in dieser Minute mit irgendeiner Heringsbraterin im Heu liegst, verdammt sollst Du sein. ...

Mittwoch, 1. Nov. [1933] *T.[avistock] S.[quare] 52 [W.C.1]*

»Ich habe Vita heute beim Mittagessen im Café Royal gesehen«, sagte Jack Hutchinson gestern abend.

Oh, mich durchfuhr so ein schmerzhafter Stich, so eine Wut! Das ganze Essen über und auch das Abendessen ... Und es hat mir ein Loch ins Hirn gebrannt, daß Du im Café Royal ißt, ohne mich zu besuchen.

Wie Dir das gefallen wird! Das hast Du absichtlich getan, nehme ich an. Aber mit wem warst Du dort? Du wußtest, ich würde es mitbekommen – ja, und es war eine Frau, mit der Du gegessen hast, und hier war ich und saß allein und und und. ...

... Liebstes Wesen, schreib mir und sag mir, mit wem Du im Café Royal gegessen hast – während ich allein am Feuer saß! ...

Ach, das Café Royal! Als Jack das sagte – nicht zu mir, sondern zu allen, hättest Du sehen sollen, wie meine Hand gezittert hat; und dann redeten wir alle weiter ... und die Kerzen wurden angezündet, und ich suchte mir meine aus, eine grüne, und sie erlosch zuerst, was, wie man sagt, bedeutet, daß ich von den 8 oder 9 Leuten dort als erste ein Leichentuch tragen werde. Aber Du wirst im Café Royal zu Mittag essen!

Sissinghurst Castle,
Kent.
Freitag [3. November 1933]

Mein Mittagessen im Café Royal! Nun, ich brachte Gwen [St Aubyn] in eine Privatklinik und nahm sie vorher mit dorthin zum Essen. Wir wußten da noch nicht, ob sie ihren Kopf aufschneiden müßten oder nicht.[1] Gott sei Dank hat sich herausgestellt, daß es *nicht* nötig ist. Aber sie sagen, es würde noch ein Jahr dauern, bis es ihr wieder gutgeht, vielleicht auch zwei. Sie ist deswegen in Behandlung – ein rotglühender Kaninchenkäfig, der ihr zweimal am Tag über den Kopf gestülpt wird und von dem sie ohnmächtig wird. Sie scheinen anzunehmen, daß das ihre Gehirnverletzung auflöst.

Ich fahre am Montag nach Wales und werde vor Samstag nicht zurück sein, weil ich auf dem Rückweg noch einen Halt in Oxford einlege, um Ben zu besuchen, und Gwen kommt mit mir mit (falls sie sie aus ihrem heißen Käfig rauslassen), um ihren kleinen Jungen [Giles St Aubyn] zu sehen, der jetzt in Summerfields [der Schule] ist, wo Nigel und Ben waren. Ich bin am Montag, dem 13. Nov., in London, wo ich VIELLEICHT zu einem Mittagessen mit Deiner ureigensten Ethel muß – und um 5 irgendwo einen Vortrag halten muß – aber wollen wir an dem Abend zusammen essen? Schreib mir hierher und sag Bescheid.

Ich konnte gestern (Donnerstag) nicht in London bleiben, als ich Dir vorgeschlagen hatte, Du solltest mich anrufen; aber ich hatte für den Fall, daß Du mich anrufst, eine Nachricht für Dich bei Gwen zurückgelassen.

Ich kann Dir nicht sagen, wie sehr ich mich (wie Du es vorhergesagt hast) über Deinen Ärger auf mich gefreut habe, als Du mich in unbekannter Begleitung im Café Royal entdeckt hast – aber Du kannst sicher sein, daß ich es Dich hätte wissen lassen, wenn ich nicht auf so einer schweren Mission gewesen wäre. Auf diese Weise hatte ich den ganzen Tag mit Ärzten und Spezialisten zu tun – und wollte wegen ihnen und ihrer unberechenbaren Maßnahmen keine anderen Verabredungen treffen.

Ich war besorgt – aber jetzt bin ich etwas beruhigt.

Ich muß schon sagen! es ist eine Schande, daß Du statt mir mein Buch [*Collected Poems*] in den Händen hältst.

Es tut mir so leid wegen Quentin – ich fürchte, es bedeutet, daß er krank ist – und wenn er krank ist, ist Vanessa bedrückt – und wenn Vanessa bedrückt ist, bist Du bedrückt – und wenn Du bedrückt bist, bin ich bedrückt.[2]

Verdammt – Du bekommst diesen Brief nicht vor Montag, wenn Du in Rodmell bist.

Wie herrlich die Wälder sind – braun, grün, rot und gold.

Armer Francis [Birrell] – es tut mir so leid um ihn.

Sag mir wegen dem Abendessen am 13. Bescheid – falls Du noch irgendeinen Rest an Zuneigung für einen eher schäbigen Schäferhund verspürst, der seinen Knochen im Café Royal abnagt.

[1] Harolds Schwester hatte einen Autounfall.

[2] Quentin Bell hatte eine hartnäckige Brustfellentzündung und sollte drei Monate in der Schweiz verbringen.

Sissinghurst Castle,
Kent.
23. November [1933]

Ich habe, wie Du feststellen kannst, gedruckt und schicke Dir diesen meinen ersten Versuch.[1] Es kam zuerst als Sissinchurst Gastle, Xent, raus, aber ich bin besser darin geworden. Aber mein Gott, was für ein kompliziertes Spiel! Und wird man je wieder sauber?

Weißt Du, es war meine angeborene Bescheidenheit, die mich davon abgehalten hat, Dir mein Buch [*Collected Poems*] zu schicken. Ich konnte nicht glauben, daß Du es wirklich wolltest. Sei's drum, hier ist es. Ich wünschte, jemand würde es besprechen, denn zur Zeit scheint es eine absolute Totgeburt zu sein.

Nein, ich kenne Phyllis Bottome nicht, nur ihren Namen und daß sie (glaube ich) Geschichten für Zeitschriften schreibt. Ich kenne allerdings Jean Cadell. Sie spielte neulich in Croydon die Rolle von Lady Slane in *All passion spent*. Sie ist eine sehr gute Schauspielerin – und ich mag sie recht gern. Warum willst Du etwas über sie wissen? Rotblond; schlicht.

Wie steht es mit dem 15. Dez.? Bist Du in London? und werde ich Dich sehen? Nicht zum Abendessen, denn ich esse mit Charles Siepmann und gehe in *Poil de Carotte* [ein französischer Film] – aber wie wäre es mit der Teestunde?

Solch eine Menge Gärtnerei findet hier gerade statt – wir pflanzen die herrlichsten Sträucher – und Sissinghurst wird eine Wucht.

Stimmt es, daß Berners Violet [Trefusis] heiratet? Ich habe den Verdacht, das Gerücht ist ein Scherz, entweder von ihm oder von ihr. Gott, wenn ich daran denke, wie wütend ich darüber mal gewesen wäre.

Richte Leonard aus, noch nie hätte man sich so sehr nach einem Mann gesehnt, wie ich mich gestern nach ihm gesehnt habe, als wir versucht haben zu drucken. Es hätte ihm geschmeichelt.

Hast Du Michael Sadleirs Buch über Lady Blessington gelesen?[2] es würde Dir gefallen.

Ethel hat mir ihr Buch geschickt.[3] ... Ich habe neulich mit ihr zu Mittag gegessen – Du warst nicht in London.

Jetzt müssen wir weiter drucken, um es sauberer hinzubekommen. Es war mir nie klar, daß Tinte so allgegenwärtig sein kann.

Deine

V.

[1] Es ist ein Pfeil eingezeichnet, der auf einen verschmierten Aufdruck »Sissinghurst Castle, Kent« zeigt, einen Versuch von Vita und Harold, auf der alten Maschine der Hogarth Press zu drucken, die Virginia Vita 1930 geschenkt hatte.

[2] *Blessington – D'Orsay: A Masquerade* (1933).

[3] *Female Pipings in Eden*.

Aus diesen Jahren sind nur drei Briefe von Vita an Virginia erhalten, aber Vita bewahrte 1934 zwölf, 1935 elf und 1936 neun Antwortbriefe von Virginia auf. Vita schrieb zwei Bücher: The Dark Island *und eine Biographie von Jeanne D'Arc. Virginia eines:* The Years. *Harold wurde 1935 Mitglied des Parlaments. Vitas Mutter starb Anfang des folgenden Jahres.*

Castello,
Portofino.
6. Februar [1934]

Ich schreibe Dir von der Terrasse eines winzigen alten Schlosses, das hoch über dem Meer thront. Zwei große Steinkiefern schützen mich vor der Sonne, die fast zu heiß ist. Zwischen den Aloen rascheln die Eidechsen. Das Meer glitzert dreihundert Fuß unter uns. In der Ferne sieht man Schneeberge. Ein Franziskanermönch mit einem Seil um die Hüften und einem ungeheuren grauen Bart hat mir gerade einen Besuch abgestattet. Eine große Flasche mit goldenem Wein steht neben meinem Ellenbogen. Ich schreibe und schreibe und schreibe – dabei fällt mir ein, könntest Du Leonard bestellen, daß ich ihm mein Buch wahrscheinlich bis Mai oder Juni abgeben kann.[1] Ich möchte es, wenn möglich, vor der Veröffentlichung in Fortsetzungen erscheinen lassen, so daß er es (falls er es überhaupt haben will?) eher als Beitrag zum Herbstprogramm ansehen sollte. Es heißt zur Zeit *The Dark Island*, und ich wäre mehr als dankbar, wenn er auf irgendeine Weise feststellen könnte, ob schon ein Buch mit diesem Titel existiert. Vielleicht hat er als Verleger einen Katalog von erhältlichen Romanen zur Verfügung? Ich weiß es nicht. Aber es hört sich für mich verdächtig nach einem Titel an, der schon mal benutzt wurde.

Soviel zum Geschäftlichen.

Du siehst, ich konnte dem Schloß nicht widerstehen. Ich war anfangs in einem kleinen Hotel unten im Dorf, und jeden Abend habe ich mir angesehen, wie sich das Schloß im Sonnenuntergang rosa färbt. Also habe ich mich erkundigt, herausgefunden, daß es leer steht und zu vermieten ist, den Makler in Genua angerufen und in fünf Minuten mit ihm den sofortigen Einzug abgesprochen. Es gibt nur einen Pfad hinauf, daher kam die halbe Einwohnerschaft zusammen, um unser Gepäck auf dem Rücken hochzutragen. Und wir wurden am Tor vom Gärtner mit einem Riesenstrauß Iris und Narzissen empfangen und von zwei vollkommenen italienischen Dienerinnen, die Teresa und Angela heißen, echte ›Charaktere‹ sind, und, wie alle ›Charaktere‹, wahrscheinlich Langweiler sind.

Kein Zweifel, das ist die richtige Lebensart.

Ich denke, Du könntest mir schreiben. Aber nicht hierher, denn wir fahren leider am Sonntag. Schreib an das Hotel Majestic, Marrakesch, Marokko.

Deine
V.

[1] Vitas *The Dark Island* erschien im Oktober 1934 bei der Hogarth Press.

Palais Jamai,
Fez. [Marokko]
27. Februar [1934]

Liebling, ich bin ganz unglücklich, weil ich gehört habe, daß Du krank bist; ich habe es aus Deinem Brief erfahren, den ich gestern hier von Marrakesch nachgesandt bekommen habe, und auch von Ethel [Smyth], verpackt zwischen Bemerkungen, daß sie wünscht, die Männer würden einen nicht dazu zwingen, sie allesamt für Schweinehunde zu halten. Ich hoffe, ach, wie ich hoffe, daß es Dir bessergeht. Du scheinst das immer zu dieser Jahreszeit zu veranstalten, wie damals, als Du von Berlin zurückgekehrt bist [1929].

Schicke mir doch wenigstens eine Postkarte an das Britische Generalkonsulat, Tanger, mit einer Nachricht, wie es Dir geht; aber bitte sag die Wahrheit.

Marrakesch hat uns nicht so gut gefallen, wie wir es erwartet hatten, daher kamen wir hierher, und wir sind sehr froh, daß wir das getan haben, denn Fez ist einer der zauberhaftesten Orte, die ich je gesehen habe. Wir sind in einem alten maurischen Palast untergebracht [Palais Jamai], überall blaue und grüne Kacheln, Springbrunnen, Terrassen, Trauerweiden und fließendes Wasser. Er geht direkt auf die Altstadt hinaus, ein geheimes und mysteriöses Labyrinth von engen Gassen, in die der Verkehr auf Rädern niemals kommen kann und wo majestätische Mohren auf scharlachroten Sätteln auf großen Maultieren oder arabischen Pferden vorbeireiten. Bei Morgengrauen wird man von den Muezzins geweckt, die von Dutzenden von Minaretten rufen; und dann greift jemand ein Stück aus einem Lied auf, und unzählige Vögel setzen ein, und die Störche klappern auf den Häuserdächern mit ihren Schnäbeln wie mit Kastagnetten. Übrigens haben wir die königliche Gesellschaft abgeschüttelt,[1] und, soweit ich weiß, besteht jetzt keine Gefahr mehr, was Bekannte angeht, außer durch Evelyn Waugh, der hier ist, um ein Buch zu schreiben.[2] Mit meinem eigenen Buch [*The Dark Island*] bin ich nicht so gut vorangekommen, wie ich vorgehabt hatte, denn es liegt etwas in der Luft von Marokko, das einen stumpfsinnig macht; Harold, der ewig Tatkräftige, klagt über die gleiche Sache, was mich beruhigt, denn ich hatte schon angefangen zu glauben, ich wäre nie wieder in der Lage, eine Zeile zu schreiben. Selbst große Verabreichungen von Carter's Little Liver Pills scheinen nicht zu helfen, normalerweise ein unfehlbares Mittel. Es ist zum Verrücktwerden, denn man kann nicht den ganzen Tag mit Besichtigungen verbringen und hat daher eine Menge Zeit übrig. Aber wie abscheulich von mir zu nörgeln, wenn Du mit dem Schreiben aufhören mußtest, weil Du mit Schmerzen auf dem Sofa liegen mußt und Dich schrecklich fühlst.

Ich sehe überall in Marokko Deine Bücher, sowohl in französisch wie auch in englisch – letztere von Tauchnitz. Es ist merkwürdig, *Orlando* in Marrakesch anzutreffen und *La promenade au phare* [*To the Lighthouse*] in Rabat. Ich bin sicher, das wird Dir gefallen!

Habe ich Dir schon gesagt, daß wir von Marseille aus mit dem Auto nach Hause fahren? Wenn Ihr, Du und Leonard, in die entgegengesetzte Richtung fahrt, treffen wir uns vielleicht auf dem Weg – sagen wir in Avignon oder in St Rémy. Ich habe den Wagen bringen lassen, er soll kommen und uns abholen.
Nun, jetzt muß ich los zum Mittagessen, aber ich werde ein großes Glas maurischen Wein (der ziemlich gut ist) auf Deine Genesung herunterstürzen. Mein Liebling Virginia, mein armer Liebling Virginia, ich bin wirklich tief unglücklich bei dem Gedanken, daß Du krank in den Nebeln von London bist.

Deine V.

[1] Prinzessin Mary, die Tochter von Georg V., und ihr Ehemann Lord Harewood.

[2] *A Handful of Dust* (1934).

Sissinghurst Castle,
Kent.
28. März [1935]

Liebling Virginia,

Ich hasse es, Dich zu belästigen, aber Ethel [Smyth] hat angefangen, mir so außerordentliche Briefe zu schreiben (und auch an Gwen [St Aubyn]), daß ich dachte, ich sollte Dich warnen, und auch um zu fragen, ob Du etwas Erhellendes über ihre Einstellung beitragen kannst? Wie Du weißt, war sie vor kurzem bei Gwen zum Abendessen – um genau zu sein, am 8. dieses Monats – und war damals absolut freundlich und so wie immer. Ich war ein Weilchen mit ihr allein, und sie hat keinerlei wie auch immer geartete kritische Bemerkungen fallenlassen. Am nächsten Tag hat Gwen ihr Austern als Geschenk geschickt, und ich habe ihr eine Kiste Wein geschickt, weil sie uns beiden leid tat mit ihren Schwierigkeiten. Sie hat uns in ihrer üblichen freundlichen Weise geschrieben und sich bedankt. Dann, aus vollkommen heiterem Himmel, bekamen wir beide Briefe ganz anderer Art von ihr, in denen sie Gwen beschuldigt, sie würde »mich ruinieren«; sagt, wir würden »ein verdorbenes Leben« führen; und würden nicht dazu taugen, die Biographie von Jeanne d'Arc zu schreiben (ich hatte ihr erzählt, daß Gwen mir bei den eigentlichen Nachforschungen hilft).[1] Wir haben ihre Briefe beide so nachsichtig wie möglich beantwortet, aber heute habe ich einen weiteren bekommen, der anfängt »Ich habe versucht, Eure Briefe zu beantworten – aber ich habe so schreckliche Dinge zu sagen, daß ich das Gefühl hatte, es hat keinen Sinn. Wir leben in so vollkommen unterschiedlichen ethischen Welten und haben so unterschiedliche Vorstellungen zu Themen wie geistiger Gesundheit, Wahrheit, Ehrlichkeit, sauberer Lebensführung, Pflicht, Religion, Freundlichkeit, ... daß es zwischen uns keine gemeinsame Sprache gibt«, und so weiter.

Also, was hat das alles zu bedeuten? und was ist zwischen dem Essen und jetzt vorgefallen, das sie in diese Stimmung versetzt hat?

Natürlich weiß ich, daß sie kein Blatt vor den Mund nimmt, daß sie immer sagt und brutal sagt, was sie denkt; ich weiß auch, daß sie Dir Briefe geschrieben hat, die Dich sehr wütend gemacht haben, in denen sie Dir Dinge gesagt hat, die sie für unbequeme Wahrheiten hält. Ich würde mir deswegen nicht solche Gedanken machen, wenn ich annehmen würde, daß sie ihre Bemerkungen auf mich beschränkt, aber mir macht der Gedanke Sorgen, daß sie herumplappert und mich und meine Angelegenheiten mit allen und jedem bespricht. Es würde mir nichts ausmachen, wenn sie mit *Dir* darüber spricht, denn Du kennst mich, und Du kennst Ethel – und ich überlasse Dir ganz unbekümmert das Urteil –, aber anderen Leuten, die weder mich noch Gwen kennen, könnte sie einen gefährlichen Eindruck vermitteln. Hat Dich irgendein Echo von irgend etwas dieser Art erreicht? Wenn ja, weiß ich, daß Du es mir sagen wirst, und ich weiß auch, daß Du Ethel, wenn Du sie triffst und sie mit dem Thema anfängt, deutlich sagen wirst, daß Tratsch dieser Art eine sehr jämmerliche Form von Freundschaft ist – denn sie beteuert noch immer, daß sie mir wirkliche Zuneigung entgegenbringt. Ich muß schon sagen, das ist eine merkwürdige Weise, sie zu zeigen!

Die einzige Sache, von der ich weiß, daß sie sie mir immer vorgeworfen hat, ist diese alte Geschichte mit Christopher St John[2] – aber das Thema ist längst abgeschlossen – Ethel konnte meinen Standpunkt einfach nicht begreifen, und so haben wir uns darauf geeinigt, es fallenzulassen – also glaube ich nicht, daß es irgendwas mit ihrem letzten Vorgehen zu tun haben kann.

Nächste Woche (Donnerstag) fahre ich nach Griechenland, sei also ein Engel und schicke mir vorher eine kurze Nachricht.

Deine ziemlich beunruhigte

V.

[1] Vitas *Saint Joan of Arc* erschien 1936.

[2] Christopher St John, Ethels Freundin und zukünftige Biographin, hatte sich in Vita, ihre Nachbarin in Kent, verliebt.

1937

Im Juli fiel Virginias Neffe Julian Bell im spanischen Bürgerkrieg. Vita setzte ihrer Mutter mit Pepita, *einer Doppelbiographie, ein Denkmal.*

Im Großen Erg,
Sahara.
2. März [1937]

Ich schreibe Dir, im Eingang meines Zeltes sitzend. Überall rings um uns sind die Sanddünen. Aber was kann Dir das vermitteln? oder wie kann ich es Dir vermitteln? Es ist anders als alles andere. Nur eine fremde Geographie aus Tälern, Hügelketten, Kämmen, Gipfeln, Hängen so rein wie Schnee, alles aus goldenem Sand geformt. Golden, ja, in der Sonne; aber im Schatten wird er rosa oder violett, und er wechselt ständig seine Form und Farbe. Wir haben sieben Araber (Nomaden) bei uns, zwei Kamele, ein Maultier, ein Schaf (zum Essen) und einen Sloughi [Saluki], der für die Gazellenjagd gebraucht wird. Hin und wieder spielt ein Araber auf seiner Flöte oder singt ein kurzes Stück eines melancholischen Lieds.

Wir wollten ursprünglich schon gestern mit dieser Expedition beginnen und waren auch tatsächlich schon aufgebrochen, aber es kam ein plötzlicher Sandsturm auf, und die ganze Landschaft war sofort von Sandwolken, dick wie weißer Nebel, ausgelöscht. Also mußten wir umkehren. Der Sturm dauerte den ganzen Tag und den größten Teil der Nacht. Unsere Zelte und unser Proviant waren schon vorausgeschickt worden, und während der Nacht wurde ein Zelt fortgeblasen, ebenso wie das lebende Huhn, das nie wieder gesehen wurde. Man sah es zuletzt, wie es über die Sahara hinwegsegelte.

Wir haben mit einem der Araber kleine rosa Salamander gejagt. Sie vergraben sich im Sand, und man folgt ihren Spuren, dann gräbt man plötzlich und stürzt sich darauf. Leonard würde das Spiel gefallen. Ich bringe eine Konservendose voll mit und will versuchen, sie zu Hause in einem Gewächshaus zu halten. Unglücklicherweise kennt der Araber nur etwa sechs Wörter auf französisch, daher mußten wir uns mit Lächeln und Gesten verständigen.

Heute abend gibt es ein Festmahl, bei dem ein Schaf ganz gebraten wird. Unsere Getränke werden so kühl wie in Deinem Kühlschrank gehalten, indem man sie tief im Sand vergräbt; unser Brot wird im Sand gebacken; Du siehst also, daß er jeden Zweck erfüllt.

Von hier aus ziehen wir weiter in eine seltsame Gegend noch weiter draußen in der Wüste, die von Leuten bewohnt wird, von denen man sagt, sie wären die Nachfahren der Karthager des Altertums.

Zurück in England am 13.

Ich fühle mich überhaupt nicht wie ein Mensch, der Briefe schreiben kann. Ich fühle mich allerdings viel mehr wie ein Mensch, als ich es je in England tue; ich meine, ich bin einfach ein Ding, das ißt, schläft, in der Sonne liegt und die Zeit und alles andere vergißt.

Am nächsten Tag. Das Schaf wurde gestern abend am Stück auf dem Tisch abgeladen (zumindest eine ziemlich wackelige Sache), eingewickelt in einen Bogen braunes Papier. Wir mußten es auswickeln, und da lag es, Kopf, Hörner, Genitalien und alles vor uns ausgebreitet. Dann mußten wir es mit unseren Fingern auseinanderreißen und essen. Nach dem Essen machten die Araber ein Feuer im Sand, und wir saßen drumherum, und sie tanzten und sangen zur Flöte. Die Wüstensterne strahlten über uns, und nach einer Weile ging der Mond auf.

Ich habe außerdem eine Derwisch-Gesellschaft gegeben. Sie stachen sich Messer in den nackten Bauch oder hämmerten sich Nägel hinein. Es war eine tolle Party. Sie tanzten und hielten sich dabei brennende Fackeln an die Brust oder das Gesicht. Dann verbrachte ich eine Woche in einem verfallenen römischen Lager [Timgad, Algerien]. Ach, es macht Spaß, in anderen Ländern zu sein! Wie schmuck unsere Insel dadurch erscheint. Es hat hier drei Jahre lang nicht geregnet. Ich bin Mitte März wieder zurück.

Du bist überall großzügig in der Tauchnitz-Ausgabe vertreten. Ich habe *The Waves* mitgebracht und mit viel Gefühl wieder gelesen. Ich mag die 2. Hälfte am liebsten – herrliche, herrliche Seiten.

Apropos, Ben (ich sage »apropos«, weil er *The Waves* so sehr mag) wohnt in London, Gloucester Place 72. Wenn Du mal Gäste nach dem Abendessen einlädst, würdest Du ihn auch hinkommen lassen? Er wäre begeistert. Er schreibt ein Buch über Seurat! – ziemlich ehrgeizig, glaube ich, aber ich bin ganz dafür, daß sich die jungen Leute eher zuviel vornehmen.

Treffe ich Dich, wenn ich zurückkomme?

Deine
V.

Sissinghurst Castle,
Kent.
14. Juni [1937]

Bist Du am 1. Juli in London? es ist ein Donnerstag. Und wenn, soll ich zum Mittagessen zu Dir kommen? Das Dumme daran ist, daß ich um 3.15 auf Sendung gehen muß, ich müßte Dich also rechtzeitig dafür verlassen – Aber es wäre besser als nichts. Darf ich?

Könntest Du Leonard ausrichten, daß ich Mr Curtis Brown ein Ultimatum schicke mit dem Inhalt, daß ich, wenn er nicht innerhalb der nächsten zehn Tage ein festes Angebot für eine Veröffentlichung in Fortsetzung präsentiert, davon ausgehe, daß eine solche Veröffentlichung definitiv vom Tisch ist, in welchem Fall Leonard den getippten Text wie besprochen bis zum 30. Juni für eine Veröffentlichung im Herbst bekommt.[1] Ich habe die Nase voll von Mr Curtis Brown.

Ich habe mich über Deine Postkarte von Georges Sand gefreut.[2]

Ich habe das Porträt einer meiner Vorfahren gefunden, die mir ähnlicher sieht als alle, die wir für *Orlando* gefunden haben! Die Ähnlichkeit ist erschreckend! Ich werde versuchen, daran zu denken, es am 1. Juli mitzubringen, falls ich Dich dann besuchen darf, was ich HOFFE.

Sag Leonard auch, daß ich acht Schäferhund-Welpen habe – 5 Wochen alt –, und frag ihn, ob er einen möchte oder ob Sallys Junge zu kurz bevorstehen, als daß er über andere nachdenken könnte?

Deine Dich liebende

V.

[1] Vitas Biographie ihrer Großmutter und Mutter, die im Oktober 1937 in der Hogarth Press erschien. Lady Sackville war im Januar 1936 gestorben.

[2] Vita schrieb immer fälschlicherweise »Georges« statt »George«.

Mittwoch [21. Juli 1937] *[Tavistock Square 52, W.C.1]*

Liebstes Wesen

Ich habe an Dich telegraphiert, weil Julian gestern in Spanien getötet wurde. Nessa möchte, daß ich bei ihr bin, und daher halte ich mich die meiste Zeit dort auf. Es ist so furchtbar. Du verstehst es sicher

Sissinghurst Castle,
Kent.
22. Juli [1937]

Mein Liebling Virginia

Es tut mir so furchtbar leid. Du weißt, wie oft man sagt, daß einem etwas leid tut, und es stimmt, aber es gibt einen Unterschied zwischen sehr leid tun und bis ins Innerste betrübt sein. Ich bin wegen Julian bis ins Innerste betrübt.[1] Er war so ein reizender, lebendiger Mensch – weißt Du noch, wie Du mich zum Tee in seine Zimmer in Cambridge mitgenommen hast? –, und er hätte soviel tun und das Leben so ganz und gar genießen können, und jetzt! . . . Dann geht es mir, abgesehen von ihm als Menschen, auch Deinetwegen nahe, denn ich weiß, daß Du ihn sehr gemocht hast; und auch wegen Vanessa. Es geht mir um ihrer selbst willen nahe, aber auch Deinetwegen, denn

Du mußt es ertragen, sie leiden zu sehen. Und auch Clive. Ich wünschte, ich könnte Dir sagen, wie bekümmert ich bin.

Ich konnte nicht kommen, um bei Leonard zu sein, und ich hatte überhaupt das Gefühl, daß ich unter diesen Umständen nur im Weg sein könnte.

Liebling Virginia – ich wünschte, ich könnte etwas tun oder auch nur sagen. Du bist mir so überaus lieb, und Du bist unglücklich – und ich kann nichts tun – außer zu sein, was ich für immer bin, Deine Dich liebende

V.

[1] Julian Bell trat in einem Team von Ambulanzfahrern auf der republikanischen Seite in den spanischen Bürgerkrieg ein. Er wurde einer britischen Sanitätseinheit zugeordnet, die im Escorial in der Nähe von Madrid stationiert war, und wurde am 18. Juli durch eine Bombe außerhalb des Dorfes Villanueva de la Canada tödlich verwundet. Er war neunundzwanzig Jahre alt.

[26.? Juli 1937] *Tavistock Square 52, W.C.1*

Liebstes Wesen,

Ich habe mich sehr über Deinen Brief gefreut. Ich konnte nicht schreiben, weil ich den ganzen Tag in Vanessas Nähe verbracht habe. Es war ein unglaublicher Alptraum. Wir waren beide sicher, daß er getötet würde, und sie ist so sehr mitgenommen, daß sie, gnädigerweise vielleicht, vor Erschöpfung nur im Bett bleiben kann . . .

Sissinghurst Castle,
Kent.
21. September [1937]

Meine einzige Virginia,

Erstens, für eine intelligente Frau, und jede amerikanische Zeitschrift, die ich aufschlage, versichert mir, daß Du eine bist, muß ich sagen, daß Du einen einzigartigen Mangel an selbst nur gewöhnlichem Verstand an den Tag legst, wenn Du Dich als »Besucher, die stören und langweilen« beschreibst. Weißt Du nicht, wie sehr ich es immer *liebe*, Dich zu sehen? und was für eine besondere Freude es für mich ist, Dich hier zu haben? und was für ein Geschenk Du mir damit machst, einen dauerhaften Schatz, wenn Du kommst?

Zweitens, vielen Dank für den Brief.[1] Ich schicke ihn Dir zurück. Ich stimme Leonard zu, daß es der Erguß eines Wahnsinnigen ist, warum sonst sollte sich der arme Mann so sehr mit der Vergangenheit seiner Frau beschäftigen? Ich hoffe, Du nimmst seinen Rat nicht an, aber ich verspüre doch einen gewissen heimlichen Stolz bei dem Gedanken, daß Deine »Affäre mit V. S.-W.« Dich in die Lage versetzt, als Autorität zu schreiben. Stimmt das? Über das Thema ließe sich einiges sagen, aber vielleicht sollte man das lieber beim Kaminfeuer an einem Winterabend sagen, wenn man es versäumt hat, das Licht anzumachen.

Falls Du wirklich im Oktober in Paris bist, ich *nehme an*, daß ich am 14., 15. und 16. dort bin. Ich sage, »ich nehme an«, denn, wie Du weißt, können Termine Änderungen unterliegen, wenn man mit dem Auto unterwegs ist – aber diese Termine sind ziemlich sicher. Im Hotel Crillon, Place de la Concorde, werde ich dann zu finden sein, vielleicht finde ich also eine Nachricht von Dir? . . . Übrigens, Gwen wird mich begleiten; ich nehme nicht an, daß Dich das stört, aber ich dachte, ich sage es Dir lieber. Es wäre ein Spaß, auf der Ausstellung zu Mittag zu essen? Harold ist bis morgen in Paris, dann kommt er zurück, daher werde ich von ihm alles über die amüsantesten Orte in Paris erfahren haben.

Ich habe einen herrlichen Tag mit dem Wildhüter von Knole verbracht, der zum Angeln hierherkam – und außerdem haben Nigel und ich die Fundamente des alten Schlosses draußen im Obstgarten [von Sissinghurst] ausgegraben.

Deine Dich liebende

V.

Das ist ein privates Postskriptum. Ich habe einen kurzen Brief von Vanessa bekommen, der mit den Worten schließt: »Ich kann nicht ausdrücken, wie sehr mir Virginia [nach Julians Tod] geholfen hat. Vielleicht kannst Du ihr eines Tages, nicht jetzt, sagen, daß das wahr ist.«

Vielleicht sollte ich Dir das nicht weitersagen, aber ich wüßte nicht, warum nicht. Behalte es auf jeden Fall für Dich.

[1] Virginia hatte einen Brief von einem Amerikaner erhalten, in dem er sie bat, einen Artikel über Vita zu schreiben, und hinzufügte, Virginias »Affäre mit V. Sackville-West« würde sie wohl zu einer Autorität auf diesem Gebiet machen.

Sissinghurst Castle,
Kent.
13. November [1937]

Meine (ehemalige) Virginia

Du hast gesagt, ich wäre eine Närrin, wenn ich Dir nicht schreiben würde, wenn mein Federhalter sich danach windet, es zu tun.

Nun, er windet sich jetzt. Ich schreibe von dem rosafarbenen Turm aus, den Du magst.

Ich höre Echos von Dir – zum Beispiel von Eddy, der sagt, er war mit Dir zum Tee. Ich war neidisch. Ich hatte das Gefühl, ich hätte mit Dir unter viel vertraulicheren Umständen als Eddy Tee trinken können. Warum tue ich es nicht? Nur, weil ich nicht in London bin – und Eddy ist es regelmäßig. Ist es nicht ein Jammer, daß geographische Entfernung solch einen Unterschied ausmacht?

Was soll's, wir werden im Januar einige Spritztouren ganz nach unserem Geschmack unternehmen, oder? Wo wollen wir hin? Nach Kew? Denkst Du jemals an mich?

Wenn du es tust, stelle Dir bitte ein Sissinghurst vor, sehr matschig, wo ein geschäftiges Leben stattfindet, zum Beispiel Gärtnern (frag Leonard, der Gärtner *ist*, und er wird Dir sagen, daß alle Gärtner zu dieser Jahreszeit eine Orgie des Pflanzens und Umpflanzens feiern. Vielleicht hast Du gesehen, wie er und Percy damit beschäftigt waren[1]).

Ich hatte gestern eine derart unangenehme Gesellschaft von Leuten hier, ihre Hände zitterten vor Alkohol oder Drogen, ich weiß nicht, was davon; ich habe sie verabscheut; sie haben die Art Eindruck hinterlassen, die man nicht vergißt.

Ist das hier nur ein Brief, den Du hinter Deinen Briefbeschwerer auf dem Kaminsims steckst, um ihn irgendwann mal zu beantworten? Wenn ja, dann wäre es mir lieber, Du würdest ihn gar nicht beantworten. Oder zwischen Ethels Briefe? Was für ein schrecklicher Gedanke!

Nein, Virginia, bitte beantworte ihn nicht. Ich werde wissen, daß er angekommen ist und daß Du in ihm einen liebevollen Gedanken von Deinem Orlando erkennst.

Die Dienstleute haben hier so ein herrliches Freudenfeuer an Guy Fawkes Day angezündet. Ich habe an Dich gedacht, als die Flammen aufloderten. Sie hatten auch ein Feuerwerk und haben die ganze Vorderfront von Sissinghurst rosa gefärbt, als würde es erröten. Sie haben Feuerwerkskörper in einen Abfalleimer gesteckt und den Deckel hoch in den Himmel hinaufgeschossen.

Hinter all dem Unsinn steht das Grauen von Spanien. Ich bin so unglücklich darüber. Und über den ganzen Rest der Welt auch – Nur steht Spanien momentan im Vordergrund.

Ein ziemlich unzusammenhängender Brief, fürchte ich (ich habe ihn gerade noch mal überflogen – Du weißt, wie man es am Ende einer Seite macht), aber irgendwie wende ich mich immer an Dich, wenn ich mich fühle wie ein Abfalleimer mit Feuerwerkskörpern darin.

Deine
V.

[1] Percy Bartholomew, Gärtner von Monk's House.

15. November [1937] *T.[avistock] S.[quare] 52 [W.C.1]*

Warum ›ehemalige‹ Virginia? Warum soll ich Deinen Brief nicht beantworten? Auf diese Art bringst Du mich natürlich dazu, mich sofort hinzusetzen und ihn zu beantworten. Warum bist Du ein Abfalleimer? Und warum sollten wir nicht auf eine Spritztour gehen? Warum, warum, warum?

Nur weil es Dir beliebt, im Matsch in Kent zu sitzen, und wir auf den Terrassen von London, das ist doch wohl kein Grund für die Liebe, zu verblassen? Oder für die Perlen und Delphine, zu verschwinden ...

Also nichts mehr davon – Aber sollte Dein Federhalter wieder anfangen, sich zu verdrehen, laß ihn.

Denn, meine liebe Vita, wozu solltest Du ›ehemalige *Virginia‹ sagen, wenn ich lebendig bin, hier und jetzt? Und Potto auch, was das angeht*

[26.? Dezember 1937] *Monks House, Rodmell [Sussex]*

Es ist nicht Dein Verdienst, daß ich heute noch am Leben bin: ich habe quasi die ganze Fleischpastete allein gegessen!

Himmel steh mir bei, was für unsterbliche Gänse mußten dafür ihr Leben lassen! Sie war frisch wie der junge Morgen, rosa wie Champignons, rein wie die erste Liebe (aber die erste Liebe sagt den Abgehärteten und Abgekämpften nichts – ich füge das als eine Nebenbemerkung ein). Sie war so göttlich, daß ich jeden Verrat verziehen hätte. Meine Güte, was für eine Pastete! Tom Eliot war an dem Abend, als sie kam, bei uns zum Essen. Es herrschte vollständiges Schweigen. Der Dichter aß, die Romanautorin aß; Sogar Leonard, der eine Erkältung hatte, aß. Nichts von geringster Bedeutung wurde gesagt. Wo kommen sie her? Könnte man eine Karte schikken und eine auf Wunsch bekommen? Es scheint unglaublich ... ach, habe ich Dir erzählt, daß mir ein Orden angeboten wurde – ich hatte es vergessen – sie dachten, ich käme vom Buckingham Palace. Eine Art Verdienstorden.

Aber Orlando, rosa Delphin, ist es nicht gegen unser Abkommen, so etwas zu machen? Erinnerst Du Dich nicht mehr daran, wie Du mir

Thackerays Weinkühler oder Aschenbecher [Brieföffner] oder sonstwas in den Tagen des Fischhändlers angeboten hast und wie ich sagte: Laß von mir, Bursche?

... Ethel ist wegen ihres Schädels in Ekstase. 12 000 Exemplare von Pepita *verkauft.*

Ich denke daran, mir einen Pelzmantel zu kaufen.

Sissinghurst Castle,
Kent.
28. Dezember [1937]

Ja, natürlich wird eine Postkarte auf Wunsch eine Pâté hervorbringen. Schicke sie an

M. Robert Gerst
7 rue des Frères,
Strasbourg (Bas-Rhin),

und solltest Du eine Empfehlung hinsichtlich Deiner Respektabilität beifügen wollen (in der Annahme, daß M. Gerst nicht literarisch gebildet ist), erwähne meinen Namen. Er wird ihn zweifelsohne als Garantie akzeptieren, denn er kennt meine Mutter und mich schon viele Jahre. M. Gerst hat einen zauberhaften Katalog, den er Dir auf Wunsch zuschickt, aber wenn er Dich einmal in den Fängen hat, bist Du verloren: Dein Leben wird zu einer ungeheuren Trüffel, und Dein Kochen basiert vollständig auf *pâté de foie gras.*

Was war das mit dem Orden, der Dir angeboten wurde? Ich würde bitte gern mehr darüber erfahren. Könntest Du mit Ethel als *Dame of the British Empire* konkurrieren?[1] Oder was? Ich bin wirklich gespannt und hätte gern eine Postkarte, falls Du keine Zeit für mehr hast.

Ich freue mich, daß *Pepita* Dich mit einem Pelzmantel ausstattet. Ich bekomme auch weiterhin die merkwürdigsten und nettesten Briefe ihretwegen. Hugh [Walpole] ist der neueste Rekrut unter ihren Bewunderern. Ist es übrigens wahr, daß jemand einen völlig erledigten Ringkämpfer über die Seile auf Hugh geworfen und ihn ernsthaft verletzt hat?

Du hast meine Ex-Tempora-Sekretärin ganz richtig eingeschätzt – diejenige, die mich wegen der Hunde angerufen hatte, als ich mit Dir zu Abend aß. Als ich am nächsten Tag hierher zurückkehrte [*fünfzehn Wörter ausgelassen*], mußte ich sie auf der Stelle entlassen. Nicht meine Schuld. (NB, das sollte sich nicht wiederholen, sonst werde ich wegen Verleumdung belangt.)

Sibyl sollte heute zum Mittagessen hierherkommen, hatte aber einen Unfall auf der Straße – genauer gesagt, sie wurde angefahren. Sei also vorsichtig, wenn Du Deine Spaziergänge durch London machst. Es ist kein sicherer Ort, und ich bin froh, daß ich die Klugheit besitze, nicht dort zu leben. Nichtsdestotrotz bedauere ich, daß ich nicht näher bei Virginia bin, die ich liebe. Herrgott, wie reizend Du neulich abends in Deinem Schwarz und Scharlachrot aussahst!

Dein rosa Delphin
Orlando

[1] Ethel Smyth war 1922 zu einer *Dame of the British Empire* erhoben worden. Es war bekannt, daß Virginia alle Ehrentitel, die ihr angeboten wurden, ablehnte, und hier hatte sie einen Scherz gemacht.

Virginia veröffentlichte Three Guineas. *In Vitas neuem Gedicht* Solitude, *das in diesem Jahr in der Hogarth Press erschien, finden sich Hinweise auf den Gegensatz zwischen ihren flüchtigen Liebesaffären und dem, was ihr Virginia noch immer bedeutete.*

Sissinghurst Castle,
Kent.
1. April 1938

Es ist ein räudiger Schäferhund, der Dir hier schreibt, Virginia, aber ich dachte, ich sollte Dir lieber schreiben für den Fall, daß Dir eine verquere Version meiner Katastrophen [Krankheit] zugetragen worden ist und Du sie für schlimmer hieltest, als sie waren. Außerdem habe ich das Gefühl, ich schulde Dir eine Erklärung dafür, daß ich den verlockenden Vorschlag, mit Dir gemeinsam in *Mourning becomes Electra*[1] zu gehen, nie weiter verfolgt habe, obwohl ich es voll und ganz vorgehabt hatte.

Also. ... Du weißt, daß ich im Januar an etwas erkrankte, was für Gelbsucht und eine innere Entzündung gehalten wurde? Nun, ich bekam auch weiterhin derartige Anfälle und mußte immer wieder das Bett hüten und habe 12 Kilo an Gewicht verloren und mich insgesamt elend gefühlt. Also ist man zu dem Schluß gekommen, daß es sich um Gallensteine handeln müßte, und bei dem letzten Anfall vor zehn Tagen wurde ich mit der Ambulanz im Eiltempo nach London gebracht, um geröntgt zu werden etc. – und dann, als sie mich in eine Privatklinik gebracht und mir Unmengen von Blut aus dem Arm abgezapft hatten, stellte sich heraus, daß es überhaupt keine Gallensteine waren, sondern eine Bleivergiftung. Wie ich sie bekommen habe, ist noch nicht geklärt; die Apfelweinpresse [in Sissinghurst] steht im Verdacht, aber da sie kein bißchen Blei an sich hat, kann ich mir nicht vorstellen, wie das gehen sollte; jedenfalls ist es so: ich bin voll davon. Ich möchte mal annehmen, daß meine Tante Amalia etwas damit zu tun hat mit ihren Borgia-Vorfahren.

Ich bin gestern aus der Klinik entkommen und fühle mich vollkommen gesund, außer daß ich noch etwas zitterig bin – etwa wie ein neugeborenes Lamm, wackelig in den Knien. Ansonsten fühle ich mich so gut wie immer, und innerhalb kurzer Zeit wird es ganz aus meinem Organismus verschwunden sein. In der Zwischenzeit habe ich eine reizende, sylphengleiche Figur und muß meine Kleider mit Hilfe von Sicherheitsnadeln zusammenhalten.

Ich hätte es Dich wissen lassen, daß ich in London war, aber (1) wollte ich Dich nicht stören, (2) war ich nur 5 Tage dort, (3) hatte ich kaum eine Minute für mich wegen der Prozession von Spezialisten, dem Röntgen und so weiter.

So, das war meine kleine Erklärung, und Du mußt den absoluten Egoismus des Briefs verzeihen, der weder von Eddy noch von Ethel übertroffen werden könnte. Ich bin mir vollkommen darüber im klaren.

Irgendeine Chance, daß Du hier vorbeikommst? der Garten ist verrückt geworden – alles ist draußen –

Deine
V.

[1] Von Eugene O'Neill (1931).

Sissinghurst Castle,
Kent.
11. Mai 1938

Ben ist gerade aus London wiedergekommen und hat erzählt, daß er Dich beim Essen mit Clive getroffen hat und daß Du nach mir gefragt hast. Daher habe ich ein ganz schlechtes Gewissen, denn ich hatte schon seit einigen Tagen vor, Dir zu schreiben. Im Moment geht es mir ganz gut, wenn mir auch gesagt wurde, daß mich neue Anfälle ohne Warnung überfallen können. Allerdings glaube ich das nicht. Ich glaube, daß sich meine außergewöhnlich robuste Natur gegen die düsteren Prognosen der Ärzte durchsetzen wird. Ich werde mich fühlen, als hätte ich ein Tor geschossen, wenn ich ohne weitere Anfälle davonkomme.

Du fährst also auf die Hebriden! Ich auch, allerdings nicht vor August. Ich fahre dorthin, um mit Nigel auf seiner eigenen Insel zu Mittag zu essen,[1] ein etwas zweifelhaftes Unterfangen, denn es gibt regelmäßig Stürme, und die Fischerboote sind winzig. Wir können also tagelang aufgehalten werden, aber ich hoffe, daß wir mit dem Wetter Glück haben.

Gibt es eine Chance, daß ich Dich hier sehe? Nein, ich nehme an, daß nicht. Das wäre eine zu große Hoffnung. Aber was für eine Riesenfreude es wäre! Ich nehme an, ich muß meine Hoffnung auf einen Tag in Rodmell beschränken (eingeklemmt zwischen Ethel und Sibyl) irgendwann im September. Und doch würde ich Dich und Mitzi [Leonards Krallenäffchen] und Sally [den Hund] und Leonard liebend gern hier sehen.

Übrigens haben meine Jakobsschafe jeweils Zwillinge bekommen, und meine liebe, liebe Mrs Staples [Vitas Köchin] hat vor zwei Tagen eine Tochter bekommen, die sie nach Pepita Josephine nennen will. Ist das nicht alles schön für mich?

Was hast Du von Ben gehalten? Ich bin im Moment so verärgert über ihn, weil er seinen Zug verpaßt hat, daß mir die unvoreingenommene Sicht fehlt – Normalerweise mag ich ihn oder liebe ihn sogar. Ich hoffe, er macht nicht auf Bloomsbury.

Deine Dich liebende

V.

[1] Die unbewohnte Insel Shiant nördlich von Skye, die Nigel gerade gekauft hatte.

Sissinghurst Castle,
Kent.
30. Mai 1938

Ich dachte, ich hätte mir irgend etwas zuschulden kommen lassen, als ich einen getippten Brief von Dir mit der Unterschrift »Mit herzlichen Grüßen Virginia Woolf« sah, aber dann habe ich schnell gesehen, daß das so richtig war, und eine kleine Spende an die Bibliothek geschickt.[1] Zufällig habe ich mit derselben Post einen Brief von einer französischen Freundin bekommen,[2] die mich damit belästigt, daß ich Dich nach einem Autogramm für ihre Sammlung fragen soll. Ich hätte es abgelehnt, so etwas zu tun, aber da mir das Schicksal »Mit herzlichen Grüßen Virginia Woolf« in die Hände lieferte, hättest Du etwas dagegen, wenn ich es abschneide und ihr schicke? Ohne Deine Erlaubnis würde ich das nicht tun. Sie ist zwar eine Nervensäge, aber recht angesehen – eine Prinzessin von Geburt, eine Gräfin durch Heirat und eine Urenkelin von Mme de Staël durch Abstammung. Sie brüstet sich damit, daß sie noch nie ein Autogramm für ihre abscheuliche Sammlung gekauft hat.

Darf ich es schicken? Ich lege eine Postkarte für Deine Antwort bei, um Dir Mühe zu ersparen.

Was ist mit Deinem Buch?[3] Ich dachte, es würde diesen Monat herauskommen, habe aber nichts mehr davon gehört.

Wie nett es war, zu Dir zum Abendessen zu kommen. Du weißt, daß ich Euer Haus lieber mag als jedes andere Haus; seine Atmosphäre, meine ich. Ich habe danach immer das Gefühl, das Leben wäre lohnenswerter. Das hört sich an wie eine Phrase, aber es ist die ganze Wahrheit. Könntest Du nicht Ben einmal nach dem Abendessen einladen, wenn Ihr sowieso Leute da habt? Ich meine, wenn Ihr sowieso Leute zum Abendessen da habt, würde er nicht Deine Zeit vergeuden, und er würde sich so freuen. Sag ihm nur nicht, daß ich es vorgeschlagen habe, sonst würde er mich halb totschlagen.

Ich war gestern in Edy Craigs Scheunen-Theater, und sie hat die Bitte ans Publikum gerichtet, neue Mitglieder zu werben, also (weil ich weiß, daß Du schon seit einigen Jahren mit dem Gedanken lieb-

äugelst) habe ich ihnen gesagt, sie sollten Dir die nötigen Informationen zukommen lassen.
Für ihre nächste Aufführung benutzen sie Marionetten. Du mußt deshalb nichts unternehmen, außer wenn Du es willst, aber ich denke, es würde Spaß machen, wenn wir zusammen hingingen oder uns dort treffen würden. Du könntest vorher zum Mittagessen nach Sissinghurst kommen.

Deine Dich liebende
V.

[1] Die feministische Bibliothek in der Marsham Street, Westminster.
[2] Wahrscheinlich Prinzessin Anne-Marie Callimachi.
[3] *Three Guineas* (1938).

Sissinghurst Castle,
Kent.
15. Juni 1938

Wenn ich noch nicht geschrieben habe, um mich für Deine drei Guineen [*Three Guineas*] zu bedanken, dann nur, weil ich wußte, daß Du unterwegs nach Skye warst, nicht weil ich es nicht genossen hätte. Du bist eine Schriftstellerin, die einen quält, denn einmal bezauberst Du einen mit Deiner herrlichen Prosa, und gleich darauf bringst Du einen mit Deinen irreführenden Argumenten auf. Siehst Du, für so ein provokatives Buch kann man sich nicht in einem einfachen Brief bedanken; es würde einen Brief so lang wie das Buch selbst erfordern, und das würde eine Veröffentlichung bei der Hogarth Press bedeuten. Und es liegt mir fern, mit Dir in der Öffentlichkeit die Klingen zu kreuzen, denn beim Fechten würde ich immer Punkte verlieren, nur wenn es zu Faustschlägen käme, könnte ich Dich vielleicht niederstrecken. Solange Du das herrschaftliche Spiel mit herrschaftlichen Mitteln spielst, verliere ich. – Ich bringe meine Meinung nicht besonders gut zum Ausdruck, tatsächlich ziemlich schlecht und konfus, wollen wir es zurückstellen, bis wir uns treffen? Laß mich Dir fürs erste sagen, daß ich es mit Begeisterung gelesen habe, auch wenn ich auf 50% Deiner Seiten laut »Ach ABER, Virginia ...« rufen wollte.

Was für ein kleiner, boshafter Wicht Jeremy ist.[1] Ben hat sich jetzt eine Wohnung in Soho verschafft, und seine Adresse lautet Dean Street 47, Soho, W. 1. Er würde bei jeder Einladung, die Du anbietest, springen.

Mochtest Du Skye? Warst Du im Sligachan? Hast Du den Old Man of Storr und die Cuillins gesehen?

Deine
V.

Vielen Dank für Deine Autogramme in Überzahl – ich habe meiner französischen Prinzessin eines geschickt.

[1] Jeremy Hutchinson.

19. Juni [1938] *George Inn, Chollerford, Northumberland*

... Es war mir natürlich klar, daß Du 3 Gs *nicht mögen würdest – deshalb hätte ich es Dir, wenn Du mich nicht darum gebeten hättest, nicht geschenkt. Trotzdem verstehe ich nicht ganz. Du sagst, daß Du mit 50% davon nicht übereinstimmst – nein, natürlich tust Du das nicht. Aber wenn Du sagst, Du würdest durch meine »irreführenden Argumente« aufgebracht – dann frage ich mich, was Du damit meinst? Wenn ich sagen würde, daß ich mit Deiner Konzeption von Jeanne d'Arcs Charakter nicht übereinstimme, wäre das eine Sache. Aber wenn ich sagen würde, Deine Argumente über sie wären »irreführend«, würde ich damit nicht sagen, Vita hätte ihre Tatsachen auf unaufrichtige Weise zusammengebraut, um eine Wirkung zu erzielen, von der sie weiß, daß sie falsch ist? Wenn es* das *ist, was Du mit »irreführend« meinst, dann müssen wir die Sache ausfechten, ob mit Schwertern oder mit Faustschlägen. Und ich glaube nicht, daß Du mich niederstrecken wirst,* ganz gleich, was wir benutzen. *Vielleicht ist es ein albernes Buch, und ich stimme nicht mit Dir überein, daß es gut geschrieben ist; aber es ist sicherlich*

ein aufrichtiges Buch: und ich habe mir mehr Mühe damit gegeben, die Fakten zu erstellen und klar zum Ausdruck zu bringen, als mit irgend etwas anderem in meinem Leben ...

22. Juli [1938] *T.[avistock] S.[quare] 52 [W.C.1]*

Leonard sagt, Du hättest ein Gedicht geschickt, und möchte wissen, was ich davon halte. Nun, ich würde es gerne lesen, und normalerweise würde ich mit meiner üblichen Dreistigkeit eine Meinung abfeuern. Aber ich möchte etwas erklären: so wie ich veranlagt bin (nicht so, wie ich es sein sollte), habe ich das Gefühl, ich kann Dein Gedicht nicht unvoreingenommen lesen, solange Deine Vorwürfe gegen mich, in einem Brief ausgedrückt, den ich irgendwo habe, aber nicht zitieren werde, unbegründet bleiben. Ich meine, ich habe das Gefühl, daß Du mich in 3 Gs für unaufrichtig gehalten hast: Du hast etwas gesagt, es wäre »irreführend«, und angedeutet, Du könntest, wenn Du nur nicht so unheilbar unbeholfen ehrlich und langsam im Kopfe wärest, meinen trügerisch blendenden Humbug auseinandernehmen. Du könntest mich mit Deinen ehrlichen alten englischen Fäusten niederstrecken und so weiter. Und dann hast Du mich mit Deinem Lob über Charme und Geist krank gemacht. ...

Sissinghurst Castle,
Kent.
23. Juli [1938]

Aber mein Liebling Virginia, nie im Leben habe ich Dich des Humbugs oder der Unaufrichtigkeit verdächtigt! Ich war von Deinem Brief heute morgen vollkommen entsetzt. Offensichtlich hast Du einen Brief nicht bekommen, den ich, als Du fort warst, geschrieben und vielleicht dummerweise nach Skye geschickt habe. Ich kann mich natürlich jetzt nicht mehr genau erinnern, wie ich mich ausgedrückt habe, aber der springende Punkt war, daß ich niemals auch nur für einen Augenblick Deine *Fakten* oder ihre Genauigkeit in *3 Guineas* in Frage gestellt habe, sondern nur an einigen Stellen nicht mit den Schlußfolgerungen einverstanden war, die Du aus ihnen gezogen hast. Und das ist doch eine Frage von Meinungen und nicht von Fakten. Mit meinem unglücklichen Hinweis auf die Eleganz Deines Stils meinte ich, daß Du es fast schaffst, einen gegen den eigenen Willen zu überzeugen, bis man nachträglich einhält und ruhigen Blutes nachdenkt. Um ein Beispiel zu bringen, ich bezweifle sehr, daß irgendeine englische Frau das Gefühl hat, England wäre nicht ihr Land, weil sie ihre Nationalität verliert, wenn sie zufällig einen Ausländer heiratet (S. 196). Dann wieder behauptest Du auf S. 194 »Kämpfen ist ein Charakteristikum des Geschlechts, an dem sie nicht teilhaben kann«, aber trifft es nicht zu, daß viele Frauen extrem kriegsfreudig sind und ihre Männer zum Kämpfen drängen? Was war mit der White-Feather-Kampagne im letzten Krieg? Ich stimme vollkommen mit Dir überein, daß sie nicht so sein sollten, aber Tatsache bleibt, daß sie es oft sind. Die Durchschnittsfrau bewundert das, was sie für männliche Eigenschaften hält.

Aber es ist lästig, weitere Beispiele anzuführen, ich hoffe nur, ich habe genug gesagt, um zu zeigen, daß Deine Ehrlichkeit, Integrität und Dein guter Glauben auch nicht für einen Augenblick in Verdacht geraten sind. Der Gedanke, daß Du vielleicht diese Idee in den letzten Wochen genährt hast, bekümmert mich wirklich, und ich wünschte bei Gott, Du hättest den Brief bekommen, den ich Dir zum Sligachan geschickt habe. Du weißt, daß es nur wenige Menschen auf der Welt gibt, die zu verletzen ich mehr verabscheue, und nur wenige Menschen, deren Integrität ich mehr respektiere und vertraue als Deiner. Daß Du das Gefühl hast, Du könntest mein Gedicht auf Grund einer Barriere zwischen uns nicht lesen, zeigt mir, daß ich Dich verletzt haben muß, auch wenn ich es weiß Gott niemals vorgehabt habe oder auch nur ein Grund für eine Kränkung in meinem Kopf vorhanden wäre, ich muß mich nur unbeholfen ausgedrückt haben. Auf jeden Fall weiß ich, daß Du mir glauben wirst. Deine sehr zerknirschte und vollkommen hingebungsvolle

V.

Samstag [23. Juli 1938] *[Tavistock Square 52, W.C.1]*

Was in aller Welt kann ich in meinem Brief gesagt haben, um Dein Telegramm hervorzurufen? Gott weiß was. Ich habe ihn in fünf Minuten hingekritzelt und nicht noch einmal durchgelesen und kann mich nur erinnern, daß er in einer Stimmung von offensichtlich humorvoller Übertreibung und rasender Hast geschrieben wurde. . . .

Aber, wie gesagt, lassen wir es: und ich entschuldige mich und werde nie wieder so einen nachlässigen Brief schreiben. Und ich habe keinerlei Grund zu klagen; und Du mußt nichts mehr dazu sagen, denn ich bin, nachdem ich Deinen Brief noch mal gelesen habe, sicher, daß Du nicht gemeint hast, ich wäre unaufrichtig: und das ist das einzige, worauf es mir ankam. Also vergeben und vergessen

Sissinghurst Castle,
Kent.
25. Oktober 1938

Also, wie lauten die Anstandsregeln? Schenke ich dem Verleger ein Buch, das er verlegt? Ach, ich vergaß: Du bist ja kein Geschäftspartner mehr im Verlag, also ist es in Ordnung.[1]

Jedenfalls bitte ich Mrs Nicholls, Dir von mir ein Exemplar von *Solitude* zu geben, weil sie mir nicht so viele geschickt hat, wie ich wollte, und ich dachte, du wärest inzwischen sicher wieder zurück in London, und sie könnte es Dir einfach geben. Ich frage mich, was Du davon hältst – wahrscheinlich nicht viel.

Ein großer Haufen Rosen wartet darauf, daß ich komme und sie einpflanze. Solltest Du in London sein, dann tust Du mir leid, denn die letzten Tage waren erstaunlich schön.

Bist Du am 17. November dort? und wenn ja, können wir uns treffen? Ich würde mich freuen.

Deine Dich liebende V.

[1] Vitas Buch war *Solitude*, ein sehr langes Gedicht (1938).

Sissinghurst Castle,
Kent.
19. Dezember 1938

Virginia mein – Dies soll Dir meine Liebe überbringen – und Dir mitteilen, daß ich eine Pâté für Dich zu Weihnachten bestellt habe – und auch sagen, daß ich hoffe, Du hast Dich beim Mittagessen nicht gelangweilt – und wie sehr ich es bedauert habe, daß Du nicht da warst, als ich mit Father d'Arcy hinging, um die Eidechse zu bewundern, die Freya Stark aus Arabien mitgebracht hat, ein großartiges Tier, das sein Leben in England damit verbringt, auf einer Wärmflasche und unter einer elektrischen Lampe zu liegen, umgeben von den Relikten von Ur, die Leonard Woolley ausgegraben hat. Und war das freudianische Abendessen erfolgreich?[1]

Ich hätte gern nach dem Mittagessen ein paar Augenblicke mit Dir allein gehabt – aber alles, was ich bekam, waren Komplimente über Dich von Miss Stark, die Dich sehr schön fand. . . . Das tat ich auch, wenn ich das so sagen darf – wirklich sehr schön in Deiner braunen Pelzmütze und Deiner erlesen ätherischen Schlankheit.

Gut, gut . . . Ich sollte jetzt besser damit schließen, Dir fröhliche Weihnachten zu wünschen wie jede alte Haushälterin. Man stelle sich vor, wie die Decke von Long Barn einst über uns schwankte! . . . und Delphine über die marmornen Platten tollten [1925–1926].

Deine
V.

[1] Zur Feier der Veröffentlichung von Sigmund Freuds Werken in der Hogarth Press.

Während der Krieg heraufzog, bestand Vitas Trost darin, daß sie ihr langes, nachdenkliches Gedicht The Garden *begann und für den* New Statesman *wöchentlich* Country Notes *schrieb. Als der Krieg im September ausbrach, brachten sie die Gefühle und Ängste, die er hervorrief (Vitas Söhne waren beide in der Armee), enger mit Virginia zusammen. Sie trafen sich regelmäßiger, obwohl die Reise zwischen Kent und Sussex durch die Benzinrationierung erschwert wurde.*

Sissinghurst Castle,
Kent.
14. Januar 1939

Nun, es war nett, Deine Schrift wieder zu sehen, und ich wäre natürlich hocherfreut, der Sibyl von Buenos Aires gefällig zu sein, mit anderen Worten, sie darf durchaus etwas von mir herausbringen, solange Leonard einverstanden ist. (Ich nehme an, sie möchte etwas nachdrucken?) Ich erinnere mich daran, daß Du mir schon einmal von ihr erzählt hast, daß sie ein Fan von Dir ist oder etwas in der Richtung, und ich kenne den Kasten mit den Schmetterlingen: wenn ich also etwas von ihr höre, werde ich so höflich antworten, wie es sich einer Deiner Freundinnen gegenüber gehört.[1] Vielleicht wird sie in Paris auftauchen, aber da ich nur einen Tag lang da bin, muß sie ganz schön schnell sein.

Ich muß Dir mehrere Dinge sagen – Erstens, daß ich wegen Leonard tief betrübt war, als ich von Mitzis Tod hörte. Bitte richte ihm mein herzlichstes Beileid aus und sag ihm, er soll sich so bald wie möglich einen Lemuren anschaffen – sie sind die bezauberndsten Heimtiere, und man sagt, sie stünden der menschlichen Rasse näher als irgendein anderes Tier. Ich kann das kaum glauben, wenn man ihr Aussehen in Betracht zieht, aber Biologen bestätigen, daß es stimmt. Übrigens, hat Leonard Julian Huxleys Tonaufnahmen von Tierlauten? Wenn nicht, sollte er. Man bekommt zwei Doppelalben und ein Buch voller reizender Photographien für eine Guinee.

Zweitens, daß ich neulich mein Herz an eine Deiner Freundinnen verloren habe, Margery Fry. Ich möchte bitte eines Tages von Dir mehr über sie erfahren. Was für ein reizendes Gesicht, und was für ein Sinn für Humor.

[1] Der Kasten mit den Schmetterlingen, den Victoria Ocampo Virginia schenkte, befindet sich noch immer in Monk's House.

Sissinghurst Castle,
Kent.
22. Februar [1939]

Wie komisch: ich hatte mir gerade heute nacht gedacht, »Es ist schon lange her, seit ich etwas von Virginia gehört habe – ich werde ihr morgen schreiben« – und dann kam Dein Brief.

So haben sich unsere Gedanken getroffen und gezündet.

Also, es kann nicht sein, daß der struppige Schäferhund kürzlich in Piccadilly gesehen wurde, denn er hat sich London seit dem 2. Feb. nicht mehr genähert – als er vorschlug, Dich zu einem Mahl von Hasen und Hundekuchen zu besuchen – und Du geantwortet hast, Du würdest an diesem Tag nach Rodmell fahren – womit die vorgeschlagene Verabredung sich erledigt hatte.

Der Schäferhund ist allerdings nach Paris gefahren und hat dort Victoria Ocampo getroffen, von der er einen enormen Strauß teuerster Orchideen erhielt und in einem überaus luxuriösen Wagen herumgefahren wurde. Dann habe ich einen Brief von ihr bekommen, in dem sie schrieb, wie sehr sie sich nach dem Land sehnt und nach dem weiten, offenen Raum der Pampas etc. – Nun, dachte ich, warum fährt sie nicht hin? was hält sie davon ab? wenn sie sich wirklich danach verzehrt, wie sie sagt, warum verbringt sie dann ihre Zeit in Paris und London?

Mir fehlt die Geduld für so einen Unfug.

Jetzt aber paß auf, meine Virginia: bist Du am Freitag, dem 31. März, in London? Und wenn ja, könnte ich bei Dir zu Abend essen – oder würdest Du mit mir zu Abend essen? Wenn Du zustimmst, bleibe ich über Nacht in London.

Harold fliegt am 4. April nach Ägypten – Ich mache mir deswegen unsinnige Sorgen. Ich erzähle Dir das, weil ich weiß, daß Du es verstehst. Verdammt, verdammt, verdammt – ich wünschte, das Fliegen wäre nie erfunden worden. Ich werde keinen ruhigen Moment haben, bis er wieder zurück ist. Würdest Du auch nicht, wenn es sich um Leonard handelte.

Du wünschst Dir, jemand würde ein langes Gedicht schreiben, obwohl Du ein Jahr lang keine neue Dichtung lesen willst. Nun, ich schreibe ein neues Gedicht [*The Garden*] – eine Art Gegenstück zu *The Land* – aber ich werde Dich nicht bitten, es zu lesen – Du könntest nur meinem Verleger, Mr Leonard Woolf, bestellen, daß er vielleicht irgendwann 1940 ein neues Gedicht angeboten bekommt.

Und bestelle ihm auch (was ihn mehr interessieren wird), daß ich gerade dabei bin, eine benachbarte Farm [Bettenham] von 80 Hektar zu kaufen.

Mein Gott, wie erfüllt das Leben ist, wenn man es auf die richtige Art angeht! Viele Hektar Farmland und ein neues Gedicht in einem großen Buch mit Schreibpapier – was kann man mehr vom Leben verlangen?

»Now more than ever seems it rich to die ...«[1]

Ich würde das gern abändern in

»Now more that ever seems it rich to live ...«

Wenn aber Harold durch die Imperial Airway auf dem Flug nach Ägypten stirbt, wird alles sich verdunkeln.

Deine Dich liebende

V.

Sag mir wegen des Abendessens am 31. März Bescheid.

[1] John Keats, *Ode to a Nightingale*: »Jetzt mehr denn je scheint es erfüllt zu sterben ...« – »Jetzt mehr denn je scheint es erfüllt zu leben ...«

Sissinghurst Castle,
Kent.
23. April 1939

Hier Sissinghurst 250 – ist dort Museum 2621? – Spreche ich mit Virginia? Hier ist Vita – ja, Vita – jemand, den Du früher mal als Freundin angesehen hast – Ach, hattest Du das vergessen? Nun, grabe mal in Deinem Gedächtnis nach, dann fällt Dir vielleicht ein Delphin auf einer Marmortafel ein. – Ja, es wird Vihta ausgesprochen, nicht Vitta – Jetzt fällt es Dir wieder ein, nicht wahr? Du erinnerst Dich an ein Gewitter in Vézalay [September 1928] und daran, wie die Dekken von Long Barn ringsum sanft schwankten?

Der Zweck dieser Nachricht ist vielfältig. Ihr vordringliches Ziel besteht darin, Dir zu sagen, daß ich es nicht mag, wenn ich von Dir abgeschnitten bin, und daher einen Versuch mache, mit Dir in Kontakt zu kommen. Könntet Ihr, Leonard und Du, nicht irgendwann einmal auf dem Weg nach Rodmell hier vorbeikommen? Ich würde mich so freuen, wenn Leonard meinen Garten sehen würde. Ich weiß, Du bist keine Gärtnerin, daher beschränke ich dieses Interesse auf Leonard. Ich wünschte, Ihr würdet beide kommen.

Gezeichnet
Sibyl Colefax

Zweitens: ich werde von verschiedenen Verlegern verfolgt wie ein Fuchs von einer Hundemeute – Richte Leonard aus, daß ich allen Bestechungsversuchen widerstanden habe und es bisher auch noch vermeiden konnte, in Stücke gerissen zu werden. Leonardo da Vinci ist eindeutig aus dem Rennen – weil kürzlich eine neue Biographie über ihn ins Englische übersetzt wurde – Wie steht es mit Jane Carlyle? Ich habe das Gefühl, sie ist NICHT mein Thema. Dann wurde mir eine weitere Idee angeboten: eine Lebensbeschreibung meines eigenen uralten Vorfahren, Thomas Sackville – Es ist eine sehr gute Idee, und ich glaube, ich könnte das machen – aber wäre es fair, eine Idee, die von einem anderen Verleger vorgeschlagen wurde, zu übernehmen und das Buch, das aus ihr resultiert, der Hogarth Press zu geben?

Besonders wenn die Person, von der der Vorschlag stammt, dicke Ordner mit Informationen über T. Sackville besitzt, die sie angeboten hat, mir zu leihen, und die natürlich für meine Biographie von unschätzbarem Wert wären, ebenso natürlich könnte ich aber dieses Angebot nicht annehmen, wenn ich das daraus entstehende Buch nicht seinem Verlag gebe.

Es ist alles sehr unangenehm.

Siehst Du, ich glaube, ich könnte eine ziemlich gute Biographie von T. Sackville schreiben – Knole hereinbringen und all das – da ich aber dummerweise nie selbst daran gedacht habe, sondern es mir von jemand anderem vorschlagen lassen mußte, bin ich nun der Person verpflichtet, die es vorgeschlagen hat und die zu einem anderen Verlag gehört?

Was für eine Idiotin ich war, nicht selbst darauf zu kommen – und Leonard wird auch bedauern, daß er ebenfalls nicht daran gedacht hat – Es ist natürlich ein Thema, das wie für mich geschaffen ist:

(1) Familientradition
(2) Dichtung
(3) Knole
(4) Elisabethanische Pracht

Verdammt – verdammt –, daß weder Leonard noch ich je auf diese Idee gekommen sind.

Ich mache mir deswegen Gedanken und würde sehr gerne mit Leonard darüber sprechen. Weißt Du, ich würde dieses Buch sehr gerne schreiben (das weit mehr auf meiner Linie liegt als Jane Carlyle), aber ich würde es gern der Hogarth Press geben und niemandem sonst –

Nun, um weiterzukommen –

Drittens: Ben ist aus Amerika zurückgekehrt und hat eine Stelle bekommen. Er ist jetzt Stellvertretender-Kurator-der-königlichen-Gemäldesammlung – was bedeutet, daß er für alle Bilder in Windsor, Buckingham Palace, Hampton Court, Balmoral, Holyroodhouse, Sandringham und Osborne verantwortlich ist – Er ist über diese Verantwortung ziemlich erschrocken. Er hat ein Büro in St James' Palace

– tatsächlich Highlife. Eine seiner Verpflichtungen besteht darin, der Königin etwas über Bilder beizubringen, sie weiß nichts, ist aber lernbegierig. Ich hoffe nur, daß Ben sich als geeignet erweist und daß er sich darüber hinaus nicht in die Königin verliebt, die er schon jetzt als die reizendste Frau beschreibt –

Deine Dich liebende
V.

19. Aug. [1939] *Monk's House, Rodmell bei Lewes, Sussex*

Ist es nicht nett, manchmal einen Brief zu schreiben, den man nicht schreiben muß? Dies ist also einer. Ich bin im Marschland spazierengegangen und habe einen Schwan gesehen, der in einem Sachsengrab saß. Dabei mußte ich an Dich denken. Dann bin ich zurückgekommen und habe über Leonardo gelesen – Kenneth Clark – gut, glaube ich: da mußte ich wieder an Dich denken. Und in einer Minute muß ich ein paar Makkaroni kochen.

... Nimmst Du Deinen uralten Vorfahren in Angriff – wie hieß er noch [Thomas Sackville]?

Nun habe ich es genossen zu schreiben, ohne es zu müssen; was nicht heißen soll, daß Du das Lesen genossen hast. Und auf welcher Leitersprosse stehen wir – mein armer Potto und V?

Sissinghurst Castle,
Kent.
Freitag, 25. August [1939]

Virginia Liebling, Du stehst sehr hoch oben auf den Leitersprossen – immer –

Harold ist wieder auf dem Weg, um sein Schiff zu erreichen, und ich habe ihn gebeten zu telegraphieren, wenn er absehen kann, daß er in die Nähe von Newhaven kommt. Er möchte, daß ich ihn von

Newhaven abhole – mit dem Auto –, wenn wir uns also nicht vorher im Krieg befinden (Montag oder Dienstag), rufe ich Dich an und frage, ob ich über Nacht kommen kann.

Ich finde es sehr seltsam, was man selbst für eine Kriegspsychologie hat – Du nicht? Bis zwölf Uhr mittags bin ich ein vollkommener Feigling, fürchte mich vor Luftangriffen, Bomben, Gas etc. – dann nach zwölf Uhr mittags werde ich wieder ganz tapfer und britisch – und bleibe tapfer bis zum nächsten Morgen – wenn die ganze Sache von neuem losgeht mit ihrem schrecklichen Kreislauf von Angst, Furcht und abnehmender Feigheit.

Ich glaube, Du bist viel tapferer als ich; oder sollte ich es lieber philosophischer nennen? Ich weiß nicht, was Du empfindest. – Was für seltsame Gefühlszustände man in diesen Tagen durchläuft! Ich könnte niemandem darüber schreiben, den ich nicht so liebe, wie ich Dich liebe. Es ist alles zu privat und geheim.

Eddy kommt über das Wochenende hierher. Ihm ist aus verschiedenen Gründen sehr elend. Ich habe größten Respekt davor, daß er sich freiwillig dafür gemeldet hat, bei Luftangriffen in London ein Auto oder einen Krankenwagen zu fahren. Das kommt mir sehr tapfer vor, besonders bei einem Menschen seiner Art – und dazu auch noch eher zart – Er steigt in meiner Achtung –

Deine Dich liebende
V.

Ich rufe am Montag an, ob . . .

Sissinghurst.
1. September 1939
Beginn des Rebhuhnschießens

Virginia Liebling,

Harold ist zurück. Damit ist mein Newhaven-Plan durchgefallen. Ich hatte vorgehabt, anzurufen und zu fragen, ob Nigel und ich morgen zum Mittagessen kommen könnten, aber meine ausgetüfteltsten Pläne gehen schief und werden wohl in den kommenden Jahren mehr und mehr schiefgehen. Was soll man also sagen? Ich weiß, daß Du all das empfindest, was ich empfinde und Millionen empfinden. Ich muß immer an Vanessa denken mit Quentin als jungem Mann und Julian schon dahingegangen. Vielleicht fühlt sie jetzt nicht mehr diese Bitterkeit wegen Julians verlorenem Leben, denn er hat es zumindest freiwillig für eine Sache geopfert, an die er glaubte, was ehrenhafter ist, als gegen seinen Willen in einen allgemeinen Holocaust eingezogen zu werden.

Ich fühle mit Dir bei den geringeren, aber trotzdem ärgerlichen Sorgen des Umzugs vom Tavistock zum Mecklenburgh Square.

So – da haben wir es –, und ich muß jetzt los und die Verdunklung unserer Fenster vorbereiten. Glücklicherweise gibt es immer ein gewisses Quantum an witziger Entspannung – und ich stelle fest, daß ich noch über die Absurditäten, die vorfallen, lachen kann. Der *Daily Sketch* nennt das »Das tapfere englische Lächeln bewahren«, aber ich merke, wie ich es gelegentlich ohne bewußte Anstrengung bewahre. Ich frage mich, wie lange wir es noch bewahren werden.

Deine
V.

Ich hoffe, Potto ist über den Zweiten Deutschen Krieg nicht zu bekümmert.

Bleibst Du in Rodmell? Es wäre närrisch, unnötigerweise nach London zu fahren.

[2. September 1939] *[Monk's House, Rodmell, Sussex]*

Ja, liebstes Wesen, komm, wann immer Du willst, und teile unsern Topf. Heute allein, und was für ein Segen!

Ich mochte Deinen Brief. Und wenn ich auch sprachlos und kühl bin, bedeutet das nicht, daß ich nicht immer an Dich denke – eine der wenigen mir dauerhaft präsenten Personen bist Du, und daher – nun, Schluß da-

mit. Ja, ich sitze hier in sprachloser Wut, daß Kinder für einen kämpfen, die lieber miteinander ins Bett gehen sollten.

Komm also: ich schreibe Dir, wenn auch niemandem sonst, wann immer ich einen freien Moment habe.

liebstes Wesen, wie ich Dich doch immer wieder sehe, in Qualen.

Sissinghurst Castle,
Kent.
16. September 1939

Wie sehr ich mich über Deinen Brief gefreut habe. Laß uns einander ab und zu schreiben: ich stelle fest, daß es zur Zeit nur wenige Menschen gibt, die mir ein wirkliches Gefühl von Nähe geben, aber Du tust es ganz gewiß: ich nehme an, der Kummer filtert den Rest aus. Du fragst, was ich fühle, und DIR kann ich es erzählen: ganz obenan stört mich das, was Du die unaufhörliche Plage der kleinen Geschäftigkeiten nennst – keine physische Einsamkeit; Leute, die dauernd überall hier sind; Fragen, Verantwortlichkeiten, Stimmen; fünf sechs sieben acht Leute zu jeder Mahlzeit, die Notwendigkeit, daß meine Schwiegermutter für Gott weiß wie lange bleibt: nie zu wissen, wer kommt und wer geht; das ganze Haus auf den Kopf gestellt mit Leuten, die auf Sofas schlafen – all das ist an der Oberfläche sehr nervenaufreibend und macht einem deutlich, wie selbstsüchtig man immer mit seinem privaten persönlichen Leben umgegangen ist. Vielleicht ist es ganz zuträglich, daß man nicht länger in seinen eigenen Idiosynkrasien schwelgen kann?

Dann, darunter, die zweite Schicht, sind die Ängste: die jungen Männer, um die man sich sorgt, deren Leben umgeworfen werden und die sie wahrscheinlich auf gräßliche Weise verlieren werden; Ben bei einer Flugabwehrgeschütztruppe [in Rochester], der lernt, niedrig zu schießen, auf 600 Fuß, für den Fall, daß Flugzeuge mit Maschinengewehren herabstürzen; Nigel, der wartet, darauf wartet, zu den Guards einberufen zu werden; Piers [St Aubyn] (18 Jahre alt) schon bei der H. A. C. [Artillerie]; John [St Aubyn], mein Neffe, 20 Jahre alt, der jeden Augenblick mit seiner Einberufung rechnet; Harold gereizt, weil ihm noch keine Arbeit zugewiesen wurde, und wenn er eine Arbeit bekommt, wird das bedeuten, daß er mehr oder weniger permanent in London lebt – mit Luftangriffen und all dem.

Dann, die dritte Schicht, die tiefste von allen, ist der eigene Kummer und die Verzweiflung über die niederträchtige Dummheit des Ganzen –

Man ist sehr unglücklich und immer sehr müde, findest Du nicht? Ich habe mich in meinem ganzen Leben noch nie so müde – physisch und geistig – gefühlt. Ich glaube, das ist der vordringliche Eindruck, den ich bisher vom Zweiten Deutschen Krieg bekommen habe: vollständige Erschöpfung und Ermüdung. Der Schrecken wird zweifellos später dazukommen, in vierzehn Tagen, wenn sie mit Polen fertig sind.

Ich würde Dich gern sehen. Kann ich Dich am Morgen anrufen und fragen, ob ich zum Mittagessen kommen kann? Benzin ist noch erhältlich – oder würdest Du lieber hierherkommen, um von Euren Angestellten wegzukommen?

Bring Potto mit.

»Où sont les neiges d'antan?«[1]

Deine

V.

Ich bin jedenfalls froh, daß Quentin in Sicherheit ist – ich freue mich für Vanessa und für Dich –[2]

[1] François Villon: »Wo ist der Schnee vom vergangenen Jahr?«

[2] Quentin Bell war aus medizinischen Gründen vom Militärdienst ausgeschlossen und arbeitete auf einem Bauernhof.

1940–1941

Die Londoner Häuser der Woolfs wurden durch Bombenabwürfe der Deutschen unbewohnbar, und Virginia und Leonard zogen sich auf Dauer nach Monk's House zurück. Vita besuchte Virginia dort dreimal, und beide dachten daran, daß jeder Besuch der letzte sein könnte. Die Luftkämpfe fanden über ihren Häusern statt. Eine deutsche Invasion Englands wurde im Sommer 1940 täglich erwartet, und Rodmell und Sissinghurst lagen beide an der vordersten Linie. Vita schickte Virginia Geschenke von ihrem Hof als Ergänzung der Lebensmittelrationen. Sie trafen sich zum letzten Mal in Rodmell am 17. Februar 1941.

24. April 1940

Ich danke Dir dafür, daß Du mich bei Dir hast sein lassen und daß Du mir gegenüber so beständig liebevoll bist –

Deine Freundschaft bedeutet mir so viel. Sie ist tatsächlich eines der wichtigsten Dinge in meinem Leben –

Würdest Du bitte Leonard ausrichten, daß ich ihm etwas Falsches über die Pflanze gesagt habe, die ich ihm mitgebracht hatte: es sollte *Lewisia Heckneri* heißen, nicht *Tweedii* –

Ist das nicht ein nettes Briefpapier, das ich für Dich gefunden habe?[1]

Ich bin Dir so dankbar. Du hast mich mit dem Gefühl nach Hause geschickt, daß ich wirklich mit meinem Roman weitermachen sollte – Bevor ich zu Dir kam, war ich deswegen deprimiert.[2]

Dann habe ich Dir etwas darüber gesagt, was ich niemals irgend jemand sonst gesagt hätte, und Du hast genau das Richtige gesagt.

Also habe ich ihn, anstatt darüber zu verzweifeln, heute abend wieder hervorgezogen, anstatt zu versuchen, ihm aus dem Weg zu gehen.

Habe ich eine kleine goldene Dose auf Deinem Frühstückstisch liegenlassen? Schicke sie nicht, sondern behalte sie bis zu dem Tag, an dem wir uns in Penshurst treffen. Ich bitte um Verzeihung. Es gibt nichts Unangenehmeres als einen Gast, der etwas zurückläßt. Ich muß Dich aber trotzdem darum bitten, meine kleine Dose aufzubewahren, denn es ist ein echter Schatz: Irene Ravensdale hat sie mir einmal bei unserer Rückkehr aus Griechenland in Rom geschenkt.

Vergiß Penshurst und unser Picknick nicht.

Dein
Orlando

[1] Auf das Briefpapier war ein Bild des Grand Canyon National Park in Arizona gedruckt, wo Vita im März und April 1933 gewesen war.
[2] *Grand Canyon* (1942).

Sissinghurst Castle,
Kent.
1. August 1940

Virginia Liebling, Du warst ein Engel, mir Dein Buch zu schicken, das gerade angekommen ist.[1] Und an Ben schicke ich ein Päckchen weiter, von dem ich annehme, daß es ein Exemplar für ihn ist. Das ist wirklich großzügig von Dir, und ich brauche Dir nicht zu sagen, wie begeistert er sein wird. Zufällig wird es ihn als Geburtstagsgeschenk erreichen. Ich schreibe Dir wieder, wenn ich es gelesen habe.

Alles erschien so unsicher (ich spreche von der Invasion),[2] daß ich gezögert habe, zu schreiben und einen Abend für meinen Besuch vorzuschlagen. Aber wenn die Dinge sich weiter so hinziehen wie bisher, kann ich diesen Monat einen Abend kommen?

Ich wollte nicht überrascht werden und nicht nach Hause zurückkehren können! Stell Dir vor, Du würdest mich für die ganze Dauer des Krieges nicht mehr los.

Würdest Du jemals hierherkommen, wenn ich Dir genügend Benzinkarten gäbe? Du weißt, daß Du Ausflüge magst, und das Buch hast Du jetzt von der Seele. Also überlege es Dir.

Deine

V.

[1] Virginias *Roger Fry* erschien am 25. Juli.

[2] Die *Möglichkeit* einer deutschen Invasion in Südengland.

6. Aug. [1940] *Monk's House, Rodmell bei Lewes, Sussex*

... Ich war so in Eile, daß ich nicht früher schreiben konnte. Schlage jetzt also einfach vor, eindringlich, Freitag, den 16., ... *bleib über Nacht, und ich gehe davon aus, daß damit der ganze Samstag gemeint ist – keine Ausflüchte wegen des Mittagessens oder daß jemand in Sissinghurst wartet.*

Große Lastwagen bringen Sandsäcke hinunter zum Fluß: Geschütze werden an den Ufern in Stellung gebracht. Also komm, bevor alles in Flammen steht ...

Sissinghurst Castle,
Kent.
9. August 1940

Paß auf, ich kann am 16. nicht kommen, weil ich versprochen habe, am 17. zu einer Vorführung über Dachdeckerei zu gehen (Woman's Land Army), aber kann ich nach dem 26. kommen? das scheint meine erste freie Zeit zu sein. Ich bin jetzt etwas knapp mit dem Benzin, weil sie mir unerwarteterweise meinen Reservetank geleert haben, werde aber für das Vergnügen, Dich zu sehen, Bezugscheine aufsparen. Ist das nicht höflich? aber ernsthafter gemeint als die meisten höflichen Bemerkungen.

Ich mag Dein Buch sehr. »Gutes Buch«, wie Mr [E. M.] Forster bemerkt. Kluger Potto, so ein gutes Buch zu schreiben. Was mich daran unter anderem amüsiert, ist Pottos plötzliche, ganz direkte Nüchternheit mit nur einem ganz schnellen Wischen des Schwanzes, um einen daran zu erinnern, daß es wirklich von Potto *ist*. Und dann ist es unverkennbar.

Ich bin noch nicht ganz fertig damit. Wir hatten eine Garten-Fête im Dorf; darum; teilweise.

Ich habe noch zwei andere Dinge zu sagen. Das eine ist, daß ich Leonard ein Geschenk schicke, das ihn amüsieren wird. Es kostet 4 Penny, also könnte es der Woolf-Stolz zulassen, daß er es annimmt; und sein Hang zu praktischen Spielereien wird davon sicher gereizt. Sollte er schon darauf gestoßen sein, wäre ich enttäuscht.[1] Die zweite Sache ist, daß sich eine Menge von meinen ›Country Notes‹[2] angesammelt hat, seit Michael Joseph sie in einem illustrierten Buch veröffentlicht hat. Möchte der Verlag diese Unveröffentlichten im Herbst in einem billigen nichtillustrierten kleinen Pamphlet neu herausbringen? sagen wir für 1/-, um noch den Weihnachtskarten-Verkauf mitzunehmen?[3] Ich wäre nicht im mindesten beleidigt, wenn Monsieur, mein Verleger, nein danke sagen würde. Die Zigarettendrehmaschine ist nicht als Bestechung gedacht.

Ich werde jetzt meine dringliche Einladung wiederholen, daß Du hierherkommen sollst – nur bin ich, *verdammt*, nicht mehr in der Lage, Deinen Tank mit Benzin zu füllen. Ich habe mich letzte Woche noch so mit Benzin gebrüstet, und jetzt sind alle meine herrlichen Gallonen weg. Ich wußte, daß es passieren könnte; habe aber auf das Beste gehofft. Aber ich glaube, ich könnte immer noch eine Gallone für Dich aufbringen – wenn Du nur kommen würdest.

Deine Dich liebende V.

Habe ich Dir schon gesagt, daß ich meine Juwelen und mein Testament vor einiger Zeit an einen sichereren Ort geschickt habe[4] und daß der einzige Schatz, den ich mitgeschickt habe, das Manuskript von *Orlando* war?

[1] Leonard besaß dies Spielerei tatsächlich schon, eine Maschine zur Herstellung von Zigaretten.

[2] Als wöchentliche Artikel für den *New Statesman* geschrieben.

[3] Die Hogarth Press brachte *Country Notes in Wartime* im Herbst 1940 heraus.

[4] Zu Harolds Bruder, Eric Nicolson, in sein Haus am Rande von Dartmoor in Devon.

Freitag, [30. August 1940] *Monk's House, Rodmell bei Lewes, Sussex*

Ich habe gerade aufgehört, mit Dir zu reden. Es erscheint so seltsam. Es ist vollkommen friedlich hier – sie spielen Bowls – ich habe gerade Blumen in Dein Zimmer gestellt. Und da sitzt Du, und um Dich herum fallen die Bomben.

Was kann man sagen – außer daß ich Dich liebe, und ich muß diesen seltsam ruhigen Abend durchleben und an Dich denken, wie Du so allein dort sitzt.

Liebste – schick mir eine Zeile.

Du hast mich so glücklich gemacht. . . .

Sissinghurst Castle,
Kent.
1. September 1940

Ach meine Liebe, wie mich Dein Brief heute morgen berührt hat. Fast hätte ich eine Träne in mein verlorenes Ei fallen lassen. Deine seltenen Äußerungen von Zuneigung besaßen immer die Kraft, mich sehr zu bewegen, und da ich annehme, daß die Nerven ein bißchen angespannt sind (hauptsächlich unterbewußt), pfeifen sie jetzt peng gegen mein Herz wie eine Gewehrkugel, die aufs Dach fällt. Ich liebe Dich auch; das weißt Du.

Ich wollte letzten Freitag nicht wegfahren, weil sie keine andere

Fahrerin für den Krankenwagen des Dorfes hatten als mich – und den ganzen Tag über wurde gekämpft, und es gab entfernte drohende dumpfe Schläge – gar nicht so entfernt. Aber ich habe jetzt die Dienste einer Dame sichergestellt, die, wenn nötig, an meiner Stelle den Krankenwagen fahren kann. Sie hat eine überaus romantische Lebensgeschichte, die Dir Spaß machen würde – Dazu gehört ein Weinberg auf Korsika, den sie fünf Jahre lang bewirtschaftete, bis Briganten ihr das Leben dort unmöglich machten. Aber das ist noch nichts gegen ihre ehelichen Tragödien.

Jedenfalls bedeutet das, daß ich jetzt fort kann. Kann ich also einmal morgens anrufen und fragen, ob es paßt, wenn ich komme?

Könntest Du Leonard ausrichten, daß ich meine *Country Notes* an den Verlag abgeschickt habe? und auch mein unterschriebenes Vertragsexemplar.

Deine Dich liebende und sehr und beständig liebende

V.

Sissinghurst Castle,
Kent.
Donnerstag, 10. Oktober 1940

Wie nett es war, mit Dir zusammenzusein – wie sehr habe ich meinen Besuch genossen. Ich bin lieber mit Dir zusammen, als ich sagen kann. Du weißt, daß ich *Dich* liebe, und Du weißt, daß ich Leonard mag. Es gibt einen Unterschied zwischen Lieben und Mögen. Du bist also meine Liebe, und Leonard ist mein Mögen. Ich mag Leonard extrem gerne.

Was mich an etwas erinnert: Ich schicke ihm die 15/-, die er mir geliehen hat, zurück, und richte ihm bitte aus, daß ich an Doubleday schreibe. Ich hoffe, er hat nicht gedacht, ich hätte mich der Hogarth Press gegenüber unmoralisch verhalten wollen.[1] Ich glaube, er weiß, daß ich das nie getan habe, zumindest nicht absichtlich.

Jedenfalls werde ich meinen Fehler sofort korrigieren – sag ihm das.

Liebling – ich danke Dir für die glücklichen Stunden mit Dir. Du bedeutest mir mehr, als Du je wissen wirst.

Deine
V.

[1] Vita hatte ein Arrangement mit Doubleday, Doran, dem amerikanischen Verleger ihrer *Country Notes in Wartime*, getroffen, und zwar ohne Rücksprache mit Leonard, dem Verleger des Buches in England.

29. Nov [1940] *Monk's House [Rodmell, Sussex]*

Ich wünschte, ich wäre Königin Victoria: dann könnte ich Dir danken – Aus der Tiefe meines Gebrochenen Verwitweten Herzens. Nie nie Nie hatten wir solch ein begeisterndes erstaunliches glanzvolles – nein, ich kriege den Stil nicht hin. Alles, was ich sagen kann, ist, als wir die Butter in dem Umschlagspäckchen, das wir im Haushalt hatten, entdeckten – das heißt Louie –, haben wir große Augen gemacht. Das ist ein ganzes Pfund Butter, sagte ich. Und während ich das sagte, brach ich einen Klumpen ab und aß ihn pur. Dann habe ich im Glanz meines Herzens unsere ganze Wochenration – die etwa so groß ist wie mein Daumennagel – Louie geschenkt und mir unsterbliche Dankbarkeit verdient; dann habe ich mich hingesetzt und Brot mit Butter gegessen. Es wäre eine Entweihung gewesen, Marmelade dazuzutun.

. . . Bomben fielen in meiner Nähe: nebensächlich; ein Flugzeug wurde im Sumpf abgeschossen; nebensächlich: Überschwemmungen zum Teufel – nein, nichts schien an dem Piedestal mit Deiner Butter kratzen zu können.

Zweiter Weihnachtsfeiertag *Monk's House [Rodmell,*
[26. Dezember 1940] *Sussex]*

Wenn meine Bewunderung für Dich noch erhöht werden könnte, dann durch die Tatsache, daß Deine göttliche Butter am Weihnachtsmorgen ankam. Das heißt, jeder andere hätte sie an irgendeinem anderen Tag geschickt. So wie es war, feierten Leonard und ich, die wir dieses Jahr sparsam mit einer Ente haushielten, eine Butter-Orgie, die zehn Truthähne aufwog. Oh, was für ein Geschenk!

Ach Vita, was für ein Füllhorn von Reichtümern Du bist! ...

Zwei Pfund frische Butter.

Und ich schenke Dir nie etwas – ich frage mich, woran das liegt. Und dann muß ich noch etwa 2000 Pfund von Deinen Büchern dazurechnen, ganz abgesehen von ihrer Bedeutung.

*Hast Du eine Lebensbeschreibung von Bess of Hardwick; eine Lebensbeschreibung von Lady Clifford; – also, wenn Du sie hast, dann bring sie als Leihgabe mit, wenn Du kommst. Noch ein Reichtum ... und möchtest Du, daß ich Edith [*sic*] Jones zum Mittagessen einlade? Das würde Dir den Aufbruch ersparen, der unerträglich wäre; und ich würde mich in den Garten davonmachen und Euch allein lassen. Nicht, daß ich das möchte, mein Gott nein. ...*

Sissinghurst Castle,
Kent.
2. Januar 1941

Ich dachte mir, Du würdest vielleicht gern diesen Auszug aus einem Brief bekommen, den ich gerade von Ben erhielt. Vielleicht magst Du ihn noch lieber als die Butter.

»Wenn Leute sagen, Virginia ist zeitlos, dann stimme ich zu. Bisher wurde noch kein Versuch gemacht, ihr ein passendes Etikett um den Hals zu binden mit den Worten in Cyril Conollys Handschrift, ›Elegante abstrakte Künstlerin von 1922; kein Sinn für Realität; Elfenbeinturm-Romantizismus.‹ Nur die allerreinsten* Köpfe entgehen dieser Etikettierung. Forster entging ihr, Huxley nicht. Hardy entging ihr, Housman nicht. Proust entging ihr, Barrès nicht. Bei aller Bitterkeit über die neue Schule der Literaturkritik mußt Du zugeben, daß den Giganten – Proust, Gide, Virginia, Forster, Yeats, Joyce – immer der Respekt entgegengebracht wurde, den sie verdienen.«

Ja, ich habe eine Lebensbeschreibung von Lady Anne Clifford, aber keine von Bess Hardwick.

Ja, lade Enid (NICHT EDITH) Jones zum Mittagessen ein. (Ihre Adresse lautet The Elms, Rottingdean.) Das würde mir nicht nur eine Unmenge an Mühe ersparen und es mir außerdem ersparen, Dich früher zu verlassen, als ich möchte, sondern Lady Jones auch unendlich schmeicheln. Du brauchst uns nicht allein zu lassen; wir haben keine Geheimnisse. Unsere Freundschaft ist rein platonisch und ist es auch stets gewesen.

Sie hat einen Zweispänner, der 1880 gebaut wurde, in dem sie herumfährt – also könnte sie von Rottingdean rüberfahren. Das Pferd, mit dem sie ihn fährt, wurde früher bei der Jagd eingesetzt und springt über alle Schlaglöcher.

Du würdest wohl nicht gern 6 Zeilen über Hilda schreiben, oder?[1] für ein kleines Buch, das Deine Freundin Irene [Noel] Baker und ich zusammenstellen. Ich weiß, Du mochtest nie [*Der Rest des Briefes fehlt*].

* Dieses Wort könnte ›allerreinsten‹ oder ›allergrimmigsten‹ *[purest* bzw. *fiercest]* heißen. Ich kann seine Schrift nicht lesen.

[1] Hilda Matheson starb am 30. Oktober 1940 im Alter von 52 Jahren.

Sissinghurst Castle,
Kent.
14. Januar 1941

Zuerst die Geschäfte. Ich habe ein Epipsychidion[1], oder wie auch immer Du es nennst, gesehen, weiß aber nicht, ob meine Dias dafür geeignet sind. Daher schicke ich Dir ein Dia. Es ist ein überzähliges, das aus Versehen vervielfältigt wurde, mach Dir also keine Gedanken, falls es zerbricht.

Dann, warum war Irene hier zu Besuch? Hauptsächlich, weil sie mich wegen Hilda treffen wollte (du meine Güte, mir war nie klar, daß Deine Abneigung gegen die arme Hilda so heftig war – ich dachte, es wäre nur ein negatives Gefühl –), und es ist heutzutage unmöglich, jemanden nur zum Mittagessen einzuladen, es sei denn, sie hätten ein Auto, was bei Irene nicht der Fall ist, und da ich ganz bewußt nicht die Absicht hatte, nach London zu fahren, blieb mir keine andere Möglichkeit, als sie zu bitten, hierzubleiben. Du mußt mir mehr davon erzählen, wie Du sie hinter den Kulissen kennst; sie war diskret und ließ nichts heraus, was immer es auch gewesen sein mag. Hatte es vielleicht mit Deinem Bruder zu tun?

Ich habe nicht das Gefühl, daß eine der vorangegangenen Bemerkungen sehr nützlich ist, um eine Freundschaft in Gang zu halten – wenn sie das tatsächlich nötig hat – hat sie es? Ich persönlich hatte dieses Gefühl des Auseinandertreibens ziemlich verloren. Trotzdem, was kann ich Dir erzählen, das ein Gefühl der Vertrautheit hervorbringen würde? Für mich ist so wenig passiert, seit der Schnee kam und mich völlig in meine Ruinen eingekerkert hat. Harold war unterwegs in England und Schottland, und da ich seit Weihnachten kein Auto mehr hatte (Ben hatte es genommen und über Nacht draußen gelassen, so daß es einfror, und es ist noch nicht wieder da), hat die Welt draußen weitgehend aufgehört zu existieren. Aber bevor das geschah, ist meine Vergangenheit wiederauferstanden und hat mir in der Person von Violet (Trefusis), die ich seit etwa 10 Jahren nicht mehr gesehen hatte, ins Gesicht gesehen. Wir hatten zusammen ein merkwürdiges À-la-recherche-du-temps-perdu-Mittagessen auf dem neutralen Boden eines Landgasthauses. Sie hat in Frankreich alles verloren, und jetzt ist das Manuskript ihres Buches in Paternoster Row verbrannt. Sehr zu meiner Erleichterung hat sie sich nach Somerset zurückgezogen, nachdem sie damit gedroht hatte, ein Haus in meiner Nähe zu mieten, aber wir schreiben uns. Sie kann einem wirklich leid tun – so verlassen – ihr Haus und ihr ganzer Besitz fort –

Wie freue ich mich auf den dritten Dienstag im Februar –

Deine

V.

Violet hat mich das gefragt, was als eine der wichtigsten Fragen Dich und mich betreffend bekannt ist.

[1] Virginia schrieb, es sei ein »Epi-dia-scope«. Die Dias waren für Vitas Vortrag über Persien vor dem Rodmell Woman's Institute am 18. Februar.

19. Jan. [1941] *Monks House, Rodmell [Sussex]*

*Ich muß mir ein paar getönte Tinten kaufen – lavendelfarben, rosa, lila –, um meine Bedeutungen zu tönen. Ich merke, daß ich Dir einige falsche Bedeutungen vermittelt habe, als ich nur schwarze Tinte benutzte. Es war ein Witz – unser Auseinandertreiben. Es war ernst, daß ich wünschte, Du würdest schreiben. Es stimmte nicht, daß ich Hilda [*Matheson*] nicht mochte. Ich hatte nur das Gefühl – Welches? Etwas Dunkles, Zermahlendes: nicht weniger meine Schuld als ihre. Und ein Stich von wilder Eifersucht packte mich unpassenderweise, als wir bei Sibyl zu Abend aßen. Nein, nein, ich muß meine farbigen Tinten kaufen. ...*

Was hast Du gesagt, als Violet Dir eine der wichtigsten Fragen stellte? Ich erinnere mich noch an sie, wie ein Fuchsjunges, ganz Duft und Verführung. ... Also, warum hast Du sie geliebt? Und hast Du Hilda geliebt? Wir müssen über all das reden. Ich bin fast sicher, daß ich einen neuen Liebhaber habe, einen Doktor, einen Wilberforce, einen Cousin – ah! läßt Dich das zucken! Stehe ich immer noch auf der dritten Sprosse von oben? ...

Sissinghurst Castle,
Kent.
27. Februar 1941

Schande über mich, ich habe Dir noch keinen Collins geschrieben[1] und auch noch nicht das versprochene Feuerzeug geschickt. Aber hier sind sie beide und kommen gemeinsam an. Das Feuerzeug ist in Amerika als Little Wonder bekannt, und es verdient tatsächlich diesen Namen. Egal, was Du tust, laß nie den Marmeladentopf mit Paraffin, in dem es bleiben sollte, in der Nähe des Feuers. Funken könnten sonst in das Paraffin fallen. Stelle es also immer auf eine Seite des Kamins und stecke das Little Wonder *niemals* zurück in den Marmeladentopf, solange es heiß ist. Sonst könnte es aufflammen, so begeistert erfüllt es seine Aufgabe.

Hat Dir Enid [Bagnold] ihr Theatersück *Lottie Dundas* geschickt? Mir hat sie es geschickt, und es scheint mir ein Stück zu sein, das sie reich machen könnte, so daß Sir [Roderick] Jones' Kündigung bei Reuter keine Auswirkungen auf das Familienvermögen hat.

Ich wurde von einem Offizier unterbrochen, der oben auf meinen Turm steigen wollte. Vorsichtig, wie ich bin, habe ich gefragt, warum. Seine Anwort war wirklich elisabethanisch: »Weil wir von der Abenddämmerung bis zum Morgengrauen auf Wache sind. Sie haben von der Abenddämmerung bis zum Morgengrauen die Home Guard bei sich.«

Deine
V.

[1] Siehe Brief vom 15. September 1924.

4. März [1941] *Monks House [Rodmell, Sussex]*

Geliebtes Wesen – jetzt hast Du mit Deinem Feuerzeug noch etwas auf Deinen ganzen Berg von Wohltaten draufgesetzt. Pu: Butter: Wolle: Bücher: ein Feuerzeug obendrauf. Jetzt mußt Du aufhören. Du kannst Feuer nichts hinzufügen. Du siehst, wie es poetisch paßt, hier aufzuhören. Was für eine wunderbare Auffassung vom Leben Du hast – Ach zum Teufel mit dem Gesetz. Leonard sagt, wir dürfen Dein Benzin nicht benutzen. Noch ein Geschenk ...

Ich nehme an, Du hast nicht irgendwelches Heu zu verkaufen? Octavia Wilberforces Kühe in Henfield, die uns unsere Butter geben, sind am Verhungern. Daher habe ich gesagt, ich würde fragen.

Schweigen bedeutet nein.

Sissinghurst Castle,
Kent.
6. März 1941

HEU! Großer Gott, Heu! Habe ich nicht überall im ganzen Weald von Kent Heu geschnorrt? Kein Heu; kaum Milch; und das ist der Grund, weshalb Du keine Butter mehr bekommen hast – und deshalb werden die Rasen von Sissinghurst dieses Jahr nicht gemäht, sondern wachsen gelassen. Heu! Heiliger Strohsack!

Leonard hat sich in diesem Fall mal geirrt wegen der Benzinkarte. Ich würde ebensowenig etwas Illegales tun wie er. Wenn Du es allerdings wirklich aushalten kannst, mit dem Bus zu kommen, kann ich Dich leicht in Hawkhurst treffen. Ich würde Dich am Nachmittag zu Ellen Terry [Smallhythe] mitnehmen und später wieder nach Hawkhurst bringen. Du mußt es mich nur wissen lassen. Jeder Tag außer dem 19. und 20. März. Am 19. bin ich auf einem Komitee und am 20. – rate mal? ein örtliches Women's Institute.

Alles Liebe
V.

Samstag [22. März 1941] *[Monk's House, Rodmell, Sussex]*

*Sieh Dir diesen Brief an [*verloren*], der an den* New Statesman *geschickt wurde, adressiert an ›Miss Virginia Woolf‹. – Was für eine seltsame Gedankenübertragung! Nein, ich bin nicht Du. Nein, ich halte keine Wellensittiche.*

Louies überleben: und sie füttert sie mit Abfällen – ich nehme an, es sind Vögel der Unterschicht, also bescheiden. Wenn wir hinüberkommen [nach Sissinghurst], *kann ich ihr ein Pärchen mitbringen, falls welche überleben? Sterben sie alle im gleichen Moment? Wann sollen wir kommen? Gott weiß es –*

Schlußbemerkung

Dies waren die letzten Worte, die Virginia an Vita schreiben sollte. Sechs Tage später, am 28. März, ertränkte sich Virginia in der Ouse. Am 31. März schrieb Vita an Harold: »Ich habe gerade den furchtbarsten Schock erlebt: Virginia hat sich umgebracht. Es steht noch nicht in den Zeitungen, aber ich habe Briefe von Leonard und Vanessa bekommen, die es mir mitteilen. ... Er sagt, es wäre ihr in den letzten Wochen nicht gutgegangen und sie hätte furchtbare Angst gehabt, wieder wahnsinnig zu werden. ... Ich kann es einfach nicht fassen. Dieser herrliche Verstand, dieser herrliche Geist. Und es schien ihr so gutzugehen, als ich sie das letzte Mal sah. ...« Viele Jahre später schrieb Vita, wieder in einem Brief an Harold: » ... Ich glaube immer noch, ich hätte sie retten können, wenn ich nur dort gewesen wäre und gewußt hätte, in welche Geistesverfassung sie geriet.« Vita hatte wahrscheinlich recht.

Briefe der Sussex Collection

16. Juli 1924
22. August 1924
15. September 1924
17. September 1924
6. November 1924
23. Oktober 1925
13. Januar 1926
14. Februar 1926
20. Februar 1926
28. Februar 1926
27. November 1926
8. Dezember 1926
11. Dezember 1926
16. Dezember 1926
21. Dezember 1926
25. Dezember 1926
2. Januar 1927
6. Januar 1927
15. Januar 1927
2. Februar 1927
9. Februar 1927
9. April 1933
24. April 1933
5. Juni 1933
28. März 1935
22. Juli 1937
30. Mai 1938
23. Juli 1938
25. Oktober 1938
14. Januar 1939

Namen- und Ortsregister

Victoria Glendinning

Vita Sackville-West

Eine Biographie

Aus dem Englischen von Hans J. Schütz

Band 11283

Das Leben der Vita Sackville-West liest sich wie ein Roman: Geboren wurde sie 1892 als einziges Kind von Lord Sackville und seiner halbspanischen Ehefrau Victoria auf Schloß Knole in Kent. Mit vierzehn Jahren schrieb sie ihren ersten Roman und bis zu ihrem Tod war sie nur dann mit sich zufrieden, »wenn sie ein Buch in Arbeit hatte«. 1913 heiratete sie den Diplomaten Harold Nicolson, mit dem sie um Sissinghurst Castle einen der schönsten Gärten Englands gestaltete. Die Ehe, die wohl die ungewöhnlichste Verbindung dieses Jahrhunderts war, bestand über neunundvierzig Jahre. Beide Partner hatten im Laufe der Zeit viele Affären, die aber ihrer Verbundenheit nichts anhaben konnten. Fesselnd geschrieben, zeichnet Victoria Glendinning das auch kulturgeschichtlich aufschlußreiche Leben dieser unkonventionellen Frau auf: Vitas außerordentliche Entschiedenheit, mehr sein zu wollen als eine »verheiratete Frau«, ihre Liebesbeziehungen zu Virginia Woolf, Violet Trefusius und anderen, ihre schriftstellerischen Leistungen und Erfolge, ihre gelassene Heiterkeit und ihre nie nachlassende Wärme in der Beziehung zu ihrem Mann und ihren Söhnen.

Fischer Taschenbuch Verlag

fi 1040 / 6

Leonard Woolf

Mein Leben mit Virginia

Erinnerungen

Herausgegeben von Friederike Groth
Aus dem Englischen von Ilse Strasmann

Band 5686

Leonard und Virginia Woolf heirateten im August 1912; ihre Ehe dauerte beinahe dreißig Jahre, und in diesem Zeitraum erschienen ihre großen Romane, die Erzählungen, Kritiken und Essays. Ein authentisches Zeugnis vom Leben und Schreiben Virginia Woolfs vermittelt die Autobiographie ihres Mannes, auf der dieser Band basiert. Er beginnt mit dem Jahr 1911, als Leonard Woolf aus dem Kolonialdienst aus Ceylon zurückkehrt, und endet 1941, dem Jahr von Virginias Freitod. Leonard Woolf berichtet von ihrer Familie, ihren Freunden und der berühmten Bloomsbury Group sowie von der Gründung ihres eigenen Verlages, der Hoghart Press. Seine Erinnerungen fügen dem Bild der Schriftstellerin wichtige biographische Einzelheiten hinzu und sind das Zeugnis eines liebenswerten, klugen und mutigen Mannes, der ihr immer wieder Kraft gab, ihre Depressionen zu überwinden und ihre schriftstellerische Arbeit wieder aufnehmen zu können. Ihm gehörte ihr ganzes Vertrauen, und so schreibt sie denn auch in ihrem Abschiedsbrief: »Du weißt, daß ich alles Glück in meinem Leben nur Dir verdanke.«

Fischer Taschenbuch Verlag

fi 1537 / 5

Virginia Woolf

Gesammelte Werke

Herausgegeben von Klaus Reichert
Umschlaggestaltung von Sarah Schumann

»Um eine neue Bahn einzuschlagen, muß ein Romanautor nicht nur große Gaben besitzen, sondern auch eine große Unabhängigkeit des Geistes. Virginia Woolfs Stil ist von erstaunlicher Schönheit. Ihre Art zu beobachten setzt eine unermeßliche und angespannte Arbeit voraus. Sie erleuchtet nicht nur durch plötzliche Blitze, sondern verbreitet ein ruhiges und sanftes Licht.«
T. S. Eliot

Zur Edition

Virginia Woolf ist vielleicht die bedeutendste, gewiß ist sie die fruchtbarste Schriftstellerin dieses Jahrhunderts gewesen. Sie hat die Form des Romans von Grund auf erneuert, und ohne sie und James Joyce hätte die Entwicklung des Romans einen anderen Verlauf genommen. Sie hat die in England hochentwickelte Form des Essays auf neue, ungeahnte Höhen geführt, und sie hat mit ihrem großen Tagebuch ein Dokument der *condition humaine* geschaffen, das nur mit den großen Beispielen der Gattung – Pepys, John Evelyn, Saint-Simon – zu vergleichen ist. Nicht zuletzt ist Virginia Woolf eine der ersten Autorinnen, die sich konsequent um Geschichte und Zukunft weiblichen Schreibens in unserer Gesellschaft gekümmert haben. Durch diesen Aspekt ihres Werkes wurde sie zur zentralen, nicht unumstrittenen Figur der internationalen Frauenbewegung. Anders als in Italien oder Frankreich ist Virginia Woolf in ihrer Vielfalt, ihrer Breite, ihrem Rang in Deutschland erst noch zu entdecken; bisher war nur ein kleiner Teil ihres Werkes zugänglich.

fi 889 / 3 a

Editionsplan

Virginia Woolf
Gesammelte Werke

bereits erschienen

Die Fahrt hinaus. Roman
Flush. Eine Biographie
Zum Leuchtturm. Roman
Das Mal an der Wand. Gesammelte Kurzprosa
Mrs Dalloway. Roman
Orlando. Eine Biographie
Die Wellen. Roman
Zwischen den Akten. Roman

Tagebücher. Band 1 (1915-1919)
Tagebücher. Band 2 (1920-1924)

Der Augenblick. Essays
Frauen und Literatur. Essays
Der gewöhnliche Leser. Band 1. Essays
Der gewöhnliche Leser. Band 2. Essays
Der Tod des Falters. Essays
Jacobs Zimmer. Roman

in Vorbereitung

Night and Day. Roman
The Years. Roman
The Captain's Death Bed. Essays
Granite and Rainbow. Essays

Tagebücher. Band 3 – 5
Ausgewählte Briefe. 2 Bände

S. Fischer

fi 889 / 10 b

Virginia Woolf

Jacobs Zimmer

Roman

Aus dem Englischen von Heidi Zerning

184 Seiten. Leinen

»Der stille junge Mann«, heißt es von Jacob Flanders, und: »wie besonders er aussieht«. Er hat das College in Cambridge verlassen und lebt in London. Flüchtige Freundschaften und Liebeserlebnisse lassen ihn spüren, wie einsam er mit seinem vielleicht nicht mehr zeitgemäßen Weltbild ist. Mehr und mehr zieht er sich in sein Zimmer und seinen eigenen geistig-seelischen Bereich zurück, liest bis spät in die Nacht Autoren der griechischen und römischen Antike und der elisabethanischen Zeit. Auf einer Reise nach Italien und Griechenland will er die klassischen Kunstdenkmäler als den Ausdruck von Einheit und Größe erleben, der seinem Ideal entspricht. Ist es das, was er erlebt? Nach seiner Rückkehr findet er den Kontakt zur Gegenwart nicht mehr. Der Erste Weltkrieg ist ausgebrochen; Jacobs Spur verliert sich in Flandern. In sein Zimmer dringen jetzt durch das offene Fenster die Laute des modernen Lebens. Mit ihrem dritten Roman hat Virginia Woolf den entscheidenden Schritt in ihrer künstlerischen Entwicklung getan. Flüchtige Sinneswahrnehmungen, Momentaufnahmen, Gesprächsfetzen, wie mit dem Blick des Malers eingefangene Impressionen, das sind die Mittel, die sie nun bewußt einsetzt. Mit vierzig Jahren, schrieb Virginia Woolf in ihr Tagebuch, habe sie herausgefunden, »wie ich es anfangen muß, etwas mit eigener Stimme zu sagen.«

Virginia Woolf

Mrs Dalloway

Roman

Aus dem Englischen von Walter Boehlich

208 Seiten. Leinen

Clarissa Dalloway führt ein großes Haus im vornehmen Londoner Stadtteil Westminster. Eine ihrer glänzenden Soireen soll an einem Junitag des Jahres 1923 stattfinden. Der Ablauf dieses einen Tages bildet die Gegenwart des Romans, in die Clarissa durch die Stundenschläge des Big Ben immer wieder zurückgeholt wird. Denn die Ereignisse – Besorgungen, Vorbereitungen, Besuche und schließlich die Abendgesellschaft, die allen konventionellen Erwartungen entspricht – lösen Assoziationen aus, die sie zugleich in die Vergangenheit und in die Wirklichkeit ihres inneren Bewußtseins führen, die eigentliche Welt dieses Romans. In langen Erinnerungs- und Gedankenketten wird sich Clarissa nach und nach der Brüche zwischen ihrer äußeren und ihrer inneren Existenz gewahr.

S. Fischer

fi 1539 / 5